Technik und Wirtschaft in Bremen
und Bremerhaven nach 1945

Haus Schütting am Bremer Marktplatz
(Pixabay/Peter Hauschild)

Hartmut Pophanken und Harald Wixforth (Hrsg.)

Technik und Wirtschaft in Bremen und Bremerhaven nach 1945

Strukturwandel im Zeichen von Wiederaufbau, Konjunkturkrisen und beginnender Globalisierung

Mit 111 Abbildungen

Edition Falkenberg

Inhalt

Inhalt

Westliche Vorstadt, Blick vom Bunker Nordstraße, 1945, Foto Hermann Reil
(Staatsarchiv Bremen)

Wirtschaftliche Entwicklung und technologischer Wandel in Bremen nach dem Zweiten Weltkrieg – eine Vorbemerkung

Hartmut Pophanken und Harald Wixforth

Bremen hat seit dem Mittelalter zu den wichtigen Städten und bedeutenden Handelsplätzen in Norddeutschland gehört. Im Vergleich zu anderen Wirtschaftsregionen und -standorten durchlief die Hansestadt eine Entwicklung, die ihren Einwohnern lange Zeit ein vergleichsweise hohes Maß an Wohlstand garantierte. Die spezifische Wirtschaftsstruktur Bremens rief jedoch in den letzten vier Jahrzehnten Probleme hervor, die vor dem Hintergrund eines beschleunigten wirtschaftlichen Strukturwandels in Europa und einer zunehmenden Globalisierung vielfach die Frage nach einem Bedeutungsverlust des Wirtschaftsstandorts aufwarf. In diesem Zusammenhang wird immer wieder darüber diskutiert, ob die Bremer Wirtschaft ein ausreichendes Maß an Anpassungsbereitschaft an neue Herausforderungen auf den Märkten aufweist.[1] Eine Analyse der Wirtschaftsentwicklung in den letzten Jahrzehnten kann helfen, die Frage nach den Ursachen, vor allem aber nach den positiven und negativen Effekten des Strukturwandels in der Bremer Wirtschaft zu klären.

Die Prägekraft tradierter Strukturen

Nach dem Ende der bis zum Jahr 1813 dauernden »Franzosenzeit«, das heißt die Zeit der Besatzung Bremens durch französische Truppen, hatte die Industrialisierung mit ihren Folgen die Hansestadt noch nicht erreicht. Auch in der Bremer Wirtschaft dominierten weiterhin handwerkliche oder kleingewerbliche Betriebe. Mehr noch: In den 1820er Jahren konnte das zünftig organisierte Handwerk seine Traditionen und seine Stellung gegenüber anderen Produktions- und Betriebsformen verteidigen. Aber nicht nur die Wirtschaftsstruktur Bremens im Inneren, sondern auch die Außenwirtschaft wurde im »Vormärz« bis 1848 von restaurativen Entwicklungen geprägt. Zukunftsweisende Initiativen verliefen oft im Sande. Exemplarisch lässt sich dies an der Debatte über die Zollpolitik ablesen, die auch in Bremen in den 1830er und 1840er Jahren intensiv geführt wurde. Verschiedenen Initiativen, in Norddeutschland ein einheitliches Zollterritorium zu errichten, waren zwar häufig Gegenstand von Debatten unter den Bremer Kaufleuten, doch führten sie zu keinem konkreten Ergebnis.[2] Die in der Bremer Wirtschaft führenden Kaufleute setzten schnell wieder auf Bewährtes und verhinderten eine notwendige Öffnung der Bremer Wirtschaft in ihr Umland. Die kaufmannsfreundliche Politik im Bremer Senat unter Bürgermeister Johann Smidt sorgte dafür, dass die Industrie sowie Industrielle in Bremen sowohl vor der Revolution von 1848 als auch in der Zeit danach weder in der Wirtschaft noch in der Politik eine größere Rolle spielten. Trotz einiger Reformen nach der auch in Bremen gescheiterten Revolution von 1848 litten die wenigen Industrieunternehmen darunter, dass die Stadt nicht dem sich kontinuierlich erweiternden Gebiet des Deutschen Zollvereins beitrat.[3]

In der Mitte der 1850er Jahre war Bremen praktisch vom Gebiet des Zollvereins umschlossen, ohne selbst Mitglied dieser für den Ausbau des Binnenhandels so wichtigen Übereinkunft der deutschen Staaten zu sein. Potenzielle Firmengründer errichteten ihre Produktionsanlagen daher im Bremer Umland, um von dort aus ihre Erzeugnisse ohne Binnenzölle in die verschiedensten Regionen Deutschlands zu transportieren. In Bremen beurteilten viele Kaufleute den Zollverein jedoch nach wie vor skeptisch. Ihre Interessen zielten auf den Außen- und Überseehandel. Sie sahen sich in ihrer Einschätzung bestätigt, als ein zunehmender Warenverkehr mit Übersee, vor allem die steigende Zahl der Auswanderer, die von Bremerhaven auf bremischen Schiffen ihre Passage in die »Neue Welt« und in ein vermeintlich besseres Leben antraten, dafür sorgten, dass Handel und Schifffahrt in Bremen in den 1850er und 1860er Jahren einen deutlichen Aufschwung nahmen und sich die Gründung von neuen großen Reedereien und Schifffahrtsgesellschaften wie dem Norddeutschen Lloyd als erfolgreich erwiesen.[4]

Die Gründung solcher Gesellschaften vermittelte zwar den Impuls zur Errichtung von Werften und Maschinenbaubetrieben an der Unterweser, jedoch gab sie in den 1850er und 1860er Jahren noch nicht den Anstoß für den »Durchbruch des Maschinenzeitalters« und einen forcierten wirtschaftlichen Strukturwandel in der Stadt.[5]

Die »verspätete Industrialisierung«

Trotz intensiver Debatten über die richtige Zollpolitik, trotz der nicht zu bestreitenden wirtschaftlichen Strukturprobleme in Bremen, die vor allem auf der weiterhin nur langsamen Ansiedlung von Industriebetrieben beruhten, lässt sich nicht übersehen, dass Bremen und seine Wirtschaft während des Kaiserreiches vom wachsenden Welthandel und von der zunehmenden Weltmarktverflechtung profitierten. Bis zum Beginn der 1890er Jahre wurde die Wirtschaftsstruktur Bremens eindeutig vom Handel und von der Schifffahrt geprägt. Parallel zu den weltweiten Handelskonjunkturen und der wachsenden Bedeutung eines sich etablierenden Weltmarkts entwickelte sich auch die Bremer Wirtschaft. Die gezielte Ansiedlung von großen Industriebetrieben trat dagegen in den Hintergrund. Nicht nur Gewerbetreibende sahen darin eine Schwachstelle der Wirtschaftspolitik. Trotz des Durchbruchs der Industrialisierung in weiten Teilen Deutschlands konnten sich die Forderungen aus Industrie und Gewerbe gegenüber den Interessen des Handels in Bremen bis dahin nur begrenzt durchsetzen.[6]

Vor diesem Hintergrund zeigte sich in verschiedenen Wirtschaftsbranchen folgende, für die Entwicklung der Bremer Wirtschaft in den ersten Jahrzehnten des Kaiserreichs symptomatische Konstellation: Bremer Kapital sowie Bremer Kaufleute und Unternehmer spielten bei Firmengründungen oft die zentrale Rolle, doch errichteten sie diese Firmen außerhalb der Stadt. Dieses Szenario lässt sich sowohl bei der Gründung von Linoleumfabriken in Delmenhorst als auch bei der Inbetriebnahme von Fabrikanlagen im hannoverschen, später preußischen Hemelingen beobachten, wo sich Firmen der Textilindustrie und des Maschinenbaus ansiedelten. Bremen selbst war dagegen nicht nur von einem einheitlichen Zollgebiet umgeben, sondern auch immer mehr von einem

»industriellen Gürtel«. Hier entstanden die neuen Arbeitsplätze, während die Bremer Wirtschaft selbst weiter von der Entwicklung im Handel und damit auch von den Konjunkturen der Weltwirtschaft und des Weltmarkts abhing.[7]

Erst mit der Aufnahme Bremens in das reichseinheitliche Zollgebiet änderte sich die Lage. Der »Zollanschluss« im Jahre 1888 bildet sicherlich einen Markstein in der neueren Bremer Wirtschaftsgeschichte, veränderte sich dadurch doch die Wirtschafts- und Sozialstruktur der Stadt deutlich. Nun gab es für Industrie und Gewerbe keinen Grund mehr, ins preußische oder oldenburgische Umland auszuweichen. Der Senat setzte nun auf eine gezielte Politik der Industrieansiedlung. Die Korrektur der Weser, die Errichtung des Freihafens und der Ausbau der übrigen Hafenanlagen sollten den Anreiz dafür bilden, dass Industrieunternehmen ihre Betriebsanlagen in Bremen errichteten.[8]

Wie sich bald zeigte, ging das Kalkül auf. Begünstigt durch die anziehende Konjunktur in den 1890er Jahren investierte eine Reihe von Firmen in den Standort Bremen. Es kam zur Gründung von zahlreichen neuen Unternehmen in verschiedenen Branchen, sodass sich die Wirtschaftsstruktur gerade in dieser Zeit erheblich ausdifferenzierte. Seit der Mitte der 1890er Jahre durchlief Bremen eine »verspätete Industrialisierung«. Dennoch ist zu fragen, ob durch diese Entwicklung nicht wirtschaftliches Potenzial verspielt und eine neue wirtschaftliche Dynamik lange Zeit aus der Stadt herausgehalten wurde. Zudem gibt es durchaus gute Argumente für die These, dass das Zögern in der Bremer Politik andere Wirtschaftsstandorte stärkte, an denen sich bereits weitaus früher Unternehmen aus den »Zukunftsbranchen« wie dem Maschinenbau, der Elektroindustrie oder der chemischen Industrie ansiedelten. Eine detaillierte und empirisch fundierte Studie kann zeigen, ob die spezifischen Strukturbedingungen der Bremer Wirtschaft während des Kaiserreiches bereits den Nährboden für Strukturprobleme in den kommenden Jahrzehnten bereiteten, oder ob das sich bietende wirtschaftliche Potenzial vollständig genutzt wurde.[9]

Strukturwandel in Krisenzeiten

Auch die Bremer Wirtschaft wurde durch den Ersten Weltkrieg und den Kriegsausgang hart getroffen. Ab 1921 bestimmten die spezifischen Bedingungen des Währungsverfalls zunehmend die Entwicklung der Bremer Wirtschaft. Auch in Bremen – wie fast überall in Deutschland – setzte ein durch die Inflation induzierter konjunktureller Aufschwung ein. Eine Reihe von Unternehmen erkannte, dass sie sich günstig refinanzieren konnten, da ihre Kredite am Rückzahlungstag inflationsbedingt weniger wert waren als am Tag der Kreditaufnahme. Viele Firmen kauften daher günstig Vor- und Halbprodukte ein und erweiterten ihre Produktionskapazitäten. Immer mehr Unternehmen wollten aus dieser Konstellation Kapital schlagen und investierten kräftig. Die Reedereien gaben neue Schiffe auf den Bremer Werften in Auftrag, die Textilindustrie konnte aufgrund der Währungsverhältnisse ihre Produkte günstig im Ausland absetzen und daher steigende Gewinne verbuchen, bis die Hyperinflation 1923 alle vorhergehenden Anstrengungen der Konsolidierung zunichte machte.

Die wirtschaftliche Entwicklung Bremens zwischen Inflation und Weltwirtschaftskrise bietet daher ein differenziertes Bild: Die Wirtschaft konnte auch in Bremen durch Rationalisierungsmaßnahmen ihre Produktivität erhöhen und damit einen Teil ihrer internationalen Konkurrenzfähigkeit zurückgewinnen. Besonders deutlich wurde diese Entwicklung im Schiffbau, als sich auf Initiative des Bremer Privatbankiers Johann Friedrich Schröder mehrere große Werften zu einem »Werftenkonzern« zusammenschlossen, der Deutschen Schiff- und Maschinenbau AG (Deschimag). Die Ertragslage der Deschimag blieb jedoch angespannt, allen Rationalisierungsanstrengungen zum Trotz. Zudem wurden durch die Fusionen Arbeitskräfte freigesetzt, wodurch sich bestehende Fehlentwicklungen auf dem Arbeitsmarkt nicht korrigieren ließen bzw. sogar noch verschärften. Schließlich finanzierten viele Unternehmen, auch die Deschimag, ihre Investitionen nur mit Krediten, die zum großen Teil angesichts des hohen Zinsniveaus in Deutschland aus dem Ausland stammten. Es fehlte nicht an Stimmen, die vor den Gefahren einer »geborgten Konjunktur« warnten.[10]

Andererseits lässt sich nicht übersehen, dass sich in Bremen ab 1924 ein neuer Industriesektor entwickelte, der dazu beitrug, dass sich die Wirtschaftsstruktur der Stadt ausdifferenzierte: die Automobilindustrie. In Bremen produzierten die Hansa-Lloyd-Werke erfolgreich verschiedene Typen von Lastwagen und Omnibusse. 1924 nahm Carl Borgward die Herstellung von kleinen Lastwagen auf. Ein Jahr später trat W. Tecklenborg als Teilhaber in das Unternehmen ein, das rasch florierte. Bis in die junge Bundesrepublik hinein konnte es allen politischen und wirtschaftlichen Zäsuren trotzen und sicherte Bremens Stellung als wichtiger Automobilstandort in Deutschland. Schließlich wurde auch ein weiterer neuer Industriezweig in Bremen heimisch. Nach der Errichtung eines Flughafens im Neuenlander Feld siedelte sich hier die Focke-Wulf Flugzeugbau GmbH an, die bald mit der Produktion von Kleinverkehrsflugzeugen, Schul- und Sportflugzeugen begann. Die Firma entwickelte sich recht erfolgreich und konnte ihre Stellung in der Luftfahrtindustrie ausbauen. Auch diese Branche bildete einen positiven Faktor für den wirtschaftlichen Strukturwandel Bremens, bevor die 1929 einsetzende und 1931 kulminierende weltweite Wirtschafts- und Finanzkrise jegliche weiteren Bemühungen um neue Industrieansiedlungen zerstörte.[11]

Die neuen Zielsetzungen in der Wirtschaftspolitik des NS-Regimes veränderten die Bremer Wirtschaftstruktur erheblich. Während einige traditionelle Wirtschaftszweige durch die Vorgaben der Behörden aus Berlin in ihrer Entwicklung beeinträchtigt wurden, profitierten andere erheblich von der NS-Wirtschafts- und Rüstungspolitik. Dazu gehörte vor allem die Luftfahrtindustrie. Die Focke-Wulf-Flugzeugbau GmbH erfreute sich schon bald eines regen Auftragseinganges durch das Reichsluftfahrtministerium. Nicht nur Focke-Wulf, sondern auch andere Betriebe zementierten den Ruf Bremens als eine Stadt der Luftfahrt. Zum Zwecke der Lizenzfertigung für die Luftfahrtfirmen Junkers und Dornier wurde 1933/1934 unter dem Dach der Deschimag die Weser-Flugzeugbau-Gesellschaft gegründet, die im Auftrag des Reichsluftfahrtministeriums zunächst Flugzeugteile und Baugruppen, ab 1936 dann auch ganze Flugzeuge produzierte, allesamt für Zwecke der Luftrüstung. Gerade bei der Luftfahrtindustrie ist es offenkundig, dass die »neuen« Branchen in der Bremer Wirtschaft von den Zielvorgaben der Rüstungsplaner aus Berlin ihren Nutzen ziehen konnten.[12]

Aber nicht nur die Luftfahrtindustrie, sondern auch die Borgward-Werke, der Bremer Vulkan, die Deschimag und die Atlas-Werke profilierten sich in dieser Zeit als Produzenten und Zulieferer für die expandierende Rüstungswirtschaft. Sie alle waren Nutznießer der wirtschaftspolitischen Zielvorgaben aus Berlin, während einige traditionsreiche Segmente der Bremer Wirtschaft, vor allem der Außenhandel, in ihren Entwicklungsmöglichkeiten beeinträchtigt wurden. Diese Entwicklung war jedoch eindeutig die Folge des »Rüstungsbooms« in der durch staatliche Direktiven gelenkten Wirtschaft des NS-Regimes. Sie war keineswegs der Garant für einen dauerhaften Strukturwandel. Vielmehr entstanden dadurch in der Bremer Wirtschaftsstruktur gravierende Fehlentwicklungen und Disproportionen, die sich beim Zusammenbruch des Regimes in der Stunde »Null« als Erblast für die gesamte Bremer Wirtschaft erwiesen.[13]

Verpasste Chancen? Die Bremer Wirtschaft nach dem Zweiten Weltkrieg

Nach der Einführung der DM, der Etablierung der Sozialen Marktwirtschaft und der Gründung der Bundesrepublik Deutschland kam es auch in der Bremer Wirtschaft in zahlreichen Branchen zu einem regelrechten Boom. Vom immensen Nachholbedarf in der Produktionsgüter- und der Konsumgüterindustrie profitierten viele Unternehmen, die ihre Betriebsanlagen schnell wieder aufbauten und erweiterten. Dadurch entstand geradezu ein Investitionsboom, von den Zeitgenossen vielfach als »Wirtschaftswunderjahre« bezeichnet. Auch Bremen gewann in dieser Zeit als Wirtschaftsstandort an Attraktivität, sodass sich eine Reihe von neuen Firmen hier ansiedelte. Vor diesem Hintergrund glaubten die Entscheidungsträger in Wirtschaft und Politik, der Strukturwandel hin zu den zukunfts- und wachstumsorientierten Wirtschaftszweigen könne gelingen.[14] Die Handelskammer Bremen stimmte in diesen Chor ein, sah aber auch Gefahren. In ihrem Jahresbericht für 1965 bemerkte sie deshalb: »Die bremische

Industrie konnte wiederum eine Ausweitung der Produktion und des Umsatzes erzielen. Produktionsindex und Beschäftigtenzahl erreichten einen neuen Höchststand. In einigen Industriezweigen wurde jedoch die Ertragslage durch die zunehmende Verknappung der Arbeitskräfte und die damit verbundene Erhöhung der Löhne und Gehälter beeinträchtigt.«[15]

Trotz erster Anzeichen, die auf eine konjunkturelle Abkühlung hindeuteten, hielt der Optimismus bis zum Beginn der 1970er Jahre in weiten Teilen der Wirtschaft an. Der Ausbruch des Yom-Kippur-Kriegs 1973, vor allem das in Reaktion auf die Unterstützung der westlichen Industrienationen für Israel durch die arabischen erdölexportierenden Staaten verhängte Ölembargo sowie die rapide Verteuerung des »schwarzen Goldes« evozierten nicht nur in der gesamten deutschen Wirtschaft eine deutliche Rezession, sondern offenbarten auch wirtschaftliche Strukturprobleme in Bremen, die durch die gute Konjunktur während des Wiederaufbaus und des »Wirtschaftswunders« verdeckt worden waren.[16] Daher kann es nicht überraschen, dass der Ausbruch der Rezession auch den Beginn einer Debatte markierte, in deren Zentrum immer wieder die Strukturprobleme der Bremer Wirtschaft standen. Bis heute hält diese Debatte an, im Laufe der Jahre hat sie sogar an Intensität zugenommen. Dies geschah vor allem dann, wenn man sich in Bremen mit den schmerzhaften Folgen konfrontiert sah, die durch den Zusammenbruch großer Unternehmen und den Verlust von Arbeitsplätzen hervorgerufen wurden. Besonders gravierend war dies beim Konkurs des Werftenverbundes um den Bremer Vulkan oder der Pleite der so hoffnungsvoll gestarteten Reederei Beluga Shipping.[17]

In dieser Debatte wurde auch immer wieder ein Sample von Strukturproblemen benannt, das in erster Linie für die unterdurchschnittliche »Performance« der Bremer Wirtschaft im Vergleich zum Bundesdurschnitt verantwortlich gemacht wurde. Auf dieses Sample soll hier kurz eingegangen werden.

1. In der Debatte wurde immer wieder auf die besondere Erblast der Kriegs- und Nachkriegsjahre verwiesen. Infolge von Produktionsbeschränkungen, Demontagen und des kostspieligen Wiederaufbaus von Betriebsanlagen hatte die Bremer Werftindustrie gegenüber konkurrierenden Standorten in der Bundesrepublik

schnell an Bedeutung verloren. Neue Standorte in Deutschland waren hinzugetreten. Ab den 1960er Jahren sorgte vor allem die billigere Konkurrenz aus dem Ausland dafür, dass die Bremer Werften ihre Stellung auf den Märkten nicht in dem Maß behaupten konnten wie in den 1930er Jahren und während des Zweiten Weltkrieges. Auch wenn sich diese Einschätzung pauschal nicht halten lässt, da einige Werften wie der Bremer Vulkan sowie einige Schiffbaugesellschaften mit einer speziellen Produktionspalette auf den Märkten noch für längere Zeit durchaus erfolgreich waren, so lässt sich kaum bestreiten, dass die Krise und der Niedergang der Werftindustrie große Strukturprobleme in der Bremer Wirtschaft hervorriefen, waren davon doch auch zahlreiche Zulieferbetriebe betroffen.[18]

2. Vor allem mit der Intensivierung des Welthandels in den 1960er und 1970er Jahren, hervorgerufen durch den ersten Schub der Globalisierung nach dem Zweiten Weltkrieg, wurde offenkundig, dass die alte Konkurrenz zwischen Hamburg und Bremen um die Vormachtstellung des wichtigsten Hafens an der Nordseeküste sich deutlich verschärfte. Während Hamburg dabei mit einem gelungenen Mix aus Infrastrukturinvestitionen in die Häfen und Neuansiedlung von Industriebetrieben eine Vormachtstellung erlangte, fiel Bremen auf diesem Gebiet zurück, da es sich kaum gegen die Standortvorteile Hamburgs wie der tieferen Elbe, aber auch gegen die wachsende Konkurrenz großer Häfen wie Rotterdam oder Antwerpen zur Wehr setzen konnte. Hamburg betrieb nicht nur eine gezielte Infrastrukturpolitik mit einem konsequenten Ausbau der Häfen, sondern profitierte von sogenannten »spillover Effekten«, das heißt, die Gewinne in der maritimen Wirtschaft sorgten dafür, dass sich dort die Finanzwirtschaft ausdifferenzierte und neue Unternehmen gegründet wurden. Zudem wurde Hamburg zur Medienstadt, Bremer aber nicht. Allerdings ist es Bremen gerade in der letzten Zeit gelungen, durch den Ausbau von wissenschaftlichen Einrichtungen, vor allem auf dem Gebiet der Klima- und der Meeresforschung sowie der Umwelttechnologien, diesen Nachteil teilweise wettzumachen.[19]

3. Ähnlich wie an einigen anderen Standorten mit einer starken Fixierung der Wirtschaft auf einen »leading sector« nahmen die Probleme in Bremen vor allem nach der Rezession infolge

des »Ölpreisschocks« erheblich zu. Mit der zunehmenden Krise und der nachlassenden Wettbewerbsfähigkeit von Unternehmen aus der maritimen Wirtschaft sanken die Steuereinnahmen für die öffentliche Hand, gleichzeitig stiegen die Sozialkosten, etwa für Transferleistungen. Die öffentlichen Finanzen gerieten Schritt für Schritt in eine »Schieflage«, sodass eine nachhaltige und gezielte Förderung zur Forcierung des wirtschaftlichen Strukturwandels zunehmend Probleme aufwarf. Umfangreiche öffentliche Mittel und Investitionen, etwa für den Ausbau Bremens als Dienstleistungsstandort, standen bald nicht mehr in dem Umfang zur Verfügung wie in anderen Städten. Der Stadt fehlte daher ein Anreiz für viele Unternehmen aus den neuen Hochtechnologiebranchen, ihre Betriebsstätten in Bremen zu errichten. Die notwendige Diversifikation der Bremer Wirtschaftsstruktur blieb daher lange Zeit aus. Die Kritik wuchs, die Wirtschaft der Hansestadt sei durch eine Art von »Monostruktur« gekennzeichnet. Ein weiterer Punkt kam hinzu. Im Umland Bremens hatten sich viele Betriebe aus verschiedenen Branchen angesiedelt, sodass hier der immer wieder geforderte zukunftsträchtige Branchenmix anzutreffen war. Zudem zogen immer mehr Firmen von Bremen in das steuergünstige Umland, um hier Betriebskosten zu sparen. Der Hansestadt gingen dadurch weitere Steuereinnahmen verloren.[20]

4. Aufgrund der Strukturschwächen der Bremer Wirtschaft war die Arbeitslosigkeit in der Stadt vergleichsweise hoch. Dies belastete die öffentliche Hand finanziell, mussten sie doch steigende Ausgaben für Transferleistungen aufbringen. Große und zukunftsorientierte Investitionen waren vor diesem Hintergrund immer weniger möglich, wodurch Bremen als Wirtschaftsstandort weiter an Boden verlor. Finanzielle Anreize für die Ansiedlung neuer Unternehmen waren vor diesem Hintergrund nicht in dem Ausmaß möglich wie in anderen Kommunen. Zudem hatten die neu gegründeten Firmen, auch in den Zukunftsbranchen, immer wieder mit finanziellen Problemen zu kämpfen, was ihre internationale Wettbewerbsfähigkeit sicherlich nicht stärkte.

5. Schließlich wurde immer wieder das angeblich im gesamten 20. Jahrhundert schwierige Verhältnis von Wirtschaft und Politik in Bremen angeführt, wenn Wachstumshemmnisse zu benennen sind. Diese Klagen reichen bis in die Aktualität hinein, ohne dass

substanzielle Beweise dafür vorliegen. Vielmehr lässt sich nachweisen, dass die Bremer Politik in vielen Fällen versuchte, Firmen finanziell zu alimentieren und sie vor dem Konkurs zu retten. Dass dies nicht immer gelang, ist den politisch Verantwortlichen nicht vorzuwerfen. In einigen Fällen, etwa beim Bremer Vulkan, erwies sich das Management als überfordert, in anderen Fällen hatten sich die internationalen Wettbewerbsbedingungen derart verändert, dass sich die Konkurrenzfähigkeit der Betriebe nicht erhalten ließ, etwa in der Textilindustrie oder im Maschinenbau. Diese Erfahrung musste man nicht nur in Bremen machen, sondern auch in vielen anderen Wirtschaftsregionen der Bundesrepublik.[21]

Diese Einschätzung zur wirtschaftlichen Entwicklung in Bremen und zu den daraus erwachsenen Problemen bedarf vielfach einer genauen empirischen Überprüfung, bevor sich valide Schlussfolgerungen ziehen lassen. Die in diesem Band veröffentlichten Beiträge behandeln einzelne Problemfelder, allerdings nur ausschnitthaft und anhand von Fallbeispielen. Die Aufsätze sollen zum einen neue Ergebnisse zu alten Debatten präsentieren, zum anderen dazu anregen, sich intensiv mit der Bremer Wirtschaftsgeschichte seit dem Ende des Zweiten Weltkriegs zu beschäftigen. Nur auf der Basis weiterer intensiver Forschungen lassen sich die bis heute gängigen Interpretationen für Bremens wirtschaftliche Unterperformance verifizieren oder auch falsifizieren. Nur dann ließe sich eindeutiger die Frage beantworten, ob in den vergangenen Jahrzehnten Chancen ungenutzt blieben, ob strukturelle Probleme in der Wirtschaft zu beheben sind, und wenn ja, welche Maßnahmen dazu erforderlich sind.

Literatur

Abelshauser, Werner, Kulturkampf. Der deutsche Weg in die neue Wirtschaft und die amerikanische Herausforderung, Berlin 2003.

Ders., Hesse, Jan-Otmar, und Plumpe, Werner, (Hg.), Wirtschaftsordnung, Staat und Unternehmen. Neuere Forschungen zur Wirtschaftsgeschichte des Nationalsozialismus, Essen 2003.

Bessell, Georg, Der Norddeutsche Lloyd 1857–1957. Geschichte einer bremischen Reederei, Bremen 1957.

Barfuß, Karl Marten, Die Wirtschaft 1951–1969, in: ders. u. a. (Hg.), Geschichte der Freien Hansestadt Bremen 1945–2005, Bd. 1, 1945–1969, Bremen 2008, S. 357–443.

Budraß, Lutz, Flugzeugindustrie und Luftrüstung in Deutschland 1918 bis 1945, Düsseldorf 1998.

Elmshäuser, Konrad, Eine konzise Geschichte Bremens, München 2007.

Escher, Otmar, Die Wirtschafts- und Finanzkrise in Bremen und der Fall Schröder-Bank, Frankfurt 1988.

Fisser, Marc, Seeschiffbau an der Unterweser in der Weimarer Republik, Bremerhaven 1995.

Görtemaker, Manfred, Geschichte der Bundesrepublik Deutschland, München 1999.

Hahn, Hans Werner, Geschichte des Deutschen Zollvereins, Oldenburg 1984.

Hanke, Birgit, Carl F. W. Borgward, Unternehmer und Autokonstrukteur, Bielefeld 2010.

Hohensee, Jens, Der erste Ölpreisschock, Stuttgart 1996.

Ilschner, Burkhard, und Spehr, Christof, Welche Lehren aus dem »Beluga Absturz« sind nötig?, in: Waterkant, Heft 1/2016, vom März 2016.

Jacobs, Alfred, Bremen im Wandel der Weltwirtschaft, in: Bremisches Jahrbuch, Bd. 50, 1965, S. 65–78.

Kähler, Kai, Zwischen Wirtschaftsförderung und Wirtschaftsbetrieb. Hamburgs öffentlicher Hafenbetrieb im Wandel 1910–1970. Von staatlicher Kaiverwaltung zum freien Wettbewerb, Bremen 2010.

Krause, Reinhard A., Heinrich Wiegand – ein Wirtschaftslenker an der Schwelle zum 20. Jahrhundert. Bemerkungen zu seinen Lebenserinnerungen, in: Jörn Brinkhus (Hrsg.), Kaiser Wilhelm II., Bremen und der Norddeutsche Lloyd. Die »Lebenserinnerungen« des NDL-Direktors Heinrich Wiegand, Bremen 2017, S. 138–150.

Kuckuk, Peter und Pophanken, Hartmut, Focke-Wulf von der Gründung bis zum Ende des Zweiten Weltkrieges, in: Peter Kuckuk, Hartmut Pophanken und Klaus Schalipp (Hg.), Ein

Jahrhundert Luft- und Raumfahrt in Bremen, Bremen 2016, S. 103–121.

Lee, Robert, Regionale Strukturen: Seehandel und die Beziehungen zwischen Hafen und Hinterland in Bremen, 1815–1945, in: Bremisches Jahrbuch, 86, 2007, S. 136–175.

Pophanken, Hartmut, Gründung und Ausbau der »Weser«-Flugzeugbau GmbH 1933 bis 1939, Bremen 2000.

Ritschl, Albrecht, Deutschlands Krise und Konjunktur 1924–1934, Binnenkonjunktur, Auslandsverschuldung und Reparationsproblem zwischen Dawes-Plan und Transfersperre, Berlin 2002.

Roder, Hartmut, Bremen – Handelsstadt am Fluss, Bremen 1995.

Ders., Bremens Wirtschaft im Wandel (1850–2000) – oder Bremen: ein notorischer Spätzünder, in: Bremisches Jahrbuch, Bd. 81, 2002, S. 55–82.

Schmidt, Georg, Borgward: Carl F.W. Borgward und seine Autos, Stuttgart 1980.

Schulz, Andreas, Vormundschaft und Protektion. Eliten und Bürger in Bremen 1750–1880, München 2002.

Schulze, Hans-Joachim, Ausbau und Entwicklung des Bremer Flughafens, in: Peter Kuckuk, Hartmut Pophanken und Klaus Schalipp (Hg.), Ein Jahrhundert Luft- und Raumfahrt in Bremen, Bremen 2016, S. 55–85.

Schwarzwälder, Herbert, Geschichte der Freien Hansestadt Bremen, Bd. 2, Von der Franzosenzeit bis zum Ersten Weltkrieg (1810–1918), Bremen 1995.

Sommer, Karl Ludwig, Bremen in den 1950er Jahren, Bremen 1989.

Thiel, Reinhold, Die Geschichte des Norddeutschen Lloyd, 1867–1970, Bd. 1, 1857–1883, Bremen 2001.

Tilly, Richard, Vom Zollverein zum Industriestaat. Die wirtschaftliche und soziale Entwicklung Deutschlands 1834 bis 1914, München 1990.

Torp, Cornelius, Die Herausforderung der Globalisierung. Wirtschaft und Politik in Deutschland 1860–1914, Göttingen 2005.

Wixforth, Harald, »Unserer lieben ältesten Tochter«.150 Jahre Bremer Bank. Eine Finanz- und Wirtschaftsgeschichte der Hansestadt Bremen, Bremen 2006.

Ders., Kriegseinsatz und Kriegsfolgen – der Norddeutsche Lloyd im ersten Weltkrieg und der Nachkriegsinflation, in: Vierteljahrschrift für Sozial- und Wirtschaftsgeschichte, 105, Heft 2018/3, S. 365–390.
Ders., Vom Stahlkonzern zum Firmenverbund. Die Unternehmen Heinrich Thyssen-Bornemiszas 1926 bis 1932, Paderborn 2019.
Ders., Vom leading sector zur Krisenbranche? Die maritime Wirtschaft am Standort Bremen, in: Deutsche Schifffahrt, Heft 2/2019.
Ders., Schwieriger Start – Hermann Henrich Meier, die Kapitalmobilisierung für den Norddeutschen Lloyd und die deutsche Finanzbranche um 1850, in: Bremisches Jahrbuch, Bd. 99, 2020, S, 85–116.
Wolschner, Klaus, Der schnelle Absturz eines Aufsteigers, in: Waterkant, Heft 1/2011, S. 11–13.
Wurthmann, Nicola, Senatoren, Freunde und Familien. Herrschaftsstrukturen und Selbstverständnis der Bremer Elite zwischen Tradition und Moderne (1813–1848), Bremen 2008.

Anmerkungen

1 In dieser Einleitung sollen in einem skizzenhaften Überblick markante Tendenzen in der wirtschaftlichen Entwicklung Bremens beleuchtet werden, weniger geht es um eine detaillierte Darstellung einzelner Etappen dieses Prozesses und den dadurch hervorgerufenen Folgen. Auf umfangreiche bibliografische Angaben wird aus diesem Grunde verzichtet; zur Orientierung siehe: Alfred Jacobs, Bremen im Wandel der Weltwirtschaft, in: Bremisches Jahrbuch, Bd. 50, 1965, S. 65–78; Hartmut Roder, Bremen – Handelsstadt am Fluss, Bremen 1995; ders.; Bremens Wirtschaft im Wandel (1850–2000) – oder Bremen: ein notorischer Spätzünder, in: Bremisches Jahrbuch, Bd. 81, 2002, S. 55–82; Robert Lee, Regionale Strukturen: Seehandel und die Beziehungen zwischen Hafen und Hinterland in Bremen, 1815–1945, in: Bremisches Jahrbuch, 86, 2007, S. 136–175; Harald Wixforth, »Unserer lieben ältesten Tochter«.150 Jahre Bremer Bank. Eine Finanz- und Wirtschaftsgeschichte der Hansestadt Bremen, Bremen 2006. Vgl. auch Andreas Schulz, Vormundschaft und Protektion. Eliten und

Bürger in Bremen 1750–1880, München 2002; Nicola Wurthmann, Senatoren, Freunde und Familien. Herrschaftsstrukturen und Selbstverständnis der Bremer Elite zwischen Tradition und Moderne (1813–1848), Bremen 2008 und die Überblicksdarstellung Herbert Schwarzwälder, Geschichte der Freien Hansestadt Bremen, Bd. 2, Von der Franzosenzeit bis zum Ersten Weltkrieg (1810–1918), Bremen 1995.

2 Zur Gründung des Deutschen Zollvereins: Hans Werner Hahn, Geschichte des Deutschen Zollvereins, Oldenburg 1984. Vgl. Richard Tilly, Vom Zollverein zum Industriestaat. Die wirtschaftliche und soziale Entwicklung Deutschlands 1834 bis 1914, München 1990, sowie mit Blick auf die handels- und zollpolitischen Debatten in der zweiten Hälfte des 19. Jahrhunderts: Cornelius Torp, Die Herausforderung der Globalisierung. Wirtschaft und Politik in Deutschland 1860–1914, Göttingen 2005.

3 Roder, Bremens Wirtschaft im Wandel, S. 61–63; Schulz, Vormundschaft und Protektion, S. 476–489; Wurthmann, Senatoren, Freunde und Familie, S. 131–145; Wixforth, Bremer Bank, S. 26–38.

4 Zur Gründung des Norddeutschen Lloyds und den damit zusammenhängenden Problemen siehe Georg Bessell, Der Norddeutsche Lloyd 1857–1957. Geschichte einer bremischen Reederei, Bremen 1957; Reinhold Thiel, Die Geschichte des Norddeutschen Lloyd, 1867–1970, Bd. 1, 1857–1883, Bremen 2001; Harald Wixforth, Schwieriger Start – Hermann Henrich Meier, die Kapitalmobilisierung für den Norddeutschen Lloyd und die deutsche Finanzbranche um 1850, in: Bremisches Jahrbuch, Bd. 99, 2020, S, 85–118.

5 Diese Entwicklung trat erst nach Gründung des Deutschen Kaiserreiches ein, vor allem nach der Wende vom 19. zum 20. Jahrhundert. Roder, Bremens Wirtschaft im Wandel, S. 61–63; Wixforth, Bremer Bank, S. 26–38.

6 Marc Fisser, Seeschiffbau an der Unterweser in der Weimarer Republik, Bremerhaven 1995; Reinhard A. Krause, Heinrich Wiegand – ein Wirtschaftslenker an der Schwelle zum 20. Jahrhundert. Bemerkungen zu seinen Lebenserinnerungen, in: Jörn Brinkhus (Hrsg.), Kaiser Wilhelm II., Bremen und der Norddeutsche Lloyd. Die »Lebenserinnerungen« des NDL-Direktors Heinrich Wiegand, Bremen 2017, S. 138–150. Vgl. auch Harald Wixforth, Kriegseinsatz und Kriegsfolgen – der Norddeutsche Lloyd im ersten Weltkrieg und der Nachkriegsinflation, in: Vierteljahrschrift für Sozial- und Wirtschaftsgeschichte, 105, Heft 2018/3, S. 365–390, hier vor allem S. 369–372

7 Vgl. Wixforth, Bremer Bank, S. 95–112. Allgemein dazu Tilly, Vom Zollverein zum Industriestaat, S. 39–56.

8 Einer der wesentlichen Initiatoren für diese Projekte zur Verbesserung der Infrastruktur war der langjährige Vorstandsvorsitzende des Norddeutschen Lloyds, Heinrich Wiegand. Dazu: Krause, Wiegand, S. 142–151.

9 Siehe zur Debatte über den wirtschaftlichen Strukturwandel und die Erstarkung der neuen Industrien bei gleichzeitig nachlassender Wachstumsdynamik in den alten Industrien: Werner Abelshauser, Kulturkampf. Der deutsche Weg in die neue Wirtschaft und die amerikanische Herausforderung, Berlin 2003.

10 Auf die von dem Münchener Wirtschaftshistoriker Knut Borchardt initiierte Debatte über die wirtschaftlichen Strukturprobleme der Weimarer Republik ist hier nicht detailliert einzugehen. Eine Zusammenfassung dieser Debatte mit gleichzeitiger Neubewertung einzelner Aspekte findet sich in: Albrecht Ritschl, Deutschlands Krise und Konjunktur

1924–1934, Binnenkonjunktur, Auslandsverschuldung und Reparationsproblem zwischen Dawes-Plan und Transfersperre, Berlin 2002. Zur Gründung und zur Geschäftsentwicklung der Deschimag in den ersten Jahren ihres Bestehens siehe Otmar Escher, Die Wirtschafts- und Finanzkrise in Bremen und der Fall Schröder-Bank, Frankfurt 1988; Harald Wixforth, Vom Stahlkonzern zum Firmenverbund. Die Unternehmen Heinrich Thyssen-Bornemiszas 1926 bis 1932, Paderborn 2019.

11 Zur Rolle Borgwards und der Entwicklung seiner Unternehmen während der Weimarer Republik und der NS-Diktatur siehe Birgit Hanke, Carl F. W. Borgward, Unternehmer und Autokonstrukteur, Bielefeld 2010; Georg Schmidt, Borgward: Carl F.W. Borgward und seine Autos, Stuttgart 1980. Zu den Anfängen der Luftfahrtindustrie in Bremen vgl. Hans-Joachim Schulze, Ausbau und Entwicklung des Bremer Flughafens, in: Peter Kuckuk, Hartmut Pophanken und Klaus Schalipp (Hg.), Ein Jahrhundert Luft- und Raumfahrt in Bremen, Bremen 2016, S. 55–85, Reinhold Thiel, Focke-Wulf Flugzeugbau, Bremen 2011, Peter Kuckuk und Hartmut Pophanken: Focke-Wulf von der Gründung bis zum Ende des Zweiten Weltkrieges, in: Kuckuk/Pophanken/Schalipp 2016, S. 103–121. Vgl. auch Roder, Bremens Wirtschaft im Wandel, S. 67–71.

12 Vgl. Hartmut Pophanken, Gründung und Ausbau der »Weser«-Flugzeugbau GmbH 1933 bis 1939, Bremen 2000. Generell zur Entwicklung der Luftfahrtindustrie während des NS-Regimes siehe Lutz Budraß, Flugzeugindustrie und Luftrüstung in Deutschland 1918 bis 1945, Düsseldorf 1998.

13 An dieser Stelle soll nur auf die in der Forschung aktuell laufende Debatte über die Strukturmerkmale und die Folgen des NS-Wirtschaftssystems verwiesen werden. Siehe einzelne Beiträge in: Werner Abelshauser, Jan-Otmar Hesse und Werner Plumpe (Hg.), Wirtschaftsordnung, Staat und Unternehmen. Neuere Forschungen zur Wirtschaftsgeschichte des Nationalsozialismus, Essen 2003.

14 Siehe Karl Marten Barfuß, Die Wirtschaft 1951–1969, in: ders. u. a. (Hg.), Geschichte der Freien Hansestadt Bremen 1945–2005, Bd. 1, 1945–1969, Bremen 2008, S. 357–443. Siehe auch einzelne Beiträge in Karl-Ludwig Sommer, Bremen in den 1950er Jahren, Bremen 1989.

15 Handelskammer Bremen, Bericht der Handelskammer Bremen für das Jahr 1965, Bremen 1965, S. 32.

16 Vgl. zu den Hintergründen und Folgen des Erdölembargos: Jens Hohensee, Der erste Ölpreisschock, Stuttgart 1996. Allgemein zu den Folgen für Wirtschaft und Gesellschaft in Deutschland siehe Manfred Görtemaker, Geschichte der Bundesrepublik Deutschland, München 1999. Die Handelskammer Bremen kommentierte diesen Einbruch der Wirtschaftsleistung in ihrem Jahresbericht für 1974 eher nüchtern: »Die Produktion glitt im Herbst unter den Stand des Vorjahres. Die Auslastung der Kapazitäten hatte über das Jahr gesehen eine sinkende Tendenz. Es fehlte vor allem der Mut der Unternehmen zu neuen Investitionen; real wird ihr Umfang um 7 v. H. unter dem Vorjahr bleiben.« Handelskammer Bremen, Bericht der Handelskammer Bremen über das Jahr 1974, Bremen 1974.

17 Zum Konkurs und der nachfolgenden Zerschlagung des Werftenverbundes um den Bremer Vulkan fehlt noch immer eine wissenschaftlichen Ansprüchen genügende Studie. Das Gleiche gilt auch für den Konkurs der Reederei Beluga. Siehe aber: »Der Untergang der Reederei Beluga«, in: Financial Times Deutschland vom 10. März 2011; Klaus Wolschner, Der schnelle

Absturz eines Aufsteigers, in: Waterkant, Heft 1/2011, S. 11–13; Burkhard Ilschner und Christof Spehr, Welche Lehren aus dem »Beluga Absturz« sind nötig?, in: Waterkant, Heft 1/2016, vom März 2016.

18 Eine kurze Zusammenfassung dieser Debatte findet sich in Harald Wixforth, Vom leading sector zur Krisenbranche? Die maritime Wirtschaft am Standort Bremen, in: Deutsche Schifffahrt, Heft 2/2019, S. 2–5. Einige Werften versuchten, durch eine Forcierung der Produktion von Spezialschiffen bzw. den Ausbau von Nischen ebenso ihre Wettbewerbsfähigkeit zu erhalten wie durch weitreichende Kooperationen und Allianzen mit anderen Unternehmen, um dadurch Synergieeffekte zu erreichen. Siehe dazu die Beiträge von Jörn Lindner, Christian Ostersehlte und Harald Wixforth in diesem Band.

19 Dazu ausführlich: Kai Kähler, Zwischen Wirtschaftsförderung und Wirtschaftsbetrieb. Hamburgs öffentlicher Hafenbetrieb im Wandel 1910–1970. Von staatlicher Kaiverwaltung zum freien Wettbewerb, Bremen 2010. Vgl. auch den Beitrag von Dirk Peters in diesem Band.

20 In gleicher Weise wirkten sich die Fusionen bremischer Firmen mit außerbremischen Partnern aus, deren Firmensitz sich außerhalb des Bundeslandes befand, wie z.B. die Fusion von VFW mit Fokker 1969 (neuer Firmensitz Düsseldorf) oder VFW mit Messerschmitt-Bölkow-Blohm 1981 (Firmensitz Ottobrunn).

21 Zum angeblich schwierigen Verhältnis von Wirtschaft und Politik in Bremen siehe etwa die Ausführungen in Konrad Elmshäuser, Eine konzise Geschichte Bremens, München 2007.

Der Frachter PALLAS (Bau-Nr. 13231) an der Lesumpier während der Ausrüstung, Frühsommer 1955
(Foto Maack, Vegesack, Historisches Archiv Fr. Lürssen Werft)

Fischkutter, Frachter und schließlich wieder Schnellboote: Der Wiederbeginn des Schiffbaus auf der Fr. Lürssen Werft in Vegesack und Lemwerder nach 1945

Christian Ostersehlte

Durch kleine Boote groß geworden: Die Fr. Lürssen Werft in Vegesack und Lemwerder bis 1945

Die heute im bremischen Vegesack firmierende Fr. Lürssen Werft[1] mit ihren Fertigungsanlagen in Bremen-Aumund, im oldenburgischen Lemwerder und Berne, sowie Tochterwerften in Wilhelmshaven, Hamburg, Schacht-Audorf bei Rendsburg und Wolgast, entstand aus unscheinbaren Anfängen. Im Sommer 1875 begann der gelernte Bootsbauer Friedrich Lürßen (1851–1916)[2] auf dem Grundstück seines späteren Schwiegervaters im damals preußischen und heute bremischen Aumund nahe Vegesack, hölzerne Arbeitsboote zu fertigen. Die Firma begann als ein kleiner Bootsbaubetrieb unter vielen[3] im Unterwesergebiet. Sie fiel in Nachbarschaft zu wesentlich bedeutenderen Betrieben der Branche zunächst kaum ins Gewicht. Im Vergleich sind die A.G. »Weser« in Gröpelingen (1843/1872), die Vorläuferbetriebe des späteren Bremer Vulkan (1895), Johann Lange (1805) und H.F. Ulrichs (1838), in Grohn/Vegesack und Fähr, die aufstrebende Bremerhavener und Geestemünder Schiffbauindustrie sowie die damals noch existenten Holzschiffswerften auf dem oldenburgischen Weserufer zu nennen.

Bald aber dehnte Friedrich Lürßen seinen Betrieb über den Dunstkreis der benachbarten kleinen Bootsbaubetriebe hinweg aus, denn er verstand es, schon nach wenigen Jahren überregionale Geschäftsbeziehungen anzubahnen. Seit den 1880er Jahren baute die Firma Ruderboote für den Wassersport, und zwar nicht nur für Vereine in der Umgebung, sondern in ganz Deutschland. 1886 soll für den Motorkonstrukteur Gottlieb Daimler (1834–1900) sogar der Rumpf für eines der weltweit ersten Motorboote gefertigt worden sein. 1890 wurde der Bau und Vertrieb von Motorbooten im Zusammenhang mit der in jenem Jahr in Bremen abgehaltenen Nordwestdeutschen Industrie- und Gewerbeausstellung neu aufgenommen und fortan kontinuierlich weitergeführt. Neben zwei Werften im Großraum Berlin (Engelbrecht und Naglo) und einer weiteren in Kiel (Scharstein) avancierte die Firma zum führenden Hersteller von Motorbooten in Deutschland. Vor dem Ersten Weltkrieg fertigte Lürssen (1913: 200 Mitarbeiter) Boote bis zu einer maximalen Länge von 23 Metern. Darunter befanden sich Rennboote, Motoryachten sowie Rettungs-, Gebrauchs- und Passagierboote, und zwar ausschließlich für den zivilen Markt. Serienmäßig wurden ferner kleine Sportboote und Bootszubehör gefertigt und in den Verkauf gegeben. Die Kaiserliche Marine spielte dagegen als Kunde so gut wie gar keine Rolle.[4] Das sollte sich erst nach 1914 grundlegend ändern.

Alles in allem ergibt sich ein entwicklungsgeschichtlicher Gegensatz[5] zur großen Mehrheit der deutschen Seeschiffswerften, die von vornherein als metallverarbeitende Großbetriebe, nicht selten mit einer eigenen Kesselschmiede und Maschinenwerkstatt, aus der Industrialisierung hervorgegangen waren. Dagegen hat die Firma Lürssen wie andere Bootswerften eine eigene Motorenfabrikation bis heute weder angestrebt noch praktiziert, sondern stets auf Geschäftsbeziehungen mit renommierten Herstellern gesetzt, so in späterer Zeit zu Daimler-Benz und Maybach. Auf der Werft selbst lag der Schwerpunkt in der Konstruktion und Fertigung von Bootsrümpfen in Holz-, später Kompositbauweise sowie in der Einrichtung. Ein enges, auch emotionales Verhältnis zum Holz als Baustoff[6] sowie der noch sehr vom Handwerk geprägte Bootsbau bestimmten über viele Jahrzehnte die Geschäftspolitik, das Selbstverständnis und die Mentalität innerhalb der Firma. Die *»corporate identity«* des Unternehmens wird als mittelständischer Familienbetrieb von der Besitzerfamilie bis heute maßgeblich gestaltet, wozu auch die Übereinstimmung zwischen dem Familiennamen und der Firmenbezeichnung beiträgt.[7]

Die entscheidende Persönlichkeit im Unternehmen vor und nach dem Ersten Weltkrieg war bis zu seinem frühen Tod Otto Lürßen (1880–1932), der Sohn des Firmengründers. Er hatte sich zunächst der Entwicklung von Motorbooten verschrieben. Im Gegensatz zu seinem Vater, der als gelernter Bootsbauer auf weitergehendem technischem Gebiet ein Autodidakt gewesen war, hatte Otto Lürßen nicht nur eine gründliche praktische, sondern auch eine solide und zeittypische ingenieurwissenschaftliche Ausbildung erhalten. Nach seinem Eintritt in das Unternehmen Ende 1906 sorgte er fortan bei den Entwurfsarbeiten für das entsprechende theoretische Fundament.[8]

Das Baugeschehen auf der Werft ab Kriegsausbruch 1914 stand vorrangig im Zeichen der Wechselbeziehungen zwischen militärischer und ziviler Technik. Basierend auf den Rennbooten der Vorkriegsjahre entwickelten die Firmen Lürssen und Siemens ferngelenkte Sprengboote, die sogenannten FL-Boote.[9] Sie waren zwar nur sehr bedingt frontfähig, bildeten aber einen substanziellen Ausgangspunkt. Zur entscheidenden Weichenstellung wurden die ab 1916 zunehmenden Abschüsse deutscher Zeppeline durch alliierte Flieger, wodurch dieses Luftkriegsmittel obsolet zu werden schien. Plötzlich wurden zahlreiche Ottomotoren des Fabrikats Maybach für andere Zwecke verfügbar. Nach Vorgaben des Reichsmarineamts, das vor allem an Einsätze gegen Sperrmittel an der flandrischen Küste dachte, entstanden bei Lürssen und zwei anderen Werften (Naglo und Oertz in Hamburg) ab 1917 die sogenannten LM- (Luftschiffmotoren)-Boote (Länge 15/17 Meter). Sie liefen mit ihrem Antrieb aus drei Motoren und auf drei Wellen rund 30 Knoten und waren mit einem MG und einem Bugtorpedorohr ausgerüstet. Rückschauend betrachtet, sind sie als eine frühe Grundform des späteren Motorschnellbootes anzusehen, und bewährten sich trotz einiger kleinerer Einschränkungen im Fronteinsatz. Ein anderer Bootstyp waren die mit einer Länge zwischen 20 und 27 Metern größeren und mit Geschwindigkeiten zwischen zehn und 17 Knoten deutlich langsameren UZ-Boote (U-Boot-Zerstörer), in deren Bauprogramm Lürssen, gemeinsam mit anderen Werften, ebenfalls eingebunden war. Als eine Weiterentwicklung baute Lürssen 1918 das 19,6 Meter lange Versuchsboot LÜSI I (34 Knoten) für die Kaiserliche Marine.[10] Das Kriegsende 1918 und der Zusammenbruch des Marinegeschäfts zwang die Werft zur Rückbesinnung auf einen gegenüber der Vorkriegszeit wesentlich schwieriger gewordenen zivilen Markt.

Bis dahin war Lürssen an zwei Standorten tätig gewesen. In Aumund, wo 1875 alles angefangen hatte, war in den folgenden Jahrzehnten ein umfangreiches, wenn auch durch zahlreiche Um- und Neubauten verschachteltes Fabrikgelände entstanden. Diese Anlage brannte am Abend des 25. Januar 1918 durch ein Großfeuer ab[11] und wurde in dieser Form nicht mehr wieder aufgebaut. Schon 1904 hatte Lürssen eine Niederlassung am Vegesacker Hafen eingerichtet.[12] Auf diesem Gelände, wo zwischen 1805 und 1893 die Werft von Johann Lange zahlreiche Segelschiffe gebaut hatte[13] und sich noch heute die Hauptverwaltung des Unternehmens befindet,[14] entstand zunächst eine bescheidene Werftanlage. Doch nach dem Brand in Aumund verlagerte sich der Produktionsschwerpunkt an das Weserufer.[15] Der Firmensitz wurde 1924 ebenfalls nach Vegesack verlegt[16] und das Areal in Aumund 1927 verkauft.[17] In Vegesack/Grohn führte das an der Lesum zu einer engen räumlichen Nachbarschaft zur Bremen-Vegesacker Fischerei-Gesellschaft, einem 1895 gegründeten Unternehmen der kleinen Hochseefischerei, das bis 1969 existierte.[18]

Das Spektrum an Gebrauchs-, Rettungs- und Sportbooten sowie an Yachten ähnelte der Produktpalette vor 1914. Als besonderes Aushängeschild lieferte die Werft in den zwanziger Jahren eine Reihe eleganter, teilweise aber auch schneller Motoryachten in die USA.[19] Die Zahl der Mitarbeiter schwankte konjunkturbedingt zwischen 200 und 300 und sackte während der Weltwirtschaftskrise auf unter 200 ab.[20] Zum neben Otto Lürßen führenden technischen Kopf avancierte nach dem Ersten Weltkrieg der Diplomingenieur und Prokurist Alfred Bunje (1890–1982), der von 1919 bis 1961 auf der Werft als Chefkonstrukteur wirkte. Vor seinem Eintritt bei Lürssen hatte er beim Bremer Vulkan und der A.G. »Weser« im Großschiffbau gearbeitet. Nicht zuletzt durch sein Wirken wurde die Lürssen Werft in der Zwischenkriegszeit zur Geburtsstätte des deutschen Schnellbootes, was ihm die Bezeichnung *»Vater der Schnellboote«* eintrug.[21]

Während man sich in den 1920er Jahren vorwiegend um den zivilen Markt im In- und Ausland kümmerte, wurden zur Reichsmarine erste Kontakte geknüpft, wenn auch zunächst unter eher verborgenen Umständen. Basierend auf den Erfahrungen mit den LM-Booten und LÜSI wurde 1927 der sogenannte

»Expresskreuzer« LUER gebaut. Er wurde von drei Maybach-Motoren angetrieben und lief 29 Knoten.[22] Die zivile Aufmachung durch einen Berliner Auftraggeber diente nur der Tarnung, denn tatsächlich steckte die Reichsmarine dahinter, um die Bestimmungen des Versailler Vertrags zu umgehen, und gleichzeitig neue technische Entwicklungen voranzutreiben. Kapitän zur See Walter Lohmann (1878–1930) betrieb am Parlament und am fiskalischen Prüfwesen vorbei geheime Rüstungsprojekte, die als kommerzielle und wassersportliche Scheinfirmen getarnt waren. Durch Presseenthüllungen flog das alles noch im Jahr 1927 auf.[23]

Doch die einschlägige technische Entwicklung ging weiter, nun aber in einem legalen Rahmen. Schließlich kristallisierte sich der Typ des Schnellbootes heraus. An den umfangreichen Vorarbeiten beteiligten sich verschiedene Dienststellen der Reichsmarine, die Lürssen Werft noch unter maßgeblicher Federführung von Otto Lürßen sowie der Motorenbauer Daimler-Benz. Der Linienriss kam vom Konstruktionsamt der Marine, während die Werft für den Entwurf des Prototyps sowie die Erstellung aller Bauzeichnungen sorgte. Eine ausgereifte Linienführung des Rundspant-Verdrängungsbootskörpers mit einer sehr stabilen, jedoch relativ leichten Leichtmetall-Holz-Kompositbauweise boten ein hohes Maß an Seefähigkeit und Festigkeit.[24]

Im Sommer 1930 lieferte Lürssen ein erstes Boot an die Reichsmarine ab. Die ungelenk wirkende Namensbezeichnung UZ (S) 16 bezog sich auf die früheren UZ-Boote des Ersten Weltkriegs und auf Unsicherheiten seitens der Marineleitung, wie dieser neue Kriegsschiffstyp am besten zu definieren sei. Schließlich setzte sich der aus dem zivilen Motorbootssport übernommene und inzwischen seit Jahrzehnten anerkannte Begriff des Schnellbootes durch; ab 1932 hieß das Boot S 1. Das Boot besaß eine Länge von 27,03 Meter, der Antrieb erfolgte durch drei Daimler-Benz-Ottomotoren sowie einen zusätzlichen Marschmotor auf der Mittelwelle (insgesamt 2700 PS). Diese Konfiguration ermöglichte dem Boot eine Geschwindigkeit von 34,2 Knoten. Die Bewaffnung bestand aus zwei Torpedorohren und einem Maschinengewehr.[25] In der Folgezeit erhielt die Reichsmarine weitere Schnellboote. Die Grundkonfiguration und der eigentliche technische Durchbruch auf diesem Gebiet wurden während des nahenden Endes der

Eine Schnellbootflottille der Reichsmarine zu Besuch im Vegesacker Hafen um 1933, im Hintergrund das damalige Kontorhaus der Fr. Lürssen Werft (Historisches Archiv Fr. Lürssen Werft)

Weimarer Republik erzielt. Damals ging es um die Modernisierung einer kleinen und defensiven deutschen Seestreitmacht.

Die nationalsozialistische Machtergreifung am 30. Januar 1933 änderte die Rahmenbedingungen fundamental und schicksalhaft. Sie führte ab 1935 zur groß angelegten Aufrüstung der nunmehr so benannten Wehrmacht mit ihrer Kriegsmarine. Für Lürssen bedeutete das den Rückgang des Zivilgeschäfts, wenngleich sich dieses in Ausläufern noch bis 1939 halten konnte und sogar im Krieg für einen angestammten Werftkunden (seit 1912), die Deutsche Gesellschaft zur Rettung Schiffbrüchiger (DGzRS), in vereinzelten Ablieferungen fortgesetzt wurde.[26]

Doch das Schwergewicht lag nun im Schnellbootsbau.[27] Die Fertigung anderer Typen wie Torpedofang-, Minenräum- und Verkehrsboote für die Kriegsmarine blieb schon rein quantitativ dagegen gering. Lürssen wurde im deutschen Schnellbootsbau zur Leit- und Vorbauwerft. Das Grundmuster war zwar bereits mit S 1 gelegt worden, doch erfolgte eine ständige Weiterentwicklung in vielen technischen Details, so etwa hin zu Dieselmotoren (ab S 6, 1933), zur leicht gepanzerten, aus einem Halbkugelsegment bestehenden Kalottenbrücke (ab S 68, 1942) sowie in der Torpedo- und artilleristischen Bewaffnung. Ungeachtet der eigenen rüstungswirtschaftlichen Prioritäten des Dritten Reichs blieb bis zum Kriegsausbruch sogar noch Raum für Exporte. Vor dem Hintergrund der deutschen Südosteuropapolitik sowie eines 1937 zugunsten Japans aufgegebenen engeren Verhältnis zu Chiang Kai-sheks China wurden zwischen 1936 und 1939 acht Schnellboote an Jugoslawien[28] und jeweils drei an Bulgarien und China geliefert.[29]

Dieses umfangreiche Bauprogramm konnte nicht mehr allein am inzwischen eng gewordenen Standort in Vegesack durchgeführt werden. Bereits nach dem Brand in Aumund 1918 hatte man das gegenüberliegende oldenburgische Lemwerder als Ausweichmöglichkeit erwogen, dann aber fallen gelassen. Doch nun erfolgte dort ab 1935 die Errichtung eines zusätzlichen, großangelegten Betriebs mit zunächst drei Bootsbauhallen und anderen Gebäuden und Anlagen, dessen Bau sich bis in den Krieg hinein hinzog.[30]

Von S 1 (1930) bis S 305 (März 1945) baute Lürssen insgesamt 166 Schnellboote für die Marine. 20 weitere wurden nicht mehr fertig, ein stattlicher Auftragsbestand von 100 Schnellbooten bei Kriegsende storniert. 30 Boote eines Klein-Schnellbootstyps (Hydra) kamen 1945 auch nicht mehr zur Auslieferung.[31] Weitere 60 Boote des gängigen Schnellboottyps entstanden auf Nachbauwerften in Travemünde und Danzig.[32] Wie die übrige Schiffbauindustrie, so war auch Lürssen organisatorisch in die deutsche Rüstungswirtschaft eingebunden, die seit 1942 unter Speer eine erhebliche Steigerung in Produktivität und Organisation erfuhr.[33]

Ein solches Bauvolumen konnte nur mit einer deutlich vergrößerten Belegschaft bewältigt werden. Zum Stichtag 28.4.1944 waren bei Lürssen insgesamt 1451 Mitarbeiter beschäftigt, darunter ein Kontingent Zwangsarbeiter aus Osteuropa.[34] Am 8. Oktober 1943 führte ein Bombenangriff auf die Anlagen in Lemwerder, bei dem auch die örtliche Schule schwer getroffen wurde, zu schweren Schäden auf dem Werftgelände und zu mehr als 50 Toten.[35]

Nach dem frühen Tod Otto Lürßens 1932 hatte seine Witwe Frieda Lürßen (geb. Richter, 1890–1974) mit großer Autorität und Führungskraft bis 1943 die Leitung des Unternehmens übernommen. Sie konnte sich gleichzeitig auf eine erfahrene Prokura stützen.[36] Die beiden Söhne Gert (1913–1991) und Fritz-Otto

Lürßen (1917–1981) befanden sich zunächst noch in der Ausbildung. Während Fritz-Otto Lürßen sich für eine Laufbahn als Marineoffizier entschied, wurde Gert Lürßen ab 1938 in der Firma planmäßig für künftige Führungsaufgaben aufgebaut, bis er 1943 als persönlich haftender Gesellschafter die Leitung der Werft übernahm.[37]

Improvisationen, Reparaturen und Fischkutter: Neuanfang nach der »Stunde Null«

Der Wiederbeginn nach der Kapitulation und die nachfolgende Entwicklung bei Lürssen müssen im Kontext der übergeordneten Entwicklung gesehen werden. Der deutsche Schiffbau stand vor der Aufgabe, angesichts massiver Schiffbauverbote durch die Besatzungsmächte zunächst zu improvisieren, bevor dann der Wiederaufstieg und damit der Wiedereintritt in den Weltmarkt bewerkstelligt werden konnte.[38]

Dem Vernehmen nach transportierten die Briten und Amerikaner in großem Umfang technische Unterlagen über den Schnellbootsbau von der Werft ab und werteten sie, wie die gesamte deutsche Rüstungstechnik, gründlich aus.[39] Dabei gingen diese beiden bedeutenden Seemächte und Schifffahrtsnationen im eigenen Schnellbootsbau technisch andere Wege und bevorzugten traditionell leichter gebaute Boote.[40] Auf der Lürssen-Werft wurden zunächst Frieda und Gert Lürßen sowie Alfred Bunje vorübergehend von der Leitung der Werft entfernt. Gert Lürßen kehrte 1946 zurück, übernahm die Leitung der Firma und wurde 1948 durch seinen aus britischer Kriegsgefangenschaft heimgekehrten Bruder Fritz-Otto Lürßen unterstützt. Beide prägten das Unternehmen nachhaltig in den folgenden Jahrzehnten.[41]

Erste Reparaturarbeiten an kleineren Fahrzeugen wurden im Juni 1945 von der US-Besatzungsmacht genehmigt, ebenso die Vermietung zweier Hallen in Lemwerder an eine Ziegelei. Zu diesem Zeitpunkt arbeiteten rund 100 Personen auf der Werft.[42] Das war aber nur ein kleiner Hoffnungsschimmer. Wie alle anderen deutschen Werften, so war auch Lürssen vom allgemeinen Schiffbauverbot betroffen, sodass man auch hier zu branchenfremden

Arbeiten Zuflucht nehmen musste. Fenster, Türen, Möbel, Kochtöpfe aus ehemaligen Wehrmachtsstahlhelmen, auch Ruderboote aus weißem Zedernholz bildeten notgedrungen das Sortiment. In Lemwerder zerstörte ein Brand am 23. Januar 1947 einen Bootslagerschuppen.[43] Spätestens seit 1948 beschäftigte man sich dann auch wieder systematisch mit Sportruderbooten.[44]

Doch recht bald konnte man an den Bau erster seegehender Fahrzeuge gehen. Den Anstoß gab die prekäre Ernährungslage in den Besatzungszonen. In seiner Direktive vom 4.11.1946 legte der Alliierte Kontrollrat für neu erbaute Fischereifahrzeuge, die der deutschen Friedenswirtschaft zugestanden wurden, eine Höchstgrenze von 400 BRT, 43 m Länge und 12 Knoten fest. Bereits im August 1945 trafen bei Lürssen erste Aufträge aus dem Unterwesergebiet für hölzerne 17-Meter-Fischkutter ein, bis 1948 erfolgte die Ablieferung von insgesamt elf Einheiten.[45] Außerdem gelang es, wieder Anschluss an die zivile Produktionspalette aus der Vorkriegszeit, zunächst kleinere Fahrzeugtypen betreffend, zu finden und damit auf noch vorhandenes Wissen zurückzugreifen. Den Anfang machte bereits im Sommer 1945 ein Rettungsboot für den einstigen Lloyd-Schnelldampfer EUROPA, der nunmehr zum Truppentransporter für die US Navy in Bremerhaven umgerüstet wurde.[46] Im Sommer 1947 ging ein 6-Meter-Arbeitsboot an den Inhaber der Segelmacherei Seggermann in Bremen-Vegesack[47], Ende 1948 ein Elektroboot für den Ausflugsverkehr an einen Kunden am Zwischenahner Meer.[48]

Die Entwicklung der drei Westzonen hin zur Gründung der Bundesrepublik Deutschland 1949 und eine sich dadurch herauskristallisierende neue deutsche Staatlichkeit führten zu ersten Behördenaufträgen. So erhielt das Hafenamt in Bremen 1949 eine stählerne Motorbarkasse.[49] Die Wasser- und Schifffahrtsverwaltung des Bundes war 1949 als Nachfolgerin der einstigen Reichswasserstraßenverwaltung entstanden und erhielt bereits 1949–1950 drei Schleppboote für Minden.[50] Es handelte sich um Prototypen, ähnliche Boote wurden zur gleichen Zeit auf der gegenüberliegenden Werft Abeking & Rasmussen in Lemwerder (gegr. 1907) gebaut.[51] Anschließend erfolgte auf Westberliner Werften der Nachbau weiterer Boote für die Wasser- und Schifffahrtsverwaltung.[52]

Der Vegesacker Hafen im Frühjahr 1951, links das Patrouillenboot USN 56 (Bau-Nr. 13211) für die US Navy, rechts der für Bremerhaven bestimmte Zollkreuzer KONDOR (Bau-Nr. 13198) (Foto Helmut Schröder, Vegesack, Historisches Archiv Fr. Lürssen Werft)

Bereits in der Zwischenkriegszeit hatte das Reichsfinanzministerium in Berlin eine größere Anzahl Zollboote und -kreuzer bezogen. An diese Verbindung knüpfte das Bundesfinanzministerium in Bonn an. Den Anfang machten 1950 zwei Zollboote, REIHER und KORMORAN, für den Einsatz in Bremen und 1952 der Zollkreuzer KONDOR für Bremerhaven.[53] Ein bemerkenswerter Auftrag wurde für die DGzRS 1951/52 ausgeführt, als das 1931 bei Lürssen erbaute Motorrettungsboot BREMEN (ex KONSUL KLEYENSTÜBER) in einen Versuchs-Seenotkreuzer umgebaut wurde.[54]

Im Zeichen von Hunger und anderen Entbehrungen in der frühen Nachkriegszeit, der Währungsreform 1948 und zunächst noch einer hohen Arbeitslosigkeit zählte der gehobene Freizeitbedarf nicht gerade zu den Prioritäten in Wirtschaft und Gesellschaft. Und doch konnte die Werft in ersten und noch sehr zaghaften Schritten wieder an die früheren Erfolge anknüpfen, als bereits 1947/49 ein 9,5-Meter-Motorboot aus Mahagoni, ein sogenanntes

Autoboot, für einen Kunden im benachbarten Lesum gefertigt wurde.[55] Eine 11-Meter-Motoryacht, ebenfalls aus Mahagoni, ging 1951 nach Süddeutschland.[56] Wenige Jahre später kam aus den USA, damals noch im Zeichen der *»affluent society«*(so der Ausdruck des US-amerikanischen Ökonomen John Kenneth Galbraith über das Nachkriegsamerika), ein Auftrag für eine 20-Meter-Motoryacht aus Teakholz, die VISITOR IV, für einen Kunden in Philadelphia, die schließlich im Oktober 1954 in Bremen auf einen amerikanischen Frachter verladen wurde.[57]

Doch im Allgemeinen standen die Zeichen auf Wiederaufbau, auf Entbehrung und Verzicht. In einem bescheidenen Rahmen wurde deswegen auf der Werft im Juni 1950 das 75-jährige Jubiläum begangen. Überwiegend aus dem Bremer Raum trafen etliche Glückwünsche ein und zeigten, dass viele Bekanntschaften und Verbindungen, auch aus der Vorkriegszeit, noch existierten.[58]

Ein Zeitungsartikel hatte die Beschäftigungssituation bei Lürssen im November 1949 wie folgt beschrieben: *»Die Lürssen-Werft hatte in den letzten Jahren über 500 Angestellte und Arbeiter. Heute sind es 230 Belegschaftsmitglieder, die zum großen Teil auch mit der Herstellung von Fenstern und Türen für die zahlreichen Neubauten im Bezirk Bremen-Nord beschäftigt werden. Die schwierige Lage nach der Währungsreform hat auch zu Entlassungen geführt; doch konnte der alte Stamm der Arbeiter, der sich von Geschlecht zu Geschlecht fortgepflanzt hat, erhalten bleiben, womit die Weiterentwicklung dieser so bedeutungsvollen Arbeitsstätte gesichert bleibt.«*[59]

Die Wasserschutzpolizei Bremen gratulierte der Werft zum 75-jährigen Jubiläum 1950 mit dieser selbst gestalteten Urkunde (Historisches Archiv Fr. Lürssen Werft 162-6)

Kümos und Frachter: der Einstieg in den Handelsschiffbau

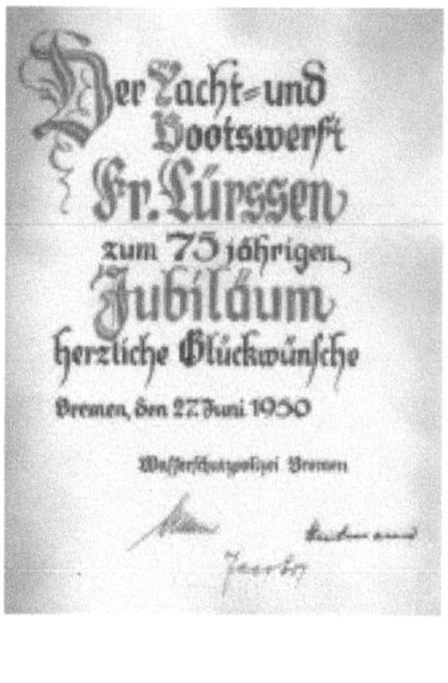
Der Yacht- und Bootswerft Fr. Lürssen zum 75 jährigen Jubiläum herzliche Glückwünsche

Bremen, den 27. Juni 1950

Wasserschutzpolizei Bremen

Um die Werft ausreichend zu beschäftigen und auch expandieren zu lassen, erwies es sich nicht als ausreichend, sich nur auf die angestammten Geschäftsfelder aus der Vorkriegszeit zu konzentrieren, sondern es musste technisches Neuland betreten werden. Das bedeutete für Lürssen den Bau kleinerer und mittlerer Frachter und anderer Handelsschiffe, ein Geschäft, das der Werft bis dahin fremd gewesen war und das man wohlweislich den angestammten Eisen- und Stahlschiffswerften überlassen hatte.

Der Einstieg in den Frachterbau wurde schließlich 1949 durch das Kümo STELLA (Bau-Nr. 13171), hier noch mit einer alliierten Registernummer, bewerkstelligt. Abnehmer war der Bremerhavener Reeder Pullmeyer (Historisches Archiv Fr. Lürssen Werft)

Die Chance ergab sich, als allmählich die alliierten Beschränkungen für Handelsschifffahrt und -schiffbau gelockert wurden. Im Winter 1947/48 begannen die ersten Vorbereitungen zum Bau des Küstenmotorschiffes STELLA (277 BRT) für einen Reeder aus Bremerhaven. Materialmangel und andere Schwierigkeiten zwangen zu viel Improvisation. Erst im April 1949 lief das Schiff vom Stapel und wurde im Herbst desselben Jahres abgeliefert. Bis 1951 folgten noch sieben weitere Kümos des etwas größeren Typs »*Weser*«, der in Zusammenarbeit mit anderen Unterweserwerften entwickelt worden war. Sie gingen an verschiedene Reeder im Unterweser- und Unterelbegebiet.[60]

Als 1951 die letzten Beschränkungen für die deutsche Handelsschifffahrt fielen, konnte auch die Lürssen-Werft an Großformatigeres denken. Mit der Rendsburger Firma Ahlmann (Carlshütte), die im gleichen Jahr mit der CALLA einen Kümo des Typs »*Weser*« erhalten hatte, wurden Verhandlungen geführt, die schließlich zum Auftrag für den Bau zweier größerer Frachter führten. Sie wurden 1952/53 als CIANDRA und COLONIA (950 BRT) abgeliefert und waren vor allem für die Fahrt zu den Großen Seen in Nordamerika bestimmt. Damals setzten deutsche und skandinavische Reeder vorübergehend Hoffnungen darauf, dieses entlegene Revier im Mittleren Westen, dessen nautische

Drei Neubauten für Indonesien (v. r. n. l.), LAWAK (Bau-Nr. 13202), LAKOR (Bau-Nr. 13203) und LAKOTA (Bau-Nr. 13204) geben sich im Ende Juni/Anfang Juli 1953 im Vegesacker Hafen ein Stelldichein (Historisches Archiv Fr. Lürssen Werft)

Verhältnisse denen der Ostsee ähnelten, über ein damals noch beengtes Kanalsystem (vor der Eröffnung des St. Lorenz-Seeweges 1959) für die Überseeschifffahrt zu erschließen. Die beiden Frachter konnten zwölf Fahrgäste mitnehmen und waren als vollgeschweißte Schiffe mit modernen Kränen statt der damals häufig noch üblichen Ladebäume auf dem allerneuesten Stand der Technik. Der Reeder hatte Wert auf eine äußerst elegante Linienführung und einer gediegenen Ausstattung der Fahrgasträume gelegt, wobei die Werft ihr Know-how und Stilgefühl aus dem Motoryachtbau einbringen konnte.[61]

Zu jener Zeit hatte Lürssen erste Schritte in das Auslandsgeschäft unternommen. Der 1949 unabhängig gewordene Inselstaat Indonesien verzeichnete einen großen Bedarf an Fracht- und Passagierschiffen für den interinsularen Verkehr[62], sodass 1952 ein Großauftrag an westdeutsche, belgische und italienische Werften erging. Um für den Auftraggeber die Verhandlungen zu erleichtern, schlossen sich neun deutsche Werften, darunter Lürssen, zur Exportgemeinschaft Schiffbau GmbH (EGS) zusammen, die später auch bei anderen Geschäften in Aktion trat und bis 1989 existierte.[63] Lürssen und fünf weitere Werften erhielten den Auftrag über 15 Fracht- und Passagierschiffe des von der Firma Maierform GmbH in Bremen konstruierten Typs XC 16 (522 BRT).

Davon entstanden bei Lürssen in Vegesack und Lemwerder bis 1954 schließlich sechs Einheiten (LAWAK, LAKOR, LAKOTA, LABADJAU, LANDU, LAPONDA).[64] Die Verbindung der Werft nach Indonesien blieb auch für die kommenden Jahrzehnte bestehen.

Gelegentlich haben Werften Frachter und andere Handelsschiffstypen auf eigene Rechnung gebaut, um Auftragsflauten zu überbrücken und gleichzeitig Eigenkapital zu investieren. Lürssen tat dies 1954 in Gestalt des Frachters VEGESACK (500 BRT), der auf dem Chartermarkt sein Unterkommen fand.[65] Im gleichen Jahr wurde für eine Reederei in Bremen ein Binnenmotorschiff (MERKUR I) des gängigen Typs *»Gustav Koenigs«* gebaut, an dem die Werft auch beteiligt war.[66]

Um das gestiegene Auftragsvolumen zu bewältigen, waren entsprechende Investitionen in Lemwerder und Vegesack notwendig. Auf der oldenburgischen Weserseite erfolgte der Schiffsneubau, hier liefen auch die Frachter und anderen Neubauten vom Stapel. Mitte der 1950er Jahre begannen dort Planungen und erste Bauarbeiten für den Ausbau.[67] Der engräumigere Stammbetrieb auf der bremischen Weserseite war vor allem von der Endausrüstung geprägt, und an der Lesumpier gaben sich die dorthin verholten Neubauten ein Stelldichein. Auch dort wurde modernisiert.[68] Von einem Streik in der Bremer und Bremerhavener Werftindustrie vom 25. April bis zum 9. Juni 1953, bei dem es um Tariffragen ging, war auch die Lürssen Werft betroffen.[69]

Die Alliierten, Schweden und der Bund als Auftraggeber: Wieder Marineschiffbau

Als 1945 das Marinegeschäft ersatzlos weggebrochen war, war im Rahmen der alliierten Re-education allein der Gedanke an deutsches Militär ein Tabu, bis um 1950 die Diskussion um einen westdeutschen Wehrbeitrag bgann. Der Neueinstieg der Werft in das Marinegeschäft erfolgte über das in Deutschland stationierte Militär der westlichen Besatzungsmächte, die vor dem Hintergrund des heraufziehenden Kalten Krieges immer mehr als Schutz- denn als Besatzungsmächte wahrgenommen wurden. Reparaturen an ehemaligen deutschen Minenräumbooten und Schnellbooten, die sich in amerikanischem Besitz befanden, sind für den Sommer 1947 im Werftarchiv aktenkundig.[70] Diese Einheiten gingen später zum größten Teil an den unter alliierter Aufsicht operierenden Deutschen Minenräumverband oder im Fall der Schnellboote an die dänische Marine.[71]

Während Großwerften wie Blohm & Voss[72], Bremer Vulkan[73] und A.G. »Weser«[74], meist wegen ihrer Demontageerfahrungen und trotz gelegentlicher Überlegungen zunächst nichts mehr vom Marineschiffbau wissen wollten[75] und sich voll und ganz auf die zivile Kundschaft konzentrierten, hatten kleinere, inhabergeführte Werften weniger Berührungsängste, was schließlich zu Neubauaufträgen führte.[76] Bei Lürssen waren die entsprechenden Anfänge unspektakulär. Die Pioniertruppe der US Army in Kassel und Hanau erhielt 1950–1952 zwölf Pionierboote aus Sperrholz mit amerikanischen Motoren. Die französische Armee zog nach. Ende 1954 wurde ein erstes stählernes Pionierboot für eine Einheit im badischen Rastatt abgeliefert, acht weitere folgten im Jahr darauf.[77]

Ein weiterer Schritt, der bereits auf einen künftigen deutschen Wehrbeitrag hindeutete, war 1952–1953 der Bau von sechs 27-Meter-Patrouillenbooten bei Lürssen (2), Abeking & Rasmussen sowie Schweers und Schürenstedt in Bardenfleth für Sicherungsaufgaben der US Navy in Bremerhaven (Weser River Patrol). Diese Boote, zumindest teilweise mit deutschem Dienstpersonal bemannt, fanden 1956 ihren Weg als Hafenschutzboote in die Bundesmarine.[78]

Währenddessen war 1951 vom Bundesinnenministerium in Bonn der Bundesgrenzschutz aufgestellt worden, der als Sonderpolizeiformation damals noch einen deutlich militärischen Charakter besaß. Sein maritimer Arm war der Seegrenzschutz, eine Art Küstenwache, die sich vor allem aus einstigen Angehörigen der Kriegsmarine rekrutierte und 1956 in die neue Bundesmarine übernommen wurde.[79] Gemeinsam mit Burmester in Bremen-Burg und Schlichting in Travemünde baute Lürssen 1952 als Vorbauwerft zwei Patrouillenboote selbst (P1 und P 2) als Teil einer Viererserie eines etwas vergrößerten Typs (29 m). Auch sie wurden 1956 als Hafenschutzboote von der Bundesmarine übernommen.[80]

Das alles war nur eine Ouvertüre. Beim Seegrenzschutz sah man sich vielleicht auch als eine Art Vorläufermarine, und so kam es bereits 1952 zu einem neuen Auftrag für drei Wachboote an Lürssen. Dabei ging es um nichts weniger als um einen Rückgriff und die Weiterentwicklung des deutschen Schnellbootstyps aus dem Zweiten Weltkrieg. Wie schon erwähnt, wirkte zu jener Zeit Bunje als unentbehrlicher Wissensträger vor allem auf technischem Gebiet nach wie vor im Unternehmen. Doch in Bonn war man zu schnell vorgeprescht, denn 1954 erhob das Alliierte Sicherheitsamt Einspruch und untersagte die Auslieferung der Boote an den Grenzschutz. Umgehend fand sich in Gestalt der Royal Navy ein Ersatzkunde. Dieser Umstand hatte mit einem schillernden Kapitel aus dem Halbdunkel des inzwischen voll entbrannten Kalten Krieges zwischen Ost und West zu tun.

Unter der Führung des ehemaligen Kapitänleutnants der Kriegsmarine und späteren Vizeadmirals der Bundesmarine Hans-Helmut Klose (1916–2003) führte von 1949–1955 eine Schnellbootgruppe zunächst mit zwei ehemaligen Schnellbooten aus Kriegsmarinebeständen Fahrten an die baltische und polnische Küste durch, um Funkaufklärung zu betreiben sowie um westliche Agenten abzusetzen und wieder abzuholen. Im Baltikum waren noch bis Mitte der 1950er Jahre antikommunistische Partisanen aktiv. Der Verband Kloses operierte aus Tarnungsgründen unter der Bezeichnung *»International Fishery Protection Service«* und führte neben dem *»White Ensign«* der Royal Navy sogar den international üblichen Fischereischutzstander. 1956 endete die Tätigkeit dieser kleinen, geheimnisvollen Flottille. Bei insgesamt 16 Landungen hatte diese ohne eigene Verluste 52 Agenten abgesetzt und 18 zurückgeholt.[81]

Das erste der drei neuen Schnellboote, die STORM GULL, wurde im Dezember 1954 abgeliefert, die beiden anderen, SILVER GULL und WILD SWAN, folgten im Jahr darauf. Die Querelen um diese Boote wurden durch die allgemeine Entwicklung bald überholt, sodass alle drei Boote noch 1956 ihren Weg in die neu aufgestellte Bundesmarine fanden, wo sie als Grundstock für den alsbald folgenden Aufbau der Schnellbootwaffe hochwillkommen waren und neue Bootsnamen – simple Übersetzungen der englischen Ursprungsnamen – verpasst bekamen. Klose setzte seine Karriere erfolgreich fort und brachte es schließlich zum Befehlshaber der Flotte (1975–1978) mit Dienstsitz im Flottenkommando in Glücksburg.[82]

Unter dem »White Ensign« der Royal Navy – eines der drei Boote der »Schnellbootgruppe Klose« SILVER GULL (Bau-Nr. 13214), STORM GULL (Bau-Nr. 13215), oder WILD SWAN (Bau-Nr. 13216), um 1954 (Historisches Archiv Fr. Lürssen Werft)

Während sich auf diese Weise, nicht zuletzt durch das Mitwirken der Werft, der westdeutsche maritime Wehrbeitrag herauskristallisierte, hatte man einen geradezu spektakulären Exportauftrag verbuchen können. Er kam im September 1952 aus Stockholm, denn die schwedische Neutralitätspolitik zwischen Ost und West besaß eine prowestliche Komponente.[83] Zwar betrieb die schwedische Marine eine eigene Schnellbootentwicklung, doch Kapazitätsengpässe in der damals noch gut beschäftigten, im Weltmaßstab bedeutenden heimischen Schiffbauindustrie, die einschlägigen Erfahrungen der Lürssen-Werft und wohl auch das damals noch niedrige westdeutsche Lohnniveau dürften zu dieser Auslagerung eines Marineauftrags geführt haben[84], der schließlich zwei Baulose umfasste. 1953–1954 kamen die ersten fünf Boote (PLEJAD, POLARES, POLLUX, REGULUS, RIGEL) zur Ablieferung, bis 1957 folgten noch sechs weitere Einheiten. Die 48 m langen Boote besaßen einen Stahlrumpf und liefen 37 Knoten. Ein auffallendes äußeres Merkmal war das leicht gepanzerte Brückenhaus, womit

Das erste Schnellboot für Schweden: PLEJAD (Bau-Nr. 13206) an der Lesumpier, Frühjahr 1954 (Historisches Archiv Fr. Lürssen Werft)

auch andere schwedische Schnellboote ausgerüstet waren. Alle Boote wurden unbewaffnet abgeliefert, denn die Bestückung mit Torpedorohren und Rohrwaffen erfolgte in Schweden. Die erfolgreiche Abwicklung dieses Auftrags trug Gert Lürßen 1955 die Auszeichnung mit dem Ritterkreuz des Königlich Schwedischen Wasa-Ordens und drei Werkmeistern die Goldene Wasa-Medaille ein.[85]

Als 1956 die Bundesmarine aufgestellt wurde, war für die Lürssen-Werft also bereits ein solides Fundament für die Fortentwicklung des Marinegeschäfts gelegt worden. So war es kein Wunder, dass das Unternehmen in den kommenden Jahrzehnten eine führende Rolle im Aufbau vor allem der westdeutschen Schnellbootwaffe spielte, und das betraf die Klassen 149 (neben den Klose-Booten drei weitere Boote 1956), 140/141 (JAGUAR-Klasse, 30 Einheiten, 1957–1961 i.D.), 142 (ZOBEL-Klasse, 10 Einheiten, 1961–1963 i.D.), 148 (S 41/TIGER-Klasse, 20 Einheiten, 1972–1975 i.D.), 143 (S 61/ALBATROS-Klasse, 10 Einheiten,

1976–1977 i.D.) und 143 A (S 71/GEPARD-Klasse, 10 Einheiten, 1982–1984 i.D.); letztere drei Klassen verfügten über eine Flugkörperbewaffnung. Bei den Klassen 140/141, 142, 143 und 143 A war die Kröger-Werft, bei den Booten der Klasse 148 mit ihren Stahlrümpfen die französische Werft CMN in Cherbourg beteiligt.[86]

Im November 2016 wurden in Warnemünde die letzten Schnellboote (Klasse 143 A) der Deutschen Marine feierlich außer Dienst gestellt. Damit endete ein von der Lürssen-Werft maßgeblich mitgestaltetes Kapitel der deutschen Marinegeschichte. Die operativen Aufgaben sind von den Korvetten der Klasse 130 übernommen worden, bei deren Entwicklung und Bau die Lürssen-Gruppe ebenfalls maßgeblich beteiligt war.[87]

Ausblick: im Boomjahr 1955 und danach

Zehn Jahre nach Kriegsende konnte die Lürssen Werft für das Jahr 1955 eine respektable Produktionsbilanz vorweisen. Insgesamt 25 Neubauten unterschiedlicher Größe und Typs wurden in jenem Jahr abgeliefert. Neben dem schwedischen Schnellboot ALDEBARAN kamen, wie bereits erwähnt, die beiden weiteren Klose-Schnellboote für die Royal Navy und ein sehr ähnliches Schnellboot (S 1), noch für den Bundesgrenzschutz, zur Ablieferung. Zwei Motoryachten, ein Arbeitsboot, die erwähnten Pionierboote für Frankreich, zwei Forschungsboote für Thailand, ein großes Streifenboot für die bremische Wasserschutzpolizei (BREMEN I), das nach externem Entwurf und Zulieferungen bei Lürssen zusammengebaute Tragflächenboot BREMER PIONIER, weiterhin der Seenotkreuzer HERMANN APELT sowie ein Tochterboot für den traditionellen Kunden DGzRS sind ferner zu erwähnen. Schließlich wurden in diesem Jahr die vier Frachter PALLAS, PRIAMUS, FINK und MEISE (je nach Vermessung 293–649 BRT) für zwei neu gewonnene bremische Kunden, die Reedereien »Neptun« und »Argo«, fertiggestellt.[88] Ende 1955 waren rund 700 Mitarbeiter bei Lürssen beschäftigt.[89]

Die Gründe für den eindrucksvollen Produktionsausstoß in jenem Jahr sind intern und extern zu suchen. Bei Lürssen hatte man

Der Betriebsteil Lemwerder um 1955. Rechts noch eine der Hallen aus der Vorkriegszeit (Foto Maack, Vegesack, Historisches Archiv Fr. Lürssen Werft)

es verstanden, angestammte Techniken wie den Boots-, Yacht- und vor allem Schnellbootsbau zu erhalten und nach 1945 weiterzuentwickeln. Daneben war es aber auch gelungen, in die bis dahin nicht ausgeübte Fertigung kleinerer und mittlerer Handelsschiffe einzusteigen, sich die damit verbundene Technik und Expertise anzueignen und in Vertriebserfolge umzumünzen. Bis 1984 lieferte die Werft insgesamt 83 Kümos, Frachter, Tanker, Massengutfrachter, Kühlschiffe, Küstenpassagierschiffe und Fähren ab. Der Bau von Motoryachten als exquisite Domäne wurde in Einzelstücken weiterbetrieben, ehe er in den 1990er Jahren auf eine wesentlich breitere Grundlage gestellt wurde. Das Hauptgeschäft von Lürssen verlagerte sich spätestens seit den 1970er Jahren immer mehr in den Marinebereich. Neben der Bundesmarine wurde schon ab etwa Mitte der 1950er Jahre Exporte von Patrouillen- und Schnellbooten für Küstenwachdienste und Marinen erzielt, und zwar vor allem in die Türkei, nach Lateinamerika (Kolumbien, Argentinien,

Der erste Teil des neuen Werkstättengebäudes in Vegesack, heute Sitz der Hauptverwaltung, im Frühjahr 1955 (Foto Maack, Vegesack, Historisches Archiv Fr. Lürssen Werft)

Ecuador), Südostasien (Singapur, Indonesien, Thailand, Brunei), Afrika (Nigeria, Ghana), Spanien und in die arabischen Golfstaaten (Saudi-Arabien, Vereinigte Arabische Emirate, Kuwait, Bahrain).[90]

Die externen Gründe für die beachtlichen Geschäftserfolge der frühen 1950er Jahre von Lürssen lagen in der westdeutschen Nachkriegskonjunktur, die historisch ihresgleichen suchte und auch die durch gelegentliche Krisen gekennzeichnete ökonomische Dynamik des kaiserlichen Deutschland 1871–1914 übertraf. Das Nachkriegswestdeutschland der 1950er Jahre zeichnete sich durch eine unschlagbare Kombination aus den von Ludwig Erhard entwickelten zukunftsweisenden Wirtschaftskonzepten, aus dem bereits anhand des schwedischen Beispiels angedeuteten damaligen Status der Bundesrepublik als ein Billiglohnland und aus hochentwickeltem industriell-technischem Know-how einer seit der Zeit vor dem Ersten Weltkrieg exportorientierten Volkswirtschaft aus. Dieser ungeheure Boom verebbte Anfang der 1970er Jahre.[91]

Nachdem die westeuropäische Schiffbauindustrie schon seit etwa 1960 durch die fernöstliche Konkurrenz unter Druck geraten war, mussten zahlreiche Werften ihre Tore schließen, darunter auch in der Bundesrepublik nicht wenige Firmen mit großer Vergangenheit und klangvollem Namen. Lürssen gehört zu den Unternehmen, die bis heute diesen dramatischen Auslese- und Konzentrationsprozess überlebt haben. Die den Werfthistoriker so faszinierende Palette an Schiffstypen sowie die einst große Fertigungstiefe sind heute nicht mehr konkurrenzfähig und umsetzbar. Nur die Spezialisierung auf wenige Schiffstypen und Koordination zahlreicher externer Unterlieferanten ist heute noch praktikabel. Lürssen hat durch seine Konzentration auf den Bau von Marine-Überwasserschiffen sowie von Yachten unter den heutigen Inhabern Friedrich (geb. 1949) und Peter Lürßen (geb. 1959) bis heute seine Marktposition halten und ausbauen können.[92]

Anmerkungen

1 Eine Festschrift erschien 1975 im Selbstverlag: Fr. Lürssen Werft – Schöpfer schneller Schiffe, Bremen 1975. Zum 125-jährigen Jubiläum 2000 veröffentlichte das Unternehmen eine neue Festschrift (fortan zit. als Festschrift 2000). Seit 1974 existiert eine eigene Firmenzeitschrift (Die Bugwelle), von der inzwischen (2020) 48 Ausgaben erschienen sind. Vf. hat ab 1998 bei Lürssen eine EDV-Datei über die Neubauten der Werft erstellt, die bis heute weitergepflegt wird, sowie das historische Archiv (HAFLW) aufgebaut. Ein eigener Aufsatz aus der Frühgeschichte des Unternehmens: Ostersehlte, Christian: SIGRID – Ein bremisches Motorboot. Historische Hintergründe, Bauwerft und Einsätze, in: Deutsches Schiffahrtsarchiv 23/2000, S. 431–471.

2 Ein biografischer Artikel stammt von Bunje, Alfred: Friedrich Lürßen, in: Lührs, Wilhelm (Hrsg.), Bremische Biographie 1912–1962, Bremen 1969, S. 328–329.

3 Zu der in historischer Zeit ausgedehnten »Bootsbaulandschaft« zwischen Bremen und Bremerhaven: Janssen, Heinz D.: Boots- und Holzschiffbau an der Unterweser (linke Seite). Vom Einmannbetrieb im Bootsbau bis zur modernsten Yachtwerft. Von der Entwicklung des Dielenbootes bis zum Weserkahn, Bremen 2007. Über die damalige bremische Wassersportszene berichtet Wetjen, Peter: Riemen- und Schotbruch. Zu den Anfängen des Wassersports in Bremen und umzu, Bremen 2017. Zur neueren Literatur über die Ausstellung

s. Lührs, Wilhelm: Vor hundert Jahren – die Nordwestdeutsche Gewerbe- und Industrieausstellung, in: Bremisches Jahrbuch, 69/1990, S. 11–20; Korn, Oliver: Hanseatische Gewerbeausstellungen im 19. Jahrhundert. Republikanische Selbstdarstellung, regionale Wirtschaftsförderung und bürgerliches Vergnügen (Sozialwissenschaftliche Studien Heft 37), Opladen 1999, hier S. 138–154.

4 Der erste in den Quellen fassbare Marineauftrag sind zwei Torpedofangboote für die Torpedowerkstatt Friedrichsort bei Kiel (1913).

5 Da das Unternehmen nie eine Aktiengesellschaft gewesen ist, sind Zahlen zur Rentabilität nicht in nennenswertem Maß im Archiv greifbar, was typisch für mittelständische inhabergeführte Unternehmen ist.

6 Bunje, Alfred: Holz oder Eisen im Bootsbau? In: Die Yacht, 1934 I/20, S. 17–19.

7 Die Schreibweisen der Firma sowie der Familie differieren leicht (»ss« bzw. »ß«).

8 Einer Lehre bei der Bootswerft Engelbrecht in Zeuthen (1895–1897) folgten Tätigkeiten als Schiffszimmermann bei der Germania-Werft in Kiel (1897–1898) sowie als Schiffbautechniker bei der A.G. »Weser« in Bremen (1899–1902). Schließlich studierte Otto Lürßen an der Höheren Schiffbauschule in Bremen und arbeitete bis 1906 als Ingenieur bei J.C. Tecklenborg in Geestemünde.

9 Fock, Harald: Marine-Kleinkampfmittel. Bemannte Torpedos, Klein-U-Boote, Klein-Schnellboote, Sprengboote Gestern-heute-morgen, Herford 1982, S. S. 103–105. Zahlen über die Abschüsse deutscher Zeppeline bei Schiller, Hans von: Zeppelin. Wegbereiter des Weltluftverkehrs, Bad Godesberg [1966], S. 151–174.

10 HAFLW 156–2; Fock, Harald: Schnellboote (Bd. 1). Von den Anfängen bis zum Ausbruch des 2. Weltkrieges, Herford 1973, S. 60–63. Gröner, Erich (fortgeführt und hrsg. von Dieter Jung und Martin Maass): Die deutschen Kriegsschiffe 1815–1945. Bd. 2, Torpedoboote, Zerstörer, Schnellboote, Minensuchboote, Minenräumboote, Bonn 1999, S. 142–149.

11 Bremer Nachrichten, 27.1.1918, 2. Blatt.

12 HAFLW 141–1.

13 Mehr darüber bei Pawlik, Peter-Michael: Von der Weser in die Welt – Die Geschichte der Segelschiffe von Weser und Lesum und ihrer Bauwerften 1770 bis 1893 (Schriften des Deutschen Schiffahrtsmuseums, Bd. 33), Bremerhaven und Hamburg 1993, S. 142–148.

14 Der Schiffbau auf der Vegesacker Seite wurde um 1980 ganz aufgegeben. Der Abriss des Großteils der früheren Produktionsanlagen in Vegesack erfolgte im Winter 1985/86 (HAFLW 220–12).

15 Staatsarchiv Bremen (StAB) 4,26-342.

16 StAB 4,75/5-L 598 II.

17 HAFLW 140–3. Von der damaligen Werftanlage ist heute nichts mehr vorhanden, doch seit 1950 gibt es dort in Erinnerung daran eine Friedrich-Lürßen-Straße.

18 Zur Nachbarschaft mit diesem Unternehmen, dessen Gelände schließlich von Lürssen erworben wurde: HAFLW 120–2; 131–4; 141–4; –8; –15; 163–16; –116; 165–4; –13; 211–3.

19 Ostersehlte, Christian: Yachten und Yachttender für Amerika. Das USA-Geschäft der Fr. Lürssen Yacht- und Bootswerft in Bremen-Vegesack in der Zwischenkriegszeit, in: Deutsches Schiffahrtsarchiv 39/2016, S. 325–421.

20 HAFLW 110–5; 130–2; 134–7; 141–7; Prospekt um 1930: HAFLW Prospekt- und Katalogsammlung.

21 StAB 9, S 0 – Alfred Bunje (Kopie HAFLW 63–17).

22 HAFLW 156–4, –50, –51; 164–9.

23 Remmele, Bernd: Die maritime Geheimrüstung unter Kapitän z. S. Lohmann, in:

Militärgeschichtliche Mitteilungen 56/1997, S. 313–376.

24 HAFLW 164–9. Fock (wie Anm. 10), S. 138.

25 HAFLW 1531–5, 156–4, 156–50, 156–51, 157–12120–1, 164–9.

26 HAFLW 157–12685–1.

27 Der bei etlichen Anfragen an die Werft formulierten Erwartung, dass das Firmenarchiv umfangreiche Bestände zum deutschen Schnellbootsbau bis 1945 besäße, musste stets eine Absage erteilt werden. Die Bestände hierzu sind begrenzt (Unterbestand 1531–1 bis –19). Aufgrund der umfangreichen Marinebestände ist das Bundesarchiv/Militärarchiv in Freiburg i.B. die geeignetere Anlaufstelle.

28 Zur damaligen deutschen Jugoslawienpolitik s. Calic, Marie-Janine: Geschichte Jugoslawiens im 20. Jahrhundert, München 2010, S. 132–133.

29 HAFLW 157–12570 1 bis 4; 157–12730–1. Zur politischen Annäherung zwischen Berlin und Sofia eine neuere Darstellung aus bulgarischer Sicht: Antonov, Alexander, Antonova, Valentina: Bulgarische Geschichte vom Altertum bis zu den heutigen Tagen, Sofia o.D., S. 109–110.

30 HAFLW 142–1 bis –22.

31 EDV-Datei Lürssen; HAFLW 1531–1 bis 19; 157–12755–1; 157–12767–1 bis 2; 157–12807–1; 157–12831–1 bis 4; 157–12965–1. Die wichtigste Literatur besteht aus dem überaus materialreichen technikhistorischen Standardwerk von Fock, Harald: Schnellboote (4 Bde.), Herford 1973–1986. Die deutschen Schnellboote bis 1945 sind technisch und schiffsbiografisch erfasst bei Gröner (wie Anm. 10). Aus operativer Sicht Frank, Hans: Die deutschen Schnellboote im Einsatz. Von den Anfängen bis 1945, Hamburg 2006.

32 Einige weitere Boote entstanden in Schiedam im besetzten Holland. Gröner (wie Anm. 10), S. 153–165.

33 Allgemein hierzu: Schulze-Wegener, Guntram: Die deutsche Kriegsmarine-Rüstung 1942–1945, Hamburg 1997.

34 HAFLW 120–12.

35 HAFLW 164–34. Wenz, F.-Herbert: Lemwerder in alten Ansichten, Lemwerder 1986, S. 40.

36 HAFLW 110–8.

37 Lürßen, Gert: Mein Leben, Bremen 1985 (Privatdruck), S. 38–42.

38 Eine Übersicht über das Unterwesergebiet bei Kuckuk, Peter (Hrsg.): Unterweserwerften in der Nachkriegszeit. Von der »Stunde Null« zum »Wirtschaftswunder« (Beiträge zur Sozialgeschichte Bremens Heft 20), Bremen 1998. Darin: ders.: Westdeutscher Schiffbau in der Nachkriegszeit. Ein Überblick, S. 11–36.

39 Mündliche Information Konteradmiral a.D. Sigurd Hess (1938–2018) an den Vf. um 2012. Der spätere US-Präsident John F. Kennedy, im Krieg Schnellbootkommandant im Pazifik, besuchte 1945 als Journalist mit einer Marinedelegation Bremen und nahm beim Besuch der US-Besatzungsbehörde mit großem Interesse Unterlagen über deutsche Schnellboote zur Kenntnis (Kennedy, John F.: Unter Deutschen. Reisetagebücher und Briefe 1937–1945, Berlin 2013, S. 194, 196). Ein Sonderdruck eines Aufsatzes über den deutschen Schnellbootsbau im Zweiten Weltkrieg (Schubert, Hans Joachim: German E-Boats of World War II – History, Design, and Operation, 1962) der Society of Naval Architects and Marine Engineers (SNAME) in: HAFLW 1534–7. Eine übergeordnete Darstellung stammt von Auf dem Garten, Klaus: Die Kontrolle der Unterweserwerften durch die Besatzungsbehörden, in: Kuckuk (wie Anm. 38, Unterweserwerften), S. 37–65.

40 Mehr darüber im internationalen Vergleich bei Fock (wie Anm. 31).

41 Festschrift 2000, S. 114, 121.

42 HAFLW 63–12.

43 Ebd., S. 120–121. Vgl. Kuckuk (wie Anm. 38 Westdeutscher Schiffbau), S. 14.
44 HAFLW 151–2.
45 HAFLW Planarchiv; 157–13156–1; 157–13157–1; 157–13161–1; 157–13165–1 bis 5.
46 HAFLW 156–4.
47 Ebd.; HAFLW 156–12; 157–13170–1.
48 HAFLW Planarchiv.
49 HAFLW 156–4; –18; 157–13173–1; 61-Haf–1.
50 HAFLW 156–4; –12; –18; 157–13167–1; 157–13174–1; –2.
51 Auf dem Garten, Klaus: Abeking & Rasmussen. Eine Weserwerft im Spiegel des 20. Jahrhunderts, Bremen 1998, S. 189.
52 E-Mail Baudirektor a.D. Wolf R. Kannowski, Brake, an den Vf. 1.10.2013.
53 HAFLW Planarchiv; 156–4; –18;- 52; Fox, Werner, Hahmann, Carl-Ludwig: Der Wasserzolldienst an den deutschen Küsten, Flußmündungen, Flüssen und Binnengewässern, Hamburg 1986, S. 139, 141, Anhang.
54 HAFLW 157–12290–1 bis 2.
55 HAFLW 156–12. Zum in der Zwischenkriegszeit entstandenen Typ des sogenannten Autobootes s. Klink, Carsten, Rohwedder, Leif: Autoboote. Wie das Automobil zum Motorboot wurde. 1865–1945, Münster 2016.
56 HAFLW Planarchiv; 156–4; 157–13186–1.
57 HAFLW 152–8; 156–33; 163–11.
58 HAFLW 162–5 bis 9; Festschrift 2000, S. 123.
59 Nordwestdeutsche Volkszeitung, 5.11.1949 in: HAFLW 162–5.
60 HAFLW 156–4; –12; –18; 157–13171–1; 157–13184–1; Grote, Gerhard: STELLA, der erste deutsche Neubau nach dem Kriege, in: Die Bugwelle 17/1988, S. 32–33.; zum Bau von Kümos allgemein nach 1945 s. Detlefsen, Gert Uwe: Vom Ewer zum Containerschiff. Die Entwicklung der deutschen Küstenmotorschiffe, Herford 1983, S. 51–52, 116; Kiedel, Klaus-Peter: Küstenschiffer. Alltag auf Motorseglern, Kümos und Containerfeedern (Schriften des Deutschen Schiffahrtsmuseums Bd. 42), Bremerhaven 1996, S. 10–11.
61 HAFLW 156–4; –13; –15; –18; –5 4; 157–13200–1 bis 5; 157–13201–1; 1600–55; 163–11; Das Motorfrachtschiff CIANDRA: erbaut von der Fr. Lürssen Werft, Bremen-Vegesack für die Transatlanta-Reederei, Rendsburg, in: Schiff & Hafen 1952, S. 537–542. Zur transatlantischen Schifffahrt zu den Großen Seen s. Ostersehlte, Christian: Die Entwicklung der transatlantischen Handelsschifffahrt nach 1945, in: Elvert, Jürgen, Feldt, Lutz, Löppenberg, Ingo, Ruppenthal, Jens (Hrsg.): Das maritime Europa. Werte-Wissen-Wirtschaft (Historische Mitteilungen – Beiheft 95), Stuttgart 2016, S. 233–235.
62 Zur Ausgangslage in Indonesien s. Rutz, Werner (u.a.): Indonesiens maritimer interinsularer Fahrgastverkehr. Ausbau und Entwicklung durch indonesisch-deutsche Zusammenarbeit, Bochum 1993, S. 16.
63 Zum Auftrag allgemein und zur EGS s. Auf dem Garten, Klaus: Boote, Yachten und Kleinschiffe aus Bremen. Ein (fast) vergessenes Kapitel Industriegeschichte 1847–1997, Bremen 2012, S. 280–281; zur EGS: HAFLW 123–14.
64 HAFLW 151–7; 156–4; –15; –16; –3 2; –33; –38; 1600–56; 157–13200–1; 157–13202–1.
65 HAFLW 156–4; –15; –32; –33; –54; 163–11; –15.
66 HAFLW 156–4; –16; –33; 163–11.
67 HAFLW 142–23; Bildarchiv.
68 HAFLW 141–12; –14.
69 HAFLW 163–12; Kuckuk (wie Anm. 38 Westdeutscher Schiffbau), S. 23–24.
70 HAFLW 156–12. Bei Abeking & Rasmussen wurde bald nach Kriegsende die Reparaturtätigkeit an in alliiertem Dienst stehenden Marinefahrzeugen wieder

aufgenommen, s. Auf dem Garten (wie Anm. 51), S. 204–205.

71 Gröner (wie Anm. 10), S. 163–164, 230–232. Der Deutsche Minenräumdienst (German Mine Sweeping Administration/ GMSA) existierte von 1945–1947 und wurde zum 1.1.1948 durch den Minenräumverband des Zollgrenzschutzes Cuxhaven abgelöst, der unter britischer Kontrolle stand, aber 1951 an die US Navy ging, s. Ostertag, Reinhart: Deutsche Minensucher. 80 Jahre Seeminenabwehr, Herford 1986, S. 128–133,136.

72 Witthöft, Hans-Jürgen: Tradition und Fortschritt. 125 Jahre Blohm + Voss, Hamburg 2002, S. 263–293.

73 Roder, Hartmut: Der Bremer Vulkan. Von der Nachkriegszeit zum Schiffbauboom, in: Kuckuk (wie Anm. 38, Unterweserwerften), S. 81–109.

74 Kuckuk, Peter (Hrsg.): Die A.G. »Weser« in der Nachkriegszeit 1945–1953 (Beiträge zur Sozialgeschichte Bremens Heft 24), Bremen 2005 (mit neun Einzelbeiträgen).

75 Eine Ausnahme bildeten die bundeseigenen Kieler Howaldtswerke, die ab Mitte der 1950er Jahre in den U-Bootbau einstieg, s. Ostersehlte, Christian: Von Howaldt zu HDW. 165 Jahre Entwicklung von einer Kieler Eisengießerei zum weltweit operierenden Schiffbau - und Technologiekonzern. Hamburg 2004, S. 416–418.

76 Zur Situation bei Lürssen s. die Darstellung bei Kuckuk (wie Anm. 38 Westdeutscher Schiffbau), S. 30–31. Über Abeking & Rasmussen: Auf dem Garten (wie Anm. 51), S. 204–206. Vgl. ders.: Die Boots- und Yachtwerft Abeking & Rasmussen: Ein Phoenix – nicht aus der Asche, in: Kuckuk (wie Anm. 38, Unterweserwerften), hier S. 152–154. Über Burmester s. Auf dem Garten, Klaus: S. Yacht- und Bootswerft Burmester, Bremen 1920–1979. Ein bedeutendes Kapitel deutscher Bootsbau- und Segelsportgeschichte, Bremen 2002, 156–164. Die Kröger-Werft in Schacht-Audorf bei Rendsburg, seit 1985 Teil der Lürssen-Gruppe, baute 1955 fünf Flugsicherungsboote für die Royal Air Force (HAFLW Bestand Kröger).

77 HAFLW Planarchiv; 112–4; 156–4; 156–33; –49.

78 HAFLW Planarchiv; 156–4; –18; –52; 157–13199–1; 157–13210–1; Fock, Harald: Schnellboote (Bd. 3). Die Nachkriegsentwicklung bis heute, Herford 1974, S. 142; Koop, Gerhard, Breyer, Siegfried: Die Schiffe, Fahrzeuge und Flugzeuge der deutschen Marine von 1956 bis heute, Bonn 1996, S. 271–273; Auf dem Garten (wie Anm. 51), S. 190; Van Sweringen, Bryan T.: Sicherheitsarchitektur im Wandel: Die amerikanischen Streitkräfte in Deutschland 1945–1990, in: Junker, Detlef (Hrsg.), Die USA und Deutschland im Zeitalter des Kalten Krieges 1945–1990. Ein Handbuch. Bd. I. 1945–1968, Stuttgart 2001^2, S. 339; Ritter, Rüdiger: Vorort von New York? Die Amerikaner in Bremerhaven. Ergebnisse einer Studie am Museum der 50er Jahre Bremerhaven (Veröffentlichungen des Stadtarchivs Bremerhaven, Bd. 19), Bremerhaven 2010, S. 62–64.

79 Poske, Fritz: Der Seegrenzschutz 1951–1956. Erinnerung-Bericht-Dokumentation, München 1982. 1964 erfolgte die Neuaufstellung des Bundesgrenzschutz-See (heute: Bundespolizei-See) in Neustadt/ Holstein, um bei Zwischenfällen an der deutsch-deutschen Seegrenze die Bundesmarine möglichst herauszuhalten.

80 HAFLW 112–4; 156–4; –33; –52; 157–13199–1; 157–13210–1; 163–11; Breyer, Koop (wie Anm. 78), S. 267–269; Poske (wie Anm. 79), S. 51–54, 208.

81 Zienert, Josef: Der Schnellbootverband Klose/International Fishery Protection Service, in: Schiff und Zeit/Panorama maritim 47/1998, S. 36–39; Hess, Sigurd: Die Schnellbootgruppe Klose und der

British Baltic Fishery Protection Service. Teil I + II, in: Marine-Forum, 3–4/2001, S. 21–25, 29–32; Sander-Nagashima, Johannes Berthold: Die Bundesmarine 1950 bis 1972. Konzeption und Aufbau (Sicherheitspolitik und Streitkräfte der Bundesrepublik Deutschland Bd. 4), München 2006, S. 131.

82 HAFLW 112–4; 1535–5; –16; –18; 156–4; 156–33; 157–13214–1; –2; 157–13215–1; 163–11; –15; –37; Fock (wie Anm. 78), S. 142; Breyer, Koop (wie Anm. 78), S. 138–141; Poske (wie Anm. 79), S. 65 –70.

83 Zur schwedischen Verteidigung die knappe Zusammenfassung bei Findeisen, Jörg-Peter: Schweden. Von den Anfängen bis zur Gegenwart, Regensburg 1997, S. 239. Die prowestliche Tendenz kommt auch zum Tragen in einer offiziösen Publikation von Skaar, Nils, Blenner, Hans, Ohrelius, Bengt: The Royal Swedish Navy, Stockholm 1957, S. 49–53 sowie in verschiedenen Ausgaben des schwedischen Marinejahrbuchs Vår Marin 1955–1965 (in der historischen Bibliothek Lürssen Werft).

84 Ein Vorbau (T 101, später PERSEUS) entstand 1950/51 auf der Marinewerft in Karlskrona, s. Fock (wie Anm. 78), S. 131–132. In zeitgenössischen offiziösen schwedischen Publikationen fällt auf, dass die deutsche Herkunft der bei Lürssen erbauten Boote verständlicherweise verschwiegen wird. Etwa bei Ahrén, Lennart: Vår Örlogsflotta, in: Vår Marin 1955, hier S. 24, 28; Arvas, Dag: Flottan i Marin-Planen, in: Vår Marin 1958, Hier S. 6. Wulff, T.: A Fleet of Swedish Quality, in: Skaar u.a. (wie Anm. 83), S. 21 (»Among the main suppliers of vessels to the Swedish Navy are such internationally well-known shipbuilders as Göteverken, Eriksbergs Mek. Verkstad AB, Lindholmens Varv and Kockums Mekaniska Verkstad. In addition, a number of vessels have been built in the naval yards at Karlskrona and Stockholm«). Vgl. S. 26 (»Motor torpedo boats – a Swedish speciality«).

85 HAFLW 151–7; 1536–2; 156–4; –13; –1 6; –33; –52; 157–13206–1; 163–11; –15; Fock (wie Anm. 78), S. 128–134; Festschrift 2000, S. 127.

86 Fock (wie Anm. 78), S. 143–181; Breyer, Koop (wie Anm. 78), S. 138–180. Die Entwicklung aus der Sicht der Marine s. Frank, Hans: Die deutschen Schnellboote im Einsatz. 1956 bis heute, Hamburg 2007.

87 Rummler, Jens: Ende einer Ära. Die letzten Schnellboote der Marine außer Dienst gestellt, in: Die Bugwelle 45/2016, S. 22–24. Ein Resümee aus Sicht der Deutschen Marine s. Marinekommando (Hrsg.): Die Ära der Schnellboote, München 2020^{2}.

88 EDV-Datei Lürssen. Zu einigen dieser Neubauten existiert weiterführende Literatur. So etwa Thiel, Reinhold: Argo Reederei-Atlas Levante Linie. 100 Jahre bremische Seeschiffahrt, Bremen 1994; S. 226; ders.: Dampfschifffahrts-Gesellschaft »Neptun«. Sloman Neptun Schiffahrts-Aktiengesellschaft, Bremen 1998, S. 294; Ostersehlte, Christian: Tragflächenboote von der Unterweser – Die BREMER PIONIER und ihre beiden Vorgänger, in: Bremisches Jahrbuch 79/ 2000, S. 145–195.

89 HAFLW 163–15.

90 EDV-Datei Lürssen. Das jährlich erscheinende Nachschlagewerk Jane's Fighting Ships weist alle internationalen Marinen und Küstenwachen in ihrem Schiffsmaterial akribisch nach und damit auch die von Lürssen gelieferten Marineschiffe.

91 Kielmansegg, Peter Graf: Nach der Katastrophe. Eine Geschichte des geteilten Deutschland, Berlin 2000, S. 456–465; Laitenberger, Volkhard: Ludwig Erhard. Der Nationalökonom als Politiker, Göttingen/ Zürich 1986, S. 44–137; Barfuß, Karl Marten: Die Geschichte der Freien Hansestadt Bremen von 1945 bis 2005, Bremen 2008.

92 Homepage: www.luerssen.de.

Das historische Tor zur Rickmers Werft, das noch heute erhalten ist und auf das ehemalige Betriebsgelände verweist (alle Bilder in diesem Beitrag © Deutsches Schifffahrtsmuseum)

Technische Innovation als Schutz vor wirtschaftlichem Niedergang. Die Entwicklung der Rickmers Werft in den 1950er und 1960er Jahren[1]

Jörn Lindner

Einleitung

Während ihres Bestehens konnte die Rickmers-Werft in Bremerhaven auf eine wechselvolle Geschichte zurückblicken. Ab 1834 bildete sie die Keimzelle eines expandierenden Familienunternehmens. Mit dem Bau hochwertiger Seeschiffe und der Entwicklung eines eigenen Schiffstypus, des sogenannten »Deutschen Clippers«, stand der Name Rickmers lange Zeit für Innovation und Qualität im deutschen Schiffbau. Jedoch blieb die Werft in der zweiten Hälfte des 19. Jahrhunderts beim traditionellen Holzschiffbau, sodass sie gegenüber konkurrierenden Unternehmen mit modernen Fertigungstechniken zurückfiel. Allerdings ließen sich die sinkende Nachfrage nach Erzeugnissen des Werftbetriebs durch andere Sparten des Konzerns, etwa der Reederei und des Betriebs von Reismühlen sowie der Reisverarbeitung, kompensieren, sodass das Führungspersonal bei Rickmers keine dringende Notwendigkeit sah, die Leitungsstrukturen und das Geschäftsprofil der Werft nachhaltig zu verändern.

Erst nach dem Tod des Werftgründers R. C. (Rickmer Clasen) Rickmers gingen seine beiden Söhne Peter und Andreas daran, das Geschäftsmodell zu diversifizieren und technische Innovationen einzuführen. Im Reedereibetrieb konzentrierte man sich auf den Verkehr mit Ostasien, wodurch sich auch der Reishandel ausbauen ließ. Die Fertigung von hochwertigen und zum Teil innovativen Typen von Schiffen brachte der Werft jedoch Verluste, sodass der »Firmenpatriarch« in der dritten Generation, Paul Rickmers, den Schiffbau nach Ende eines inflationsbedingten Booms 1924 einstellen ließ. Erst 1936, vor dem Hintergrund der intensivierten

Marinerüstung in Deutschland, wurde die Werft wieder in Betrieb genommen. Auch nach 1945 blieb sie einer der »Kerne« des Rickmers-Konzerns, wobei es gelang, sich auf dem Markt als Spezialist für Fischereifahrzeuge, konventionelle Stückgutschiffe und Fähren zu profilieren. Hohes technisches Niveau und herausragende Qualität waren Markenzeichen der Werft, die – im Gegensatz zu anderen Schiffbau-Gesellschaften – stets an ihrem etablierten Standort Bremerhaven festhielt. Wegweisende Entwicklungen, die heute im Schiffbau zum Standardprogramm gehören, wie der Heckfänger, verließen hier erstmals die Helgen. Bildete diese Gemengelage also die Grundlage für ein im Familienkonzern wirtschaftlich florierendes Unternehmen? Der vorliegende Beitrag beleuchtet den Neustart der Werft nach 1945 und zeichnet ihre wirtschaftliche Entwicklung in den 1950er und 1960er Jahren nach.

Die Rüstungsproduktion als Basis des »Take-offs« nach 1945

Dic Ausgangslage der Rickmers Werft nach Kriegsende kann nicht ohne ihre Vorgeschichte, vor allem die Produktion von Marinefahrzeugen, betrachtet werden. Die 1924 stillgelegte Werft wurde im Rahmen der ab 1935 intensivierten Marinerüstung im Folgejahr wieder in Betrieb genommen, um an den staatlichen Bauprogrammen zu partizipieren.[2] Bereits 1939 wurde sichtbar, dass Rickmers die zugewiesenen Marineaufträge – vier große Minensuchboote Typ 35 – im vorgegebenen Zeitraum nicht würde abliefern können, da dem Unternehmen die liquiden Mittel fehlten. Die bis dahin übliche Querfinanzierung des Werftbetriebes durch die Erlöse der Rickmers Rhederei AG fiel aufgrund des ab 1939 kriegsbedingt erheblich eingeschränkten Reedereigeschäftes weg. Daher wandte sich die Unternehmensleitung an das Oberkommando der Marine (OKM). Nötig waren eine annähernde Verdoppelung der Betriebsgröße sowie der Neubau einer modernen Schiffbauhalle, die aber erst 1942 fertiggestellt wurde.[3]

Neben staatlichen Aufträgen und Kreditzuweisungen sorgte das OKM für eine Modernisierung des Maschinenparks. So wurden der Werft Maschinen aus dem besetzten Frankreich sowie zwei

Drehbänke, eine Fräsmaschine und eine Hobelmaschine aus den Niederlanden zur Verfügung gestellt.[4] Wegen der baulichen Vorgaben der Marineschiffe wurde bei Rickmers auch flächendeckend das E-Schweißen eingeführt. Bei der Zuweisung von Arbeitskräften profitierten die Beschäftigten wegen der kriegswichtigen Produktion auf der Werft besonders von »UK«-Stellungen. Kurz vor Kriegsende erfolgte zudem die Überstellung von 206 Arbeitern und Ingenieuren der Schichau-Werft in Danzig, die von dort kriegsbedingt nach Westen verlegt worden war.[5]

Der verheerende Luftangriff auf Bremerhaven (Wesermünde) am 18. September 1944, der 97% der Innenstadt zerstörte, hatte auf der Rickmers Werft erstaunlich geringe Auswirkungen. Das Betriebsgelände wurde zwar von ca. 2.000 Brandbomben, jedoch nicht von Sprengbomben getroffen. Dadurch brannte ein Großteil der Gebäude aus – etwa die alte Villa Rickmers, die Wohnhäuser der Werftarbeiter sowie das Bürogebäude, die dortigen Magazine und Werkstätten – doch es entstanden kaum Schäden an der Infrastruktur. Neben allen unterirdischen Leitungen blieben das Kesselhaus, die Elektrische Zentrale, die Schweißanlagen, die Slipanlage und ein Großteil der Kräne erhalten. In der neuen Schiffbauhalle war lediglich der Schnürboden beschädigt. Auch die auf dem Werksgelände liegenden Neubauten wurden nicht in Mitleidenschaft gezogen. Damit konnte die Fertigung bereits nach vier Wochen wieder aufgenommen werden. Im Dezember 1944 war die Werft vollständig wiederhergestellt, gleichzeitig konnten die Ausbauarbeiten abgeschlossen werden, sodass sie zur Jahreswende 1945 sogar ihre größtmögliche Produktivität aufwies.[6] Die Rickmers Werft profitierte daher eindeutig von den durch die Kriegsmarine geförderten Ausbauten in den Jahren 1938 bis 1944. Nach erneuten Investitionen zwischen 1946 und 1948 war lediglich ein kleiner Teil der Maschinen älter als zehn Jahre.[7] Zudem war die Produktion auf die moderne Sektionsbauweise umgestellt worden. Andere Werften behielten hingegen noch bis in die 1960er Jahre die Spantenbauweise bzw. mussten die Betriebsabläufe in den 1950er Jahren komplett auf die neue Technik umstellen, was oft eine vollständige und umfassende Umgestaltung nach sich zog und eine erhebliche finanzielle Belastung bedeutete.[8]

Die Wiederaufnahme der Produktion zwischen 1945 und 1949 – die Werft als wirtschaftliches Standbein des Rickmers Konzerns

1945 avancierte die Rickmers Werft – wie bereits im 19. Jahrhundert – zur wirtschaftlichen »Keimzelle« des Familienkonzerns. Dies lag auch daran, dass Wesermünde – das spätere Bremerhaven – zum zentralen amerikanischen Nachschubhafen bestimmt wurde.[9] Bereits auf der Konferenz von Jalta im Februar 1945 vereinbarten die Alliierten zwei amerikanische Enklaven – Bremen und Bremerhaven. Diese standen unter politischer Kontrolle der USA, allerdings nach den Vorgaben der Briten.[10] Den deutschen Werften waren aufgrund der Beschlüsse des Potsdamer Abkommens Neubauten untersagt, jedoch gelang es innerhalb kurzer Zeit, die Schiffbaubetriebe nach den Direktiven der Alliierten zu beschäftigen.[11] So wurden die relativ gering zerstörten Werften Bremerhavens von der Besatzungsmacht mit Reparaturaufträgen versorgt, sodass es zu keinem längeren Stillstand kam. Zudem fanden in Bremerhaven – im Gegensatz zu Hamburg oder Bremen – keine größeren Demontagen statt.[12]

Für Rickmers bedeutete dies, dass die Produktion für nicht einmal vier Wochen ruhte.[13] Im Gegenteil: Bereits am 5. Mai 1945, also noch vor Kriegsende, wurde damit begonnen, in Schiffen der Reederei Jan Kafin in Amsterdam bestehende Filteranlagen zu erneuern. Bis zum 1. Juni 1945, also unmittelbar nach Ende der Kampfhandlungen, konnte Rickmers für Firmen und öffentliche Institutionen in Wesermünde und Umgebung, darunter die Unterweserwerft, die Werft Elsfleth, aber auch die Stadtwerke und das Polizeipräsidium Wesermünde, eine Reihe von Aufträgen durchführen. Insgesamt wurden zwischen dem 8. Mai 1945 und dem 31. Juli 1946 77 Schiffe repariert oder um- bzw. rückgebaut,[14] darunter die Drei-Mast-Bark HORST WESSEL für die US Coast Guard. Am 22. Dezember 1945 wurde das Schiff nach Bremerhaven in die dortige U.S. Naval Base im Kaiserhafen überführt. Nach seiner Überholung in der Rickmers Werft und der Einschiffung amerikanischer Besatzungsangehöriger lief es als EAGLE am 30. Mai 1946 mit Kurs nach New London, Connecticut, in den USA aus.[15]

Hinzu kamen der Rückbau von 21 sogenannten »Kriegsfischkuttern« sowie Reparaturen an Prisenschiffen[16] und einigen

Fischdampfern.[17] Die Liste der Arbeiten unmittelbar nach Kriegsende komplettierten Reparaturen an sechs Schiffen der German Minesweeping Association (GMSA)[18] und an 14 Schiffen der US Navy.[19] Hinzu kamen weitere Arbeiten für die ehemalige Kriegsmarinewerft Wilhelmshaven sowie für die Reederei Max Sieghold.[20] Daneben wurde die *Rickmers Werft* von den Briten mit der Reparatur von zehn Binnenschiffen beauftragt. Der Hintergrund dafür war die Weisung des »British Port Committee« als neuer Nachschuborganisation, Versorgungskapazitäten von täglich 10.000 t bereitzustellen. Diese sollte vor allem aus Binnenschiffstonnage bestehen, um den Transport von Massengütern – allen voran Kohle – in die US-Zone sicherzustellen.[21]

Wegen dieser Aufträge der alliierten Militärregierung erhielt Rickmers bevorzugt Zuweisungen an Schiffbaumaterial sowie an Arbeitskräften, die auf der Werft aufgrund der gut gefüllten Auftragsbücher zunehmend fehlten. Daneben kam es auch auf der *Rickmers Werft* zu werftfremder Produktion. Während andere deutsche Werften wegen des Schiffbauverbotes dazu gezwungen waren, bedeutete dies für Rickmers vielmehr eine Diversifizierung der Fertigungspalette. So bestand eine größere Bauserie von Baggern, Geräten und Maschinen zur Torfgewinnung.[22] Diese Fertigung wurde bereits im Juli 1947 wieder eingestellt, da die Werft mit Schiffbauaufträgen ausgelastet war: 1947 mussten sogar Aufträge zurückgewiesen werden, weil die zur Verfügung stehende Arbeitsstunden-Kapazität nicht mehr ausreichte. Neben den Schiffsreparaturen für amerikanische Rechnung und die Fischerei traten die Binnenschiffsarbeiten mehr und mehr in den Vordergrund.[23]

Im Rahmen des alliierten Bauprogramms für die deutsche Fischdampferflotte, das für den Zeitraum April 1948 bis März 1949 den Neubau von insgesamt 24 Fischdampfern zu 400 BRT und 25 Loggern vorsah, erhielt die Rickmers Werft neben Seebeck und der A.G. »Weser«, Werk Unterweser, erneut zwei Bauaufträge.[24] Im Frühjahr 1948 erfolgte die Kiellegung beider Schiffe, sodass der am 22. Dezember 1948 abgelieferte Fischdampfer AUGUSTE KÄMPF der erste Neubau der Rickmers Werft nach Kriegsende war.[25]

1949 – 1951: Die erste Krise kündigt sich an

Ab August 1949 litt die Werft jedoch unter einem Auftragsmangel, sodass die Belegschaft von 750 auf 620 Mann verringert werden musste.[26] Die Gründe hierfür waren die Freigabe des deutschen Schiffbaus und der daraus resultierende scharfe Wettbewerb der deutschen Werften untereinander um in- und ausländische Aufträge. Als Folge konnten keine Gewinnspannen kalkuliert werden. Zudem wurde der Standort Bremerhaven bei der Vergabe von Werftaufträgen deutlich gegenüber Hamburg, Kiel und Bremen benachteiligt. Ein Rettungsanker war für die Rickmers Werft die Bewerbungen um den Bau von Binnenschiffen[27] sowie den Neubau einiger Fischdampfer mit 590 BRT. Doch erst die Reparatur der ARGENFELS sicherte die Beschäftigung auf der Werft.[28]

Anfang 1950 konnte Rickmers zwar wieder Neubauaufträge akquirieren, jedoch mussten diese zu derartigen Kampfpreisen angenommen werden, dass ein Verlust von 400.000 DM entstand. Die Aufträge wurden dennoch hereingenommen, um den Stamm der eigenen Facharbeiter um jeden Preis zu erhalten, da die Gefahr bestand, dass diese zu Konkurrenz-Werften abwandern würden.[29] Infolgedessen nahm die *Rickmers Werft* im März 1950 Aufträge zum Neubau von vier Küstenmotorschiffen an, was wiederum lediglich dem Erhalt der Beschäftigung diente, da die Schiffe wegen der geringen Größe überhaupt nicht in das Fertigungsschema der Werft passten.[30] Hintergründe des Auftrages waren die ersten Baugenehmigungen der Alliierten aus dem Jahr 1949, die eine Begrenzung der Schiffsgröße auf 33,5 m enthielten, was etwa 250 BRT ergab. Eine Arbeitsgruppe unter Adolf Weselmann entwarf hierfür ein Typschiff – die *Rickmers Werft* konstruierte dagegen ein Konkurrenzmodell, aus der die Serie HERMANN-HANS, LEOPARD, GRETCHEN VON ALLWÖRDEN und KLAUS WILHELM hervorging.[31] Am 31. Mai 1950 erfolgte die Ablieferung der Kümos KLAUS WILHELM – an die Reederei Wilhelm von Wörden für 346.900 DM – und HERMANN HANS – an Hermann Behrens für 327.988 DM.[32] Trotz dieser Einnahmen stellte sich ab Juni 1950 die erste Finanzierungskrise auf der *Rickmers Werft* ein: Durch Vorfinanzierung von Aufträgen aus Betriebsmitteln »im Vertrauen auf die Refinanzierung«, die dann aber unter

Konkurrenzdruck weitaus geringere Gewinne erzielten, ergab sich eine Unterdeckung von 1,2 Mio. DM. Diese Lücke hätte durch Aufträge geschlossen werden können, jedoch waren aufgrund der Marktlage keine Aufträge in Sicht. Zentrales Argument für die Hereinnahme der nicht kostendeckenden Preise war erneut der Erhalt des eigenen Facharbeiterstammes durch Beschäftigung auf der eigenen Werft.

Bei den Fischdampfern handelte es sich um eine Neuentwicklung der *Rickmers Werft*, die sich gegenüber den Konkurrenzentwürfen vor allem durch ihre ganzgeschweißte Außenhaut abhob.[33] Die in der Literatur oftmals wegen ihrer technischen Innovationen gefeierten Seitenfänger stehen wegen des fehlenden wirtschaftlichen Erfolges für die *Rickmers Werft* jedoch stellvertretend für die erste Krise des Unternehmens nach dem Zweiten Weltkrieg.

Tabelle 1

Bauten der Rickmers Werft zwischen 1948 und 1951

Jahr	Bau-Nr.	Name	Art	Abnehmer
1948	F	Skolpenbank	Fischdampfer	*Norddeutsche Hochseefischerei*
1949	208	Ernst Gröschel	Fischdampfer	*Grundmann & Gröschel*
	224	Auguste Kämpf	Fischdampfer	*Carl Kämpf*
	225 / 8	S 7 / 12	Spülschuten	Hansestadt Bremen
1950	245	Klaus Wilhelm	Kümo	W. vom Wörden, Gräpel
	246	Hermann Hans	Kümo	H. Behrens, Estebrügge
	247	Leopard	Kümo	P. Weber, Gräpel
	248	Gretchen v. Allwörden	Kümo	W. v. Allwörden, Nindorf
	249	Hans vom Hoff	Fischdampfer	*Gemeinwirtschaftliche Hochseefischerei*
	250	Heinrich Bueren	Fischdampfer	Carl Kämpf
	251	Bernhard Grundmann	Fischdampfer	*Grundmann & Gröschel*
	252	Richard Kaselowsky	Fischdampfer	*H. Söhle*
	F	Argenfels	Frachtdampfer	*DDG »HANSA«*
	R	Irak	Fracht-Motorschiff	*DDG »HANSA«*
1951	253	Friedrich Busse	Fischdampfer	F. Busse
	256	Gerhard v. Heukelum	Fischdampfer	*Gemeinwirtschaftliche Hochseefischerei*
	257	Palme II	Fracht-Motorschiff	*Union Trading Co.*

Ab 1949 konnte die *Rickmers Werft* bei ihren Neubauprojekten auf einem hohem technischen Niveau produzieren, jedoch verhinderten die politischen Umstände – alliierte Baubeschränkungen, Materialmangel, Kapitalmangel der deutschen Reeder und gleichzeitig entstehender Konkurrenzkampf der deutschen Werften untereinander – eine positive wirtschaftliche Entwicklung der Werft. So sanken die Neubaupreise 1950 auf ein Niveau, das nicht mehr kostendeckend war. Jedoch mussten die Aufträge zur Sicherung der Beschäftigung hereingenommen werden, auch um den eigenen Stamm an Facharbeitern zu halten. Die Verluste sollten vermutlich innerhalb der *Rickmers Rhederei AG* durch die geplante Neuaufnahme der Ostasienschifffahrt durch die *Rickmers-Linie* ausgeglichen werden, von der man sich eine Rückkehr zu alter Größe erhoffte.

Ab 1951 – Schiffbauboom auch auf der Rickmers Werft?

Doch die erhoffte (und in den 1920er und 1930er Jahren erfolgreich praktizierte) Querfinanzierung zwischen *Rickmers Werft* und *Rickmers Rhederei AG* blieb zunächst aus. Vielmehr wurde die Werft aufgrund der Ereignisse um die MAI RICKMERS im Frühjahr 1951[34] von allen staatlichen Bauprogrammen zwischen 1950 und 1956 zunächst ausgenommen.[35]

Durch die rapide ansteigende nationale und internationale Nachfrage an Schiffbaukapazitäten konnte die *Rickmers Werft* dennoch – wie auch die übrigen Werften an der Unterweser – am Schiffbauboom teilhaben und ein Auftragsvolumen für zwei Jahre aufweisen.[36] Am 1. Dezember 1951 hatte die Werft Aufträge für sechs Motorfrachter und zwei Fischdampfer kontrahiert, davon waren 90% Auslandsaufträge.[37] Bei diesen Aufträgen erzielte die Werft einen Überschuss von 900.000 DM und konnte somit ihre erste Finanzkrise, die 1950 entstanden war, überwinden.[38] Es folgte im Juni des Jahres die Ablieferung eines weiteren Seitenfängers.[39] Jedoch blieb die *Rickmers Werft* überwiegend im Reparaturgeschäft tätig. Es handelte sich dabei ausnahmslos um Aufträge aus dem Ausland, hauptsächlich von der US Navy zur Reparatur von Liberty-Schiffen[40] und Minenräumfahrzeugen. Neben sieben

Liberty-Schiffen wurden der schwedische Tanker OLJAREN (Erlös: 1 Mio. DM) und der norwegischer Dampfer BJONGA (200.000 DM) repariert.[41] Da Rechnungen für Auslandsaufträge in US-Dollar beglichen wurden, der zu diesem Zeitpunkt einen Umrechnungskurs zur DM von 1:4,2 besaß, wurde für das Jahr 1951 eine äußerst positive Geschäftsbilanz der *Rickmers Werft* erwartet. Das Gegenteil war jedoch der Fall: Wegen einer Knappheit an Schiffbaustahl in Westdeutschland durch die Begrenzung der Stahlproduktion im Rahmen des Potsdamer Industrieplans erhielten die Werften bis Oktober 1951 nur 15.000 bis 16.000 t Grobbleche monatlich, obwohl der Bedarf bei 27.000 t lag. 75% der deutschen Stahlproduktion gingen als Reparationsleistung ins Ausland und mussten von den Werften über Belgien zum dreifachen Preis zurückgekauft werden.[42] Daher sank der Umsatz der *Rickmers Werft* im Vergleich zum Vorjahr um 2 Mio. DM. Bei den Neubauten geriet die Werft ein halbes Jahr in Rückstand, und auch die Fertigstellung des US-Tankers TRANSMERE bzw. dessen geplante Verlängerung konnte aufgrund des Materialmangels nicht erfolgen.[43] Ebenfalls aus diesem Grund verzögerte sich die für 1951 vorgesehen Ablieferung der MALOJA für die Alpina Reederei auf den 6. Oktober 1952.[44] Die Materialknappheit übertrug sich auch auf das Reparaturgeschäft. So konnte 1952 nur der Rückbau eines einzigen Minenräumfahrzeuges verzeichnet werden.[45]

1953/1954 kam es auf den deutschen Werften zu einem ersten Rückgang der Auftragslage. Diese Entwicklung traf auch die *Rickmers Werft*, obwohl die Zahl der Ablieferungen im Jahr 1954 zunächst anstieg.[46] Nach der Ablieferung von drei Neubauten bis zum Sommer 1954[47] verringerte sich der Auftragsbestand seit Jahresbeginn (40,2 Mio. DM) um 10 Mio. DM, obwohl sieben Neubauten hinzugekommen waren. Dies lag vor allem an kleineren Fischereifahrzeugen, während es sich bei den Ablieferungen um Frachtschiffe zwischen 3.000 bis 5.000 t handelte. Um die Beschäftigung auf der Werft aufrechterhalten zu können, wurden diese Neuaufträge zu Festpreisen hereingenommen.[48] Bei den Fischereifahrzeugen handelte es sich um den staatlich geförderten Wiederaufbau der deutschen Fischereiflotte. Für zahlreiche Bremerhavener Reeder wurde eine größere Baureihe von zehn ganzgeschweißten 600-BRT-Fischdampfern erstellt.[49] Die Baureihe war derart erfolgreich, dass auch Auslandsaufträge kontrahiert werden konnten.

1954/1955 entwickelte sich ein Schiffbauboom auf den Bremer Werften. Möglich wurde dies vor allem durch ein deutlich niedrigeres Lohnniveau im Vergleich zu anderen Schiffbaunationen wie Großbritannien, den Niederlanden oder Schweden, wodurch die Zahl der Auslandsaufträge weiter anstieg.[50] Bei der *Rickmers Werft* konzentrierte man sich daher auf das Neubaugeschäft, während das Reparaturgeschäft zum Erliegen kam. So konnte Ende 1955 ein Auftragsbestand von zehn Frachtschiffen, darunter zwei Neubauten für Chile, und zwölf Fischereifahrzeugen im Wert von insgesamt 107 Mio. DM erreicht werden. Der Umsatz stieg gegenüber dem Vorjahr auf 31 Mio. DM.[51]

Diese positive Entwicklung endete jedoch im Geschäftsjahr 1956. Bereits im Juni äußerte Claus Rickmers die Befürchtung, dass die Werftkonjunktur über ihren Höhepunkt hinaus sei. Der Auftragsbestand der Bremer Werften habe derartig nachgelassen, dass ab 1960/1961 mit »erheblichen Kalkulationsänderungen« zu rechnen sei.[52] In der Bilanz von 1956 wies die Werft erneut Verluste in Höhe von 1,4 Mio. DM aus. Grund waren die 1954 zu Festpreisen hereingenommenen Neubauaufträge der Fischereifahrzeuge, die nun keinen Gewinn mehr abwarfen. Die geplante Anzahl an Neubauten konnte nicht fertiggestellt werden, sodass die Zahl der Ablieferungen deutlich hinter den Planungen zurückblieb. Als zentrale Gründe wurden fehlende Ingenieure, eine zu geringe Anzahl gelernter Kräfte in der Belegschaft sowie bauliche Mängel genannt. Letztere waren vor allem durch einen Investitionsstau in der Kupferschmiede und im Schnürboden entstanden, wo nach der Beendigung des Werftausbaus 1944 nicht mehr investiert worden war. Durch die ungünstige Zusammensetzung der Belegschaft erhöhte sich zwangsläufig die Zahl der Fertigungsstunden pro Schiff, was auch durch eine etwaige Aufstockung der Belegschaft nicht zu ändern gewesen wäre.[53] So erwiesen sich die zwar technisch modernen und fortschrittlichen Fischereifahrzeuge als erneutes Zeichen einer Krise auf der *Rickmers Werft*, die im Gegensatz zu 1951 nicht durch externe, sondern durch interne Faktoren ausgelöst wurde. Dabei wies der Auftragsbestand der Werft Ende 1956 zehn Frachtschiffe und neun Fischereifahrzeuge im Gesamtwert von 119 Mio. DM aus.[54]

Die Nachkriegskrise im deutschen Schiffbau erreicht 1957 die *Rickmers Werft*

Das starke Absinken der Frachtraten auf dem Tankermarkt nach Ende der Suezkrise bewirkte bei den deutschen Werften ein Ende des Auftragsbooms, der nach dem Zweiten Weltkrieg im Rahmen des Wiederaufbaus des deutschen Schiffbaus entstanden war. Bereits im Sommer 1957 hörten die Anfragen nach Neubauten nahezu gänzlich auf, bestehende Aufträge wurden annulliert. Einige Länder versuchten durch staatliche Subventionen die Schiffbauindustrie zu stützen, wodurch vor allem für die deutschen Werften eine starke Konkurrenzsituation entstand. Hinzu kam das Auftreten neuer Wettbewerber auf dem umkämpften Weltschiffbaumarkt. So erreichten 1957 japanische Werften erstmals ein höheres Produktionsniveau als die britischen und erlangten einen Marktanteil von 24%. So waren auch Reparaturaufträge knapp, da die Reeder wegen der schlechten Frachtlage nur das Notwendigste machen ließen und lieber die Schiffe außer Dienst stellten. So lagen im Frühjahr 1958 6% der westdeutschen Handelstonnage (330.000 tdw) auf.[55] Gerade im Bereich der mittleren Werftindustrie konnten, vor allem durch die ausländische Konkurrenz, kaum kostendeckende Aufträge hereingenommen werden.[56]

1957 erzielte die *Rickmers Werft* zunächst mit dem Höchststand von über 1.400 Beschäftigten 2 Mio. Arbeitsstunden jährlich.[57] Hintergrund war die Fertigung einer Serie von Hochseefischdampfern sowie von modernen Heckfängern mit Turbinenantrieb.[58] Diese Baureihen schienen zunächst der Weg aus der Schiffbaukrise zu sein. Doch im Sommer 1957 kam es zu einem starken Rückgang der Auftragsbestände auf der *Rickmers Werft*: Aufgrund der von der Werft mit der *Polish Ocean Lines* (*POL*) geschlossenen Verträge über den Bau von zwei Linienfrachtschiffen (die später storniert wurden) mussten sechs Anfragen im Zeitraum Mai bis Dezember 1957 – die eine Auslastung bis 1960 bedeutet hätten – abgelehnt werden. Wegen des schwebenden Prozesses blieb ein Helgen von Februar 1959 bis Oktober 1960 komplett unbelegt.[59] Daher traf der Konjunkturumschwung und die damit verbundene sinkende Nachfrage nach Frachtschiffen die *Rickmers*

Werft unvermittelt. Für die Jahre 1958/1959 konnten deswegen nur Verträge über den Bau von Fischereifahrzeugen geschlossen werden, was sich direkt auf die Bilanz auswirkte. Der Auftragsbestand belief sich Ende 1957 auf zehn Frachtmotorschiffe und neun Fischereifahrzeuge im Wert von 119 Mio. DM. Jedoch ging die Nachfrage an Neubauten von Fischereifahrzeugen weiter zurück.[60] Die Liquidität der *Rickmers Werft* konnte lediglich durch Auflösung der 1955 für zu erwartende Verluste durch die der Festpreiskontrakte für die Fischereifahrzeuge angelegten Rücklagen sowie durch Kredite gesichert werden.[61]

Während die Werftproduktion in Westdeutschland bis 1958 schneller als in anderen Industriezweigen wuchs, stagnierte die Entwicklung zwischen 1958 und 1962.[62] Die Gründe lagen im raschen wirtschaftlichen Aufstieg Westeuropas und Japans nach dem Ende des Zweiten Weltkrieges sowie in der Liberalisierung des Welthandels, insbesondere durch den Seetransport von Öl, Nahrungsmitteln, Halb- und Fertigprodukten.[63] Allein im ersten Halbjahr 1958 gingen die Beschäftigungszahlen im Schiffbau weltweit um 10% zurück. Ferner kam es zu einem Strukturwandel: bisherige traditionelle Schiffbaunationen wie die BRD oder Großbritannien wandelten sich vom Verkäufer zum Käufer, da durch die große Zahl weltweit verfügbarer aufliegender Tonnage keine Neubauaufträge an die eigenen Werften notwendig waren. So verzeichnete der Schiffbau 1959 – trotz anziehender Konjunktur – erstmals seit 1949 einen Rückgang der Stapellaufzahlen.[64]

Durch die Stagnation im weltweiten Schiffbau fielen bei der *Rickmers Werft* neben den Aufträgen der *POL* auch die Aufträge der Reederei *Aaby*, Oslo, weg.[65] Somit kam es 1958/1959 zu einem gravierenden Auftragsrückgang auf der Werft. Die Folge war die Entlassung von 40% der Werftbelegschaft. Bis November 1958 konnte die Werft wegen der Verträge mit *POL* keine weiteren Neubauaufträge akquirieren, sondern arbeitete die vorhandenen ab – zwei Massengutfrachter, ein Frachtmotorschiff und drei Fischereifahrzeuge. Ende 1958 lagen nur noch Aufträge für fünf Frachtschiffe mit zusammen 59.500 t Tragfähigkeit vor. Die Liquidität war für 1958 noch gegeben, aber gefährdet. 1959 sank der Umsatz der Werft auf 27,1 Mio. DM, während er im Vorjahr noch bei 41 Mio. DM gelegen hatte. Die Liquidität des Unternehmens

Die Helgen der Rickmers Werft, am Ausrüstungskai liegt die ADOLF VINNEN

konnte – u.a. auch durch das Ausbleiben der Zahlungen der Reederei *Aaby* – nur durch weitere Kredite in Höhe von 1,5 Mio. DM sichergestellt werden.[66] Den Ausweg aus der Krise versprach ein Großauftrag an Fischereifahrzeugen – fünf Hecktrawler – die bis 1960 zu liefern waren, was wiederum die Auslastung der Werft mit Neubauaufträgen bedeutet hätte. Aufgrund der starken Konkurrenz im Weltschiffbau wurden die Preise jedoch auf niedrigstem Niveau ausgehandelt.[67]

Die Auftragserteilung vonseiten der *Rickmers Werft* erfolgte im Spannungsfeld zwischen Beschäftigungssicherung auf der Werft und zu großen Preisnachlässen, die der internationale Konkurrenzdruck diktierte. Die Hereinnahme der Aufträge war offenkundig mit Verlusten verbunden, jedoch hätte eine Zurückweisung einen Prestigeverlust der *Rickmers Werft* im Fischdampferbau bedeutet. Die bei Rickmers gebauten modernen und (schiffbau-)technisch fortschrittlichen Fischereifahrzeuge waren wegen ausbleibender Gewinne aufgrund des internationalen Preisdrucks für die *Rickmers Werft* erneut Zeichen der tiefen Schiffbaukrise, in der man sich befand.

Die Rickmers Werft in der Schiffbaukrise ab 1960

Im Geschäftsjahr 1960 wies die Werft lediglich Aufträge von zwei Frachtschiffen – darunter die PETER RICKMERS für die *Rickmers-Linie mbH* – und fünf Trawlern aus. Hinzu kamen Abschlüsse über zwei Frachtschiffe für norwegische Rechnung und drei kleinere Fischereifahrzeuge. Die Liefertermine konnten aufgrund unzuverlässiger Zulieferer und Überschätzung der eigenen Kapazitäten jedoch nur unter größten Schwierigkeiten eingehalten werden. Zwar stieg der Umsatz von 27 Mio. DM im Jahr 1959 auf 35,8 Mio. DM 1960, aber die Gewinne der einzelnen Neubauaufträge waren nicht immer gewährleistet: So warfen die Neubauten 307 und 308 einen Erlös von 11,3 Mio. DM bzw. 17,3 Mio. DM ab. Die Neubauten 299 und 311 hingegen waren wegen des Konkurrenzdrucks zu derartig schlechten Preisen hereingenommen worden, dass sie einen Verlust von 3,7 Mio. DM bzw. 3,6 Mio. DM auswiesen. Dadurch geriet die *Rickmers Werft* in eine schwierige Liquiditätslage, die nur durch die Vorauszahlungen der Auftraggeber verbessert wurde.[68] Hinzu kamen verspätete Zahlungen für die Neubauten PETER RICKMERS und FARO. Bei Ablieferung der Letzteren im Oktober 1961 waren erst 50% des Baupreises beglichen worden, obwohl zu diesem Zeitpunkt bereits 80% hätten bezahlt sein müssen.[69]

1961 verschärfte sich die internationale Wettbewerbssituation für die westdeutschen Werften weiter. Dies lag an der Aufwertung der DM, dem weiteren Absinken der Konjunktur in der Schifffahrt und dem Auftreten Japans als neuem Konkurrenten auf dem Weltschiffbaumarkt. Diese Gemengelage führte bei der *Rickmers Werft* praktisch zum Ausfall der deutschen Kundschaft, da diese ihre Aufträge an die preisgünstigere ausländische Konkurrenz vergab. Aufträge für ausländische Rechnung scheiterten einerseits an der DM-Aufwertung – wodurch die in US-Dollar bezahlten

Aufträge an Wert verloren – und andererseits an der scharfen Konkurrenz der z.T. subventionierten Werften untereinander. 1961 sank der Umsatz der *Rickmers Werft* um 13% gegenüber dem Vorjahr, insbesondere da auch nur ein Neubauauftrag akquiriert werden konnte.[70]

Während viele Werften sich nun auf den Bau von Großtankern spezialisierten, der in Zukunft größere Gewinne versprach, blieb die *Rickmers Werft* beim Bau von konventionellen Frachtschiffen zwischen 14.000 und 15.000 t. Insgesamt bearbeitete die Werft im ersten Halbjahr 1961 34 Projekte, von denen einige infolge ungünstiger Preise oder unerfüllbarer Kreditforderungen nicht zum Abschluss kamen. Von den bestehenden Aufträgen über vier Frachtschiffe und fünf Fischereifahrzeuge lieferte Rickmers nur zwei bzw. drei ab. Trotz zahlreicher Großprojekte konnten bis Jahresende lediglich Aufträge über zwei weitere Fischereifahrzeuge akquiriert werden.[71] Dabei überzeugte die *Rickmers Werft* erneut im Bereich der Trawler mit außergewöhnlichen Schiffen. Der Neubau LORD NELSON stieß zwar wegen seiner Fangerfolge auf ein großes (Medien-)Echo, jedoch war diese Schiffsgröße lediglich ein Versuchsprojekt einer großen Fischfanggesellschaft. Sie ließ sich nicht als erfolgreiche Massenserie bauen bzw. im avisierten Absatzmarkt Großbritannien erfolgreich verkaufen, da es dort mehrheitlich kleinere und mittlere Gesellschaften gab und das Schiff für diese Reedereien zu groß und damit zu teuer war.[72]

Generell kam es in der Zeit zwischen 1962 und 1968 zu starken Konzentrationsbewegungen im deutschen Schiffbau: die Zahl der Großwerften sank von neun auf fünf, wobei die Zahl der Beschäftigten dennoch zunahm. Grund war vor allem die steigende Schiffsgröße, die erhebliche Investitionen von den Werften forderte. Auslöser dieser Entwicklung war die seit 1963 zunehmende Nachfrage an Neubautonnage, die bis 1974 um 400% wuchs. Getragen wurde diese Entwicklung vor allem durch die stetig steigende Nachfrage an Tanker- und Containertonnage, während die Nachfrage an konventionellen Stückgutfrachtern kontinuierlich sank.[73] Damit ging der erneute weltweite Schiffbauboom an der *Rickmers Werft* vorbei, da diese sich vornehmlich auf den Bau von konventionellen Stückgutfrachtern und Fischereifahrzeugen spezialisiert hatte und auch an diesem Geschäftsfeld festhielt. Da somit die Neubauaufträge ausblieben, sank der Umsatz der *Rickmers Werft* im Geschäftsjahr 1962 erneut um 10% gegenüber dem Vorjahr auf 22,7 Mio. DM. Hinzu kamen weitere Verzögerungen bei der Bezahlung der PETER RICKMERS durch die *Rickmers-Linie mbH* aufgrund der schlechten Frachtraten im Chinageschäft.[74]

Die schleppende Akquirierung von Neubauten und das weiterhin gedrückte Preisniveau führten zu einer weiteren Verschlechterung der Liquiditätslage der *Rickmers Werft*. Zwar modernisierte die deutsche Fischfangflotte ihre Einheiten, jedoch konnten die Neubauten nur zu gedrückten Preisen überhaupt kontrahiert werden.[75] 1964 konnte die Werft zwar erstmals wieder eine bessere Auslastung durch mehr Neubauaufträge vermelden, jedoch herrschte weiterhin international ein anhaltend schlechtes Preisniveau.[76]

1965 stockte die Bundesregierung noch einmal die Bundeshilfen für die Seeschifffahrt auf, wodurch 48 Reedereien Darlehen für Schiffsneubauten aufnehmen konnten.[77] Bei der *Rickmers Werft* machte sich dies in der Kontrahierung von fünf Neubauten – einem Frachtschiff und vier weiteren Fischereifahrzeugen – bemerkbar. Doch trotz der Ablieferung von fünf Heckfängern und einem Frachtschiff entstand ein Jahresverlust von 2,5 Mio. DM.[78]

Die Geschäftsleitung der *Rickmers Werft* plante zur wirtschaftlichen Sanierung des Unternehmens die Verlegung der Neubauabteilung von der Geesthelle in den Fischereihafen. Ziele waren die Schaffung eines Reparaturbetriebes am seeschifftiefen Wasser, wodurch die Kapazitäten jedoch nicht ausgeweitet werden sollten. Problematisch war dabei, dass an den idealen Standorten – Kaiserhafen oder Überseehafen – keine Grundstücke mehr zu bekommen waren. Somit fiel die Wahl auf den Fischereihafen in Bremerhaven.[79]

Die Auftragslage der *Rickmers Werft* verbesserte sich auch im Geschäftsjahr 1966 kaum. Im Bereich der Frachtschiffe konnten zwar bessere Abschlusspreise, jedoch keine Folgeaufträge erzielt werden. Bei den Fischereifahrzeugen – von denen 1966 ein weiteres abgeliefert wurde – mussten Verträge über zwei Neubauten zu nicht kostendeckenden Preisen hereingenommen

Das Betriebsgelände der Rickmers Werft, das von der neuen Schiffbauhalle aus dem Jahr 1942 (rechts) dominiert wird

werden. Der Abschluss erfolgte nur, um die Beschäftigung der Werft zu sichern. Zu dieser Krise im Neubaubereich kam im August des Jahres noch ein missglückter Stapellauf hinzu. Der Heckfänger SEYDISFJORD kenterte direkt nach dem Stapellauf und blockierte zwei Wochen lang die Geeste. Zwar entstanden am Schiff keine Schäden, jedoch musste die Werft für die Bergung aufkommen. Durch das Unglück ergab sich mitten in der Krise bei Rickmers durch ausbleibende Neubauten ein herber Imageverlust.[80]

1966 lag der Fokus auf dem Aufbau des neuen Reparaturbetriebes im Fischereihafen. Damit war jedoch noch kein Weg aus der Krise gefunden. Von 1966 bis 1967 konnte insgesamt 13 Monate lang kein Neubauauftrag kontrahiert werden.[81] Aufgrund dieser Entwicklung wurden intensive interne Untersuchungen begonnen, um die wirtschaftlichen Fehlentwicklungen zu analysieren und die Krise der Werft zu überwinden. Die Betriebsprüfung der beiden Jahresabschlüsse 1965 und 1966 kam dabei zu niederschmetternden Ergebnissen:

»Die Gesamtverhältnisse der Firma müssen uns mit ernster Besorgnis erfüllen. Ein Umschwung zum Guten wird nur dann zu erwarten sein, wenn die Preisgestaltung für Neubautonnage sich bessert. [...] Wie schwer die Geschäftsjahre 1964 und 1965 für das Unternehmen gewesen sind, lässt sich besonders deutlich daran messen, daß der Rohgewinn [...] nicht einmal zur Bestreitung der Personalaufwendungen ausgereicht hat.«[82]

Als entscheidende Ursache der Verluste wurden weder die Gemeinkosten noch das Lohnwesen, sondern die Materialkosten gesehen. Durch diese Geschäftsentwicklung kam es zudem zu einer starken Abnahme der stillen Reserven der Gesellschaft.[83] Aus dieser Gemengelage entstand eine schwierige Liquiditätslage der *Rickmers Werft*.[84]

Dennoch wurden die Ergebnisse als Basis für ein neues »Konzept zur Rationalisierung der Betriebsabläufe auf der Rickmers Werft« genommen.[85] In diesem Rahmen verlor der Neubaubereich an Bedeutung, da der westdeutsche Schiffbau im internationalen Vergleich generell – durch geringe staatliche Hilfe und durch unzureichende Finanzierungsmöglichkeiten – schlechter dastand. Neben Forderungen nach weiteren staatlichen Hilfen sollten intern die Fertigung rationalisiert, die Nebenfertigung und das Reparaturgeschäft ausgebaut sowie Kooperationen zur Forschung und Entwicklung eingegangen werden.[86] Die spezifischen Probleme der *Rickmers Werft* wurden dabei vor allem in der geografischen Lage gesehen, sodass die Auslagerung in den Fischereihafen als beste Lösung galt.[87]

Auch im Geschäftsjahr 1967 ging der Umsatz erneut zurück:[88] Zwar brachten die Neubauaufträge im Geschäftsjahr Gewinne, dafür waren alle anderen Aufträge nicht kostendeckend. Gleiches galt für den Versuch, die Verluste im Neubaubereich durch das Verleihen eigener Arbeitskräfte an andere Werften sowie durch Zulieferaufträge und werftfremde Produktion auszugleichen.[89] Einziger gewinnbringender Zweig des Unternehmens war das inzwischen ausgelagerte Reparaturgeschäft, wobei die ersten Reparaturaufträge die PAUL RICKMERS und die R.C. RICKMERS der *Rickmers Rhederei AG* waren.[90]

1968 schien es, als sei die Krise auf der *Rickmers Werft* überwunden: Das Unternehmen konnte Neubauaufträge für vier Mehrzweckfrachter, zwei Autofähren, ein Fischereifahrzeug sowie eine weitere Schlepperhülle abschließen, wodurch die Beschäftigung der Werft bis 1971 gesichert war. Durch die der vielen Aufträge entstand bei Rickmers sogar wieder ein Mangel an Arbeitskräften.[91]

Im Sommer 1968 begannen zudem Verhandlungen zwischen der *Rickmers Werft* und dem *Bremer Vulkan* über eine Zusammenarbeit der beiden Werften.[92] Im Mai 1969 erfolgte der Abschluss eines Kooperationsvertrages mit dem *Bremer Vulkan* zwecks Sicherung der eigenen Wettbewerbsfähigkeit am Markt sowie der Verbesserung der Kosten- und Erlössituation.[93]

Der Geschäftsabschluss 1969 konnte daher auch erstmals wieder eine volle Auslastung der *Rickmers Werft* mit fünf Neubauten – zwei Fährschiffe und drei Tanker – vermelden, wobei z.T. Schiffsektionen an andere Betriebe abgegeben werden mussten.[94] Mit der steigenden Auslastung verschärfte sich der bestehende Mangel an Arbeitskräften, der trotz intensiver Werbung nicht mehr auf dem Bremerhavener Arbeitsmarkt gedeckt werden konnte.[95] Durch die Auslagerung des Reparaturbetriebes in den Fischereihafen 1967 und der Kooperation mit dem Bremer Vulkan 1969 schien die Schiffbaukrise auf der *Rickmers Werft* überwunden zu sein. Zudem profitierte Rickmers von einer Trendwende auf dem weltweiten Schiffbaumarkt. 1970 erhöhten sich zudem weltweit die Baupreise für Schiffe im Vergleich zu 1969 um 50%. Gleichzeitig gilt das Jahr als Rekordjahr im Weltschiffbau: selbst ohne die staatlichen Werften der UdSSR und China stieg die Neubautonnage im Vergleich zu 1969 um 2,37 Mio. BRT auf 21,69 Mio. BRT.[96] Doch diese positiven Aussichten hielten für die *Rickmers Werft* nicht lange an: Bereits 1972 geriet sie durch die sogenannte »Stena-Krise« an den Rand der wirtschaftlichen Existenz – eine Lage, von der sie sich bis zu ihrem Konkurs 1986 nicht mehr erholte.[97]

Fazit

Im Gegensatz zu anderen deutschen Werften konnte die *Rickmers Werft* bereits sehr früh nach der deutschen Kapitulation wieder den Betrieb aufnehmen. Dabei wirkte sich besonders positiv aus, dass die Werft durch den bis 1944 erfolgten Ausbau auf den modernsten Stand der Fertigungstechnik gebracht und auch nur gering beschädigt worden war. Die Schiffbaubeschränkungen des »Potsdamer Abkommens« im Bereich der Neubaufertigung trafen zwar auch Rickmers, jedoch wurde der Betrieb von der amerikanischen Besatzungsmacht umfassend mit Reparaturaufträgen versorgt, sodass ein Mangel an Arbeitskräften entstand und Aufträge zurückgewiesen werden mussten. 1947/1948 wirkten sich jedoch der allgemeine Materialmangel sowie Finanzierungsschwierigkeiten bei den Neubauten negativ auf die wirtschaftliche Entwicklung der *Rickmers Werft* aus.

Die 1950er Jahre waren einerseits geprägt von einem Schiffbauboom. Die Vorgaben des »Potsdamer Abkommens« wurden abgeschafft, der Schiffbau freigegeben. Dadurch entstand jedoch ein harter Konkurrenzkampf der deutschen Werften untereinander, der wiederum die Preise sinken ließ. Um überhaupt die Beschäftigung sichern zu können und ein Abwandern des eigenen Facharbeiterstammes zu verhindern, kontrahierte die *Rickmers Werft* daher Aufträge, die nicht kostendeckend waren. Zudem handelte es sich mehrheitlich um kleinere Einheiten, deren Baupreise generell niedrig waren.

1960 setzte sich auch auf der *Rickmers Werft* die Krise des westdeutschen Schiffbaus fort. Ausgelöst wurde sie vor allem durch nicht kostendeckende Preise der akquirierten Neubauaufträge, die unter starkem Konkurrenzdruck zur Sicherung der Beschäftigung auf der Werft hereingenommen wurden, sowie durch das Scheitern einer Diversifizierung der Produktion mit werftfremden Produkten.

Zudem setzte die *Rickmers Werft* weiterhin auf ihr angestammtes Gebiet, die Fertigung von Fischereifahrzeugen, die zwar technisch fortschrittlich, jedoch an den Bedürfnissen des Marktes vorbei entwickelt worden waren – z.B. die LORD NELSON. Somit konnte die Werft nicht am beginnenden Bauboom der

Containerschifffahrt teilhaben. Auch der Versuch, der *Rickmers Werft* Aufträge vonseiten der *Rickmers-Linie m.b.H.* zukommen zu lassen, scheiterte letztendlich an der wirtschaftlich schlechten Lage der *Rickmers-Linie* zu dieser Zeit. Insgesamt war die Ertragsentwicklung der Neubauergebnisse der *Rickmers Werft* zwischen 1949 und 1966 durchwachsen: Bei 92 abgelieferten Neubauten konnte lediglich ein Überschuss von 858.000 DM erwirtschaftet werden.

Neubauergebnisse Rickmers Werft 1949 – 1966[98]

Jahr	Abgerechnete Schiffe	Gewinn/DM	Verlust/DM
1949	3	231.000	-
1950	8	-	129.000
1951	3	-	121.000
1952	1	-	86.000
1953	5	835.000	-
1954	6	2.547.000	-
1955	10	1.355.000	-
1956	9	-	1.636.000
1957	5	-	951.000
1958	6	1.070.000	-
1959	3	528.000	-
1960	5	342.000	-
1961	4	128.000	-
1962	4	-	1.235.000
1963	4	196.000	-
1964	3	-	1.257.000
1965	7	-	2.897.000
1966	6	1.938.000	-
Summe	92	9.170.000	8.312.000

Die Entwicklung der *Rickmers Werft* gleicht einem Paradoxon: Man baute technisch innovative und äußerst hochwertige Schiffe, musste diese jedoch zu einem immer niedrigeren und am Ende nicht mehr kostendeckenden Preis am Markt anbieten. Die Folge war auch ein Rückzug in Produktionsnischen wie Fischereifahrzeuge und Fähren. Dadurch konnte die internationale Nachfrage an einfacher zu fertigenden Schiffstypen wie Containerschiffen und Tankern nicht bedient werden. Doch auch diese Nischen warfen am Ende nicht genug Erträge für die langfristige Sanierung des Unternehmens ab. Das langsame Abschmelzen der stillen Reserven – insbesondere durch die niedrigen Erlöse – und die immer weiter steigende Kreditsumme, die zur Sicherung der Liquidität des Unternehmens benötigt wurde, führten zu einer immer bedrohlicher werdenden wirtschaftlichen Lage der Werft – was letztlich auch die Basis für den Konkurs 1986 legte.

Ausblick – Konkurs trotz Innovation

Im Gegensatz zur landläufigen Überlieferung war der Konkurs der Rickmers Werft durchaus vorhersehbar. Neben den sinkenden Einnahmen im Neubaugeschäft sowie den immer größer werden Krediten zur Sicherung der Liquidität des Unternehmens kam als weiterer Faktor die Finanzierungspraxis der Neubauten hinzu.

Bereits in den 1970er Jahren wurden Neubauaufträge teilweise unter den Gestehungskosten kontrahiert, um die Beschäftigung auf der Werft zu sichern. Gleichzeitig entwickelte sich der Auftrag der »Stena Lines« zum wirtschaftlichen Albtraum: Bauzeitverlängerungen ließen die Erlöse schwinden, zudem sorgten die blockierten Helgen dafür, dass andere Aufträge nicht fristgerecht hereingenommen werden konnten. Dies führte zu einer weiteren Erhöhung des Kreditvolumens, um die Liquidität des Unternehmens zu sichern.

Der Rettungsanker für die Rickmers Werft schien schließlich die Platzierung eines modernen, mittelgroßen Containerschiffstyps am Markt (Typ RW 39 bzw. RW 49) zu sein, doch die Achillesferse dieser Schiffe war die Finanzierung. Grundlage dieser war die Schiffbauförderung der Bundesregierung, die auf Steuerabschreibungen in Höhe von 300% basierten. Interessant war diese steuerlich begünstigte Finanzierung v.a. für solvente Selbstständige und eben nicht für traditionelle Reedereien. Die Klein- und Kleinstreedereien verfügten dabei oftmals nicht über das nötige Kapital, um das Schiff direkt zu platzieren, sodass die Rickmers Werft in Form stiller Beteiligungen mit in die Finanzierung einstieg bzw.

auch eine »Platzierungsgarantie« gewährte – auch wenn die Finanzierung nicht bis zum Ende gesichert war. Das Management der Werft versprach sich von dieser Vorgehensweise, ebenfalls von den Steuervorteilen profitieren und damit langfristig das Schiff finanzieren zu können. Die für den Bau notwendigen liquiden Mittel wurden durch einen immer größeren Kreditrahmen ausgeglichen – monatlich durchschnittlich 30 Mio. DM. Das abrupte Ende dieses Finanzierungsmodells erfolgte durch das Auslaufen der steuerlichen Förderung vonseiten der Bundesregierung Ende 1984. Die Steuervorteile wurden von 300 % auf 100 % gekürzt und waren damit als Finanzierungsmodell unattraktiv geworden. Die Rickmers Werft besaß stille Beteiligungen im Wert von 32 Mio. DM, die nun quasi über Nacht wertlos geworden waren. Die Kreditlinien bei den Banken waren zu diesem Zeitpunkt ebenfalls derart ausgereizt – so waren sämtliche Forderungen der Werft gegenüber Dritten inzwischen als Sicherheit für Kredite abgetreten worden –, dass dem Unternehmen nur noch der Konkurs blieb. Insgesamt erzielte der Konkurs bei ausstehenden Forderungen von etwa 148 Mio. DM eine Erlösquote von 3,8 %.[99]

Anmerkungen

1 Der Aufsatz stellt einen Extrakt der Entwicklung dar. Die ausführliche Darstellung findet sich in: Lindner, Jörn: Schifffahrt und Schiffbau in einer Hand. Die Firmen der Familie Rickmers 1918 – 2000, Bremen 2009. Soweit nicht anders angegeben, stammen die Primärquellen aus dem Rickmers Firmen- und Familienarchiv.

2 Lindner, Schifffahrt und Schiffbau in einer Hand, 107 – 110.

3 Die Halle verfügte über zwei Laufkräne, eine neue Heizzentrale, eine groß ausgebaute Tischlerei und eine Blechbearbeitungswerkstatt, neue Magazine und Lagerschuppen sowie einen Sozialtrakt, in dem sich ein Luftschutzraum befand. Archiv Rüstringer Heimatbund (im Folgenden: RHB) 42-3-387-298, Bericht Hamburg vom 27. Juni 1942; PK 7/8 Geschäftsbericht der Rickmers Rhederei AG 1942, Hamburg April 1948.

4 Archiv Deutsches Schiffahrtsmuseum (im Folgenden: DSM) III a 1648, Schreiben Homanns an die Rickmers Werft, Hamburg, vom 21. August 1940; Schreiben der Rickmers Rhederei AG an die Rickmers Werft Hamburg, vom 22. Juli 1941; Antwortschreiben Wesermünde vom 23. Juli 1941; Schreiben Schmidts an die Rickmers Werft vom 24. Juli 1941; DSM, Sammlung Klein, Ordner II. Schreiben der Rickmers Werft an die Rickmers Rhederei AG, Bremerhaven, vom 21. Juni 1948.

5 Archiv DSM III a 1652, Schreiben Büttners an Klawitter, Wesermünde, vom 2. März 1945.

6 Archiv der Rickmers-Holding, PK 13/3 (im Folgenden nur PK), Brief Bertram Rickmers an Paul Rickmers, Hamburg, vom 31. Oktober 1944, Vgl. auch Kahle, Hans Jürgen (Hg.): »Gestohlene Jugendjahre.« Berichte ehemaliger sowjetischer Zwangsarbeiter über ihre Zeit in Wesermünde (Bremerhaven) 1941–1945, Cuxhaven 1995, 47–49.

7 Vgl. PK 17/4, DM-Eröffnungsbilanz der Rickmers Werft.

8 Götz Albert, Wettbewerbsfähigkeit und Krise der deutschen Schiffbauindustrie 1945–1990, Frankfurt/M. 1998, 142–150.

9 Am 6. Juli 1945 lief der erste amerikanische Frachter Bremerhaven an. Wegen der geringfügigen Schäden (so standen immerhin 50 Kräne und 70.000 qm Schuppenfläche zu Verfügung), konzentrierten sich die amerikanischen Militärtransporte auf die Stadt, zumal – im Vergleich zu Bremen – die Weserrevierfahrt wegfiel. 1946 wurden in Bremerhaven 790.945 t militärisches Gerät gelöscht, in Bremen nur 106.829 t. Hauptumschlagplatz wurden jedoch die Anleger in Bremen-Farge, die gänzlich unzerstört geblieben waren. Hans Jansen und Renate Meyer-Braun, Bremen in der Nachkriegszeit 1945–1949, Bremen 1990, 97.

10 Im Londoner Protokoll vom 12. September 1944 akzeptieren die amerikanischen Stabschefs eine Besatzungszone in Südwestdeutschland, sofern sie norddeutsche Häfen nutzen konnten. Als Optionen wurden das Land Bremen inkl. Stadt und Landkreis Wesermünde sowie die Landkreise Osterholz-Scharmbeck und Wesermarsch genannt. Damit sollte der Nachschub der amerikanischen Truppen gesichert werden. Vgl. Röpcke, Andreas: Entstehung, Status und Verwaltung der amerikanischen Enklave Bremen, in: Bremisches Jahrbuch, Bd. 66, 423–452, vor allem S. 425–430; Auf dem Garten, Klaus: Die Kontrolle der Unterweserwerften durch die Besatzungsbehörden, in: Kuckuk, Peter (Hg.): Unterweserwerften in der Nachkriegszeit. Von der »Stunde Null« bis zum »Wirtschaftswunder«, Bremen 1998, 37–65, hier S. 38.

11 Albert, Wettbewerbsfähigkeit und Krise, 72.

12 Die zwei einzigen demontierten Betriebe in Bremerhaven waren die Werft Achgelis in Geestemünde und die Firma Schlotterhose in Wulstorf (Hilfsmaschinen für Schiffe). Vgl. Strohmeyer, Dieter: Bremerhaven. Wirtschafts- und Stadtentwicklung im Spannungsfeld langfristiger Konjunkturlagen, Bremen 1992, 190.

13 Wissenschaftliches Institut für Schiffahrts- und Marinegeschichte (im Folgenden: WISM) 258; Rechnungs-Ausgangsbuch der Rickmers Werft vom Januar 1944 bis Oktober 1947, Posten 2444 ff.

14 PK 13/3, Aktennotiz vom 21. August 1946.

15 Archiv DSM III a 1652, Ausrüstungsbericht; Aktennotiz der Rickmers Werft, Wesermünde, vom 8. Februar 1946; WISM, Rechnungs-Ausgangsbuch der Rickmers Werft vom Januar 1944 bis Oktober 1947; Posten 415 ff. [HORST WESSEL].

16 Dabei handelte es sich im Einzelnen: Im Juni 1945 für die Kriegsmarinewerft (KMW) Wilhelmshaven: MS KUNZE; MS SÜDERAU; MS AADE; MS WEGA, ERPEL (ex. ISLANDSFALK). Im Juli 1945 für die Reederei Jan Kofin, Amsterdam: KUNO LEBENSBYD. Vgl. WISM 258, Rechnungs-Ausgangsbuch Rickmers Werft vom Januar 1944 bis Oktober 1947; Posten 2452 ff., 2483 ff., 2501.

17 Siehe Abrechnung vom 2. November 1945: Reparatur FD HEINRICH NIEMITZ, in: WISM, Rechnungs-Ausgangsbuch der Rickmers Werft von Januar 1944 bis Oktober 1947, Posten 2678 f.

18 Auf der Rickmers Werft wurden die Schiffe ERPEL und ENTE, M371 und M438 sowie KFK 502 und das Verkehrsboot 18 repariert. Siehe Aktennotiz der Rickmers Werft, Wesermünde vom 2. Januar 1946, in Archiv DSM III a 1652; Schreiben der Rickmers Werft an die Rickmers Rhederei AG, Bremerhaven vom 8. Juni 1946, in: DSM Sammlung Klein, Ordner 2; WISM 258, Rechnungs-Ausgangsbuch der Rickmers Werft vom Januar 1944 bis Oktober 1947, Posten 345, 413, 616 ff., 728.

19 Für das US Navy Ship-Repair-Department Bremerhaven wurden ausgeführt am 26.Juli 1945: 4 Patrouillenboote und 1 »Cabin Cruiser«, am 13. Oktober 1945: PC 1176, am 10. November 1945: die G.W. McGRAY sowie der Dampfer JESSIKA; British Ministry of War Transportation; Grundberührung vor Norwegen; Rechnungs-Ausgangsbuch der Rickmers Werft von Januar 1944 bis Oktober 1947, 2103, 2519 ff.; WISM 258; Archiv DSM III a 1652, Schreiben Betriebsleiter an Matrian, vom 10. November 1945.

20 Rechnungs-Ausgangsbuch Rickmers Werft Januar 1944-Oktober 1947; Posten 2249 f.; 2452 ff., 2483 ff.; WISM 258; Schreiben Büttner an Hector, Wesermünde 10.11.1945, Archiv DSM III a 1652.

21 Es waren u.a. am 18.6.1945 der Tankleichter DAPG zum Slippen sowie am 18.9.1947 eine Reparatur der RHENUS 44 für Fendel Schiffahrts-AG, Mannheim; Auf dem Garten: Kontrolle der Unterweserwerften, 44 f.; Anordnung Büttner, Wesermünde 18.6.1945, Archiv DSM III a 1652; Rechnungs-Ausgangsbuch Rickmers Werft Januar 1944-Oktober 1947; Posten 338 ff.; WISM 258).

22 Ab Mai 1945 bestand im Deutschen Reich eine Brennstoffknappheit durch den Wegfall der Transporte aus den ehemals besetzten Gebieten. Daher wurde die Produktion von Brenntorf gesteigert. »Die ersten Jahre nach dem 2. Weltkrieg brachten der Brenntorfproduktion vorübergehend noch einmal einen starken Aufschwung: Sie ging von 500.000 t (1938) auf 1,2 Mio t (1952) hinauf. Die Weißtorfproduktion fiel umgekehrt von 7,9 Mio. Ballen (1938) auf 1 Mio. Ballen (1948), um dann langsam wieder über 4 Mio. Ballen (1952) und 7 Mio. Ballen (1955) auf 11 Mio. Ballen (1957) anzusteigen.« (Schneekloth, Heinrich: Die Torfindustrie in Niedersachsen, Göttingen / Hannover 1983, 10.

23 Protokoll Sitzung Aufsichtsrat Rickmers Rhederei AG, Hamburg 25.10.1948, PK 18/2.

24 Herbig, Rudolf: Wirtschaft, Arbeit, Streik, Aussperrung an der Unterweser, Filderstadt 1979, 332.

25 Die Baunummer 224 war bis 1941 für den Frachtschiffneubau PETER RICKMERS vorgesehen, der aufgrund der Kriegsentwicklung vom Reichsverkehrsministerium nicht mehr genehmigt wurde. (Schreiben Fachgruppe Reeder an Rickmers Rhederei AG, Hamburg, 15.2.1940, Archiv RHB 42-3-365-114; Kludas, Arnold: Rickmers – 150 Jahre, Herford 1984, 60, 117; Kuckuk, Peter / Roder, Hartmut (u.a.): Spanten

und Sektionen. Werften und Schiffbau in Bremen und der Unterweserregion im 20. Jahrhundert, Bremen 1986, 72; Krawietz, Walter: Die wirtschaftliche Entwicklung des Schiffbaues an der Unterweser von 1800 bis 1960, Erlangen, Nürnberg 1966, 115; Hansa – Zeitschrift für Schiffahrt, Schiffbau, Hafen, 96. Jg., Nr. 23/24, Hamburg 1959, 1160; Graikowski, Ralf: Schiffbau in Bremerhaven in der Nachkriegszeit von 1945 bis 1949. Aus den Trümmern ins »Wirtschaftswunder«, in: Kuckuk, Peter (Hrsg.): Unterweserwerften in der Nachkriegszeit. Von der »Stunde Null« bis zum »Wirtschaftswunder«, Bremen 1998, 162–194, 175).

26 Später wurde sie sogar auf 400 Mann reduziert (Protokoll Sitzung Aufsichtsrat *Rickmers Rhederei AG* 5.11.1949, PK 18/2).

27 Aktennotiz betr. Binnenschiffe; Bremerhaven 11.8.1949, Archiv RHB 42-3-428-004) Entwurf von Binnenschiffen für Dortmund-Ems-Kanal (Generalplan in Archiv RHB 42-3-429-027).

28 Dampfer ARGENFELS der *DDG »HANSA«* im Hamburger Hafen liegend durch mehrere Bombenangriffe beschädigt, im November 1944 vor firmeneigenen Schuppen 80 gesunken. 1945 wurde das Schiff von einer Bergungsfirma provisorisch gehoben, aufgrund gesetzt und für »nicht bergungswürdig« erklärt. Im Oktober 1949 wurde das Schiff wegen der Freigabe der »X-Schiffe« durch die Alliierten erneut von der *DDG »HANSA«* gehoben. Im Dezember traf der Dampfer auf der *Rickmers Werft* ein. Hier folgte ein Umbau von Kohle- auf Ölfeuerung und am 12.7.1950 erfolgte die Indienststellung. Der Erlös betrug 2.387.604,59 DM. (Prager, Hans Georg: DDG »HANSA«. Vom Liniendienst bis zur Spezialschiffahrt, Herford 1976, 67 f., 104; Rechnungs-Ausgangsbuch *Rickmers Werft* 10.11.1948–15.1.1951; Posten 448 ff.; WISM 258).

29 Letztendlich ergaben die Umbauten der NORDENHAM, der WILHELM KAISEN sowie die Reparatur des Motorleichters IRAK sogar einen Verlust von 500.000 DM (Schreiben Homann an Bollmann, o.O. 5.4.1950, PK 18/2).

30 Erläuterungen zum Finanzvorschlag, o.O. 27.3.1950, PK 18/2.

31 Zentrale Abweichungen zu den »Weselmännern« war vor allem der ganzgeschweißte Rumpf, was die *Rickmers Werft* aus der Fertigung der Marineschiffe ab 1938 übernahm. Andere, kleinere Werften blieben bei der Nietentechnik. Zudem verfügten die Rickmers-Entwürfe über einen doppelten Boden, ein Kreuzerheck und einen scharfen Fischdampferbug, was den Schiffen eine bessere Stabilität verlieh. (Jungmann, Josef / Klug, Heinz / Meyer, Vico: Kümo »GREUNDIEK«. Ein Küstenmotorschiff der Rickmers Werft, Stade 2007, 25, 41f.).

32 H. Behrens hatte bereits vor dem Krieg ein Kümo gleichen Typs bei Rickmers bestellt (Protokoll Sitzung Aufsichtsrat *Rickmers Rhederei AG*, 1.6.1949, PK 18/2; Rechnungs-Ausgangsbuch *Rickmers Werft* 10.11.1948–15.1.1951; Posten 188 ff.; WISM 258).

33 Entwurf zum Bau dieses Typs in Archiv RHB 42-411-096 (24m Länge, 7 Mann Besatzung; 800 PS, 12 Knoten); HANS v. HOFF; GERHARD VAN HEUKULUM (beide *Gemeinschaftliche Hochseefischerei*); HEINRICH BUEREN (*Carl Kämpf*); BERNHARD GRUNDMANN (*Grundmann & Gröschel*); FRIEDRICH BUSSE (*F. Busse*); RICHARD KASELOWSKY (*Reederei Söhle*). Z.T. waren die Schiffe bis 1986 in Betrieb. Ende 1950: Ablieferung der HEINRICH BUEREN (Summe 1.135.099,50 DM) RICHARD KASELOWSKY (Summe 1.051.874,- DM), HANS VOM HOFF

(Summe 1.158.119,80 DM) (Rechnungs-Ausgangsbuch *Rickmers Werft* 10.11.1948–15.1.1951; Posten 550 f., 575 f., 593; WISM 258; Kuckuk/Roder: Spanten und Sektionen, 72; Krawietz: Entwicklung des Seeschiffbaues, 115; Hansa – Zeitschrift für Schiffahrt, Schiffbau, Hafen, 96. Jg., Nr. 23/24, Hamburg 1959, 1160; Kokot, Dieter: Die Rickmers-Fischdampfer von 1950/51, Niederdeutsches Heimatblatt Nr. 565, 1997, 4).

34 Das Schiff wurde vor Taiwan unter dem Verdacht aufgebracht, Waffen zu transportieren. (Vgl. dazu: Lindner, Jörn: »Die Aufbringung der MAI RICKMERS 1951 vor Taiwan – der lange Schatten deutscher Waffenexporte nach Ostasien in den 1920er und 1930er Jahren«, in: Deutsche Seefahrtsgeschichtliche Kommission (Hrsg.): Schifffahrt und Handel, Bremen 2016, 134–169).

35 Die *Rickmers-Linie* wurde lediglich in die Planungen der »7d-Gelder« für 1952 aufgenommen. (Aktennotiz Telefonanruf Dr. Schubert / Wiederaufbaudarlehen für Schiffsneubau; Hamburg 5.12.1951, PK 15/17. Bd. 2; Eberstein, Bernd: Der Ostasiatische Verein 1900–2000, Hamburg 2000, 159).

36 Kuckuk, Peter: Deutscher Schiffbau in der Nachkriegszeit: Ein Überblick, in: Ders. (Hrsg.): Unterweserwerften in der Nachkriegszeit. Von der »Stunde Null« bis zum »Wirtschaftswunder«, Bremen 1998, 11–36, 19.

37 So z.B. der Auftrag der *Alpina Reederei AG*, Basel zum Bau eines Frachtschiffes mit 4.400 BRT sowie ein Auftrag der der International Tankers, New York, über die Verlängerung eines 6.000 tdw. Tankers, der im März 1951 in den USA vom Stapel gelaufen war. (Herbig: Wirtschaft, Arbeit, Streik, 347; Details in: Geschäftsbericht Rickmers Werft Geschäftsjahr 1951, Anlage zu den Protokollen Sitzungen Aufsichtsrat *Rickmers Rhederei AG*, Hamburg 25.6.1951 und Bremerhaven 2.11.1952, PK 18/2; Hamburger Freie Presse, 18.1.1951, PK 13/4, Bd. 1).

38 Protokoll Sitzung Aufsichtsrat *Rickmers Rhederei AG*, Hamburg 25.6.1951, PK 18/2.

39 PALME II an *UTC Hamburg* für die *Basler Handelsgesellschaft*, Basel; Juni 1951: Lage der Werft (Protokoll Sitzung Aufsichtsrat *Rickmers Rhederei AG*, Hamburg 25.6.1951, PK 18/2)..

40 Geschäftsbericht *Rickmers Werft* Geschäftsjahr 1951, Anlage zum Protokoll Sitzung Aufsichtsrat *Rickmers Rhederei AG*, Bremerhaven 2.11.1952, PK 18/2; Rechnungs-Ausgangsbuch *Rickmers Werft* 10.11.1948–15.1.1951; Posten 66 ff., 197 ff.; WISM 258.

41 Instandsetzung M 205 (1,2 Mio. DM) sowie M460 und M388 (Rechnungs-Ausgangsbuch *Rickmers Werft* 10.11.1948–15.1.1951; Posten 116 ff., 206 ff.; WISM 258; Geschäftsbericht *Rickmers Werft* Geschäftsjahr 1951, Anlage zum Protokoll Sitzung Aufsichtsrat *Rickmers Rhederei AG*, Bremerhaven 2.11.1952, PK 18/2).

42 Protokoll Sitzung Aufsichtsrat *Rickmers Rhederei AG*, Hamburg 25.6.1951, PK 18/2; Kuckuk: Deutscher Schiffbau, 20; Albert: Wettbewerbsfähigkeit und Krise, 121.

43 Protokoll Sitzung Aufsichtsrat *Rickmers Rhederei AG*, Hamburg 9.3.1952, PK 18/2; Geschäftsbericht *Rickmers Werft* Geschäftsjahr 1951, Anlage zum Protokoll Sitzung Aufsichtsrat *Rickmers Rhederei AG*, Bremerhaven 2.11.1952, PK 18/2.

44 Auftragswert insgesamt 4.262.637,05 DM (Rechnungs-Ausgangsbuch *Rickmers Werft* 19.11.1951 bis Dezember 1954, 575 f.; WISM 258; Protokoll Sitzung Aufsichtsrat *Rickmers Rhederei AG*, Hamburg 9.3.1952, PK 18/2).

45 Rückbau M 205 für US Naval Base, Bremerhaven, Abrechnung von 1.202.300,- DM über »Besatzungskostenamt« (Rechnungs-Ausgangsbuch *Rickmers Werft* 19.11.1951 bis Dezember 1954, 125; WISM 258).

46 Kuckuk: Deutscher Schiffbau, 20.

47 28.4.1954: Ablieferung der MS SILVIA für *Triton Schiffahrtsgesellschaft*, Bremen im Wert von 6.630.000 DM; 28.6.1954: Ablieferung der MS WALTER für *Weser-Reederei GmbH*, Bremen im Wert von 6,2 Mio. DM; 23.8.1954: Ablieferung der MS ANGOLA für *A/S Det Dansk-Franske D/S*, Kopenhagen im Wert von 6,6 Mio. DM (Rechnungs-Ausgangsbuch *Rickmers Werft* 19.11.1951 bis Dezember 1954, 285 ff., 387 f., 341 f.; WISM 258).

48 Protokoll Sitzung Aufsichtsrat *Rickmers Rhederei AG*, Hamburg 8.12.1956, PK 18/2; Geschäftsbericht *Rickmers Werft* 1954, Bremerhaven 23.10.1954, PK 18/2.

49 Z.B. FD STADT HERTEN für *F. Busse*, Bremerhaven im Wert von 1,7 Mio. DM, Ablieferung am 31.8.1954; 12.10.1954 Ablieferung FD MAINZ und FD KONSTANZ für *F. Boehm & Co GmbH*, Hamburg im Wert von jeweils 1,86 Mio. DM (Rechnungs-Ausgangsbuch *Rickmers Werft* 19.11.1951 bis Dezember 1954, 398, 394 ff.; WISM 258).

50 Produziert wurden vor allem Linienfrachter von 8.000 bis 10.000 tdw und Motortanker in drei Größen bis 36.000 tdw (Kuckuk: Deutscher Schiffbau, 21).

51 Protokoll Sitzung Aufsichtsrat *Rickmers Rhederei AG*, Hamburg 29.12.1955, PK 18/2; NZ 11.7.1955, StA Bremerhaven ZAS I/21–108.

52 Protokoll Sitzung Aufsichtsrat *Rickmers Rhederei AG*, Hamburg 29.6.1956, PK 18/2.

53 Protokoll Sitzung Aufsichtsrat *Rickmers Rhederei AG*, Hamburg 8.12.1956, PK 18/2; Stellungnahme des Betriebsausschusses zur Arbeits- und Wirtschaftslage der Werft, Bremerhaven 22.1.1957, PK 18/2.

54 Protokoll Sitzung Aufsichtsrat *Rickmers Rhederei AG*, Hamburg 15.6.1957, PK 18/2.

55 Kuckuk: Deutscher Schiffbau, 21; Albert: Wettbewerbsfähigkeit und Krise, 83.

56 Protokoll Sitzung Aufsichtsrat *Rickmers Rhederei AG*, Hamburg 17.12.1958, PK 18/2.

57 Gerdes, Johann / Heseler, Heiner: Rickmers – das Ende einer Traditionswerft, Bremen 1990, 14.

58 Kuckuk/Roder: Spanten und Sektionen, 72; Kuckuk: Deutscher Schiffbau, 25; Kludas: Rickmers – 150 Jahre, 64; Krawietz: Entwicklung des Seeschiffbaues, 115.

59 Protokoll Sitzung Aufsichtsrat *Rickmers Rhederei AG*, Hamburg 28.2.1958, PK 18/2; Hansa-Treuhand Gesellschaft: Gutachten über die Höhe des aus der Nichterfüllung zweier Neubau-Aufträge erlittenen Vertrauensschadens, Hamburg 1961, PK 17/6–1.

60 1957 lieferte die Werft auch nur vier Schiffe ab: einen Massengutfrachter für norwegische Rechnung sowie drei Fischereifahrzeuge, von denen sich eines – Neubau Nr. 290, der aufgrund des Wunsches der Kunden mit einem Voith-Schneider-Antrieb ausgerüstet wurde – später als Fehlkonstruktion erwies. (Protokoll Sitzung Aufsichtsrat *Rickmers Rhederei AG*, Hamburg 28.2.1958, PK 18/2; Hansa – Zeitschrift für Schiffahrt, Schiffbau, Hafen, 96. Jg., Nr. 23/24, Hamburg 1959, 1160).

61 Protokoll Sitzung Aufsichtsrat *Rickmers Rhederei AG*, Hamburg 28.2.1958, PK 18/2.

62 Heseler, Heiner: Vom Tankerboom zum Werftenverbund – der Schiffbau in Bremen von 1975 bis 1988, in: Kuckuk, Peter / Roder, Hartmut / Hochschule Bremen (Hrsg.): Von der Dampfbarkasse zum

Containerschiff. Werften und Schiffbau in Bremen und der Unterweserregion im 20. Jahrhundert, Bremen 1988, 210–229, 210.
63 Rulfs, Carsten: Welthandelsregeln für den Schiffbau und deren Durchsetzung, Hamburg 2006, 18; Albert: Wettbewerbsfähigkeit und Krise, 39.
64 Mitte 1959 lagen allein Tanker mit 7 Mio. tdw wegen fehlender Aufträge auf (Kuckuk: Deutscher Schiffbau, 21f., 33).
65 Die fällige Anzahlung von 20% für Neubau 307 in Höhe von 4,57 Mio. DM wurde von der norwegischen Reederei nicht geleistet. Augenscheinlich versuchte der Reeder mittels immer neuer Strategien, den Preis zu drücken. Das Verfahren endete im Oktober 1969 mit einem Vergleich. (PK 17/5).
66 Protokolle Sitzungen Aufsichtsrat *Rickmers Rhederei AG*, Hamburg 17.12.1958, 3.8.1959, 14.12.1959 und 2.12.1960, PK 18/2.
67 Protokolle Sitzungen Aufsichtsrat *Rickmers Rhederei AG*, Hamburg 14.12.1959 und 2.12.1960, PK 18/2.
68 Protokolle Sitzungen Aufsichtsrat *Rickmers Rhederei AG*, Hamburg 2.12.1960, 1.8.1961 und 29.11.1961, PK 18/2.
69 Ebd.
70 Protokoll Sitzung Aufsichtsrat *Rickmers Rhederei AG*, Hamburg 14.12.1962, PK 18/2.
71 Protokolle Sitzungen Aufsichtsrat *Rickmers Rhederei AG*, Hamburg 1.8.1961 und 29.11.1961, PK 18/2.
72 Protokoll Sitzung Aufsichtsrat *Rickmers Rhederei AG*, Hamburg 1.8.1961, PK 18/2. Zur LORD NELSON vgl. Artikel The Motor Ship, Schreiben Temple Press Ltd. an *Rickmers Werft* Bremerhaven, London 25.8.1961, Archiv DSM III a 216 / 7 g; The Yorkshire Post, 24.8.1961, The Daily Mail, 20.6.1961, beide ebd.
73 Rulfs: Welthandelsregeln, 19 f.; Albert: Wettbewerbsfähigkeit und Krise, 87 f.
74 Insgesamt konnten 1962 drei Neubauaufträge abgeschlossen werden, einer für schweizerische Rechnung, ein Fischereifahrzeug sowie einer über den Fertigbau eines Kühlschiffes. (Protokolle Sitzungen Aufsichtsrat *Rickmers Rhederei AG*, Hamburg 14.12.1962 und 24.9.1963, PK 18/2).
75 Protokoll Sitzung Aufsichtsrat *Rickmers Rhederei AG*, Hamburg 24.9.1963, PK 18/2.
76 Auftragsbestand bei Jahresende: sechs Fischereifahrzeuge und vier Frachtschiffe (Geschäftsbericht *Rickmers Rhederei AG*, Hamburg 23.12.1965, PK 18/3).
77 Hoeth: Wiederaufbaufinanzierung, 856.
78 Geschäftbericht der *Rickmers Werft*, Bremerhaven Dezember 1965, Anlage Protokoll Sitzung Aufsichtsrat *Rickmers Rhederei GmbH*, Hamburg 23.12.1965, PK 18/3.
79 Aktenvermerk Umsiedlung des Werftbetriebes, Bremerhaven 19.10.1965, PK 18/3.
80 Die Bergung erfolgte am 14.9.1966 mithilfe eines Spezialschiffes (Hebeschiff ENERGIE, Bugsierreederei Hamburg, Liegeplatz Bremerhaven). Größere Schäden am Schiff entstanden jedoch nicht. (Nb. 330 V 7 (Befund) und Nb. 330 V 9 (Fotos + Presse-Berichte), Archiv WISM, 258, Befundbericht).
81 Konzept zur Rationalisierung der Betriebsabläufe auf der *Rickmers Werft* 5; PK 17/11.
82 Kopie Vermerk *Rickmers Rhederei GmbH*, Bremen 27.1.1967, PK 18/3.
83 Kopie Vermerk *Rickmers Rhederei GmbH*, Bremen 27.1.1967, PK 18/3.
84 Zwar bestanden 1964 und 1965 noch keine Bankschulden, aber spätestens 1966 drohten Schulden in Höhe von 3 Mio. DM (Kopie Vermerk *Rickmers Rhederei GmbH*, Bremen 27.1.1967, PK 18/3).
85 Konzept zur Rationalisierung der Betriebsabläufe auf der *Rickmers Werft*, PK 17/11
86 Ebd., 4.

87 Der derzeitige Standort wies kein ausreichend tiefes und tideabhängiges Fahrwasser für große Neubauten, keine gerade Uferlinie und eine große Entfernung zum Übersee- und Fischereihafen auf. Die Gesamtinvestitionen am Fischereihafen für Bauvorhaben und Maschinenpark wurden mit 2.435.600 DM veranschlagt. (Ebd., 4; Kurzbericht zu den bis dahin durchgeführten Maßnahmen vom 30.9.1967, PK 18/3).

88 Umsatz 33,355 Mio. DM im Vergleich zu 44,818 Mio. DM 1966 (Geschäftsbericht *Rickmers Rhederei GmbH*, Bremerhaven 15.1.1969, PK 18/3).

89 Kontrahiert wurden drei Frachter-Neubauten für die Philippinen, eine Schlepperhülle für *Schichau* und ein Fischereifahrzeug für die *Nordsee*, wobei die Preise dabei nur z.T. kostendeckend waren. Allein bis August 1967 entstand ein Verlust von 590.000 DM (Protokoll Sitzung Finanzausschuss *Rickmers Rhederei GmbH*, Bremerhaven, 7.9.1967, PK 18/9; Geschäftsbericht *Rickmers Rhederei GmbH*, Bremerhaven 15.1.1969, PK 18/3).

90 Am 7.12.1966 erfolgte die Eintragung im Handelsregister Bremerhaven als *Niederlassung der Rickmers Rhederei GmbH*. 1967 konnte ein Grundstück im Fischereihafen gepachtet und durch Aufspülung vergrößert werden. 1968 nahm der Betrieb seine Arbeit auf. Allgemein versuchten zahlreiche Bremerhavener Werften in den Fischereihafen umzusiedeln, um das schwierige Fahrwasser der Geeste zu umgehen. 1970 kaufte Rickmers das Grundstück auf Erbpacht, was über einen Kredit der Kreditanstalt Oldenburg/Bremen in Höhe von 1,2 Mio. DM refinanziert werden sollte. Die Zusage stand 1971 an und sollte mit einer Landesbürgschaft in Höhe von 2 Mio. DM erteilt werden. Im Januar 1971 erfolgte der Bau der neuen Schiffbauhalle, die über das denkmalgeschützte Clubhaus des Weser-Yacht Clubs errichtet wurde. (PK 3/13; HANSA, 10/84, 922; PK 15/3; Kuckuk/Roder: Spanten und Sektionen, 76; NZ 17.2.1973, PK 5/3; Geschäftsbericht *Rickmers Rhederei GmbH* 1970, Bremerhaven 15.7.1971, PK 17/10; NZ, 9.1.1971, PK 5/3; NZ, 10.5.1967, PK 18/9).

91 Vorläufiger Bericht der *Rickmers Rhederei GmbH* für das Geschäftsjahr 1968, Bremerhaven 17.1.1969, PK 18/3; Geschäftsbericht *Rickmers Rhederei GmbH*, Bremerhaven 19.8.1969, PK 18/3.

92 Die *Rickmers Werft* sollte die Verkaufsorganisation des Vulkan zur Akquisition im Handelsschiffbau und Bau von Sonderfahrzeugen nutzen (Ausnahme: Fischereifahrzeuge). Der *Vulkan* sollte dafür Rickmers vor allem in der kaufmännischen und betriebswirtschaftlichen Organisation helfen. Erreicht werden würde dies über einen gemeinsamen Einkauf und eine gemeinsame Investitionsplanung unter »Heranführung von Rickmers an den technischen Stand des Bremer Vulkan«. Die Kooperation sollte sich gleichermaßen auf die Konstruktion wie auch auf den Reparatursektor erstrecken. (Konzept zur Zusammenarbeit, vorgestellt auf der Sitzung des Finanzausschusses der *Rickmers Rhederei GmbH*, Bremerhaven 11.9.1968, inkl. Anlage »Gedankenskizze für einen Kooperationsvertrag Bremer Vulkan / Rickmers«, o.O. 11.9.1968, PK 18/9).

93 Dieser Vertrag galt zunächst nur für ein Jahr, sollte sich aber automatisch verlängern. (Geschäftsbericht *Rickmers Rhederei GmbH*, Bremerhaven, 10.9.1970, PK 17/10; Kopie des Vertrages in PK 17/15–1).

94 Geschäftsbericht *Rickmers Rhederei GmbH*, Bremerhaven, 10.9.1970, PK 17/10.

95 Da die Übernahme von Arbeitskräften anderer Betriebe zu kostspielig sei, entschied der Aufsichtsrat, eine große Zahl ausländische Leiharbeiter auf der *Rickmers Werft* zu beschäftigen. Zunächst sollten bis

zu 100 ausländische Arbeitskräfte beschäftigt werden. Als Vorbild galt die Beschäftigung von portugiesischen und türkischen Frauen in der Fischindustrie bzw. beim *Bremer Vulkan*: »Dabei muß aber auf gesonderte essenmäßige und religiöse Betreuung Rücksicht genommen werden.« (Geschäftsbericht *Rickmers Rhederei GmbH*, Bremerhaven, 10.9.1970, PK 17/10; Protokoll Sitzung Aufsichtsrat *Rickmers Rhederei GmbH*, Bremerhaven 21.8.1969, PK 18/3).

96 Rulfs: Welthandelsregeln, 105, 108 f.; Albert: Wettbewerbsfähigkeit und Krise, 91, 214; 220; 309; Geschäftsabschluss 1970 *Rickmers Rhederei GmbH*, PK 17/10; NZ, 24.2.1971, PK 5/3.

97 Es handelte sich dabei um eine Serie von Fähren für die skandinavischen *Stena Lines.* Diese galten als schwieriger Auftraggeber, bei dem sich Rickmers schlicht verkalkuliert hatte: sechs Monate Verlängerung der Bauzeiten inkl. Zahlungsverzögerungen und im Endeffekt sinkende Erlöse durch die blockierten Helgen, was wiederum große Verluste für das Unternehmen bedeutete. Diese Gemengelage ließen eine Liquiditätslücke entstehen, die das Unternehmen nicht mehr alleine schließen konnte. Lindner: Schifffahrt und Schiffbau in einer Hand, 193 ff.

98 Aufstellung, *Rickmers Werft* Bremerhaven 14. 3.1967, PK 18/9.

99 Lindner: Schifffahrt und Schiffbau, 206 ff.

Die WESERSTEIN von 1953 war das Typschiff einer Serie von sieben Turbinenfrachtern des NDL für die Fernostroute (Archiv NDL)

Neue Frachter braucht die Welt! Entwicklungen in Schiffbau und Schifffahrt in den 1960er Jahren am Beispiel des Bremer Vulkan und des Norddeutschen Lloyd

Harald Focke

Die 1960er Jahre veränderten den weltweiten Frachtverkehr tief greifend. Seit Jahrzehnten übliche Schiffstypen verloren aufgrund struktureller Umwälzungen ihre Existenzgrundlage. In Bremen traf dies besonders den Norddeutschen Lloyd. Seine Kombischiffe waren nicht mehr zeitgemäß. Aufwendige Schnellfrachter lösten sie ab. Doch dem unvorhersehbar raschen und umfassenden Umschwung hin zum Containerverkehr konnten sie nicht trotzen. Der Kostendruck zwang die Werften zur Rationalisierung bis hin zur Innenausstattung, die sich von der Maßanfertigung auf den Serienbau umstellen musste. Der technische Fortschritt sorgte dafür, dass Dieselmotoren die Turbinen verdrängten. Die sprunghaft gewachsenen Schiffsgrößen bescherten den Turbinen ab 1970 ein kurzes Comeback, das die Ölpreiskrisen jedoch bald wieder beendeten.

Dieselmotoren verdrängen die Turbinen

Der Norddeutsche Lloyd hatte 1951 gleich zu Beginn des Neuaufbaus seiner Flotte sieben fast baugleiche, etwa 160 Meter lange Turbinenfrachter für die Fernostroute bis Yokohama bei Tokio bestellt, seine längste. Die Aufträge gingen ausnahmsweise nicht an den Bremer Vulkan, sondern an drei Werften in Hamburg und Lübeck. Sie erhielten jeweils ausreichende Zuteilungen an knappem Schiffbaustahl und waren deshalb in der Lage, die dringend benötigten Schiffe schnell zu liefern.

Als erstes Schiff dieser Serie konnte der Lloyd im Juli 1953 die WESERSTEIN in Dienst stellen. Sie entstand ebenso bei den

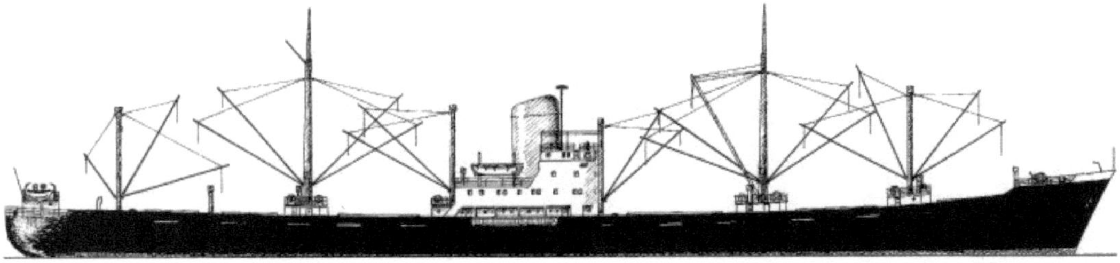

Riss der Weserstein-Klasse (Krüger-Kopiske)

Flender-Werken wie die TRAVESTEIN und die WERRASTEIN. HAVELSTEIN und ISARSTEIN baute die Deutsche Werft und die NECKARSTEIN und die MOSELSTEIN kamen von den Howaldtswerken Hamburg. Anfang November 1954 waren alle Ostasienfrachter abgeliefert. Der zunächst monatliche Gemeinschaftsdienst mit der Hapag bot Abfahrten nach Colombo, zu den malaiischen Häfen Penang und Port Swettenham (heute Port Klang), nach Singapur, Hongkong, Manila, Kobe und Yokohama, dem Hafen von Tokio. 1954 eröffnete die WESERSTEIN auch die zweite traditionelle Reichspostdampferroute, nämlich nach Australien. Die erste Rundreise dauerte 101 Tage, und der Gemeinschaftsdienst lief fortan Adelaide, Melbourne, Sydney und Brisbane an.

Der Bremer Vulkan in Vegesack war als Hauswerft des NDL nach 1945 an dieser Schiffsklasse nicht beteiligt. Er spezialisierte sich nach dem Krieg auf Frachter mit Dieselmotorenantrieb nach MAN-Lizenz und baute etwa zur gleichen Zeit für den Lloyd die Frachter der Brandenstein-Klasse für den Dienst zur Westküste Südamerikas. Mit 150 Metern Länge übertrafen sie deutlich die nur knapp 120 Meter lange Rheinstein-Klasse, mit der der NDL nach dem Krieg begonnen hatte. Sie fuhr im Westindien-Mittelamerika-Dienst und hatte dafür die richtige Größe.

Der NDL entschied sich bei seinen Neubauten für die Langstrecke nicht wie sonst für Motoren, sondern für Dampfturbinen. In Deutschland konkurrierten damals noch mehrere Anbieter. BBC, AEG und Siemens rüsteten jeweils ein Ostasienschiff mit ihren etwa gleich starken Anlagen aus. Die Turbinen gaben ihre jeweilige Leistung von etwa 9.000 PS nicht direkt, sondern über ein Untersetzungsgetriebe an die Propellerwelle ab, die daher mit wesentlich geringerer Drehzahl lief als der Antrieb selbst. So ließen sich schnelllaufende Turbinen mit gutem Wirkungsgrad mit langsam laufenden Propellern bei geringer Kavitationsgefahr kombinieren.

Die technisch aufwendigen Turbinen der deutschen Hersteller waren weitgehend ausgereift, leistungsstark und zuverlässig. Sie benötigten aber komplexe Kesselsysteme, Turbinenräder, Kondensatoren zur Verflüssigung des verbrauchten Dampfes sowie Pumpen für das Kühl- und Speisewasser sowie die Schmierung der Turbinen. Schiffsdiesel hatten einen höheren Wirkungsgrad als Turbinen, waren in der Anschaffung günstiger, doch sie entwickelten Anfang der 1950er Jahre auch weniger Kraft. Nicht immer erwiesen sie sich als standfest. Im Vergleich zu den Turbinen verbrauchten sie weniger Brennstoff, die anderseits aber mit Schweröl zufrieden waren, das erheblich billiger war als Dieselöl.

Trotz der starken Turbinen lief die Weserstein-Klasse nur 17 Knoten. Das stellte sich bald als struktureller Nachteil dieses Schiffstyps heraus: Den Kunden dauerten die Reisen zu lange. Das Schiff war als schwimmendes Lagerhaus ein gewaltiger Kostenfaktor vor allem für den Exporteur, der die Ware erst bei Ablieferung bezahlt bekam. Das Problem wuchs mit dem sich schnell ausweitenden Warenaustausch noch an. In den 1960er Jahren kamen aus Japan, Hongkong und Taiwan ständig mehr und auch wertvollere Fertigprodukte nach Europa. Nur eine höhere Geschwindigkeit konnte die ausgedehnten Liegezeiten der Schiffe in den vielen asiatischen Anlaufhäfen wettmachen. Der Druck auf den NDL wuchs, seine langsamen Schiffe zu verkaufen, durch einen Umbau zu ertüchtigen oder, besser noch, gleich in mehrere neue, deutlich schnellere Frachter zu investieren, um mit Abfahrten in kurzen Abständen konkurrenzfähig zu bleiben.

Mit der NABOB hatte der Lloyd 1952 neben seinen zahlreichen Motorschiffen und der Weserstein-Klasse lediglich einen weiteren Turbinenfrachter in Dienst gestellt. Er ließ ihn seinerzeit bei der A.G. »Weser« aus einem ehemaligen US-Hilfsflugzeugträger aus der Kriegszeit umbauen. Es war sein einziger Nachkriegsauftrag für die Gröpelinger Werft. Die NABOB schaffte nur 16 Knoten. Ihre ersten Reisen gingen nach Kanada. Erst als die WESERSTEIN den Ostasiendienst eröffnet hatte, kam die NABOB als

Den von der A.G. »Weser« umgebauten Turbinenfrachter NABOB stellte der Norddeutsche Lloyd 1952 in Dienst und behielt ihn bis 1967 (Archiv Deutsches Schifffahrtsmuseum)

zweites Schiff des NDL hinzu. Ab 1955 war sie im US-Ostküstendienst eingesetzt. 1967 wurde die NABOB verkauft. Ihre Umrüstung auf Dieselmotoren hatte der NDL wegen ihres hohen Alters als unrentabel verworfen.

Bei der Weserstein-Klasse sah das anders aus. Während die Hapag ab 1964 mit schnellen Neubauten auf die Aufwärtsentwicklung im Asienhandel reagierte, entschied sich der Lloyd für kostengünstigere Umbauten der mit rund zehn Jahren Dienstzeit noch vergleichsweise jungen Schiffe. Deren Turbinen ließ er gegen einen deutlich leistungsstärkeren Neun-Zylinder-MAN-Zweitakt-Dieselmotor austauschen. Er leistete kaum glaubliche 14400 PS. Erstes zurückgeliefertes Schiff war die WERRASTEIN für den Australdienst. Die Weserstein-Klasse war nun mit 21 statt zuvor 17 Knoten deutlich schneller. Das lag nicht nur an der Neu-Motorisierung, sondern auch an dem beim Umbau verlängerten Rumpf, der zudem einen Wulstbug erhalten hatte.

Die Umrüstung auf Motoren war möglich, weil deren Technik in den zurückliegenden zehn Jahren enorme Fortschritte bei Leistung und Zuverlässigkeit gemacht hatte, gerade bei den lange umstrittenen Zweitaktern, deren Vorzug ein unübertroffener Wirkungsgrad ist. Um 1954 gebaute Motorschiffe litten jedoch häufig

Die WESERSTEIN nach dem Umbau zum Motorschiff 1964 (Archiv Deutsches Schifffahrtsmuseum)

noch unter Mängeln wie etwa die Schwabenstein-Klasse mit ihren defektanfälligen Getrieben und Motoren, von denen zudem jeweils zwei erforderlich waren, um jene Leistung zu erzielen, die 1964 ein einziger Motor erbringen sollte. Zwar hatten die langsam laufenden Zweitakt-Diesel den Vorteil, kein Untersetzungsgetriebe zu benötigen, weil sie den Propeller mit der niedrigen Kurbelwellendrehzahl direkt antrieben. Da die Schwabenstein-Klasse aber zwei Motoren, jedoch nur eine Schraube besaß, benötigte ihre Antriebsanlage ein Sammelgetriebe.

Selbst das vom Bremer Vulkan dem Lloyd 1953 angebotene mittelgroße Passagierschiff für den Nordatlantikdienst hätte zwei der damals leistungsstärksten Motoren benötigt, um etwa 20 Knoten Reisegeschwindigkeit zu erreichen.

Die beeindruckend schnelle Entwicklung im europäischen Motorenbau drängte die Dampfturbine auf Stückgutfrachtern zumindest bis Anfang der 1970er Jahre weitgehend ins Abseits. Das lag auch daran, dass Turbinen wegen ihrer hohen Betriebsdrücke eine umfassende Sicherheitstechnik benötigten, die laufend überwacht werden musste. Außerdem war für einen möglichst störungsfreien Betrieb ständig eine vorausschauende Wartung besonders der Kessel durch gut geschultes Personal nötig. Turbinenantriebe waren aufgrund der großen Zahl ihrer Bauteile teurer und aufwendiger als Dieselmotoren und damit in den 1960er Jahren außer auf wenigen großen Passagierschiffen nicht mehr wettbewerbsfähig.

Zum Turbinenantrieb kehrte der Norddeutsche Lloyd erst 1970 zurück. 32 500 PS sorgten auf der MELBOURNE EXPRESS für 21 Knoten. Bei ihrer Indienststellung galt sie mit fast 218 Metern Länge, 25 585 BRT und Platz für mit 1526 TEU als das größte Containerschiff der Welt. Allerdings war 1969 in Hamburg die mit 26 876 BRT vermessene Encounter-Bay-Klasse gebaut worden. Diese Schiffe konnten gerade einmal vier TEU mehr transportieren, waren jedoch mit 213 Metern fünf Meter kürzer als die MELBOURNE EXPRESS. Diese übertraf in der Länge sogar die BREMEN, das langjährige Flaggschiff des NDL, übrigens auch ein Turbinenschiff. Die Maschinen-Havarien der BREMEN in der zweiten Hälfte der 1960er Jahre waren legendär.

Die Ölpreiskrisen der 1970er Jahre machten die Turbinenschiffe trotz Schweröleignung fast schlagartig unwirtschaftlich. Anders als bei Dieselmotoren ließen sich ihre Kosten nicht senken, indem die Schiffe ihre Geschwindigkeit verringerten, da dies den Wirkungsgrad der Turbinen stark verschlechtert; ganz davon abgesehen, dass das auch den Befrachtern missfallen hätte.

Kombischiffe haben ausgedient

Neben der Weserstein-Klasse brauchten Anfang der 1960er Jahre auch die unrentablen und meist nur von wenigen Passagieren gebuchten Kombischiffe der Schwabenstein-Klasse für eine Fernost-Rundreise viel zu lange. Sie stammten etwa aus derselben Zeit wie die NDL-Turbinenfrachter und liefen 17 Knoten. Ihr Bau war nicht etwa aus einem Transportbedarf zu erklären, sondern aus dem besonderen Traditionsverständnis des NDL. Die Fernostroute war vor dem Krieg seine zweitwichtigste im Passagierdienst gewesen. Sie hatte allerdings im Aufkommen sehr weit hinter dem Nordatlantik zurückgelegen. Bedient wurde sie auch damals ab Mitte der 1930er Jahre mit großen Kombischiffen. Jetzt nach dem

Das Ostasien-Kombischiff SCHWABENSTEIN (OCC/Archiv NDL)

Krieg war Ostasien erst recht keine tragfähige Linie für ein reines Passagierschiff.

Mit den Kombischiffen der Schwabenstein-Klasse wollte der Lloyd in den zahlreichen asiatischen Anlaufhäfen seine Passagierschiffskompetenz demonstrieren und für seine Frachtdienste werben. Schon im November 1951 bestellte er beim Bremer Vulkan drei 163 Meter lange Schiffe für 86 Passagiere Erster Klasse. Ihr Bau begann wegen Stahlmangels allerdings erst 1953.

Es gelang dem NDL aus nie geklärten Gründen, die bekannt skeptischen Hamburger Reeder der Hapag zu überreden, ebenfalls drei Kombischiffe zu bestellen, und das auch noch beim Vulkan in Bremen-Vegesack und nicht bei einer Hamburger Werft. Die Hapag-Schiffe waren auf den ersten Blick fast baugleich mit denen des Lloyd. Sie unterschieden sich durch den »Stromlinien«-Schornstein, die vorn leicht abgerundeten Aufbauten und ihre individuelle Innenausstattung durch teilweise andere Architekten.

Die SCHWABENSTEIN machte Ende Januar 1954 ihre erste Reise nach Yokohama. Ihr folgte im Juni 1954 die HESSENSTEIN und die BAYERNSTEIN im Januar 1955. Etwa zeitlich parallel gelangten die Hapag-Schiffe zur Ablieferung. Die drei Kombischiffe kosteten Mitte der 1950er Jahre zusammen so viel wie ein Nordatlantikliner in der Größe der späteren EUROPA. Anders gesagt: Für ein Kombischiff hätte der NDL zwei stattliche Frachter bekommen.

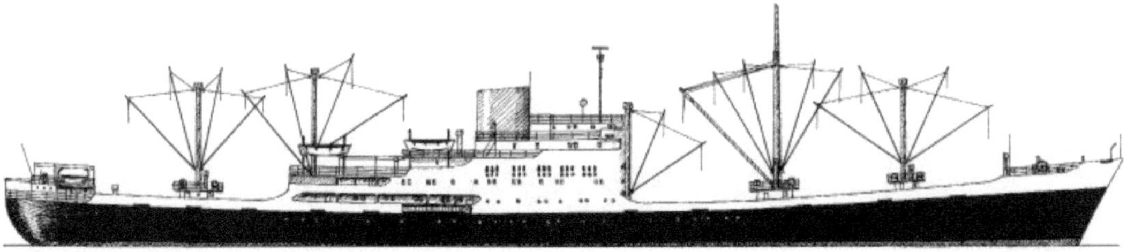

Riss der Schwabenstein-Klasse (Krüger-Kopiske)

Schon bald zeigte sich auf den von Anfang an unrentablen Kombischiffen ein nicht zu lösendes konzeptionelles Problem: Die Passagiere mit dem starken Bedürfnis nach Erholung durch Ruhe in ihren Kabinen, an Deck und am Pool fühlten sich von den langwierigen Lösch- und Ladearbeiten in den zahlreichen Häfen in ihrem teuer bezahlten Reisegenuss gestört. Die Schiffsführung musste ihre Belange angemessen berücksichtigen, ohne jedoch die Interessen der Frachtkunden zu vernachlässigen.

Ab 1959 boten Hapag und NDL mit ihren Kombischiffen bereits einen heimgehenden Schnelldienst von Japan nach Bremen und Hamburg an, der nur die wichtigsten Häfen bediente und so die Reisedauer um ein Drittel verkürzte. Damit waren die Kunden in Fernost und in Deutschland noch nicht zufrieden. Der Lloyd wollte und musste sich von den Kombischiffen trennen.

Das Kombischiff BAYERNSTEIN (Karl Schemkes/ Archiv Deutsches Schifffahrtsmuseum)

Die SCHWABENSTEIN war ein Schiff der Schnellfrachterserie, die in den Jahren 1967 und 1968 für den Fernostdienst des Norddeutschen Lloyd gebaut wurde (Kiedel)

In den 1950er Jahren hatten sie viel geleistet, um den NDL und die westdeutsche Exportindustrie in Ostasien wieder bekanntzumachen. Ihr Wechsel auf eine andere Fahrtroute war ebenso ausgeschlossen wie ein Umbau. Doch welcher Reeder wollte jetzt gegen Ende der 1960er Jahre noch Kombischiffe? Wo in der Welt gab es dafür noch einen Passagierbedarf? Letztlich meldete sich zur großen Erleichterung des NDL die Tung-Gruppe und kaufte alle Schiffe. Sie waren die letzten Exemplare einer nicht mehr zeitgemäßen Gattung von Frachtschiffen. Kombischiffe hatten ausgedient.

Schnellfrachter sind nur eine Zwischenlösung

Die Hapag setzte im Ostasien-Gemeinschaftsdienst mit dem Norddeutschen Lloyd bereits 1963 auf schnelle Neubauten. Blohm & Voss hatte den Auftrag erhalten, in enger Zusammenarbeit mit der Technischen Abteilung der Hapag für die Langstrecke nach Yokohama einen vielseitig innovativen großen Frachtertyp für 21 Knoten Reisegeschwindigkeit zu konstruieren. Er sollte deutlich mehr Rundreisen im Jahr ermöglichen als seine Vorgänger und die Kombischiffe. Um die Betriebskosten zu senken, sollte er nur eine kleine Besatzung benötigen. Beim Sparen sollte zudem moderne Technik helfen: Die weitreichende Automatisierung ermöglichte erstmals für acht Stunden einen wachfreien Betrieb im

Maschinenraum. So konnte man mit einem Drittel weniger Personal auskommen.

Erster Hapag-Schnellfrachter war die WESTFALIA, die kurz vor Weihnachten 1964 auf Jungfernreise ging. Eigentlich sollte er HAMMONIA heißen, aber der Hamburger Bürgermeister konnte nicht zur Taufe kommen und so hieß erst das zweite Schiff HAMMONIA. Seither ist von der Westfalia- oder Hammonia-Klasse die Rede. Dem Typschiff folgten bis März 1967 sechs weitere Frachter. Alle fuhren im Gemeinschaftsdienst der Hapag mit dem NDL. Diesen setzte die beeindruckende Serie unter Zugzwang, seine Flotte ebenfalls zu erneuern, um wieder Anschluss zu finden. Denn aus Japan, Hongkong und Taiwan kamen ständig mehr wertvolle Fertigwaren nach Europa, deren Hersteller und Empfänger wegen ständig steigender Kapitalkosten immer schnellere Reisen forderten.

1965 beschloss der Lloyd, sieben technisch komplexe Schnellfrachter nach dem Vorbild der Westfalia-Klasse zu ordern. Er war von ihrer Zukunftsfähigkeit überzeugt. Sie waren auf einen raschen Ladungsumschlag und eine »optimal kurze Rundreisedauer« ausgelegt. Der Bremer Vulkan musste sich den einträglichen Auftrag allerdings mit den Lübecker Flender-Werken teilen, um die Schiffe möglichst schnell zu liefern.

Die Schiffe seien das Fortschrittlichste und Beste, was bisher überhaupt gebaut worden sei, behauptete Direktor Kannt von den Flender-Werken über die FRIESENSTEIN, die am 26. Mai 1967 in Lübeck vom Stapel gelaufen war. Als erstes Schiff der Serie kam sie am 28. September 1967 in Fahrt.

»Als wir zum ersten Mal über den Bau der neuen Schiffe sprachen, waren wir uns bewusst, dass die Forderungen des Lloyd die Grenzen des technisch Möglichen fast überschritten«, erinnerte sich Kannt. Lloyd-Vorstand Dr. Johannes Kulenkampff räumte auf der Probefahrt ein, seine Ingenieure von der Technischen Abteilung des NDL hätten es der Werft nicht leicht gemacht, doch ihre Wünsche seien erfüllt worden. Lloyd-Vorstand Richard Bertram lud zum Labskausessen in den Laderaum der FRIESENSTEIN.

Die Bremer Schnellfrachter bekamen einen Wulstbug und anders als die Hamburger ein Spiegelheck. Alle WESTFALIA-Schiffe der Hapag hatten ebenfalls eine Birne am Bug, der

Wulstbug des letzten Schiffes THURINGIA von 1965 war allerdings anders geformt und deutlich größer.

Die SCHWABENSTEIN lief am 18. Oktober 1967 beim Bremer Vulkan vom Stapel (Bremer Vulkan)

Typschiff der NDL-Serie war die FRIESENSTEIN. Der Vorstand erklärte vor ihrer Jungfernreise im September 1967, die Zeit sei »noch nicht reif für ausschließliche Container-Schiffe«, sie seien »noch unwirtschaftlich.« Er pries zu Recht die »Vielseitigkeit« der 21,5 Knoten schnellen, fast 162 Meter langen Frachter.

Schon im November 1967 folgten die als erstes Schiff beim Bremer Vulkan gebaute HESSENSTEIN und die HOLSTENSTEIN; die BADENSTEIN und die SCHWABENSTEIN kamen im Januar 1968, die SACHSENSTEIN und die BAYERNSTEIN im März 1968. Ihre Namen übernahmen die Schnellfrachter von den inzwischen verkauften Kombischiffen. Für die anderen Schiffe sollten ebenfalls große deutsche Volksstämme in Verbindung mit der bei NDL-Frachtern seit 1951

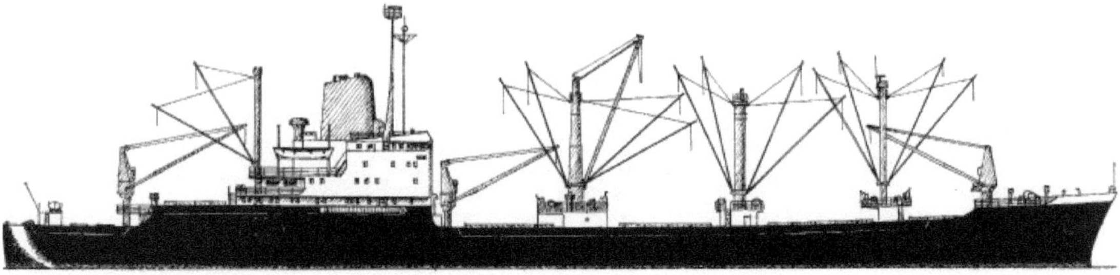

Riss der Friesenstein-Klasse in ihrer ursprünglichen Form, 1967 (Krüger-Kopiske)

Die FRIESENSTEIN (Slg. G. F. Oetker)

Das ungewöhnliche Spiegelheck der Bremer Schnellfrachter ist hier an der SACHSENSTEIN erkennbar (Archiv Hapag-Lloyd)

Dieses Foto der SACHSENSTEIN zeigt die Dimensionen des Ladegeschirrs (Gerhard Fiebiger/Archiv Hapag-Lloyd)

üblichen Endsilbe -STEIN berücksichtigt werden. Nur FRANKENSTEIN kam nicht infrage.

Eines der Merkmale der Friesenstein-Klasse war der kompakte und mit 18.400 PS leistungsfähige Zweitakt-Diesel von MAN, der auf einen achtstündigen wachfreien Betrieb ausgelegt war. Weitere Kennzeichen waren die teils automatisierten Lösch- und Ladeeinrichtungen. Herkömmliche Ladebäume gab es ebenso wie zwei Kräne. Außerdem waren alle Schiffe mit einem 80-Tonnen Stülcken-Schwergutbaum ausgerüstet. Im Vorschiff gab es unter den Trockenladeräumen Ladetanks für verschiedene Ölarten. Mit ihren sechs Luken, Spezialtanks, Kühl-, Gefrier- und Drogenräumen, einem großen Autodeck mit Pforten an beiden Seiten waren die Schiffe ungewöhnlich aufwendig ausgestattet.

Der Blick geht vom hochgelegenen Salondeck auf das Achterschiff mit dem Spiegelheck. Da die Ladepfosten auf dem Salondeck stehen, liegen die Baumnocken recht tief in den Lagern auf dem Hauptdeck. Die Lukendeckel des Laderaums 6A sind vor dem 5-Tonnen-Kran zu sehen. Laderaum 6A liegt mittschiffs und ist eher klein, da an Backbord und Steuerbord die Ladekühlräume 6A liegen. Diese sind über zwei separate Ladekühlluken zu erreichen. An Backbord und Steuerbord des Krans und achterlich davon befinden sich die kleinen Lukendeckel der Ladeölluken 6-11, die teilweise zu erkennen sind (Slg. Focke)

Der 80-Tonnen-Stülcken-Schwergutbaum der FRIESENSTEIN ist hier auf der Gästefahrt bei der Übergabe des Schiffes von der Werft an die Reederei noch nicht in Seeposition, sondern steht senkrecht und kann sowohl nach Luke 3 als auch nach Luke 4 mit ihren drei Lukenöffnungen geschwenkt werden (Prospekt NDL, Slg. Focke)

Zum ersten Mal kam auf einem Frachterneubau des NDL kam bei der FRIESENSTEIN statt des konventionellen Ladegeschirrs ein Kran zum Einsatz. Der Liebherr-Kran mit einer Hebefähigkeit von 5 to stand Vorkante Luke 1 auf der Back (Prospekt NDL, Slg. Focke)

Der Ladepfosten steht mittschiffs zwischen Luke 2 und Luke 3. Die Lastseile der Winde (Renner) für die beiden Bäume Vorkante Luke 2 sind etwas lose aufgetrommelt. Am geschützten Windenfahrtstand sind die beiden Fahrhebel der Ladewinden (Renner-Controller) mit dem dazwischen stehenden Hocker für den Winschmann zu sehen. Links davon, also an Steuerbord, ist die Konsole für die Geien- und Hangerwinschen erkennbar. Geien bewegen den Ladebaum horizontal, der Hanger macht es vertikal. Alle vier Bäume sind niedergelegt. Vorkante des Ladepfostens unter der Saling ist eine halbmondförmige Halterung zu sehen. Die Saling ist eine horizontale Stahlkonstruktion im oberen Teil des Mastes, an dem früher die Wanten und später die Umlenkrollen für das Bewegen des Ladebaumes befestigt wurden. Die Halterung ist wahrscheinlich für einen später zu installierenden Schwergutbaum gedacht. Die in der Nähe befindlichen Stahlverstrebungen mit Löchern und Augen unterstützen diese Vermutung. Mit etwas Fantasie erkennt man über dem Hocker des Wischmanns am Ladepfosten das dazugehörige Lümmellager, also das Lager, das das Bewegen des fehlenden Schwergutbaum in zwei Ebenen erlaubt (Prospekt NDL, Slg. Focke)

Der NDL schickte farbige Prospekte an die Verlader, um die Friesenstein-Klasse vorzustellen. »Fortschritt und neue Ideen erhielten ihren Ausdruck in der vielseitigen Verwendungsmöglichkeit«, hieß es da. Sie seien »für die Zukunft gerüstet.« Tatsächlich hatten sie trotz ihrer umfangreichen Ausstattung, ihrer schnittigen Form und ihrer hohen Geschwindigkeit eine entscheidende Schwäche: Sie waren nicht hinreichend auf Container vorbereitet. Immerhin hatten sie anders als ihre Hamburger Vorläufer im größten Raum drei Luken nebeneinander, die den Transport weniger Container zuließen. Außerdem konnten sie an Deck einige Container mitnehmen.

»Mit unseren Schnellfrachtern haben wir bereits einen Schritt in die Zukunft unternommen«, glaubte der NDL. Sie führten mit ihrem modernen Konzept in »eine neue Ära«. »Der Lloyd kann mit diesen Schiffen alle Wünsche seiner Kunden erfüllen. Auch die traditionsreiche Ostasien-Passagierschifffahrt geht weiter.« Allerdings nur für zwölf Passagiere pro Schiff wie bisher auf fast allen NDL-Frachtern üblich. Ihnen versprach der Lloyd den »Genuss einer Schiffsreise«. Ihre Kabinen waren klimatisiert und auf den vom Vulkan gebauten Schiffen gestalterisch und farblich jeweils dem Zeitgeschmack entsprechend in sich stimmig ausgestattet. Konzeptionell neu waren gemeinsame Aufenthaltsräume einschließlich des »Speisesalons« für Offiziere und Passagiere. Für sie gab es einen Rauchsalon, eine Bar und sogar ein Sonnendeck.

Die Friesenstein-Klasse bekam im Rückblick gute Noten, sie habe sich »in jeder Weise bewährt«, urteilte Lloyd-Chef Richard Bertram im Sommer 1970. Ohne diesen Schiffstyp wäre der NDL nicht in der Lage gewesen, den Aufschwung im Ostasienverkehr zu bewältigen. Das gelte nicht zuletzt angesichts des seit 1967 geschlossenen Suezkanals, der Fahrten um das Kap der Guten Hoffnung und durch den Panamakanal nötig machte. »Kennzeichnend für die Entwicklung in der Schifffahrt wie im Transportwesen ist aber, dass innerhalb sehr kurzer Zeit auch diese modernen konventionellen Schiffe durch Vollcontainerschiffe abgelöst werden müssen«, erklärte Bertram.

Standardeinrichtung statt Maßanfertigung

Die Schnellfrachter des NDL waren die ersten deutschen Schiffe, deren Einrichtung der Bremer Vulkan nicht mehr wie bei allen bisherigen NDL-Frachtern individuell in seiner Tischlerei anfertigte. Das Akkordbüro der Werft hatte Mitte der 1960er Jahre festgestellt, dass diese Form der Ausstattung zu teuer geworden war. Die Zeit der aufwendigen Spezialanfertigungen war vorbei. Der Kostendruck hatte den Vulkan eingeholt. Wollte er international konkurrenzfähig bleiben, musste er ein umfassendes Rationalisierungskonzept für die Planung und den Bau der Einrichtung von Wohn- und Aufenthaltsräumen auf Frachtern implementieren. Chefinnenarchitekt Joachim Buchwald entwickelte nicht nur für den NDL, sondern für alle künftigen Schiffe aus Vegesack eine Systemeinrichtung. Deren Name musste deshalb auch auf Englisch leicht auszusprechen sein. Die Wahl fiel auf das Kürzel bcd: beautiful, comfortable und durable, auf Deutsch behaglich, komfortabel und dauerhaft.

In einem umfangreichen Prospekt wies der Bremer Vulkan auf die Entstehung des Programms hin, natürlich ohne den Kostendruck als Motiv zu thematisieren: »Wir haben lange überlegt, wie man Erprobtes verbessern kann, haben abgeändert, neu entworfen und die Ergebnisse unseren Kunden in der Praxis vorgeführt. Die Zustimmung der Reeder ermunterte uns, in diese Richtung weiterzuarbeiten. Die Kritik spornte uns an, weiter zu verbessern. Jetzt haben wir einen Punkt erreicht, wo wir meinen, dass wir einem größeren Kreis das Ergebnis unserer Bemühungen vorstellen sollten.«

Das Vulkan-Einrichtungssystem bestand aus einzelnen Teilen, die vielfältig und beliebig miteinander kombiniert werden konnten. In Zusammenarbeit mit dem Reeder entwickelten die Vulkan-Ingenieure zunächst den jeweils günstigsten Kammergrundriss auf dem geplanten Neubau. Dann platzierten die Architekten die von ihnen entworfenen Standardteile optisch und praktisch so vorteilhaft wie möglich. Bestandteil des Programms waren auch spezielle Konstruktionsverfahren für Kammerwände und Türen, die nun ebenfalls anders als zuvor vorgefertigt wurden. In neuartiger Weise, so behauptete der Vulkan in seiner Werbung, würden

Die beim Bremer Vulkan gebauten NDL-Schnellfrachter der Friesenstein-Klasse erhielten eine Innenausstattung nach dem bcd-System. Der Speisesalon und der Gesellschaftsraum mit Bar für Offiziere und Passagiere (Bremer Vulkan)

Zweibettkabine für Passagiere (Bremer Vulkan)

vielfach erprobte Materialien verwendet, die den Reedern bekannt und den Besatzungen in der Behandlung geläufig seien, um so ihr Vertrauen zu finden. Dabei dominierten Kunststoffe, um bei eventuellen späteren Instandsetzungen mit geringem Aufwand auszukommen.

Buchwald kombinierte für das bcd-System im Stil der Zeit extrem stabile und damit auch bei Dauerbeanspruchung haltbare Stahlrohrsitzmöbel, pflegeleichte synthetische Textilien und robuste Nirosta-Oberflächen der Wandprofile sowie Wände aus unbrennbaren Materialien. Sie waren laut Vulkan-Werbung weitere »Pluspunkte« des bcd-Einrichtungsprogramm, das er selbstbewusst als »vorbildlich« pries. Ziel war es, in »zeitgemäß eingerichteten Räumen Fahrgästen und Besatzungsmitgliedern höchsten Wohnkomfort« zu bieten.

Für die Sichtflächen der Möbel verwendete der Vulkan allerdings verschiedene Echtholzfurniere. Deren Oberflächen wurden besonders geschützt, um sie unempfindlich und damit für den täglichen Einsatz auf See geeignet zu machen. Die Schnellfrachter der Friesenstein-Klasse waren dem Zeitgeschmack der späten 1960er Jahre entsprechend und sehr hochwertig mit allem ausgestattet, was im Rahmen der bcd-Vorgaben an gestalterischem Spielraum blieb.

Damit aber kein beim Vulkan gebautes Schiff innen gleich aussah, wurden die »Sonderräume« durch individuell gestaltete Elemente nach Wahl der Innenarchitekten ergänzt. Auch die drei NDL-Schnellfrachter unterschieden sich zumindest auf den zweiten Blick dank ihrer durchaus bcd-konformen »individuellen Gestaltungselemente«. Beispielsweise war die Form ihrer Möbel gleich, nicht aber die Holzart. Außerdem erhielten sie jeweils andere Textilien.

Die neuen Systemmöbel waren teilweise sogar hochwertiger als die früheren Einzelanfertigungen. Das klingt erstaunlich, ist aber leicht zu erklären. Sie entstanden komplett unter den optimalen Fertigungsbedingungen in der Werkstatt, während die Werfttischler zuvor die Einzelteile auf das Schiff schleppten und dann ein Möbelstück nicht selten auf den Knien oder aufgestützt auf ihre Ellenbogen erst an Bord unter ungünstigen räumlichen und technischen Bedingungen zusammenbauen mussten. Dafür brauchten sie naturgemäß mehr Zeit als später mit bcd.

Die FRIESENSTEIN mit Hapag-Schornstein-farben nach 1970 und Containerdecksladung (Archiv Hapag-Lloyd)

Bcd brachte den Vulkan wesentlich voran. Die Inneneinrichtung war einerseits gewohnt hochwertig, als Serienprodukt aber deutlich kostengünstiger als Einzelanfertigungen nach Maß. Die Tischlerei der Werft kam mit dem System den preislichen Vorgaben viel besser zurecht als bei den bisherigen Einzelentwürfen. Jetzt wurde die Ausstattung zu einem vernünftigen Akkordpreis bezahlt. So rechnete sich der Auftrag für den Vulkan deutlich besser als bisher. Den Preisvorteil konnte die Werft teilweise an alle Kunden weitergeben. Die Vulkan-Kalkulatoren machten allen Reedereien günstige Offerten und konnten nicht zuletzt dank bcd auch einige Auslandsaufträge hereinholen, so 1967 sechs Massengutfrachtern für Indien. Dier Reeder akzeptierten bcd auf Anhieb: In kürzester Zeit rüstete der Vulkan über 20 Neubauten damit aus.

Container statt Stückgut

NDL-Vorstand Richard Bertram meinte 1967 bei der Probefahrt der FRIESENSTEIN, vor allem in Ostasien stecke der Container »noch in den Kinderschuhen«, in den kommenden Jahren müsse man aber »mit einer Weiterentwicklung rechnen«. Tatsächlich zeichnete sich bereits beim Baubeginn der Friesenstein-Klasse die Container-Revolution in den wichtigsten Fahrtgebieten des NDL ab, auch nach Fernost.

Die Lloyd-Schnellfrachter waren technisch Höhe- und Endpunkt der Bremer Stückgutschifffahrt. Sie kosteten fast 180 Millionen Mark, doch diese Summe bereitete dem NDL keine Sorgen. Er hatte in der zweiten Hälfte der 1960er Jahre eine enorm günstige Cash-Position. Deshalb konnte er seine neuen Ostasien-Schiffe aus Eigenmitteln und den üblichen Schiffskrediten leicht finanzieren. Die Befrachter buchten die schnelle Friesenstein-Klasse von Anfang an hervorragend, sodass sie immer sehr gut ausgelastet war. Sie erzielte in den ersten Jahren noch ohne Containerkonkurrenz auf der Ostasienroute ganz ausgezeichnete Betriebsergebnisse, fuhr in kurzer Zeit große Gewinne ein und machte sich überraschend schnell bezahlt.

»Ohne diesen Schiffstyp wären wir nicht in der Lage gewesen, den Aufschwung im Ostasienverkehr zu bewältigen, nicht zuletzt angesichts des seit 1967 geschlossenen Suezkanals«, sagte NDL-Vorstand Richard Bertram. Letztlich kamen sie zu spät. Trotz ihrer Erfolge in den ersten Jahren waren sie nicht »zukunftsfähig«. Trotz teurer Technik konnten sie dem unaufhaltsamen Trend zum Container nicht trotzen. Die Ladung bestand künftig nicht mehr aus einzelnen Stückgutteilen wie Fässern, Kisten, Ballen und Paletten, sondern aus Containern in Standardgröße, in die alle Transportgüter verstaut waren, bevor sie an Bord kamen.

Doch schon 1967 – also dem Jahr der Indienststellung der FRIESENSTEIN – sah der Lloyd, dass das konventionelle Frachtgeschäft auf dem Nordatlantik bereits zu Ende ging. Und im Fernostdienst würden die schicken flotten Frachter nicht lange bleiben können. Sie seien aber »anderweitig vielseitig verwendbar«, glaubte Bertram. Und sie würden dem Lloyd ermöglichen, sich »allmählich von unserer älteren Tonnage zu trennen.«

Tatsächlich veralteten die Schnellfrachter schneller als jede Schiffsklasse vor ihr. Bertram drückte das so aus: »Kennzeichnend für die Entwicklung in der Schifffahrt wie im Transportwesen ist aber, dass innerhalb sehr kurzer Zeit auch diese modernen konventionellen Schiffe durch Vollcontainerschiffe abgelöst werden

Ein früherer NDL-Schnellfrachter der Friesenstein-Klasse 1980 während des Umbaus zum Semicontainerschiff durch Einfügen einer Mittelsektion bei den Thyssen-Nordseewerken in Emden (Archiv Hapag-Lloyd)

müssen.« Dabei ging es aber nicht mehr nur um ein paar Schiffe, sondern um eine ganz neue Flotte. Die großen Kisten kamen viel schneller als erwartet und setzten sich in einem unerwarteten Tempo auf jeder Linie durch. Nur ihnen gehörte die Zukunft und damit nur jenen Schiffen, die für sie ausgerüstet waren.

Ab 1972 – also zu Hapag-Lloyd-Zeiten – wechselten die Bremer Schnellfrachter in den Südamerika-Westküsten-Dienst. Vier von ihnen wurden bald verkauft. Die drei anderen verlängerten die Thyssen-Nordseewerke innerhalb von drei Monaten und bauten sie zu Semicontainerschiffen um. Als erstes und einziges beim Bremer Vulkan gebautes Schiff traf am Ende Februar 1980 die SCHWABENSTEIN in Emden ein. Die FRIESENSTEIN folgte in den Monaten April bis Juni, die HOLSTENSTEIN wurde Anfang August 1980 fertig.

Die Werftarbeiter schnitten jeweils den Rumpf an seiner breitesten Stelle direkt vor dem Aufbau auseinander und setzten eine 14,80 Meter lange neue Sektion ein. Diese bildete später den mit vertikalen Führungsschienen (Cell-guides) ausgestatteten

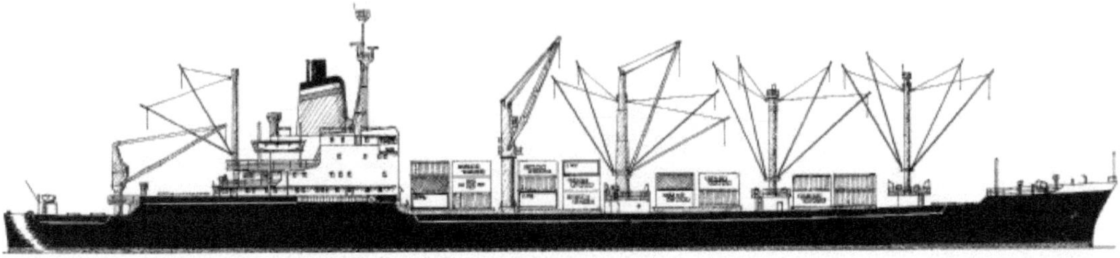

Riss der Friesenstein-Klasse des NDL nach dem Umbau zum Semicontainerfrachter, 1980 (Krüger-Kopiske)

Containerladeraum Nummer 5. Zwischen Laderaum 4 und 5 wurde ein 28-Tonnen-Containerkran angebracht. Durch je 96 Meter lange und zwei Meter breite seitliche Anschwellungen wurden die Schnellfrachter um insgesamt vier Meter verbreitert, um ihre Stabilität zu erhöhen. Nach dem Umbau konnten die Schiffe 322 TEU-Container im Laderaum und 182 an Deck befördern. Allerdings waren sie nun mit 19,5 Knoten deutlich langsamer als zuvor.

Die vier nicht umgebauten NDL-Schnellfrachter wurden früher als bislang üblich abgewrackt. Dies beweist, dass die Stückgutfrachter in ihrer ursprünglichen Form im Containerzeitalter keiner Chance mehr hatten. Ihre drei angepassten Schwestern fuhren noch weitere vier Jahre rentabel nach Südamerika. Dann endete auch die Zeit der improvisierten Semicontainerschiffe unter deutscher Flagge.

Am Ende der 1960er Jahre wurde das Frachtgeschäft überraschend schnell technisch komplett neu ausgerichtet. Der NDL hatte den Mut, die Weichen umgehend neu zu stellen.

Der zeitliche Abstand zwischen dem letzten Schiff der Schnellfrachterseie und dem ersten Containerschiff war nur gering: Bereits knapp vier Monate nach der Ablieferung der BAYERNSTEIN lief beim Bremer Vulkan am 28. Juni 1968 mit der WESER EXPRESS das erste von zwei baugleichen Containerschiffen für den Nordatlantikdienst des NDL vom Stapel. NDL-Chef Richard Bertram sprach von einem neuen Abschnitt des Bremer Schiffbaus.

Am 10. Oktober 1968 erfolgte die Ablieferung, und am 25. Oktober 1968 begann in Bremerhaven dann die neue Epoche der deutschen Frachtschifffahrt: An diesem Tag eröffnete die dank ihres 15 750 PS (11 584 kW) starken Neunzylinder-MAN/

Oben:
Das erste europäische Containerschiff war im Oktober 1968 die WESER EXPRESS des Norddeutschen Lloyd. Hier im Neustädter Hafen mit den ersten Containerbrücken (Archiv NDL)

Links:
Die WESER EXPRESS in schneller Fahrt (Archiv NDL)

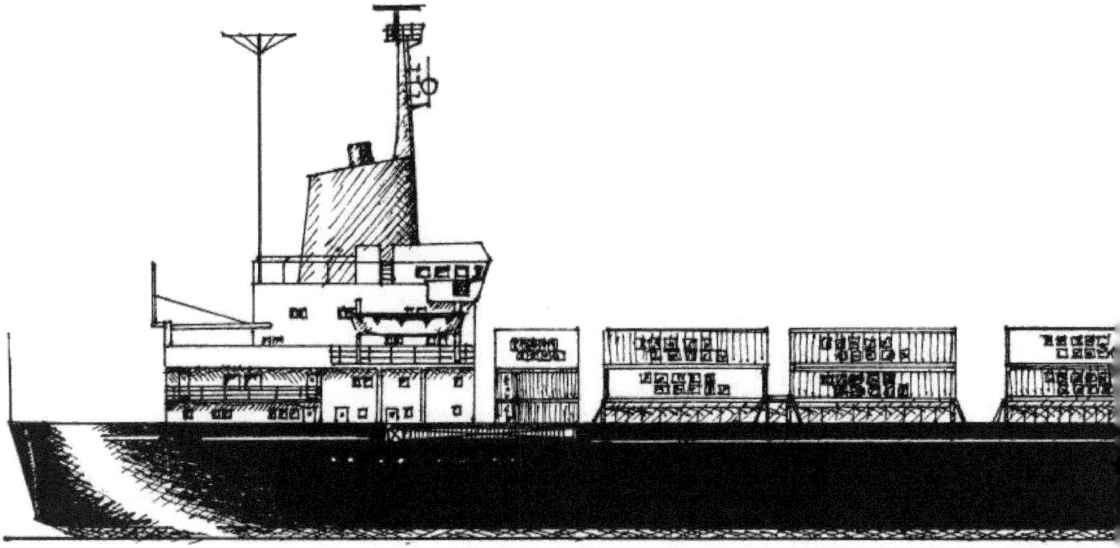

Vulkan-Diesels 20 Knoten schnelle, 171 Meter lange WESER EXPRESS (rund 13 400 BRT) für den Norddeutschen Lloyd den ersten europäischen Containerdienst nach New York. Sie ließ alle anderen Schiffe buchstäblich auf einen Schlag alt aussehen. Das Schiff mit seinen nur 33 Mann Besatzung war auf Anhieb zu 90 Prozent ausgelastet. Noch einmal hatten die Bremer die Nase vorn. Zweites Containerschiff des NDL war die MOSEL EXPRESS, die am 6. November 1968 zu Wasser gelassen und am 9. Januar 1969 an die Reederei übergeben wurde. Ihre Anlaufhäfen waren außer Bremerhaven Antwerpen, Rotterdam sowie New York, Baltimore und Norfolk. Beide Schiffe konnten je 728 Containereinheiten aufnehmen. Mit einer automatischen Flossenstabilisierungsanlage, die Schlingerbewegungen dämpften, einem Krängungsausgleich,

Riss der MELBOURNE EXPRESS (Krüger-Kopiske)

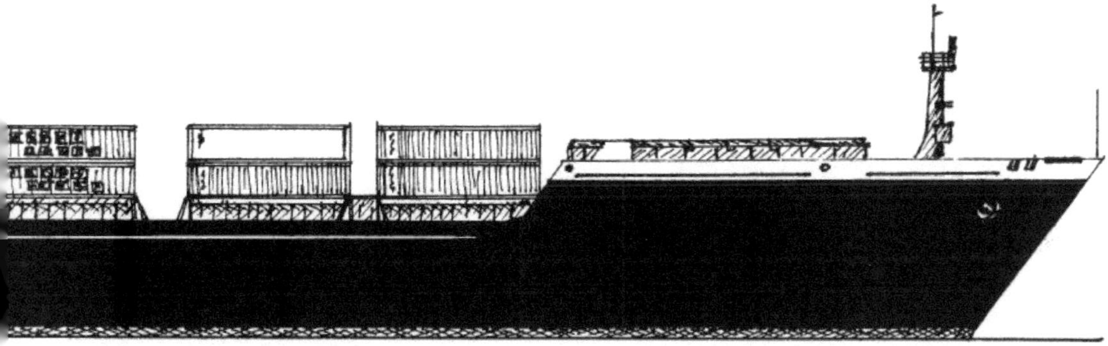

Riss der WESER EXPRESS (Krüger-Kopiske)

einer Stabilitätskontrolle, einer automatisierten Stromerzeugung und einer zentralen Trimm- und Peilstation hatte die Werft die erste Containerschiffgeneration des NDL technisch gut gerüstet. Im Quartett mit den beiden Hapag-Schiffen ELBE EXPRESS und ALSTER EXPRESS konnten NDL und Hapag einen wöchentlichen Dienst zur US-Ostküste anbieten. Die Rundreise dauerte 28 Tage.

Wie schon oben angesprochen, waren die technisch innovativen Schnellfrachter schneller veraltet als jede andere Schiffsklasse vor ihr. Noch vor der Ablieferung des Typschiffs musste sich der Lloyd der nächsten bereits dringenden Innovation zuwenden – dem revolutionären Containerschiff. Auffällig war der kurze zeitliche Abstand zwischen dem letzten Schiff der Schnellfrachterserie und dem ersten Containerschiff von kaum mehr als einem Vierteljahr. Dies allein zeigt das Tempo des tief greifenden Wandels und lässt die Kosten ahnen. Dabei ging es nicht mehr um einzelne Schiffe, sondern gleich um eine ganz neue Flotte. Und die musste auch noch laufend modernisiert werden, weil ein Fahrtgebiet nach dem anderen containerisiert wurde. Anfang der 1970er Jahre ersetzte ein Containerschiff je nach Fahrtgebiet und Reiseroute vier bis fünf Stückgutfrachter. Weil das Transportvolumen auf den

Mit der MELBOURNE EXPRESS, dem letzten für ihn gebauten Schiff, kehrte der Norddeutsche Lloyd 1970 zum Turbinenantrieb zurück. Da das Schiff erst nach der Fusion zwischen NDL und Hapag an die Reederei übergeben wurde, trägt es bereits die »Ringelsocken« am Schornstein (Archiv Hapag-Lloyd)

Hauptstrecken aber weiter stieg, mussten trotzdem immer größere Containerschiffe beschafft werden. Man spricht dabei von Schiffsgenerationen. Bereits in der dritten Generation erreichten die NDL-Containerschiffe Ausmaße wie die Schnelldampfer BREMEN und EUROPA in den 1930er Jahren. Jedes der neuen Schiffe brauchte aus logistischen Gründen einen dreifacher Containersatz. Die Investitionen in die Ozeanriesen neuen Typs waren also gewaltig. Ein Beispiel: Die Kosten für sechs 1970 im Bau befindliche Containerschiffe und die für sie notwendige Containerausstattung lagen bei über 700 Millionen Mark. Solche Zahlen erforderten Konsequenzen, zumal kein Ende des Größenwachstums absehbar war. Sie trugen wesentlich bei zur Fusion des NDL mit der Hapag am 1. September 1970.

Für wichtige Informationen, fachkundige Hinweise und Abbildungen danke ich Joachim Buchwald (†), Karl-Heinz Hilbig, Klaus-Peter Kiedel, Arnold Kludas, Karsten-Kunibert Krüger-Kopiske und Gerd F. Oetker.

Ergänzende Literatur

Focke, Harald: Der Norddeutsche Lloyd 1945 bis 1970, Wiefelstede 2019

Ders.: Die Fusion. Wie der Norddeutsche Lloyd und die Hapag zusammenfanden, Wiefelstede 2020

Ders./Frank Scherer: Mit dem Kombischiff nach Rio und Fernost, Wiefelstede 2017

Ders.: Von der Maßanfertigung zum Standardprogramm. Schiffsinnenausbau beim Bremer Vulkan 1952 bis 1982, in: Jahrbuch der Männer vom Morgenstern, Band 86/2007, S. 213–248

Nölke, Eberhard/Focke, Harald: Der Kapitän und seine Offiziere. Schiffsführung auf Stückgutfrachtern, Wiefelstede 2016

Harald Focke betreibt die Website lloyd-klassik-kontor.de

Fährschiff OLAU
BRITANNIA 2 gebaut
bei der Schichau-
Seebeckwerft, 1990
(CC BY-SA 3.0 John Ragla)

Synergien durch Fusionen – Zusammenschlüsse im Bremer Schiffbau während der 1970er Jahre und die Folgen

Harald Wixforth

Einleitung

Spätestens am Ende der 1960er Jahre war nicht mehr zu übersehen, dass die deutschen Werften deutlich an Wettbewerbsfähigkeit gegenüber der ausländischen Konkurrenz eingebüßt hatten. Die Entscheidungsträger der großen Schiffbau-Gesellschaften diskutierten daher intensiv über die Möglichkeiten einer Kostenreduzierung und von Synergieeffekten.[1] Dabei wurden auch Pläne aufgegriffen, die bereits in den 1920er Jahren, vor allem nach dem Ende der Inflation und der Stabilisierung der Mark im Frühsommer 1924, zur Debatte gestanden hatten. Einer der damals lancierten Vorschläge ging dahin, alle großen Werften an der deutschen Nordseeküste in einer Dachgesellschaft zusammenzufassen. Diese Holding sollte die Schiffsfertigung koordinieren, zudem den Einkauf von Material zentralisieren. Schließlich war daran gedacht, auch beim Verkauf fertiggestellter Schiffe gemeinsam gegenüber ausländischen Konkurrenten aufzutreten.[2]

Trotz intensiver Debatten ließen sich diese Pläne nicht in die Tat umsetzen. Dennoch fand in der Werftindustrie ein bemerkenswerter Zusammenschluss statt. Nicht zuletzt auf Initiative des Bremer Privatbankiers Johann Friedrich Schröder entstand 1927 die Deschimag, die Deutsche Schiff- und Maschinenbau AG, als Fusion zwischen der A.G. »Weser«, der Seebeck-Werft in Geestemünde, der Werft von Johann C. Tecklenborg an der Unterweser sowie der Hamburger Vulcan-Werft. Die in die Gründung der Deschimag gesetzten Hoffnungen erfüllten sich allerdings nicht. Der »Bremer Werften-Konzern« arbeitete lange Zeit unrentabel und konnte trotz einiger spektakulärer Großaufträge, etwa der Fertigstellung des Luxusdampfers »Bremen IV« für den Norddeutschen Lloyd, kaum Gewinne erzielen.[3] In der Wirtschafts- und Finanzkrise 1931 stand er vor dem Konkurs, sodass ein Zusammenschluss mit dem ertragsstärkeren Bremer Vulkan erwogen wurde. Dies scheiterte jedoch am Widerstand des Bremer Senats sowie der Entscheidungsträger und Anteilseigner der Werft in Bremen-Vegesack. Nur eine grundlegende Reorganisation und schließlich der Einstieg neuer Investoren konnte die Deschimag vor dem Zusammenbruch retten.[4]

Der Gedanke, Großwerften in Bremen und Bremerhaven in einer schlagkräftigen und wettbewerbsfähigen Gesellschaft zusammenzufassen, behielt jedoch seine Faszination, allen Unterschieden in der Corporate Governance und dem Geschäftsmodell der beteiligten Unternehmen zum Trotz. Selbst die Erfahrungen aus den 1920er Jahren konnten die Protagonisten einer Verschmelzung nicht beeindrucken. Ende der 1960er und zu Beginn der 1970er Jahre schien die Zusammenlegung von Betrieben erneut der Königsweg zu sein, um Kosten zu senken und die Wettbewerbsfähigkeit zu sichern. Auf den ersten Blick war dies die einfachere Lösung, als die Betriebsstrukturen der Schiffbau-Gesellschaften akribisch zu untersuchen, zu optimieren und den veränderten Marktverhältnissen anzupassen. Erwiesen sich das bisher praktizierte Geschäftsmodell und die Corporate Governance der Unternehmen jedoch als kompatibel, so konnten sich die in eine Fusion gesetzten Hoffnungen erfüllen.[5]

Bisher hat die Forschung weder die einzelnen Maßnahmen für beabsichtigte Fusionen noch deren Folgen genauer untersucht. Mit Blick auf die Debatte über die Ursachen und den Verlauf der Werftenkrise an der Nordsee erweist sich dies als Schwachstelle, ebenso für die Diskussion über Mängel und Versäumnisse in der Bremer Wirtschaftspolitik seit den 1960er und 1970er Jahren. Daher sollen im Folgenden die Diskussionen nachgezeichnet werden, welche den wichtigsten Fusionen in der Branche am Standort Bremen vorausgingen bzw. diese einleiteten. Dabei wird die Perspektive der Entscheidungsträger aus den einzelnen Unternehmen ebenso in den Blick genommen wie der wichtigsten Akteure aus der Politik und den wirtschaftlichen Interessenverbänden. Schließlich werden die Folgen für einzelne Werften, aber auch die Branche insgesamt skizziert. Dabei steht die Frage im Vordergrund, ob sich die immer deutlicher abzeichnenden Strukturprobleme durch die Zusammenschlüsse mindern ließen. Waren die Fusionen ein Fanal und ein geeignetes Mittel für den Schiffbau in Bremen, um international wettbewerbsfähig zu bleiben, oder konnten die neuen Gesellschaften nur für kurze Zeit einen Markterfolg erzielen, sodass sich die in diesen Schritt gesetzten Hoffnungen schließlich nicht erfüllten. Die Ausführungen können die komplexen und oft langwierigen Verhandlungen nicht detailliert nachzeichnen. Sie konzentrieren sich daher vor allem auf die Diskurse und Diskussionen, die einzelnen Zusammenschlüssen vorausgingen. Zudem sind sie als ein Anreiz zu verstehen, sich intensiver mit dieser Facette der Entwicklung in der maritimen Wirtschaft zu beschäftigen.

Die Ausgangslage – der Nachkriegsboom im deutschen Schiffbau und sein Ende

Nach dem Ende der alliierten Kontrolle, zudem angestoßen durch zum Teil umfangreiche finanzielle Hilfen der öffentlichen Hand, durchlief der deutsche Schiffbau in den 1950er Jahren einen ersten Nachkriegsboom. Diese Entwicklung galt auch für die Unternehmen aus der Branche am Standort Bremen. Dabei waren die Bedingungen für einen »Restart« nach dem Ende des Zweiten Weltkriegs sehr unterschiedlich. Während etwa der Bremer Vulkan keine größeren Bombenschäden an seinen Betriebsanlagen hinnehmen und zudem keine Demontagen verkraften musste, wurden die Docks und Helgen seines großen Konkurrenten, der A.G. »Weser«, nach dem Willen der alliierten Besatzungsmacht zu einem erheblichen Teil demontiert und als Kontribution der Sowjetunion übereignet.[6] Der Bremer Vulkan besaß daher einen enormen Startvorteil, konnte er doch bereits 1949 wieder mit der Fertigung von Schiffen beginnen. Die A.G. »Weser« war dagegen erst ab Beginn der 1950er Jahre in der Lage, ihr operatives Kerngeschäft wieder aufzubauen. Ähnlich günstig wie beim Bremer Vulkan waren die Startvoraussetzungen bei der Rickmers-Werft in Bremerhaven. Aber auch kleinere Werften wie die Sieghold-Werft in Bremerhaven konnten vergleichsweise schnell die Kriegsfolgen überwinden und an ihr altes operatives Geschäft anknüpfen.[7]

Zudem konnte die Werftindustrie im Zwei-Städte-Staat einen prominenten Neuzugang verbuchen. Im Frühjahr 1945 gelang es Hermann Noé sen., dem Direktor der Schichau-Werke in Elbing,[8] in den Westen zu fliehen, gleichzeitig ein großes Schwimmdock zunächst nach Lübeck, später nach Bremerhaven schleppen zu lassen. Hier begann Noé zusammen mit einem Teil seiner ehemaligen Belegschaft damit, die Fertigung von Schiffen wieder in Gang zu setzen. Nach Aufhebung der von den Alliierten erlassenen Beschränkungen im Schiffbau[9] gründete er die F. Schichau AG, die sich in den 1950er und 1960er Jahren auf den Bau von Schleppern und Spezialschiffen konzentrierte. Dabei war das neue Unternehmen durchaus erfolgreich und avancierte zeitweilig sogar zum Marktführer im Schlepperbau.[10]

Nicht nur diese Erfolgsgeschichte dokumentiert die positive Entwicklung der maritimen Wirtschaft in Bremen während des sogenannten »Wirtschaftswunders.« Begünstigt durch das deutlich zunehmende Volumen im Welthandel und die Integration der jungen Bundesrepublik in die Weltwirtschaft, aber auch durch die Wiederherstellung der Infrastruktur in den Bremer Häfen schien es, als könne die Branche wieder an ihre alte Wettbewerbsposition in der Schifffahrt und im Schiffbau anknüpfen.[11] Seit Beginn der 1950er Jahre verbesserte sich bei fast allen Unternehmen der maritimen Wirtschaft die Auftragslage deutlich, ebenso stiegen die Umsätze und der Gewinn. Um alle Aufträge bewältigen zu können, wurden neue Arbeitskräfte eingestellt, sodass die Zahl der Beschäftigten kontinuierlich wuchs. Möglich waren diese Entwicklung und dieser Markterfolg, da viele Werften nicht nur neue Typen von Schiffen entwickelten und dabei neue technische Standards anwandten, sondern auch die Fertigungsweise umstellten, sodass sie weniger kostenintensiv produzieren konnten. Insgesamt ließ sich dadurch in einem sicherlich noch schwierigen Umfeld die internationale Wettbewerbsfähigkeit wiederherstellen.[12] Daher konstatierte die Handelskammer Bremen mit Blick auf den Schiffbau Mitte der 1950er Jahre: »Die durch den Ende 1955 begonnenen Auftragsboom, der sich wegen der Suez-Krise noch verstärkt hat, ausgelöste Investierungswelle ist bei den Werften teilweise abgeschlossen, teilweise noch in Ausführung begriffen. Sie wird dazu beitragen, dass die rationelleren Arbeitsmethoden weiter ausgebaut werden und die Produktion pro Arbeiter steigt.«[13]

Auch bei den Häfen in Bremen und Bremerhaven glaubte die Handelskammer, dass die Wettbewerbsfähigkeit infolge umfangreicher Investitionen wiederhergestellt sei. Schließlich war sie der Ansicht, auch für die Schifffahrt würde eine positive Zukunft heranbrechen, obwohl nicht zu verkennen war, dass im Frachtgeschäft ab diesem Zeitpunkt die Raten bereits wieder sanken.[14] Seit Beginn der 1960er Jahre sahen sich die Unternehmen der maritimen Wirtschaft zunehmend mit anderen Rahmenbedingungen konfrontiert. Zum einen büßten der Welthandel und der internationale Warenverkehr Schritt für Schritt an Wachstumsdynamik ein, sodass die Nachfrage nach Tonnage sank, zum anderen mussten sich die Werften aus allen traditionellen Schiffbaunationen immer mehr der Konkurrenz aus Asien erwehren. Nicht nur die Schiffbauunternehmen in Deutschland, sondern auch in Großbritannien und den skandinavischen Ländern mussten immer häufiger erkennen, dass sie dem Wettbewerb mit Werften aus Asien, vor allem Japan und Korea, immer weniger gewachsen waren. Ärgerlich war zudem für deutsche Werften, dass die Konkurrenz aus Fernost von den Regierungen ihrer Länder erheblich subventioniert wurde, um sich auf dem Weltmarkt zu behaupten. Ein weiteres Problem kam hinzu. Durch die permanente Aufwertung der DM an den internationalen Finanzmärkten wurde es für ausländische Reedereien immer teurer, Schiffe in Deutschland in Auftrag zu geben. Stattdessen gingen Schifffahrts-Gesellschaften aus dem Mittelmeerraum ebenso wie aus Frankreich oder Norwegen dazu über, ihre Schiffe bei der Konkurrenz aus Asien mit ihren niedrigen Preisen und Löhnen zu bestellen.[15]

Diesen neuen Wettbewerbsbedingungen auf dem internationalen Markt konnten sich die Werften im Zwei-Städte-Staat ebenso wenig entziehen wie den Problemen, die aus dem Preisdumping und den Subventionen für die asiatische Konkurrenz erwuchsen. Sowohl bei den Großwerften wie dem Bremer Vulkan und der A.G. »Weser« als auch bei kleineren Firmen wie der Rickmers-Werft brachen Aufträge weg, sodass sich die Ertragslage verschlechterte.[16] Während die Großwerften versuchten, wegfallende

Neubauprojekte durch den Bau von technologisch hochwertigen und modernen Großtankern und später Containerschiffen zu kompensieren, sahen sich kleinere Firmen dagegen gezwungen Marktnischen zu besetzen, indem sie versuchten, sich durch die Fertigung von Spezialschiffen im Wettbewerb zu behaupten. Einige Schiffbau-Gesellschaften, etwa die Rickmers-Werft, waren mit dieser Strategie für eine gewisse Zeit noch erfolgreich, anderen sahen sich dagegen schon bald mit einem wachsenden Kostendruck und einer immer angespannteren Liquidität konfrontiert. Durch umfassende Rationalisierungsmaßnamen sowie die Einführung neuer Technologie bei der Schiffsfertigung sollten die steigenden Kosten und die wegbrechenden Erträge aufgefangen werden. Dennoch war absehbar, dass sich eine Reihe von Unternehmen nicht mehr allzu lange am Markt behaupten konnte. Die Zusammenlegung von Betriebsstätten, um Arbeitsabläufe zu bündeln, Rohstoffe einzusparen und schließlich Synergieeffekte zu erzielen, schien eine Möglichkeit zu sein, um die Ertragslage zu stabilisieren und einer steigenden Verschuldung zu entgehen.[17]

Die Handelskammer Bremen sah darin ebenfalls eine Option, um die Wettbewerbsfähigkeit zu sichern und den Werftenstandort Bremen zu erhalten – vor allem dann, wenn sich die Nachfrage nach Großtankern und Containerschiffen verstetigen sollte. In ihrem Bericht für 1967 konstatierte sie nüchtern: »Aus eigenen Kräften haben die Werften Rationalisierungs- und Umbauinvestitionen vorangetrieben, um im Produktionsprogramm und in der Entwicklung der Kosten international konkurrenzfähig zu bleiben. Die zukünftigen Marktchancen der Seeschiffwerften können noch als aussichtsreich beurteilt werden, da die Bremer Werftindustrie für die zur Zeit hauptsächlich verlangten Schiffstypen, vor allem Großtanker und Containerschiffe, gut gerüstet ist.«[18]

Diese Einschätzung erwies sich schon bald als falsch. Der kurze wirtschaftliche Aufschwung vom Ende der 1960er bis zu Beginn der 1970er Jahre wurde im Herbst 1973 jäh beendet: Die Bundesrepublik Deutschland sah sich mit einer schnell an Intensität gewinnenden Wirtschaftskrise konfrontiert, die alle Branchen erfasste. Dies war weniger die Folge einer deutlich abflauenden Konjunktur, sondern des im Herbst 1973 ausgebrochenen Nahostkrieges. Als Reaktion auf die Unterstützung Israels durch die westlichen Industrienationen beschlossen die arabischen ölexportierenden Länder, ihre Erdölförderung drastisch zu senken und kein Öl mehr an die Industriestaaten zu liefern. Sofort offenbarte sich die Abhängigkeit der westlichen Welt von Rohstoffimporten. Die Preise für Erdöl explodierten, in vielen Industrienationen kam es zu Versorgungsengpässen bei Benzin und Heizöl.[19] Ihre Regierungen versuchten durch verschiedene Maßnahmen, entgegenzusteuern und Erdöl als wichtigsten Energieträger und Brennstoff einzusparen. Die Reglementierungen und Einschränkungen reichten dabei von Autofahrverboten an Sonntagen bis zur Schließung öffentlicher Einrichtungen. Auch der bundesdeutschen Bevölkerung wurde schmerzhaft bewusst, wie sehr die wirtschaftliche Leistungsfähigkeit des Landes durch die Verfügbarkeit über das »schwarze Gold« determiniert war.[20] Der bis dahin weit verbreitete Glaube an die Beherrschbarkeit von Konjunkturschwankungen geriet ebenfalls ins Wanken. Der kurze Traum von immerwährender Prosperität, so wie er seit Mitte der 1960er Jahre von einigen neokeynesianischen Vertretern der Wirtschaftspolitik propagiert worden war, schien endgültig ausgeträumt. Als Reaktion auf die Engpässe beim Erdöl kam es in fast allen Industrieländern zu einer Rezession. Auch die Bundesrepublik Deutschland war von dieser Entwicklung betroffen. Von 1973 bis 1979 stagnierte das Bruttoinlandsprodukt, während die Arbeitslosigkeit zunahm.[21]

Außer Frage steht, dass der Welthandel von dieser Entwicklung ebenso hart getroffen wurde wie die internationale Schifffahrt. In allen Industrienationen schrumpfte der Warenexport deutlich, sodass auch die Nachfrage nach Schiffsladeraum sank. Die Bremer Wirtschaft mit ihrem vergleichsweise hohen Anteil von Firmen, die stark im Exportgeschäft engagiert waren, war von dieser Konstellation natürlich besonders betroffen. In den Jahren 1973 und 1974 bildeten Einsparungen im operativen Geschäft sowie die Verbesserung der Kostenstruktur das Gebot der Stunde für die meisten Unternehmen. Dies galt natürlich auch für die Firmen der maritimen Wirtschaft. Die seit Ende der 1960er Jahre laufenden Gespräche über die Maßnahmen, um die internationale Wettbewerbsfähigkeit zu verbessern, gewannen vor diesem Hintergrund deutlich an Intensität.[22]

Erste Verhandlungen, erste Kooperationen

Bereits seit Ende der 1960er Jahre fanden erste Sondierungen über mögliche Zusammenschlüsse in der Bremer Werftindustrie statt. Der Auslöser dafür waren in erster Linie die Diskussionen über die Maßnahmen, wie durch Kosteneinsparungen und Bündelung von Arbeitsabläufen die Ertragslage der Unternehmen und damit die internationale Wettbewerbsfähigkeit zu verbessern sei.[23] Den Beteiligten war dabei bewusst, dass in diesem Zusammenhang über verschiedene Optionen zu beraten war, deren Palette von einer lockeren Kooperation zwischen einzelnen Betrieben bis hin zu einer Vollfusion reichte. Zudem war ihnen klar, dass bei einer Vollfusion alte Geschäftsmodelle und Organisationsstrukturen ebenso aufzugeben waren wie alte Besitzverhältnisse und Entscheidungswege. Vor diesem Hintergrund einigten sich zwei Schiffbau-Gesellschaften in Bremen und Bremerhaven Ende der 1960er Jahre zunächst auf eine Kooperation. Der Bremer Vulkan und die Rickmers-Werft in Bremerhaven vereinbarten 1969 eine zunächst auf ein Jahr befristete Zusammenarbeit, die sich aber am Jahresende jeweils für ein weiteres Jahr verlängern konnte. Dieser Geschäftsabschluss war zu diesem Zeitpunkt bereits einer unter ungleichen Partnern. Der Bremer Vulkan profitierte seit Mitte der 1960er Jahre sicherlich von der steigenden Nachfrage nach Großtankern und großen Containerschiffen. Die Werft in Vegesack hatte ihre Betriebsanlagen erfolgreich auf die Fertigung solcher Schiffe umgestellt und war Mitte bis Ende der 1960er Jahre nicht nur eine der größten deutschen Werften, sondern auch eine mit einer guten Ertragslage. Die Geschäftsleitung konnte in diesen Jahren mit Genugtuung feststellen, dass ihr Unternehmen deutlich von dem weltweiten Boom im Schiffbau und der zunehmenden Nachfrage nach Tonnage beim Tankerbau profitierte.[24]

Anders war die Lage bei der Rickmers-Werft in Bremerhaven. Für den Bau von Großtankern war die Werft zu klein, zudem ließen sich die Betriebsanlagen nicht schnell und ohne größeren Aufwand erweitern. Die Entscheidungsträger der Rickmers-Werft hatten daher entschieden, im Bremerhavener Fischereihafen Schritt für Schritt Grundstücke zu erwerben, um dort modernere und größere Docks und Helgen zu errichten. Zudem musste man

Betriebsanlagen des Bremer Vulkan 1972 (StAB, K. E. Schmidt)

Sondierungen aufnehmen, wie und durch wen diese umfangreichen Investitionen zu finanzieren waren. Bis dahin wollte man am alten Fertigungsprogramm festhalten, vor allem am Bau von Fischereifahrzeugen, Stückgutfrachtern oder Spezialschiffen. Gerade dieser Markt war jedoch hart umkämpft, Aufträge ließen sich mehrfach nicht einmal zu kostendeckenden Preisen akquirieren. Zwar modernisierten die deutschen Unternehmen des Fischfangs ab Mitte der 1960er kontinuierlich ihre Flotte, auch mit finanzieller Unterstützung der Bundesregierung, doch konnte die Rickmers-Werft aus dieser Konstellation nur einen vergleichsweise geringen Nutzen ziehen, da sie nur wenige Aufträge aus dem Modernisierungsprogramm für die Fischfangflotte hereinholen konnte. Seit Mitte der 1960er Jahre ließ sich immer weniger verkennen, dass die Ertragslage der Werft stetig sank und der Boom im Schiffbau an ihr vorüber ging.[25]

Vor diesem Hintergrund beauftragte die Geschäftsleitung der Werft interne und externe Betriebsprüfer damit, Vorschläge zur Verbesserung der Rentabilität und zur Neuausrichtung des Fertigungsprogramms zu unterbreiten. Nach Prüfung der Ertragslage für 1966 und 1967 kamen die Gutachter zu einem eher niederschmetternden Ergebnis, sodass sie einschneidende Maßnahmen empfohlen. Dazu zählte die Rückführung des Neubaubereichs bei gleichzeitigem Ausbau des Reparaturgeschäfts, aber auch die Errichtung neuer, wenn auch kostspieliger Betriebsanlagen am Tiefwasser, um gegebenenfalls die Fertigung größerer Einheiten aufzunehmen. Zudem wurde die intensive Zusammenarbeit mit anderen Schiffbau-Gesellschaften empfohlen, um Kosten in den Bereichen Forschung und Entwicklung zu sparen, aber auch, um auf deren Erfahrungen bei der Neugestaltung und Rationalisierung von Betriebsabläufen zurückzugreifen.[26] Beim Bremer Vulkan war man der Ansicht, gerade in diesem Bereich an der Spitze der Entwicklung zu stehen. Die Werft hatte seit den 1950er Jahren konsequent den Wandel von tradierten Mustern der Fertigung hin zu modernen Produktionssystemen vollzogen, dabei die aktuell verfügbare Technologie eingesetzt und neue Produkte, konkret Typen von Schiffen entwickelt. Begleitet wurde dieser Prozess durch neue Strukturen des »scientific management« in der corporate governance.[27]

Zu vermuten ist, dass die Entscheidungsträger der Rickmers-Werft gerade aus diesem Grund die Anlehnung an den Bremer Vulkan suchten, hofften sie doch, von dessen Wissen über neue und rationellere Produktionsmethoden ebenso profitieren zu können wie von den dabei gewonnenen Erfahrungen. Bereits im Sommer 1968 begannen Verhandlungen zwischen den beiden Werften über eine intensive Zusammenarbeit. Angesichts der schlechten Ertragslage zog man bei Rickmers sogar die komplette Übernahme des Unternehmens durch den Bremer Vulkan in Erwägung, was jedoch in Vegesack abgelehnt wurde. Dort hielt man zum einen die Fertigungspaletten für nur wenig kompatibel, zum anderen wollte man sich nicht mit einer zu diesem Zeitpunkt defizitären Werft belasten, was unter Umständen die eigene Liquidität und Bonität bei den Banken beeinträchtigt hätte. Die Geschäftsleitung des Bremer Vulkans schlug stattdessen vor, einen Werftenverbund zu gründen, der in lockerer Form kooperieren sollte. Neben dem Bremer Vulkan und der Rickmers-Werft sollte auch die Flensburger Schiffbau-Gesellschaft (FSG) zu diesem Verbund gehören.[28] Claus Rickmers als maßgeblicher Entscheidungsträger konnte einer solchen Variante durchaus viel abgewinnen, auch wenn ein solcher Schritt bedeutete, umfangreiche Verfügungs- und Entscheidungsrechte abgeben zu müssen. In ersten Planspielen wurde sogar erwogen, sämtliche Leitungsorgane der neuen Werftengruppe nach Vegesack zu verlegen, zudem dort die Planung neuer Schiffstypen sowie die Maßnahmen zur Neugestaltung von Arbeitsabläufen zu zentralisieren. Sowohl die Rickmers-Werft als auch die FSG wären in einem solchen Fall reine ausführende Werke für die Direktiven aus Vegesack geworden.[29]

Dennoch hielt man bei Rickmers die Fusion aller drei Verbundwerften für eine erstrebenswerte Option, da dieser Schritt langfristig die internationale Wettbewerbsfähigkeit der einzelnen Betriebe garantieren sollte. Eine solche umfassende Maßnahme ließ sich jedoch nicht realisieren, vor allem wohl aufgrund von Dissonanzen zwischen dem Vorstandsvorsitzenden des Bremer Vulkans, Hans Martin Huchzermeier, und Hans-Heinrich Thyssen-Bornemisza, dem Aufsichtsratsvorsitzenden der Werft in Vegesack. Weder die Vollfusion noch der intendierte Werftenverbund kamen tatsächlich zustande. Stattdessen wurde Ende Mai 1969 eine umfassende Kooperation zwischen dem Bremer Vulkan und der Rickmers-Werft vereinbart. Dabei war vorgesehen, dass die Rickmers-Werft auf die Verkaufsorganisation und auf Repräsentanzen des Bremer Vulkans im Ausland zurückgreifen konnte, um dadurch besser Aufträge im Bau von Handels- und Spezialschiffen zu akquirieren. Darüber hinaus sollte der Bremer Vulkan die Rickmers-Werft in Fragen der kaufmännischen und betriebswirtschaftlichen Organisation unterstützen. Über einen gemeinsamen Einkauf und eine gemeinsame Investitionsplanung sollte Rickmers zum einen an das Niveau und den technischen Stand des Bremer Vulkans herangeführt werden, zum anderen wollten beide Unternehmen Synergieeffekte erreichen, um die Kosten zu senken und dadurch ihre Wettbewerbsposition im internationalen Schiffbau zu verbessern. Dieses Kalkül schien bei der Rickmers-Werft aufzugehen. Ihre Auftragslage und ihre Rentabilität ließ sich ab

1969 deutlich steigern, sodass ihre Entscheidungsträger bereits der Ansicht waren, die Krise sei gemeistert.[30]

Zudem waren die Manager beider Werften der Ansicht, dass die vereinbarte Kooperation die erhofften Folgen evoziert habe. Vor diesem Hintergrund begannen Sondierungen über die Frage, ob die Zusammenarbeit nicht noch auszuweiten wäre. Da der Bremer Vulkan Ende der 1960er Jahre gut mit Neubauaufträgen ausgelastet war, brauchte man hier für das Reparaturgeschäft neue Kapazitäten. Einen Teil dieser Geschäftssparte wollte man daher in eine neue Gesellschaft ausgliedern, an der auch die Rickmers-Werft zu beteiligen war. Diese begrüßte ein solches Vorgehen, war in den Betriebsprüfungen doch immer wieder darauf hingewiesen worden, man solle sich auf das Reparaturgeschäft konzentrieren und den Neubau von Schiffen zurückfahren, bis die Werft eventuell über moderne Betriebsanlagen für den Bau von Großtankern verfügen würde. Gerade solche Anlagen waren beim Bremer Vulkan bereits vorhanden, sodass eine Arbeitsteilung bzw. Zusammenarbeit beider Unternehmen bei der Reparatur sinnvoll erschien. Die Kooperation zwischen beiden Unternehmen bot daher sicherlich die Möglichkeit, erhebliche Synergieeffekte zu erreichen und damit die internationale Wettbewerbsposition zu stärken.[31]

Um die Zusammenarbeit zwischen beiden Werften zu vertiefen, wurde am 2. August 1972 die Bremer Vulkan – Rickmers Werft Dock und Schiffsreparatur GmbH mit Sitz in Bremerhaven gegründet. Die neue Gesellschaft war mit einem Grundkapital in Höhe von 100.000 DM auszustatten, das je zur Hälfte von Rickmers und dem Bremer Vulkan aufzubringen war. Auch andere Belange und Aufgaben der Gesellschaft wurden unter den beiden Gründerfirmen hälftig aufgeteilt, obwohl diese mit Blick auf Geschäftsumfang und Gewinn deutliche Unterschiede aufwiesen. Von den zwei Geschäftsführern sollte einer vom Bremer Vulkan, der andere von der Rickmers-Werft entsandt werden. Auch im Verwaltungsrat von insgesamt vier Personen sollten die beiden Unternehmen jeweils zu pari vertreten sein. Da die neue Gesellschaft über kein eigenes Anlagevermögen und eigene Betriebsstätten verfügte, sollte sie notwendige Anlagen entweder vom Bremer Vulkan oder der Rickmers-Werft pachten, etwa einen Teil des neuen Werksgeländes von Rickmers im Fischereihafen. Insgesamt

Hans Martin Huchzermeier, Vorstandsvorsitzender der Bremer Vulkan AG (StAB, L. Kull)

vermittelt der Gesellschaftsvertrag den Eindruck, als ob beide Seite eine faire und zielführende Kooperation anstrebten, getragen von dem Gedanken, angesichts der schwierigen Rahmenbedingungen im internationalen Schiffbau Synergien zu erzielen, um sich so besser gegenüber der Konkurrenz aus dem Ausland zu behaupten.[32]

Erneut schienen sich die in die Gründung der Gesellschaft gesetzten Hoffnungen zu erfüllen. Gerade die Rickmers-Werft profitierte von dieser Form der intensiven Zusammenarbeit mit dem Bremer Vulkan. Ende 1972 vermeldete man aus Bremerhaven, dass die Rickmers-Werft wieder an zwölfter Stelle unter den westdeutschen Schiffbau-Gesellschaften rangieren würde. Zudem konnte man auf einen steigenden Bestand an Aufträge sowie eine zunehmende Zahl an Beschäftigten verweisen. Die neue Gesellschaft schien damit den Weg in die Zukunft des deutschen Schiffbaus zu weisen, der nur bei weiteren Fusionen und Zusammenschlüssen erfolgreich zu bestreiten war.[33]

Dennoch lässt sich nicht übersehen, dass diese Kooperation eine unter zwei ungleichen Partnern war. Während die Rickmers-Werft auf die Zusammenarbeit mit dem Bremer Vulkan fast schon angewiesen war, sah dieser in der Vereinbarung ein Instrument, um seine Geschäftsaktivitäten weiter zu diversifizieren und sich dadurch dem Wettbewerb zu stellen. Unter diesen Auspizien stand die neue Gesellschaft unter keinem guten Stern. Zwar schien es, als würden sich gerade bei der Rickmers-Werft die Erwartungen erfüllen, konnte man doch in Bremerhaven ab 1971 deutlich steigende Umsätze vor allem im Reparaturgeschäft verbuchen, doch kam es unter beiden Geschäftspartnern schnell zu Dissonanzen in der Frage, wie das operative Geschäft der neuen Gesellschaft konkret auszugestalten sei. Bereits nach kurzer Zeit ließen sich die unterschiedlichen Auffassungen kaum noch verbergen. Nun erwies es sich als Hindernis, dass man bei der Kooperation und der Gründung der neuen Firma beide Gesellschafter als gleichrangig angesehen hatte. Zwar war dies die gängige Praxis bei einer Reihe von Fusionen, die in der deutschen Wirtschaft zu diesem Zeitpunkt angesichts des sich beschleunigenden wirtschaftlichen Strukturwandels und der sich verändernden internationalen Wettbewerbsbedingungen zu beobachten waren, doch beinhaltete ein solches Verfahren immer auch Risiken.[34]

Oft genug fühlte sich ein Fusionspartner übervorteilt, übte deutliche Kritik an seinen Mitgesellschaftern und verlor das Interesse an einer weiteren und intensiven Zusammenarbeit.[35] Ein ähnliches Szenario ereilte auch die neue Gesellschaft in Bremerhaven. Der Bremer Vulkan verlor sein Interesse an einer Zusammenarbeit mit Rickmers. Über die Gründe dafür lässt sich nur spekulieren. Wahrscheinlich ist, dass ab Beginn der 1970er Jahre erste Sondierungen über eine Großfusion in der Bremer Werftindustrie stattfanden, auf die man sich in den Entscheidungsgremien der Werft in Vegesack zunehmend konzentrierte.[36] Zudem ließ sich immer weniger übersehen, dass die Zahl der Aufträge auch im Reparaturgeschäft seit Beginn der weltweiten Rezession infolge der Ölkrise rückläufig war. Reeder aus dem In- und Ausland hielten sich daher auch bei der Vergabe von Reparaturaufträgen zurück. Die Bremer Vulkan – Rickmers Werft Dock und Reparatur GmbH war immer seltener voll ausgelastet, während die Lohn- und andere Betriebskosten stiegen. Als erste Sondierungen über die Vergabe öffentlicher Mittel anliefen, um die Zukunft der Bremer Werften zu sichern, stand diese Gesellschaft nicht mehr im Zentrum des Interesses aller Entscheidungsträger.[37]

In den Verhandlungen mit dem Bremer Senat und der Bremer Landesbank (BLB) ging es um die Gewährung von Landesbürgschaften bzw. von umfangreichen Krediten, um das Überleben der Rickmers-Werft bzw. der gesamten Rickmers-Gruppe zu sichern. Diese Verhandlungen erwiesen sich als schwierig und verliefen schließlich ohne wirklich greifbares Ergebnis. Der Bremer Vulkan war zudem nicht bereit, seinerseits alleine umfangreiche Mittel für die Reparaturgesellschaft zur Verfügung zu stellen. In Vegesack verfolgte man Mitte der 1970er Jahre sicherlich andere Pläne. Vor diesem Hintergrund überrascht es nicht, dass sich 1977 beide Werften entschlossen, ihre bis dahin durchaus erfolgreiche Kooperation zu beenden. Für Rickmers war es danach schwer, wenn nicht unmöglich, Hilfen der öffentlichen Hand zu bekommen, zumal sich die Anteilseigner von Rickmers weigerten, notwendige Sicherheiten bereitzustellen. Angesichts fehlender öffentlicher Gelder, der Verschärfung der Probleme im internationalen Schiffbau, aber auch der schwindenden Bereitschaft für neue Kooperationen überrascht es nicht, dass die Rickmers-Werft ab 1978 einer Krise entgegensteuerte, die diesmal existenzbedrohend war.[38]

Enttäuschte Hoffnungen

Offenbar angestoßen durch die ersten Gespräche zwischen dem Bremer Vulkan auf der einen und der Rickmers-Werft auf der anderen Seite fanden seit Ende der 1960er Jahre weitere Sondierungen zwischen Schiffbau-Gesellschaften in Bremen über eine intensive Kooperation statt. Die Handelskammer Bremen begrüßte diese Verhandlungen und hielt sie für notwendig, wollte der Schiffbau im Zwei-Städte-Staat konkurrenzfähig bleiben. Die ersten Verhandlungen darüber seien ja durchaus erfolgreich gewesen, weitere müssten allerdings folgen: »Auch in Richtung einer engeren Zusammenarbeit der Schiffbau-Industrie mit dem Ziel der Rationalisierung und Kostensenkung haben die Bremer Werften bereits entscheidende Schritte getan.« [39]

Begleitet und unterstützt wurden diese Konsultationen von einigen Bremer Banken. Diese vertraten die Auffassung, die Bonität ihrer Klientel aus der maritimen Wirtschaft würde sich deutlich verbessern, sollten sie sich zu größeren Einheiten zusammenschließen. In einem solchen Fall, so das Argument aus der Finanzwelt, würde sich der belastende Preis- und Konkurrenzdruck verringern, zudem ließe sich durch eine Bündelung von Betriebsabläufen Kosten sparen und damit die Ertragslage steigern. Die internationale Konkurrenzfähigkeit ließe sich dadurch eher sichern, als wenn jede Gesellschaft alleine versuchen sollte, im Wettbewerb zu bestehen. Außer den großen Universalbanken mit ihren Bremer Niederlassungen setzten sich vor allem zwei Finanzintermediäre mit Bremer Lokalkolorit für weitere Fusionen ein. Sowohl die Norddeutsche Kreditbank als auch das traditionsreiche Bremer Privatbankhaus Martens & Weyhausen (Marwey-Bank) unterhielten seit Längerem enge Beziehungen zu Unternehmen der maritimen Wirtschaft und verfügten daher über eine profunde Expertise, wenn es um die Zukunftschancen der Branche ging. Zudem war Martens & Weyhausen einer der maßgeblichen Anteilseigner der »Nordkredit«, die umfangreiche Beteiligungen an Privatbankhäusern wie Johann Berenberg, Goßler & Co. in Hamburg sowie Terrain- und Finanzierungsgesellschaften in Bremen besaß, die wiederum bei Unternehmen der maritimen Wirtschaft engagiert waren. Gerade aus dieser Konstellation wollten Martens & Weyhausen

sowie die Norddeutsche Kreditbank Kapital schlagen. Mitte bis Ende der 1960er Jahre glaubte man, einerseits zur entscheidenden und wichtigsten Regionalbank in Norddeutschland zu avancieren und den großen Universalbanken Paroli bieten zu können, andererseits zum unverzichtbaren Finanzdienstleister für die maritime Wirtschaft zu werden.[40] Als sich der Wettbewerb in der deutschen Kreditwirtschaft gegen Ende der 1960er Jahre jedoch verschärfte, sahen sich regional operierende Institute wie die Norddeutsche Kreditbank mit der Gefahr konfrontiert, entweder von den großen privaten Universalbanken oder den neu entstandenen Landesbanken wie der Norddeutschen Landesbank (NORD/LB) übernommen zu werden. Gerade die Regionalbanken und Privatbankhäuser standen unter dem Zugzwang, sich spezialisieren zu müssen und sich für Unternehmen aus bestimmten Branchen als Hausbank zu positionieren..[41]

Sitz des Bankhauses Martens & Weyhausen, Bremen, Langenstr. 10/11, 1952 (StAB, Stickelmann)

Sowohl für die Norddeutsche Kreditbank als auch für das Bankhaus Martens & Weyhausen waren dies die in Bremen domizilierenden Reedereien und Werften. Sollten diese infolge des wachsenden Konkurrenzdrucks in der internationalen Schifffahrt als Kunden wegfallen, so würde dies auch die Ertragslage der Finanzhäuser hart treffen und ihre Position in der bundesdeutschen Kreditwirtschaft schwächen. Auch aus diesem Grund waren die Vertreter der Kreditwirtschaft daran interessiert, möglichst wettbewerbsfähige Firmen aus der maritimen Wirtschaft zu erhalten und als Kunden an sich zu binden.[42] Die Geldhäuser aus dem privaten Bankwesen am Standort Bremen sahen sich zudem mit einer weiteren Herausforderung konfrontiert. Die öffentlich-rechtlichen Institute wie die NORD/LB und die Bremer Landesbank (BLB)[43] drangen zunehmend in das Geschäft mit der maritimen Wirtschaft ein und versuchten, sich ihrerseits exklusiv als Finanzintermediäre für Firmen aus der Branche zu exponieren. Daher mussten Institute wie die Marwey-Bank das Ziel verfolgen, einen schlagkräftigen und wettbewerbsfähigen Werftenverbund zu etablieren, für den sie umfangreiche Finanztransaktionen durchführen konnten.[44]

Die Anstrengungen der Norddeutschen Kreditbank, ihr Geschäftsprofil zu schärfen, Kundenbeziehungen auszubauen und sich als wichtigster regional operierender Finanzdienstleister zu exponieren, erwiesen sich jedoch schon bald als obsolet. Die Niedersächsische Landesbank erwarb im Frühjahr 1970 im Verbund mit der Braunschweigischen Staatsbank die Kapitalmehrheit des Instituts aus Bremen. Die Bilanz der Norddeutschen Kreditbank wurde in diesem Jahr durch hohe Abschreibungen auf ein Engagement bei einer Bausparkasse belastet, sodass nicht auszuschließen ist, dass der Vorstand des Instituts auch aus diesem Grund den Einstieg eines neuen Großaktionärs begrüßte. Wichtige Entscheidungen mit Blick auf die Finanzierung der maritimen Wirtschaft wurden fortan nicht mehr allein in der Hansestadt, sondern auch in Hannover und Braunschweig getroffen.[45]

Auf die Expertise aus Bremen bei der Finanzierung und Betreuung von Firmen der maritimen Wirtschaft wollte man allerdings auch in Hannover und Braunschweig nicht verzichten. Dies galt umso mehr, als die NORD/LB und die Bremer Landesbank im

Spätsommer 1970 mehrfach erklärten, ihr Engagement bei Unternehmen der maritimen Wirtschaft auszuweiten und vor allem die Sparte Schiffsfinanzierung stärken zu wollen. In die Sondierungen über mögliche Zusammenschlüsse in der Werftindustrie waren daher die Entscheidungsträger der Norddeutschen Kreditbank weiterhin eingebunden.[46]

Vor diesem Hintergrund gewannen die Verhandlungen zwischen zwei anderen Schiffbau-Gesellschaften erneut an Intensität, der Schiffbau-Gesellschaft Unterweser (SGU) auf der einen und der F. Schichau GmbH auf der anderen Seite. Bis zum Ende der 1970er Jahre konnte die SGU auf vergleichsweise gut gefüllte Auftragsbücher blicken. Sowohl die Zahl der Beschäftigten als auch Umsatz und Ertrag bewegten sich seit Jahren auf einem konstant hohen Niveau. Vielmehr beklagte man bei der SGU den zunehmenden Mangel an Fachkräften, der eine weitere Akquisition von Aufträgen verhinderte: »Neubauwerft und Reparaturbetrieb waren so gut beschäftigt, dass man noch mehr Fachkräfte hätte beschäftigen können, wenn sie zu haben gewesen wären«.[47] Vor diesem Hintergrund schien es, als sei die SGU nur wenig von der Krise im Schiffbau tangiert worden. Daher entschieden sich die Entscheidungsträger der Werft, eine Beteiligung an der Norddeutschen Hochseefischerei AG in Bremerhaven zu erwerben, eine der großen Fischfanggesellschaften in Norddeutschland. Wahrscheinlich kam diese Transaktion zustande, da mit Horst Herold und Walter Martens zwei der wichtigsten Entscheidungsträger von Martens & Weyhausen in den Aufsichtsräten der beiden Gesellschaften saßen. Herold war sogar der Vorsitzende dieser Gremien und befürwortete das Engagement der SGU bei der Norddeutschen Hochseefischerei, sodass davon auszugehen ist, dass er der maßgebliche Initiator beim Erwerb des Aktienpakets durch die SGU war. Gerade diese Beteiligung erwies sich jedoch als verlustbringend und belastete die Bilanz des Unternehmens. Dennoch verbreitete der Vorstand der Gesellschaft weiterhin Optimismus. Trotz einer Dividendenkürzung für das Geschäftsjahr 1970 glaubte er, dass das Unternehmen im operativen Kerngeschäft des Schiffbaus gut aufgestellt sei und sich im internationalen Wettbewerb behaupten könne.[48]

In den folgenden Jahren änderte sich die Situation. Die Aufträge für Neubauten gingen bei der SGU zurück, während die

Betriebskosten stiegen. Zum einen nahmen die Personalkosten deutlich zu, zum anderen litt auch die SGU unter dem allgemeinen Preisauftrieb für deutsche Produkte infolge einer zu diesem Zeitpunkt vergleichsweise hohen Inflationsrate. Noch versuchten Vorstand und Aufsichtsrat zu beschwichtigen und betonten, eigentlich habe die Werft erfolgreich gearbeitet. Die in Zukunft weiter steigende Kostenbelastung konnten sie ebenso wenig ignorieren wie die wachsenden Verluste durch das Engagement bei der Norddeutschen Hochseefischerei.[49] Ein Jahr später klangen die Verlautbarungen von Vorstand und Aufsichtsrat daher weniger optimistisch. Zum einen sahen sie sich mit weiter zunehmenden Betriebskosten konfrontiert, zum anderen war die »Auftragslage nach wie vor unbefriedigend.«[50] Seit mehr als anderthalb Jahren hatte die SGU keinen Auftrag mehr von einer deutschen Reederei akquirieren können, zudem waren sämtliche Aufträge der öffentlichen Hand, vor allem der Marine, für eine gewisse Zeit zurückgestellt worden. Schließlich zögerten auch ausländische Schifffahrtsunternehmen, Aufträge zu erteilen. Nach einer Aufwertung der DM im Frühjahr 1972 hatten sich deutsche Produkte auf dem Weltmarkt generell verteuert, zugunsten von Anbietern aus dem Ausland. Hiervon profitierten vor allem die staatlich alimentierten Werften aus Ostasien, bei denen ausländische Reeder neue Schiffe bestellten. Der Vorstand der SGU war sich darüber im Klaren, dass er mit diesen Kampfpreisen nicht mehr konkurrieren konnte. Seine Strategie musste daher sein, irgendwie die steigenden Betriebskosten aufzufangen, den Werftbetrieb auf die Fertigung von Spezialschiffen umzurüsten und vor allem Aufträge aus dem Inland zu akquirieren. Diese Strategie sollte durch umfassende Rationalisierungen im Betriebsablauf flankiert werden, zudem zog man eine enge Kooperation mit einer Werft ins Kalkül, die sich bisher im Bau und in der Reparatur von Spezialschiffen gut am Markt behauptet hatte. Für eine mögliche Übernahme oder eine Fusion mit einem solchen Unternehmen wollten Vorstand und Aufsichtsrat der SGU finanziell Vorsorge treffen, indem sie sich die Erhöhung des Aktienkapitals von 3,5 auf fünf Millionen DM genehmigen ließen. Damit wollte man Mittel entweder für einen Erwerb oder einen Umtausch von Aktien bereitstehen haben.[51]

Derart präpariert begannen Sondierungen über eine intensive Zusammenarbeit oder gar über eine Verschmelzung mit einer anderen Werft. Erneut war es die Hoffnung auf Synergieeffekte und eine dadurch hervorgerufene Verbesserung der Wettbewerbsposition, die zur Triebfeder für mögliche Fusionen wurde. Bei der SGU war man sich schnell darüber einig, dass eine Zusammenarbeit mit der Schichau-Werft in Bremerhaven am sinnvollsten sei. Zum einen war das operative Geschäft des Unternehmens, das traditionell gut im Bau von Schleppern und anderen Spezialschiffen sowie im Reparaturgeschäft aufgestellt war, mit dem der SGU kompatibel, zum anderen erwies sich die räumliche Nähe als ein Vorteil, weil dadurch Betriebsabläufe effizient aufeinander abzustimmen und die erhofften Rationalisierungseffekte zu erreichen waren. Zudem hoffte man bei der SGU, auf die Expertise der Schichau-Werft im Bereich Maschinenbau zurückgreifen zu können, der als besondere Sparte im operativen Geschäft in den letzten Jahren deutlich ausgebaut worden war. Die Verhandlungen zwischen Vertretern der SGU und von Schichau fanden zunächst in kleinem Kreise statt. Allerdings war der Bankier Horst Herold als Aufsichtsratsvorsitzender der SGU und Mitglied des Verwaltungsrats bei Schichau intensiv in die Gespräche involviert. Auch wenn keine expliziten Dokumente über die Verhandlungen vorliegen, so ist davon auszugehen, dass Herold eine Verschmelzung der beiden Werften befürwortete und bewusst beförderte, sah er darin doch den Anfang eines Werftenverbundes im Zwei-Städte-Staat mit seinem Bankhaus als maßgeblichem Finanzdienstleister.[52]

Am 12. Mai 1972 verkündeten die Entscheidungsträger der beiden Schiffbau-Gesellschaften ihre zukünftige intensive Zusammenarbeit, die selbst für Kenner der maritimen Wirtschaft in Bremen überraschend kam. Die Nordsee-Zeitung in Bremerhaven kommentierte dies wie folgt: »Selbst der Küstenklatsch hatte diese Fusion nicht vorausgeahnt, was eine Bestätigung dafür ist, dass hier eine Verschmelzung zweier Unternehmen stattfindet, die nicht aus der Not geboren ist.«[53] Diese Einschätzung war auf der einen Seite sicherlich korrekt, auf der anderen Seite angesichts der sich immer mehr abzeichnenden Probleme der SGU aber auch zu hinterfragen. Ohne Frage handelte es sich bei der angestrebten Fusion um eine Verbindung zwischen zwei gleichrangigen Partnern. Beide

Unternehmen waren eher mittelgroße Werften mit einem spezifischen Geschäftsmodell und unterschieden sich damit von den beiden Bremer Großwerften Bremer Vulkan und A.G. »Weser«. Vor diesem Hintergrund überrascht es nicht, dass sich beide Seiten über die Besetzung der Unternehmensgremien ebenso schnell verständigen konnten wie über die Durchführung der Fusion. Der Vorstand des neuen Unternehmens, das als Schichau Unterweser AG (SUAG) firmieren sollte, war mit dem der alten SGU identisch und bestand weiter aus Herbert Bautze und Konrad Weicker. Den Vorsitz im Aufsichtsrat der SUAG übernahm weiterhin Horst Herold, während Hermann Noé jun., Sohn des Gründers, Vorstandsvorsitzender und Hauptgesellschafter der Schichau-Werft, zu seinem Stellvertreter ernannt wurde. Um die Präsenz des Bankhauses Martens & Weyhausen im Aufsichtsgremium der SUAG nicht zu sehr in den Vordergrund treten zu lassen, gab Walter Martens sein Mandat bald nach Vollzug der Fusion auf.[54]

Für die Finanzierung der Fusion griff die SGU auf die Mittel der Kapitalerhöhung zurück. Nach Aufstockung des Aktienkapitals auf fünf Millionen DM wurden für eine Million DM Anteile an der Schichau-Werft erworben, für die eine Tochtergesellschaft pro forma die neuen Aktien erhielt. Fast überflüssig zu erwähnen, dass die Aufsichtsgremien der beiden Gesellschaften im Juni 1972 diese Transaktion einstimmig genehmigten, sodass der Zusammenschluss schnell vollzogen werden konnte. Hermann Noé zeigte sich mit diesem Schritt sehr zufrieden. Er glaubte, »dass das neue Unternehmen alle Voraussetzungen biete, um mit dem härter gewordenen Wettbewerb fertig zu werden, der durch die DM-Aufwertung, die Kostenexplosion und die Depression auf wichtigen Märkten der internationalen Frachtschifffahrt ausgelöst worden ist.«[55]

Würden die vorhandene Potenziale für eine Rationalisierung und Verbesserung der Betriebsabläufe ebenso konsequent genutzt wie die für eine Spezialisierung im Schiffbau, sei das neue Unternehmen im internationalen Wettbewerb gut aufgestellt – darüber waren sich Noé und andere Entscheidungsträger der SUAG einig. Zudem glaubten sie, dass durch die Fusion die Werftenstandorte Bremen bzw. Bremerhaven enorm profitieren würden. Zum einen seien dadurch Tausende von Arbeitsplätzen gesichert worden, zum anderen würden durch den Zusammenschluss zweier Traditionswerften mit international bekanntem Namen Reedereien aus dem Ausland hier zunehmend Schiffe in Auftrag geben, sehr zum Nutzen zahlreicher Zuliefererbetriebe und ihrer Mitarbeiter. Angesichts dieser Auspizien verwundert es nicht, dass sowohl die Handelskammer in Bremen als auch die Spitzen aus der Politik in Bremen und Bremerhaven den Zusammenschluss nachdrücklich begrüßten und an eine positive Zukunft der maritimen Wirtschaft im Zwei-Städte-Staat glaubten.[56]

Die großen Hoffnungen aller Beteiligten schienen sich in den ersten zwei Jahren nach der Fusion zu erfüllen. Im Reparaturgeschäft konnte die neue Werft deutliche Zuwächse verbuchen, aber auch im Bau von Spezialschiffen wie Fähren und Schleppern ließ sich die Auftragslage verbessern. Diese Entwicklung schlug sich auch in den aggregierten Unternehmenskennziffern nieder, welche der Vorstand im Geschäftsbericht von 1974 präsentierte.[57] So verdoppelte sich die Bilanzsumme von 1972 auf 1974 nahezu von 81,2 Millionen DM auf 152,1 Millionen DM, während das gesamte Anlagevermögen von 21,3 Millionen DM auf 30,5 Millionen DM stieg. Der Umsatz nahm ebenfalls deutlich zu, von 107,6 Millionen DM auf 160,2 Millionen DM. Interessant ist, dass die Zahl der Mitarbeiter dagegen fast konstant blieb. 1972 betrug sie 1.548, zwei Jahre später 1.562.[58] Diese auf den ersten Blick erfreulichen Zahlen konnten allerdings nicht darüber hinwegtäuschen, dass sich die SUAG bereits 1974 am Beginn einer Krise befand. Betrug der Jahresüberschuss 1972 noch 3,3 Millionen DM, so reduzierte sich dieser 1973 auf 833.000 DM. Für 1974 musste die Werft sogar einen Fehlbetrag bilanzieren, zudem konnte sie nach längerer Zeit keine Dividende an ihre Anteilseigner ausschütten.[59]

Noch versuchte der amtierende Vorstand, die Entwicklung zu beschönigen. Zum einen verwies er sicherlich zu Recht auf das schwierige konjunkturelle Umfeld nach Ausbruch der Ölkrise, zum anderen brandmarkte er die zunehmenden Ungleichgewichte im Schiffbau, auch im deutschen. So monierte er, dass die Großwerften immer mehr Aufträge aus dem Inland akquirieren würden, auf Kosten der mittleren Werften, die sich auf Nischenprodukte und auf Spezialmärkte konzentrieren müssten. Noch sah der Vorstand die SUAG in einer Phase der geordneten Konsolidierung, zumal es gelungen sei, die Ablieferung von Schiffen bei gleichbleibender Zahl an Beschäftigen zu steigern: » Die mittleren Werften haben nicht nur regionale Bedeutung, und zwar nicht zuletzt deshalb, weil sie sich dem Spezialschiffbau widmen und ihn weltweit anzubieten bemüht sind … Hierauf ist zurückzuführen, dass wir trotz des Ausfalls der Frachter-Aufträge aus der Bundesrepublik unsere Auslastung sichern konnten.«[60]

Was der Vorstand allerdings verschwieg bzw. nur kryptisch andeutete, waren steigende Belastungen aus der Entwicklung und Konzeption von Bohrinseln sowie den dazu gehörenden Versorgungsschiffen. In der Erstellung von Bohrplattformen für die offshore Ölförderung glaubte der Vorstand neue Marktchancen für die SUAG auszumachen. Schnell musste er jedoch einräumen, dass gerade in diesem Segment des operativen Geschäfts hohe Verluste angefallen waren bzw. weitere zu erwarten seien.[61] Neben diesen Belastungen im operativen Geschäft sah sich die SUAG ab 1974 auch mit Problemen in der corporate governance konfrontiert, offenbar auch eine Folge der Betriebsverluste. Ein Aufsichtsratsmitglied musste das Gremium verlassen, während Hermann Noé vom Aufsichtsrat in den Vorstand wechselte, um die beiden anderen Mitglieder mit seiner Expertise und seinen Erfahrungen zu unterstützen, wie es offiziell hieß. Dieser Schritt lässt sich allerdings auch als ein Zeichen wachsenden Misstrauens gegenüber der Geschäftspolitik der beiden alten Vorstandsmitglieder interpretieren, unter Umständen sogar als eine Maßnahme zu deren Entmachtung.[62]

Im folgenden Geschäftsjahr setzte sich das personelle Revirement weiter fort. Die Entmachtung der alten Vorstandsmitglieder war nun offenkundig. Hermann Noé avancierte zum Vorstandsvorsitzenden, ihm wurden mit Peter Jensen und Josef Klar nicht nur zwei ausgewiesene Techniker im Schiffbau zur Seite gestellt, sondern auch Entscheidungsträger, die von anderen großen Werften wie dem Bremer Vulkan abgeworben worden waren. Angesichts weiter steigender Betriebsverluste war das Vertrauen in die alte Führungsriege offenbar komplett aufgebraucht.[63] Zudem wurde in der örtlichen Presse nun deutlich von schweren Managementfehlern als Grund für die Verluste gesprochen: »Die SUAG … wird zum Jahresende Verluste in Höhe von 13,5 Millionen DM hinnehmen müssen ... Diese Verluste gehen auf Fehlkalkulationen in der Unternehmensleitung zurück und haben mittlerweile zu personellen Veränderungen im Vorstand geführt.«[64] In der Hoffnung, durch eine Ausweitung der Produktpalette neue Märkte und neue Kunden erschließen zu können, hatte die Geschäftsleitung offenbar ohne Augenmaß Investitionen initiiert, die zum einen nicht ausreichend finanziert waren, zum anderen nicht die erhofften Gewinne brachten, sondern nur Verluste. In dieser Situation war es wohl Hermann Noé persönlich, der beim Bremer Senat vorstellig wurde und mit diesem ein Sanierungs- und Konsolidierungskonzept erarbeitete. Flankiert wurde er von Vertretern aus der Kreditwirtschaft, vor allem den Entscheidungsträgern des Bankhauses Martens & Weyhausen sowie der Norddeutschen Kreditbank und der Bremer Landesbank. Aber auch die Reedereien, die bei der SUAG Aufträge laufen hatten, sicherten ihre Unterstützung zu. Ihnen allen gelang es, ein stimmiges Sanierungskonzept zu erarbeiten. Dazu gehörte zum einen der Verkauf eines Schwimmdocks im Fischereihafen von Bremerhaven an die Dock & Schiffahrts-Gesellschaft Kaiserhafen Noé & Co., also die noch existierende Tochtergesellschaft der ehemaligen Schichau-Werft, deren Kapital sich weiterhin im Besitz der Familie Noé befand.[65]

Diese Tochtergesellschaft verpachtetet das Dock zu günstigen Konditionen an die SUAG zurück, die durch dieses Manöver frische Liquidität erhielt, ohne auf die Nutzung von Betriebsanlagen verzichten zu müssen. Aber nicht nur dies: Die Transaktion bildete die Voraussetzung dafür, dass das Land Bremen dem Unternehmen eine Landesbürgschaft in Höhe von 7,8 Millionen DM zur Verfügung stellte. Diese Mittel sollten dazu dienen, einerseits begonnene Investitionen abzuschließen und neue Aufträge zu akquirieren, andererseits bildeten sie die entscheidende Sicherheit für mögliche Kredite durch die Banken. Die bedrohliche finanzielle Schieflage der SUAG war durch diese Transaktionen zu einem guten Stück behoben worden.[66] Weitere Liquidität erhielt das Unternehmen schließlich durch eine umfangreiche Kapitalerhöhung. Das Aktienkapital sollte um 4,5 Millionen DM bis auf 12 Millionen DM aufgestockt werden. Um dieses zu erreichen, waren zum einen die maßgeblichen Anteilseigner gefordert, vor allem die Familie Noé, zum anderen mussten neue Investoren gefunden werden. Einer davon war der Hauptgesellschafter einer Firma für Gastranstransporte aus Remagen im Rheinland, mit der die SUAG einen langfristigen Kooperationsvertrag abschließen konnte. Im Gegensatz übernahm Horst Schierack, so der Name des Gesellschafters, eine Schachtelbeteiligung an der SUAG, wofür er einen Platz im Aufsichtsrat der Werft erhielt.[67]

Dieses Bündel an Maßnahmen sorgte dafür, dass die SUAG ihre finanziellen Probleme zunächst meistern und den Betriebsverlust minimieren konnte. Angesichts dieser Entwicklung waren einige ihrer Kunden, etwa die HAPAG-Lloyd, bereit, dem Unternehmen weitere Mittel zur Verfügung zu stellen, um den Bau von in Auftrag gegebenen Schiffen zu beenden. Nicht zu übersehen ist, dass neben der öffentlichen Hand vor allem die Anteilseigner der Werft immer mehr Mittel zur Verfügung stellten. Hier war vor allem die Familie Noé gefordert, die finanziell erheblich in Vorleistung gehen musste, um die Krise zu meistern. Mitte der 1970er Jahre schien das Sanierungskonzept jedoch zu greifen, sodass die Hoffnung wuchs, die SUAG könne ihren Platz im internationalen Schiffbau behaupten. Auch wenn Hermann Noé bei einer Pressekonferenz über den Verlauf der Sanierungsmaßnahmen einräumen musste, dass die Konkurrenz mit den Großwerften immer härter würde, zudem sich die wirtschaftlichen Rahmenbedingungen immer mehr verschlechtern würden, so glaubten doch alle Verantwortlichen Ende 1975, dass sich die SUAG wieder in einem ruhigen Fahrwasser bewegte. Genährt wurde dieser Optimismus vor allem dadurch, dass die Werft nach Angaben Noés über einen Auftragsbestand verfügte, der weit bis in das Jahr 1977 hinein reichte. Zudem ließen sich neue Kunden akquirieren, die Interesse für die Produkte der Werft zeigten, vor allem für Schlepper und Spezialschiffe.[68]

Innerhalb kurzer Zeit hatten sich sowohl die corporate governance als auch die Eigentümerstruktur der SUAG erheblich verändert, vergleicht man diese etwa mit der zum Zeitpunkt der Fusion. Diese Schritte waren jedoch notwendig, um die Existenz des Unternehmens zu sichern. Sicherlich ist zu konzedieren, dass sich die Rahmenbedingungen im internationalen Schiffbau auch für die SUAG deutlich verschlechtert hatten. Dies kann jedoch nicht darüber hinwegtäuschen, dass der eigentliche Auslöser für die Krise in einer eklatanten Fehleinschätzung des Managements zu suchen ist. Eine konzertierte Aktion sorgte dafür, dass sich die Schieflage beheben ließ. Einer der wichtigsten Akteure dabei war die öffentliche Hand in Gestalt des Landes Bremen. Damit zeichnete sich auch in Bremen ab, dass sich die Zukunft der maritimen Wirtschaft ohne Eingreifen öffentlicher Stelle nur noch schwer sichern ließ. Das finanzielle Stützkorsett der öffentlichen Hand wurde nun auch für Werften in Bremen notwendig.[69]

Die SUAG blieb in den folgenden Jahren ebenfalls darauf angewiesen. Der verhaltene Optimismus nach Abschluss der Sanierungsmaßnahmen war rasch wieder verflogen. 1976 und 1977 brachen vor allem die Aufträge im Neubaugeschäft massiv ein und ließen sich auch nicht durch leichte Zuwächse in anderen Sparten des operativen Geschäfts kompensieren, etwa im Reparaturgeschäft oder im Maschinen- und Apparatebau. Die Ertragslage verschlechterte sich wieder deutlich, zudem musste Personal entlassen werden, um Lohnkosten einzusparen.[70] Nicht nur dies: Die Entscheidungsträger der SUAG mussten erneut beim Bremer Senat vorstellig werden, um Landesbürgschaften zu bekommen. Damit etablierte sich mit der Zeit ein eher zweifelhafter Mechanismus. Der Werft erhielt Unterstützungsgelder der öffentlichen Hand, konnte damit für eine gewisse Zeit ihre Liquidität und Bonität bei den Banken verbessern, die dann bereit waren, weitere Kredite zur Verfügung zu stellen. Die Investitionen, die mit diesen Krediten finanziert wurden, erwiesen sich jedoch nicht als derart gewinnbringend, dass sich die Lage der SUAG dauerhaft verbesserte. Im Gegenteil: Einige der Investitionen brachten nur neue Verluste, darunter auch die im Maschinenbaubereich. Da der Bremer Senat mit Blick auf den Werftenstandort Bremen und die davon abhängigen Arbeitsplätze jedoch immer wieder bereit war, neue Gelder zu gewähren, ließ sich dieser Mechanismus sogar eine gewisse Zeit lang aufrechterhalten.[71]

Die Gründe für diese unheilvolle Entwicklung hatten die Entscheidungsträger der SUAG schnell ausgemacht. Zum einen war der ihrer Einschätzung nach inzwischen ruinöse Preiskampf zwischen einzelnen Werften aus dem In- und Ausland, gerade im Bau von Großtankern, für eine zunehmend unbefriedigende Ertragslage und den Druck verantwortlich, Kapazitäten anpassen zu müssen. Zum anderen gab es aufgrund der steigenden staatlichen Subventionen

Schiffbau an der Geeste, um 1980. Vorn Schichau Unterweser AG mit einer in Ausrüstung befindlichen Fähre der Spirit-Klasse, Mitte rechts die Rickmers-Werft, ganz hinten Geestemündung und Fischereihafen-Schleuse (M. Borchers)

in den meisten Schiffbaunationen keinen fairen Wettbewerb mehr. Über allem schwebte zudem die nach wie vor schwache Konjunktur in der Weltwirtschaft, die keinerlei Impulse für den Bau von Schiffen aller Art vermittelte. Der Vorstand der SUAG konstatierte daher schon mit einer gewissen Resignation: »Der fast vollständige Zusammenbruch des Tankerbaumarktes und des Marktes großer Bulkschiffe führte im internationalen Großschiffbau zu einem solchen Überangebot an Schiffsneubaukapazitäten, dass der Anpassungsprozess von Angebot zu Nachfrage mit Gewissheit einen längeren Zeitraum in Anspruch nehmen wird. Die hierdurch ausgelöste Krise trifft die mittleren und kleineren Werften, deren Märkte zwar nicht rückläufig sind, aber wegen des verlangsamten Weltwirtschaftswachstums stagnieren, in gleicher Weise, weil die Großwerften in ihren Marktbereich hineindrängen und hierbei ihr Potenzial finanzieller Reserven zu Abschlüssen mit Verlustpreisen einsetzen.«[72] Und mit Blick auf die zunehmenden staatlichen Subventionen bemerkte der Vorstand mit Bitterkeit: »Die deutsche Schiffbauindustrie hat in diesem Subventionswettlauf bereits im Berichtsjahr überproportional an Boden verloren, ging doch ihr Anteil am deutlich geschrumpften Weltauftragseingang von den lange Zeit traditionellen 6% auf rund 2% zurück, ohne dass die Bundesregierung aus dieser Erkenntnis die für die Erhaltung der deutschen Schiffbauindustrie erforderlichen Konsequenzen gezogen hätte.«[73]

Dieser Vorwurf an die öffentliche Hand überrascht etwas, konnte sich die SUAG doch nicht über mangelnde Unterstützung durch staatliche und Landesinstitutionen beschweren. Stattdessen stimmten die Entscheidungsträger in das vielstimmige Klagelied der meisten Werften und ihrer Lobbyisten in der politischen Arena ein. Große Veränderungen waren dennoch nicht zu erwarten. War die erste Krise der SUAG sicherlich »hausgemacht« und auf Managementfehler zurückzuführen, so war nun die allgemeine Krise im deutschen, ja internationalen Schiffbau auch bei der Werft in Bremerhaven angekommen. Vor diesem Hintergrund kann es nicht überraschen, dass alle Anstrengungen, Betriebsabläufe zu optimieren, Kosten zu senken und Synergieeffekte zu erreichen, schließlich nicht die erhofften Resultate hervorriefen. Die SUAG blieb ein Sorgenkind der Bremer maritimen Wirtschaft, zudem infolge der staatlichen Unterstützung ein Kostenfaktor für den Bremer Haushalt. Erstaunlicher weise blieb

Baudock des Bremer Vulkan in den 1990er Jahren (StAB, Timm)

diese Konstellation bis in die Mitte der 1980er Jahre hinein erhalten. Bis zu diesem Zeitpunkt wollten weder die Entscheidungsträger der Werft noch die Vertreter aus der Bremer Politik riskieren, durch ein modifiziertes Sanierungskonzept die Kapazitäten erneut den veränderten Marktverhältnissen anzupassen und dabei gegebenenfalls auch Arbeitskräfte freizusetzen. Erst ab Mitte der 1980er Jahre reifte die Erkenntnis, dass neue und einschneidende Maßnahmen erforderlich waren. Die SUAG wurde nun mit der Bremerhavener Seebeck-Werft fusioniert, zudem wurde sie Teil des neu entstandenen Werftenverbundes um den Bremer Vulkan. Als dieser in den 1990er Jahren in eine finanzielle Schieflage geriet und schließlich seine Insolvenz anmeldete, war auch das Schicksal der SUAG besiegelt.[74] Das Unternehmen bestand in seiner alten Form nicht mehr fort. Alle Versuche, die Wettbewerbsfähigkeit zu sichern, waren damit gescheitert, ebenso musste jegliche Hoffnung begraben werden, dass sich dieses Ziel durch betriebliche Rationalisierungen und die Herstellung von Synergieeffekten erreichen ließ.

Fazit

Ende der 1970er Jahre musste man auch in Bremen konstatieren, dass der »leading sector« der Wirtschaft zu einer Krisenbranche geworden war. Nicht nur hier, sondern an allen wichtigen Standorten der maritimen Wirtschaft in den Küstenregionen blieben eine unbefriedigende bzw. rasch abnehmende Ertragslage der Unternehmen, die sinkende internationale Wettbewerbsfähigkeit, der Abbau von Kapazitäten sowie die Entlassung von Arbeitskräften Kennzeichen der aktuellen Entwicklung. Diese Tendenz setzte sich während der 1980er Jahre fort. Im Zeitraum von 1976 bis 1986 sank die Zahl der Beschäftigten in der maritimen Wirtschaft in den Küstenregionen von 78.000 bis auf 44.000 Personen. Rechnet man die Zahl der Arbeitnehmer in den Zuliefererindustrien hinzu, so lässt sich erahnen, wie gravierend die Werftenkrise die wichtigen Wirtschafsstandorte getroffen hatte. Sowohl in der Politik als auch in der Wissenschaft wurde dieses Szenario mit großer Sorge kommentiert: »Mit dem Schiffbau geriet auch die für die norddeutsche Küste wichtige Zuliefererindustrie in die Krise. Dort wurden mindestens weitere 40.000 Arbeitsplätze abgebaut. Ersatzarbeitsplätze stehen zusätzlich in der Region nicht zur Verfügung.«[75]

Diese bittere Erkenntnis verlangte natürlich eine schonungslose Ursachenanalyse. Hier klafften die Meinungen jedoch deutlich auseinander. Während einige kritische Ökonomen den Hauptgrund für die Krise in einem verfehlten Investitionsverhalten und einer nicht marktadäquaten Unternehmensstrategie von Werften und Reedereien ausmachten, verwiesen die Entscheidungsträger aus der maritimen Wirtschaft immer wieder auf die schwierigen internationalen Wettbewerbsbedingungen und den daraus resultierenden Preisdruck im internationalen Schiffbau, vor allem nach Ausbruch der Ölkrise und der folgenden weltweiten Rezession.[76] Dieses Bündel an Ursachen war sicherlich eine der Treibkräfte für die Krise. Zudem zeigen die Ergebnisse dieser Studie, dass die Verantwortlichen in der Werftindustrie durchaus frühzeitig die veränderten Wettbewerbsbedingungen erkannten und versuchten, darauf durch geeignete Maßnahmen zu reagieren. Hierzu zählten vor allem enge Kooperationen unter einzelnen Werften, um die Produktion aufeinander abzustimmen und Arbeitsabläufe besser zu strukturieren. In der gleichen Absicht wurden auch umfassende Fusionen zwischen einzelnen Unternehmen vereinbart. »Bündelung der Kräfte« – das war nun das Gebot der Stunde, um sich den neuen Wettbewerbsbedingungen zu stellen und dem Konkurrenzdruck zu begegnen. Nach den bisherigen Erfahrungen mit ähnlichen Szenarien in der deutschen Wirtschaft, auch in anderen Führungssektoren, war dies sicherlich die richtige Strategie.[77]

Dennoch bleibt der Eindruck, dass die im Schiffbau in Gang gesetzten Fusionen und Kooperationen eher halbherzig waren. Daher überrascht es nicht, dass sie nicht die erhofften Erfolge brachten. Gerade nach der Rezession infolge der Ölkrise waren viele Entscheidungsträger in den Werften nicht bereit, Maßnahmen zu vereinbaren, die das bisherige Geschäftsprofil und die corporate governance der Unternehmen noch massiver veränderten. Vielleicht war dies angesichts althergebrachter Eigentümerstrukturen und traditioneller Geschäftsprofile auch gar nicht möglich. Zumindest bei angedachten, aber letztlich gescheiterten »Megafusionen« in der Werftindustrie, etwa zwischen dem Bremer Vulkan und der A.G. »Weser« erwiesen sich diese als hartnäckiges Hindernis.[78]

Schließich bleibt festzuhalten, dass gravierende Managementfehler, etwa bei der SUAG, den Erfolg von Fusionen verhinderten und dafür sorgten, dass sich die erhofften Synergieeffekte nicht herstellen ließen. Im Gegenteil: Diese Fehler verschärften die Krise im Schiffbau, zudem etablierten sie einen Mechanismus, durch den die Branche für eine lange Zeit zum Alimentenempfänger und Kostgänger der öffentlichen Hand wurde. Gerade dieser Mechanismus sorgte auf der einen Seite dafür, dass eine Reihe von Arbeitsplätzen in der traditionellen Schlüsselindustrie, dem Schiffbau, für eine gewisse Zeit erhalten blieb, ebenso in den Zuliefererindustrien. Auf der anderen Seite ist die Schlussfolgerung sicherlich berechtigt, dass dadurch der notwendige wirtschaftliche Strukturwandel in Bremen verschleppt wurde – mit fatalen Folgen für die Hansestadt bis heute.

Literatur

Abelshauser, Werner, Wirtschaftsgeschichte der Bundesrepublik Deutschland, Frankfurt 1982.

Ders., und Kopper, Christopher, Ordnungspolitik der sichtbaren Hand, in: ders. (Hg.), Das Bundeswirtschaftsministerium in der Ära der sozialen Marktwirtschaft (Wirtschaftspolitik in Deutschland, Bd. 4), Berlin 2016.

Albert, Götz, Wettbewerbsfähigkeit und Krise der deutschen Schiffbauindustrie 1945 bis 1990, Frankfurt am Main 1998.

Altvater, Elmar, Vom blauen Band zur Grundberührung. Die deutsche Schiffbauindustrie von 1850 bis 1990, in: Vierteljahrsschrift für Sozial- und Wirtschaftsgeschichte, Bd. 83, 1996, S. 155–179.

Ders., Hoffmann, Jürgen, und Semmler, Willi, Vom Wirtschaftswunder zur Wirtschaftskrise. Ökonomie und Politik in der Bundesrepublik Deutschland. Berlin 1979.

Baring, Arnulf, Die Ära Brandt – Scheel, Stuttgart 1982,

Benz, Wolfgang, Potsdam 1945. Besatzungsherrschaft und Neuaufbau im Vier-Zonen-Deutschland, München 2012.

Buchheim, Christoph, Die Wiedereingliederung Westdeutschlands in die Weltwirtschaft, 1945–1958, München 1990.

Bundesverband deutscher Banken e. V. (Hg.), Banken in der Welt von morgen. XI. Deutscher Bankiertag – Referate und Diskussionsbeiträge, Frankfurt 1969.

Ebhardt, Christian, Vom holistischen Bauprinzip zur modernen Montageindustrie. Produktionssysteme im Schiffbau und der Wandel der Arbeit bei der Bremer Vulkan AG nach 1945, in: Zeitschrift für Unternehmensgeschichte, Vol. 65, 2020, Heft 2, S. 225–251.

Escher, Otmar, Die Wirtschafts- und Finanzkrise in Bremen und der Fall Schröder-Bank, Frankfurt 1988.

Fisser, Marc, Seeschiffbau an der Unterweser in der Weimarer Republik, Bremerhaven 1995.

Handelskammer Bremen, Berichte der Handelskammer Bremen für einzelne Jahre, Bremen 1950ff.

Glasstetter, Werner, Högemann, Günther und Marquardt, Rüdiger, Die wirtschaftliche Entwicklung in der Bundesrepublik Deutschland 1950–1989, Frankfurt 1991.

Görtemaker, Manfred, Geschichte der Bundesrepublik Deutschland, München 1999.

Heseler, Heiner, Vom Tankerboom zum Werftenverbund – der Schiffbau in Bremen von 1975 bis 1988, in: Peter Kuckuk, Hartmut Roder und Hochschule Bremen (Hg.), Von der Dampfbarkasse zum Containerschiff. Werften und Schiffbau in Bremen und der Unterweserregion im 20. Jahrhundert, Bremen 1988, S. 210–230.

Hohensee, Jens, Der erste Ölpreisschock, Stuttgart 1996.

Kaelble, Hartmut (Hg.), Der Boom 1948–1973. Gesellschaftliche und wirtschaftliche Folgen in der Bundesrepublik Deutschland und Europa, Opladen 1972.

Kaserer, Christoph, und Berner, Marlise, Die Entwicklung der Privatbankiers seit dem Zweiten Weltkrieg im Lichte geschäftspolitischer und aufsichtsrechtlicher Tendenzen, in: Wissenschaftlicher Beirat des Instituts für bankhistorische Forschung e. V. (Hg.), Der Privatbankier. Nischenstrategie in Geschichte und Gegenwart (Bankhistorisches Archiv, Beiheft 41), Stuttgart 2003.

Kuckuk, Peter (Hg.), Die A.G. »Weser« in der Nachkriegszeit, 1945–1953, Bremen 2005.

Ders., Die Demontage der Deschimag-Werft A.G. »Weser« (Oktober 1945 bis April 1948), in: ders. (Hg.), Die A.G. »Weser« in der Nachkriegszeit, 1945–1953, Bremen 2005, S. 18–42,

Ders., Bremer Dock und A.G. »Weser« von 1945 bis 1951/53, in: ders. (Hg.), Die A.G. »Weser« in der Nachkriegszeit, 1945–1953, Bremen 2005, S. 102–117.

Lindlar, Ludger, Das missverstandene Wirtschaftswunder, Tübingen 1997.

Lindner, Jörn, Schiffbau und Schifffahrt in einer Hand. Die Firmen der Familie Rickmers 1918–2000, Bremen 2009.

Lutz, Burkhard, Der kurze Traum immerwährender Prosperität, Frankfurt am Main 1984,

Ders., Die Singularität der europäischen Prosperität nach dem Zweiten Weltkrieg, in: Hartmut Kaelble (Hg.), Der Boom 1948–1973. Gesellschaftliche und wirtschaftliche Folgen in der Bundesrepublik Deutschland und in Europa, Opladen 1992, S. 35–61.

Maddison, Angus, The World Economy in the 20th Century, Paris 1989.

Müller, Gerhard, und Löffelholz, Josef, Handwörterbuch für das gesamte Bank- und Sparkassenwesen, Wiesbaden 1969.

Pohl, Manfred, Mergers of Equals, München 2004.

Reckendrees, Alfred, Das »Stahltrust«-Projekt. Die Gründung der Vereinigten Stahlwerke AG und ihre Unternehmensentwicklung 1926–1933/34, München 2000.

Rulfs, Carsten, Welthandelsregeln für den Schiffbau und deren Durchsetzung, Hamburg 2006.

Schröder-Hohenwarth, Hanns Christian, Banken im Wandel, Köln 1967.

Thiel, Reinhold, Die Geschichte des Norddeutschen Lloyd. 1857–1970, 5 Bde., Bremen 2002–2005.

Tödt, Helga, Die Krupps des Ostens. Schichau und seine Erben – eine Industriedynastie an der Ostsee, Berlin 2012.

Van de Kerkhof, Stefanie, Krisen als Chance oder Gefahr für das Überleben von Firmen, in: dies. (Hg.), Unternehmenskrisen und ihre Bewältigung im 20. Jahrhundert. Jahrbuch für Wirtschaftsgeschichte, Heft 2/2006, S. 9–18.

Wellhöner, Volker, Wirtschaftswunder, Weltmarkt, westdeutscher Fordismus, Münster 1996.

Wixforth, Harald, Vom Stahlkonzern zum Firmenverbund. Die Unternehmen Heinrich Thyssen-Bornemiszas 1926 bis 1932, Paderborn 2019.

Ders., Vernetzt – verflochten – vertraut. Das personelle Netzwerk der maritimen Wirtschaft in Bremen 1908–1968, Bremen 2020.

Ders., »Global Players« im »Europäischen Haus«. Die Expansionsstrategien deutscher Großbanken nach 1945, in: ders. und Ralf Ahrens (Hg.), Strukturwandel und Internationalisierung im Bankwesen seit den 1950er Jahren. Geld und Kapital, Bd. 10, Stuttgart 2010, S. 97–119.

Ders., Das Universalbanksystem – ein Erfolgsmodell auf den Finanzmärkten?, in: Jahrbuch für Wirtschaftsgeschichte, Bd. 58, 2017, Heft 2, S. 583–611.

Ders., Vom Ende der Braunschweigischen Staatsbank bis zur Diskussion über die Reorganisation der Braunschweigischen Landessparkasse (1970–2005), in: Lothar Hagebölling (Hg.), Vom Leyhaus zur Sparkasse. Das öffentliche Bankwesen im Braunschweigischen Land, Braunschweig 2018, S. 831–1035.

Anmerkungen

1 Siehe dazu: Götz Albert, Wettbewerbsfähigkeit und Krise der deutschen Schiffbauindustrie 1945 bis 1990, Frankfurt am Main 1998; ders., Vom blauen Band zur Grundberührung: Die deutsche Schiffbauindustrie von 1850 bis 1990, in: Vierteljahrsschrift für Sozial- und Wirtschaftsgeschichte, Bd. 83, 1996, S. 155–179.

2 Zu den Beratungen über die Bildung einer Dachgesellschaft für alle Werften an der Nordsee siehe Staatsarchiv Bremen (StAB), 7,2/121/1–116, Aktennotiz Victor Nawatzkis, Aufsichtsratsvorsitzender des Bremer Vulkans, über die Bildung eines »Werftentrusts«, der sogenannten Dachgesellschaft, ohne Datum; Aktennotiz Nawatzkis über die Besprechung mit dem Herrn Vertreter des Reichswirtschaftsministeriums und der anderen beteiligten Reichs- und Landesbehörden am Mittwoch, den 21. Oktober 1925, nachmittags, um 3 ½ Uhr in Hamburg in der Geschäftsstelle des Wirtschaftsausschusses der Deutschen Werften. Diese Beratungen fanden in etwa zeitgleich mit denen über die Gründung eines großen Zusammenschlusses in der rheinisch-westfälischen Schwerindustrie statt. Dazu: Alfred Reckendrees, Das »Stahltrust«-Projekt. Die Gründung der Vereinigte Stahlwerke A.G. und ihre Unternehmensentwicklung 1926–1933/34, München 2000.

3 Siehe StAB, 7,2/121/1-129, Geschäftsbericht der Deutschen Schiff- und Maschinenbau AG für das Geschäftsjahr 1929. Vgl. Marc Fisser, Seeschiffbau an der Unterweser in der Weimarer Republik, Bremerhaven 1995, S. 61–113; Otmar Escher, Die Wirtschafts- und Finanzkrise in Bremen und der Fall Schröder-Bank, Frankfurt 1988, vor allem S. 48–48, S. 151–155. Zu Beginn der 1930er Jahre übernahm die Deschimag noch die »Neptun«-Werft in Rostock und die Frerichs-Werften-Gruppe mit Sitz in Bremen und Osterholz, während die Werft von Johann C. Tecklenborg bereits Ende der 1920er Jahre geschlossen worden war.

4 Zu den Verhandlungen über eine Fusion von Bremer Vulkan und A.G. »Weser« zu Beginn der 1930er Jahre: Harald Wixforth, Vom Stahlkonzern zum Firmenverbund. Die Unternehmen Heinrich Thyssen-Bornemiszas 1926 bis 1932, Paderborn 2019, vor allem S. 158–161. Vgl. auch Escher, Die Wirtschafts- und Finanzkrise, S. 153–193; Reinhold Thiel, Die Geschichte des Norddeutschen Lloyd, 1857–1970, hier Bd. 4, 1920–1945, Bremen 2004, S. 191–200.

5 Auf die Debatte in der Unternehmensgeschichte über die Validität des Corporate Governance Ansatzes ist hier nicht näher einzugehen. .

6 StAB, 7.2121/1-120, Exposé der A.G. »Weser« betr. Wiederaufbau des Werkes Bremen der A.G. »Weser«, ohne Datum, wahrscheinlich 17. Januar 1949. Vgl. auch Peter Kuckuk, Die Demontage der Deschimag-Werft A.G. »Weser« (Oktober 1945 bis April 1948), in: ders. (Hg.), Die A.G. »Weser« in der Nachkriegszeit, 1945–1953, Bremen 2005, hier vor allem S. 18–40; ders., Bremer Dock und A.G. »Weser« von 1946 bis 1951/53, in: ders. (Hg.), ebenda, S. 107–109.

7 Jörn Lindner, Schiffbau und Schifffahrt in einer Hand, Die Firmen der Familie Rickmers 1918–2000, Bremen 2009; sowie den Beitrag von Lindner in diesem Band. Vgl. auch Harald Wixforth, Vernetzt – verflochten – vertraut. Das personelle Netzwerk der maritimen Wirtschaft in Bremen 1908 bis 1968, Bremen 2020, vor allem S. 69–75.

8 Die Anfänge des späteren Schichau-Konzerns sind in einer 1837 gegründeten

Eisengießerei und einer Fabrik für den Bau von Lokomotiven zu suchen. Ab 1852 wurde auch die Schiffsfertigung an den Standorten Elbing und Danzig aufgenommen. Die Geschichte des Schichau-Konzerns und seiner Anteilseigner, der Familie Schichau, ist von der modernen wirtschafts- und unternehmenshistorischen Forschung bisher kaum aufgebarbeitet worden. Siehe aber Helga Tödt, Die Krupps des Ostens. Schichau und seine Erben – eine Industriedynastie an der Ostsee, Berlin 2012.

9 Auf der Konferenz von Potsdam in Schloss Cäcilienhof legten die drei alliierten Siegermächte, USA, Sowjetunion und Großbritannien die europäische territoriale Nachkriegsordnung fest. Zudem einigten sie sich auf die Modalitäten der Besatzung in Deutschland. Die Beschlüsse der Verhandlungen wurden im Potsdamer Abkommen vom 2. August 1945 festgehalten. Auf die einzelnen Bestimmungen ist hier nicht näher einzugehen, wohl ist aber festzuhalten, dass die maritime Wirtschaft in Deutschland als »verbotene Industrie« eingestuft und unter die Kontrolle der Alliierten gestellt wurde. Siehe dazu: Mitteilung über die Dreimächtekonferenz von Berlin – Potsdamer Abkommen vom 2. August 1945 in: www.documentarchiv.de. Vgl. auch Wolfgang Benz, Potsdam 1945. Besatzungsherrschaft und Neuaufbau im Vier-Zonen-Deutschland, München 2012.

10 Siehe dazu den Schriftverkehr in StAB, 7,1091-63 und 7,1091 – 64. Zu den Konjunkturen und Krisen im deutschen Schiffbau nach dem Zweiten Weltkrieg siehe Götz Albert, Wettbewerbsfähigkeit und Krise der deutschen Schiffbauindustrie 1945 bis 1990, Frankfurt am Main 1998, vor allem S. 143 – 151; ders., Vom blauen Band zur Grundberührung: Die deutsche Schiffbauindustrie von 1950 bis 1990, in: Vierteljahrsschrift für Sozial- und Wirtschaftsgeschichte, Bd. 83, 1996, S. 155 – 179.

11 Dazu Werner Abelshauser, Wirtschaftsgeschichte der Bundesrepublik Deutschland, Frankfurt 1982; Christoph Buchheim, Die Wiedereingliederung Westdeutschlands in die Weltwirtschaft 1945 – 1958, München 1990; Ludger Lindlar, Das missverstandene Wirtschaftswunder, Tübingen 1997; Werner Abelshauser und Christopher Kopper, Ordnungspolitik der sichtbaren Hand, in: Werner Abelshauser (Hg.), Das Bundeswirtschaftsministerium in der Ära der Sozialen Marktwirtschaft (Wirtschaftspolitik in Deutschland, Bd. 4), Berlin 2016, vor allem S. 22 – 45; sowie einzelne Beiträge in Hartmut Kaelble (Hg.), Der Boom 1948 – 1973. Gesellschaftliche und wirtschaftliche Folgen in der Bundesrepublik Deutschland und Europa, Opladen 1992.

12 Zu den einzelnen Schritten bei der Umstellung der Fertigung beim Bremer Vulkan und der Rickmers-Werft siehe den Aufsatz von Jörn Lindner in diesem Band, sowie Christian Ebhardt, Vom holistischen Bauprinzip zur modernen Montageindustrie? Produktionssysteme im Schiffbau und der »Wandel der Arbeit« bei der Bremer Vulkan AG nach 1945, in: Zeitschrift für Unternehmensgeschichte, Vol. 65, 2020, Heft 2, S. 225 – 251.

13 Handelskammer Bremen, Bericht der Handelskammer Bremen für das Jahr 1957, Bremen 1957, S. 147.

14 Handelskammer Bremen, ebenda, S. 178/79, S. 181 – 187.

15 Albert, Wettbewerbsfähigkeit und Krise, S. 39 – 48, S. 87 – 90: Carsten Rulfs, Welthandelsregeln für den Schiffbau und deren Durchsetzung, Hamburg 2006, S. 18 – 22.

16 Vgl. Heiner Heseler, Vom Tankerboom zum Werftenverbund – der Schiffbau in Bremen von 1975 bis 1988, in: Peter Kuckuk, Hartmut Roder und Hochschule Bremen (Hg.), Von der Dampfbarkasse

zum Containerschiff. Werften und Schiffbau in Bremen und der Unterweserregion im 20. Jahrhundert, Bremen 1988, S. 210–230, sowie den Beitrag von Jörn Lindner in diesem Band.

17 Siehe dazu Beitrag von Jörn Lindner in diesem Band, sowie Ebhardt, Produktionssysteme im Schiffbau, S. 230–235.

18 Handelskammer Bremen, Bericht der Handelskammer Bremen für das Jahr 1967, Bremen 1967, S. 175/76.

19 Zu den Hintergründen und Folgen des Ölembargos siehe Jens Hohensee, Der erste Ölpreisschock, Stuttgart 1996. Allgemein zu den Folgen für Wirtschaft und Gesellschaft in Deutschland siehe Manfred Görtemaker, Geschichte der Bundesrepublik Deutschland, München 1999.

20 Siehe Hohensee, Ölpreisschock, S. 53–75; Volker Wellhöner, Wirtschaftswunder, Weltmarkt, westdeutscher Fordismus, Münster 1996, vor allem S. 59–89. Zur Entwicklung der makroökonomischen Kennziffern siehe Werner Glasstetter, Günter Högemann u. Rüdiger Marquardt, Die wirtschaftliche Entwicklung in der Bundesrepublik Deutschland 1950–1989, Frankfurt 1991, vor allem S. 37–67; Elmar Altvater, Jürgen Hoffmann u. Willi Semmler, Vom Wirtschaftswunder zur Wirtschaftskrise. Ökonomie und Politik in der Bundesrepublik, Berlin 1979, S. 17–27; Angus Maddison, The World Economy in the 20th Century, Paris 1989, vor allem S. 31–35.

21 Burkhart Lutz, Der kurze Traum immerwährender Prosperität, Frankfurt am Main 1984; ders., Die Singularität der europäischen Prosperität nach dem Zweiten Weltkrieg, in: Hartmut Kaelble (Hg.), Der Boom 1948–1973. Gesellschaftliche und wirtschaftliche Folgen in der Bundesrepublik Deutschland und in Europa, Opladen 1992, S. 35–61; Arnulf Baring, Die Ära Brandt-Scheel, Stuttgart 1982.

22 Zur teilweise düsteren Einschätzung der Lage in der Bremer Wirtschaft siehe Handelskammer Bremen, Berichte der Handelskammer Bremen für die Jahre 1973 und 1974, Bremen 1973 und 1974. Für 1974 konnte die Handelskammer allerdings feststellen, dass sich die Lage stabilisiert hatte und Hoffnung auf einen Aufschwung bestand.

23 Albert, Wettbewerbsfähigkeit und Krise, S. 39–48, S. 87–90. Vgl. speziell für den Bremer Vulkan: Ebhardt, Produktionssysteme im Schiffbau, S. 232–236.

24 Ebhardt, ebenda, S. 232–237.

25 Siehe dazu ausführlich den Aufsatz von Jörn Lindner in diesem Band.

26 Siehe dazu ausführlich den Aufsatz von Jörn Lindner in diesem Band.

27 Dazu ausführlich Ebhardt: Produktionssysteme im Schiffbau, S. 233–237.

28 Dazu: Ebhardt, ebenda; Lindner, Schiffbau und Schifffahrt in einer Hand, S. 190. Ebenso wie der Bremer Vulkan gehörte die Flensburger Schiffbau-Gesellschaft zu diesem Zeitpunkt noch zur Thyssen-Bornemisza-Gruppe (TBG), die unter der Leitung Hans-Heinrich Thyssen-Bornemiszas stand, der bei beiden Unternehmen auch Mehrheitsgesellschafter war. Bereits dessen Vater Heinrich Thyssen-Bornemisza hatte ebenso wie der »Patriarch« des alten Thyssen-Konzerns, August Thyssen, bereits in den 1920er Jahren mehrfach mit dem Gedanken gespielt, den Bremer Vulkan und die Flensburger Schiffbau-Gesellschaft zu fusionieren. Diese Pläne waren jedoch stets am Widerstand der Geschäftsleitung der Werft in Vegesack gescheitert. Dazu: Harald Wixforth, Vom Stahlkonzern zum Firmenverbund. Die Unternehmen Heinrich Thyssen-Bornemiszas 1926 bis 1932 (Thyssen im 20. Jahrhundert, Bd. 9), Paderborn 2019, S. 152–158.

29 Dazu: Lindner, Schiffbau und Schifffahrt in einer Hand, S. 190.

30 Siehe dazu ausführlich den Aufsatz von Jörn Lindner in diesem Band.

31 thyssenkrupp-Konzernarchiv (tkA), TB/07766, Gesellschaftsvertrag zwischen dem Bremer Vulkan und der Rickmers-Rhederei GmbH über die Gründung einer gemeinsamen Gesellschaft, ohne genaues Datum.

32 tkA, TB/07766, ebenda.

33 Lindner, Schiffbau und Schifffahrt in einer Hand, S. 193.

34 Auf die große Zahl an Firmenzusammenschlüssen, die zu diesem Zeitpunkt vor allem im Bergbau, in der Eisen- und Stahlindustrie und in der Textilindustrie und damit in den sogenannten »alten« Schlüsselindustrien« der deutschen Wirtschaft stattfanden, ist hier nicht näher einzugehen. Erwähnt sei hier nur der Zusammenschluss eines großen Teils der Zechen an der Ruhr unter dem Dach der Ruhrkohle AG oder der verschiedenen Hüttenwerke im Saarland zur ARBED Saarstahl AG.

35 Zur Diskussion über die Auswirkungen von Fusionen und anderen Formen von Unternehmenszusammenschlüssen siehe einzelne Aufsätze in Manfred Pohl, Mergers of Equals. München 2004. Vgl. auch Stefanie van de Kerkhof, Krisen als Chance oder Gefahr für das Überleben von Firmen?, in: dies. (Hg.), Unternehmenskrisen und ihre Bewältigung im 20. Jahrhundert. (Jahrbuch für Wirtschaftsgeschichte, Heft 2/2006), S. 9–18.

36 Siehe dazu den intensiven Schriftverkehr in: Stiftung zur Industriegeschichte Thyssens (SIT), TB 1291.

37 Lindner, Schiffbau und Schifffahrt in einer Hand, S. 193.

38 Lindner, ebenda, S. 202. Mitte der 1980er Jahre ging die Rickmers-Werft auf Druck des Bremer Senats erneut eine Kooperation im Reparaturgeschäft ein. Zusammen mit der Seebeck-Werft in Bremerhaven wurde die Rickmers und Seebeck Dock GmbH mit Sitz in Bremerhaven gegründet. Dieser Schritt war die Voraussetzung dafür, dass Rickmers Landesbürgschaften und öffentliche Mittel erhielt und damit seine Zahlungsfähigkeit sichern konnte. Siehe Linder, ebenda, S. 227.

39 Handelskammer Bremen, Bericht der Handelskammer Bremen für das Jahr 1967, Bremen 1967, S. 176.

40 Siehe etwa »Harter Wettbewerb tat der Nordkredit gut«, in: Weser-Kurier vom 8. Mai 1968, in: StAB, 7,1011-64; Artikel Norddeutsche Kreditbank Bremen AG, in: Gerhard Müller und Josef Löffelholz, Handwörterbuch für das gesamte Bank- und Sparkassenwesen, Wiesbaden 1969, S. 1350.

41 Zur Gründung der NORD/LB, ihrem operativen Geschäft in den Anfangsjahren sowie zu ihrer Expansion in Norddeutschland siehe Harald Wixforth, Vom Ende der Braunschweigischen Staatsbank bis zur Diskussion über die Reorganisation der Braunschweigischen Landessparkasse (1970–2005), in: Lothar Hagebölling (Hg.), Vom Leyhaus zur Sparkasse. Das öffentliche Bankwesen im Braunschweigischen Land, Braunschweig 2018, S. 831–1035, hier vor allem S. 842–918.

42 Seit Mitte der 1960er Jahre fand in der bundesdeutschen Kreditwirtschaft ein an Intensität zunehmender Strukturwandel statt. Einerseits entstanden neue Finanzintermediäre wie Investment- oder private equity-Gesellschaften, andererseits standen Privatbankhäuser ebenso wie Regionalbanken unter steigendem Wettbewerbsdruck. Ausgelöst wurde dieser Prozess durch eine zunehmende Verflechtung und Internationalisierung der Finanznärkte sowie durch den zunehmenden Wunsch der Klientel der Banken, für bestimmte Probleme mit Spezialisten zusammen

arbeiten zu wollen. Dazu: Christoph Kaserer und Marlise Berner, Die Entwicklung der Privatbankiers seit dem Zweiten Weltkrieg im Lichte geschäftspolitischer und aufsichtsrechtlicher Tendenzen, in: Wissenschaftlicher Beirat des Instituts für bankhistorische Forschung e.V. (Hg.), Der Privatbankier. Nischenstrategie in Geschichte und Gegenwart (Bankhistorisches Archiv, Beiheft 41), Stuttgart 2003, S. 67–89; Harald Wixforth, »Global Players« im »Europäischen Haus«? Die Expansionsstrategien deutscher Großbanken nach 1945, in: ders. und Ralf Ahrens (Hg.), Strukturwandel und Internationalisierung im Bankwesen seit den 1950er Jahren. Geld und Kapital, Bd.10, Stuttgart 2010, S. 97–119; ders., Das Universalbanksystem – ein Erfolgsmodell auf den Finanzmärkten?, in: Jahrbuch für Wirtschaftsgeschichte, Bd. 58, 2017, Heft 2, S. 583–611; Hanns Christian Schröder-Hohenwarth, Banken im Wandel, Köln 1987, sowie die Beiträge in: Bundesverband deutscher Banken (Hg.), Die Banken in der Welt von morgen. – XI. Deutscher Bankiertag. Referate und Diskussionsbeiträge, Frankfurt 1969.

43 Die NORD/LB hielt zu diesem Zeitpunkt bereits eine maßgebliche Beteiligung an der Bremer Landesbank.

44 Die Konkurrenz in der Kreditwirtschaft um Kunden aus der maritimen Wirtschaft wurde noch dadurch verschärft, dass die Schiffspfandbriefbanken wie die Deutsche Schifffahrts-Bank in Bremen mit ihrem umtriebigen Leiter Albert Schackow für die Schiffsfinanzierung traditionell eine wichtige Rolle spielten. Dazu: Wixforth, Das personelle Netzwerk der maritimen Wirtschaft, S. 78–89.

45 »Nordkredit-Mehrheit von NILA kontrolliert«, in: Bremer Nachrichten vom 2. Juni 1970, in: StAB, 7,1011-64; »Nordkredit soll Bremens Regionalbank bleiben«, in: Frankfurter Allgemeine vom 14. August 1970, in: StAB, 7,1011-64. Mit Wirkung vom 1. Juli 1970 fusionierten die Niedersächsische Landesbank und die Braunschweigische Staatsbank zusammen mit zwei Hypothekenbanken zur Norddeutschen Landesbank (NORD/LB). Siehe Wixforth, Vom Ende der Braunschweigischen Staatsbank, S. 842–878.

46 »Nordkredit soll Bremens Regionalbank bleiben«, in: Frankfurter Allgemeine vom 14. August 1970, in: StAB, 7,1011-64.

47 »Unterweserwerft war vollkommen ausgelastet«, in: Bremer Nachrichten vom 14. Juni 1969, in: StAB, 7,1011-63.

48 Ebenda, »Schiffbau Unterweser weiterhin gut beschäftigt«, in: Weser-Kurier vom 16. Mai 1970, beides in: StAB, 7,1011-63.

49 So betonte der Aufsichtsratsvorsitzende der SGU, Horst Herold, auf der Hauptversammlung am 26. August 1971 in Bremerhaven, dass die Werft im Grunde erfolgreich gearbeitet habe und ihre Arbeitsleistung sogar noch steigern konnte. Die zunehmenden Lohnkosten begründete er zum einen mit hohen Lohnabschlüssen, zum anderen mit den Such- und Anlernkosten für Leiarbeiter, die eingestellt werden mussten, um Aufträge fristgerecht zu erledigen. Dazu: »Trotz Verlustabschluss keine schlechten Noten – Unterweserwerft steigerte die Betriebsleistung«, in: Nordsee-Zeitung vom 27. August 1971, in: StAB, 7,1011-63.

50 So der Vorstandsvorsitzende Herbert Bautze bei der Bekanntgabe der Bilanzzahlen für 1971, in: »Schiffbau Unterweser in der Konsolidierung«, in: Weser Kurier vom 8. Juni 1872, in: StAB, 7,1011-63.

51 »Unterweserwerft baut Verlustvortrag ab«, in: Nordsee-Zeitung vom 20, Mai 1972, in: StAB, 7,1011-64; »Schiffbau Unterweser in der Konsolidierung«, in: Weser Kurier vom 8. Juni 1872; »Kostenflut umspült Werftbasis«, in: Bremer

Nachrichten vom 8. Juni 1972; A.G. »Unterweser« ohne Dividende, in: Nordsee-Zeitung vom 8. Juni 1972, alles in: StAB, 7,1011-63.

52 »Werftenzusammenschluss ohne Härten«, in: Nordsee-Zeitung vom 13. Mai 1972, in: StAB, 7,1011-63.

53 Ebenda.

54 Ebenda, Komplettiert wurde das insgesamt vierköpfige Aufsichtsgremium durch Klaus Gätjen aus Bremen und Julius Degener aus Bremerhaven. Alle Mitglieder des Aufsichtsrats kamen somit aus Bremen oder Bremerhaven. StAB, 7,1011-63, Bericht des Aufsichtsrates und des Vorstandes sowie Jahresabschluss der Schichau Unterweser Aktiengesellschaft für die Geschäftsjahre 1973 und 1974.

55 Zitiert nach: »Werftenzusammenschluss ohne Härten«, in: Nordsee-Zeitung vom 13. Mai 1972, in: StAB, 7,1011-63.

56 Ebenda; »Zusammenschluss der Werften soll Arbeitsplätze sichern«, in: Nordsee-Zeitung vom 13. Mai 1972, »Schiffbau-Gesellschaft Unterweser und Schichau gehen jetzt zusammen, in: Bremer Nachrichten vom 9. Juni 1972, »Grünes Licht für Schichau Unterweser AG«, in: Nordsee-Zeitung vom 27. Juni 1972, alles in: StAB, 7,1011-63.

57 »Reparaturgeschäft wächst kräftig«, in: Die Welt vom 8, Juni 1972, in: StAB, 7,1011-63.

58 StAB, 7,1011-63; Schichau Unterweser AG, Geschäftsbericht für das Geschäftsjahr 1974.

59 Ebenda.

60 StAB, 7,1011-63; Schichau Unterweser AG, Geschäftsbericht für das Geschäftsjahr 1974, Bericht des Vorstands zum Geschäftsjahr 1974.

61 Der Vorstand der SUAG schrieb dazu: »Welchen Umfang Risiken erreichen können, haben wir nach Ablauf des Berichtsjahres bis zur Erstellung des Berichts in Verbindung mit der im Berichtsjahr in Auftrag genommenen Serie von vier Bohrinseln erfahren.« StAB, 7,1011-63; Schichau Unterweser AG, ebenda.

62 StAB, 7,1011-63; Schichau Unterweser AG, Bericht des Aufsichtsrates über das Geschäftsjahr 1974.

63 Der bisherige Vorstandsvorsitzende Herbert Bautze musste sein Amt zum 30. September 1975 zur Verfügung stellen, während sein alter Vorstandskollege Konrad Weicker aum gleichen Datum zum stellvertretenden Vorstandsmitglied degradiert wurde. Interessanterweise konnte der Bankier Horst Herold seine Position als Aufsichtsratsvorsitzender behalten. StAB, 7,1011-63; Schichau Unterweser AG, Geschäftsbericht für das Geschäftsjahr 1975.

64 »Bremen half Schichau schwere Krise überwinden«, in: Bremer Nachrichten vom 17, Juli 1975, in: StAB, 7,1011-63.

65 Ebenda; »Schichau-Unterweser dichtet Leck ab«, in: Weser-Kurier vom 27. August 1975, in: StAB, 7,1011-63.

66 Ebenda; »Schichau wettert schweren Sturm ab, in: Bremer Nachrichten vom 27 August 1975, beides in: StAB, 7,1011-63.

67 »Schichau-Unterweser dichtet Leck ab«, in: Weser-Kurier vom 27. August 1975: »Schichau wettert schweren Sturm ab, in: Bremer Nachrichten vom 27 August 1975, beides in: StAB, 7,1011-63.

68 »Schichau-Unterweser dichtet Leck ab«, in: Weser-Kurier vom 27. August 1975: »Schichau wettert schweren Sturm ab, in: Bremer Nachrichten vom 27 August 1975, beides in: StAB, 7,1011-63.

69 Albert, Wettbewerbsfähigkeit und Krise, S. 88–92.

70 Schichau Unterweser AG Bremerhaven, Geschäftsbericht für das Geschäftsjahr 1977 in: StAB, 7,1011-64.

71 Ebenda.

72 Ebenda.

73 Ebenda. Vgl. Albert, Wettbewerbsfähigkeit und Krise, S. 92–94.

74 Die Gründe, die zur Insolvenz des Bremer Vulkans führten, werden noch immer ebenso kontrovers diskutiert wie die Maßnahmen, um diesen Schritt zu vermeiden. Eine ausführliche Darstellung dazu steht sicherlich noch aus, eine genaue Ursachenanalyse ist jedoch außerordentlich komplex und muss die Interessenlagen der verschiedenen Akteure aus der maritimen Wirtschaft und Politik eingehend berücksichtigen.

75 StAB, 7,1011-64. Stellungnahme der Arbeitsgruppe Alternative Wirtschaftspolitik an der Universität Bremen zum Werftenkonzept der Küstenländer vom September 1986.

76 StAB, 7,1011-64, ebenda.

77 Zu verweisen ist in diesem Zusammenhang auf die großen Fusionen und die Gründung von »Trusts« in der Schwer-, der elektrotechnischen und der chemischen Industrie während der 1920er Jahre.

78 Zu den Plänen für eine Fusion zwischen der A.G. »Weser« und dem Bremer Vulkan siehe etwa: SIT, TB/1292, Streng vertraulicher Bericht über die Untersuchung der Vor- und Nachteile einer Fusion der Aktiengesellschaft »Weser« und des Bremer Vulkan, Schiffbau und Maschinenfabrik in Bremen-Vegesack, vom 14, November 1969; Niederschrift über eine gemeinsame Sitzung des Vorstandes der A.G. »Weser« und des Bremer Vulkans am Dienstag, den 16. Juni 1970, im Parkhotel Bremen.

Hochseefischerei in den 1980er Jahren – DDR-Hecktrawler
(Bundesarchiv CC BY-SA 3.0 Jürgen Sundermann)

Der Weg zum Fischstäbchen
Technologische Umbrüche in der Hochseefischerei (1945–1970)

Jan Christoph Greim

Seefisch wird in den deutschen Küstenregionen seit Urzeiten konsumiert. Für den Fang wurden unterschiedliche Techniken – Angel und Haken, Reusen, Netze oder Harpunen – entwickelt. Die Optimierung des Fangertrages erfolgte durch die Verfeinerung der Techniken und deren Anpassung an die jeweiligen Bedürfnisse der Fanggebiete und Fischarten. Die geringe Haltbarkeit, die nur bedingt haltbarkeitssteigernden, dabei geschmacksverändernden Konservierungsmethoden Salzen, Trocknen und Räuchern sowie der Mangel geeigneter Transportwege und -möglichkeiten verhinderten über Jahrhunderte die Erschließung des Hinterlandes als Absatzmarkt für frischen Seefisch.

Heute liegt der jahresdurchschnittliche Fischverzehr in Deutschland bei rund 15 kg pro Kopf. Dabei ist der Fischkonsum nach wie vor von einem starken Nord-Süd-Gefälle geprägt. Während in Norddeutschland rund 39 kg verzehrt werden, isst man in Süddeutschland nur zwischen 4–5 kg pro Kopf und Jahr. Allein 60% des konsumierten Fischs entfallen auf industriell hergestellte Tiefkühlprodukte und Konserven. Dahingegend liegt der Frischfischanteil lediglich bei 6%, und der Rest entfällt auf Halbkonserven wie Räucherfisch oder Fischmarinaden. Die klassischen Industriefische sind Hering, Alaska-Seelachs und Köhler, die zu den bekanntesten deutschen Fischprodukten »Hering in Tomatensoße«, »Schlemmerfilet« und »Fischstäbchen« weiterverarbeitet werden und rund zwei Drittel des gesamten Fischkonsums ausmachen.

Der Beitrag spürt technische Umbrüche auf, die Seefisch von einem küstengebundenen zu einem weltweit verfügbaren und jahreszeitlich unabhängigen Industrie-Lebensmittel werden ließen. Nach einem einführenden historischen Überblick liegt der Fokus auf der zweiten Hälfte des 20. Jahrhunderts und thematisiert den Übergang vom Seitenfänger zum Heckfänger, auf der Einführung der Tiefkühlung in der fischverarbeitenden Industrie und auf dem Fischstäbchen als dem Fischprodukt unserer Zeit. Dabei wird die These vertreten, dass innerhalb der Fischwirtschaft zwei Industrialisierungsprozesse notwendig waren, und sich der Seefisch erst nach der Abkehr von seiner natürlichen Form permanent als Volksnahrungsmittel etablieren konnte.[1]

Historischer Überblick (1885 – 1945)

Der erste richtungsweisende technologische Umbruch in der deutschen Hochseefischerei war der Einsatz des ersten deutschen Fischdampfers SAGITTA 1885. Die Kombination aus dem neuen Fischereifahrzeug gepaart mit der neuen Fangtechnik, dem Scherbrettnetz, und der neuen Methode der Konservierung des Fanges auf Eis, die die Transportfähigkeit des Frischfisches[2] deutlich verbesserte, ermöglichte die Erschließung fischreicher Fanggebiete sowie des deutschen Hinterlandes als abnahmefähigem Markt. Damit wurde die Grundvoraussetzung für eine erste Massenproduktion in Form von Massenanlandungen in der deutschen Fischereigeschichte gelegt. Dieses Zusammenwirken markiert den Übergang von der handwerklich geprägten Segel-Hochseefischerei zum Industriezweig Dampf-Hochseefischerei.

Für die kostenintensiven neuen Techniken bedurfte es kapitalkräftiger Wirtschaftsstrukturen, die sich zahlreich in Form von Fischdampferreedereien zwischen 1885 und 1914 gründeten. Gleichzeitig benötigte der junge Industriezweig ein geeignetes Absatzsystem. Das alte Kontraktsystem zwischen Fischer und Händler war für den Umschlag von Massenanlandung völlig ungeeignet. In Geestemünde eröffnete am 13. Juni 1888 die erste Fischauktion und markierte damit einen Meilenstein des deutschen Fischhandels. Die Fischauktion zentralisierte den Fischhandel, und die Regeln der Marktwirtschaft, in denen das Angebot und die Nachfrage den Preis bestimmt, hielten Einzug in die Fischwirtschaft.

Die – bis dahin eher dörflich geprägten – Fischereihäfen konzentrierten die Fischwirtschaft nun an einem Ort und wuchsen

Briefkopf der Fischdampferrederei F. Busse; in der Mitte ist der erste deutsche Fischdampfer Sagitta abgebildet, 1926 (Archiv DSM)

zu Industriegebieten. Gewinner dieser Entwicklung waren die Fischereihäfen von Geestemünde, Bremerhaven, Hamburg und Altona sowie Cuxhaven, die zum Ausgangspunkt und zu Zentren der Hochseefischerei wurden. An ihnen entstanden Auktionshallen, Kohlebunker, Anlandeflächen und Gleisanschlüsse. Letzteres war für den Weitertransport der Seefische ins Binnenland entscheidend. Zudem siedelten sich hier eine Vielzahl von Zulieferfirmen wie Netzflicker, Eiswerke und Ausrüster an.

In diesem Zeitraum erfolgte auch die erste Rationalisierung innerhalb der Hochseefischerei. Um das Verhältnis zwischen Gewinnspanne und Kostenaufwand zu verbessern, entwickelten die Werften mit den Fischdampfern für »kleine Fahrt«, für »mittlere Fahrt« und »große Fahrt« drei Fahrzeugtypen, die genau auf die Bedürfnisse des jeweiligen Fanggebiets zugeschnitten waren.

Bis zum Ausbruch des Ersten Weltkriegs erfüllte die Hochseefischerei alle charakteristischen Merkmale einer abgeschlossen Industrialisierung.[3]

Umso härter traf sie der militärische Konflikt. Auf einen Schlag endete die Entwicklung, die rund 30 Jahre zuvor begonnen hatte. Die Hochseefischerei verlor über Nacht den Zugang zu ihren ertragreichsten Fangründen vor Island und im Skagerrak sowie im Kattegat. Die Fischdampferbesatzungen traten in den Marinedienst, und die Mehrzahl der Fischdampfer wurde zu Minensuch- oder Vorpostenbooten umgebaut.

Auch wenn die Erträge der Hochseefischerei deutlich hinter denen der Friedenszeit lagen, kam es im Verlauf des Ersten Weltkrieges zum ersten großen Durchbruch des Fischkonsums im deutschen Binnenland. Die Verknappung der traditionellen Eiweißnahrung sorgte für einen deutlichen Anstieg des jährlichen Pro-Kopf-Verbrauchs an Fisch. Zwischen 1913 und 1920 stieg dieser um 3 kg auf 8 kg. Diese plötzliche Nachfrage führte zum Anstieg aller Fischwarenpreise. Da die eigene Fischerei die Nachfrage nicht befriedigen konnte, musste die Nachfrage durch Importware gesättigt werden. Im November 1916 stiegen die Fischpreise um das 15- bis 20-fache zur Vorkriegszeit. Fisch wurde zum Luxusartikel, den sich die breite Bevölkerung zu Deckung ihrer Eiweißversorgung nicht mehr leisten konnte und der zum Geschäft für Spekulanten aufstieg.

Gegen diese Preisentwicklung schaltete sich die Volkswirtschaftliche Abteilung des Kriegswucheramtes des Kriegsernährungsamtes ein und zentralisierte alle Fischimporte. Die Verteilung der Importware an fischindustrielle Betriebe wurde nach einem bestimmten Schlüssel organisiert. Die Maßnahme führte allerdings nicht zum gewünschten Erfolg. Eine Errungenschaft des staatlichen Eingriffs in die Fischwirtschaft war die Einführung von Normen, eine Kennzeichnungspflicht und feste Qualitätsstandards. Doch nach dem Krieg produzierten die Firmen wieder nach ihren eigenen Standards.[4]

Von den Folgen des Ersten Weltkrieges erholte sich die deutsche Hochseefischereiflotte schnell. Bereits um 1920 zählte die Flotte wieder 246 Dampfer und 1924 wurde der historische Höchststand von 401 Fahrzeugen erreicht. Gleichzeitig vollzog sich ein Verjüngungsprozess innerhalb der Fischdampferflotte, bei einer parallel verlaufenden Vergrößerung des durchschnittlichen Fischdampfers von 240 BRT auf 390 BRT. Damit stieg die Anlandungsmenge im Jahr 1919 von 90.000 t auf 200.000 t Frischfisch im Jahr 1928. Technische Weiterentwicklungen der Fischdampfer betrafen die Konstruktion. Die Werften übernahmen Ende der 1920er Jahre vermehrt die »Maier-Schiffsform«. Sie verbesserte die Strömungsverhältnisse am Fahrzeug, wodurch der Kohleverbrauch reduziert

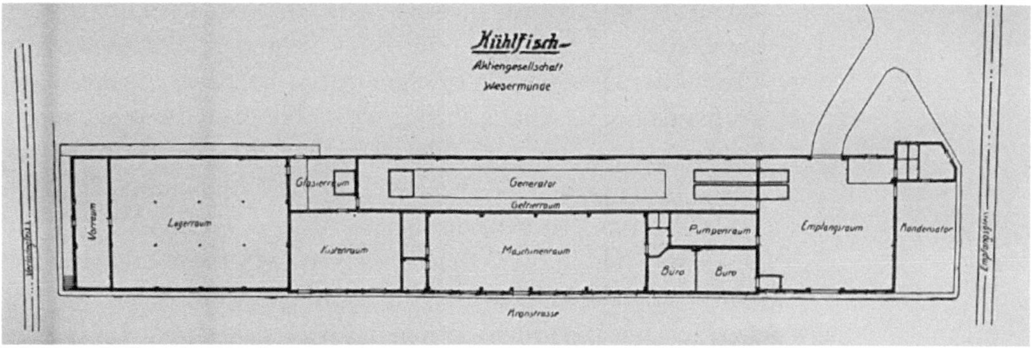

und die Wirtschaftlichkeit gesteigert wurde. Den gleichen Zielen diente der Einbau von Abdampfturbinen.

Produktion und Aufbauplan der Kühlfischanlage in Wesermünde, um 1930 (Schlienz, Walter: Musterbetriebe deutscher Wirtschaft, 1930, Tafel III)

Allerdings verfehlten der rasante Flottenaufbau und die gesteigerte Fangkapazität ihr Ziel. Der im Ersten Weltkrieg und in der Nachkriegszeit gestiegene Pro-Kopf-Verbrauch basierte nicht auf einer plötzlich gewachsenen Nachfrage nach frischen Seefischen, sondern fußte auf dem Mangel der traditionellen Eiweißträger Rind, Schwein und Milch bzw. Milchprodukte. Die wieder steigende Verfügbarkeit dieser Eiweißlieferanten ließ den Seefischkonsum einbrechen und stürzte die Fischwirtschaft in eine Absatzkrise. Das Hauptprodukt der Hochseefischerei, der Frischfisch, verschärfte die wirtschaftlich riskante Situation. Seine geringe Haltbarkeit von drei Wochen konnte saisonale Anlandungs- und Konsumschwankungen nicht überbrücken. Die Fischwirtschaft reagierte in vielfältiger Weise auf die Krisensituation. Neue Konservierungstechniken, fischindustrielle Produkte, große Werbefeldzüge sowie eine Rationalisierung der Hochseefischerei und Fischverarbeitung sollten die Konsum- und Anlandungsschwankungen ausgleichen.

Trotz der Anstrengungen und gewissen Erfolgen in der Konsumsteigerung blieb das Kernproblem der Hochseefischerei die nicht langfristige Lagerfähigkeit des Frischfisches. Technische Ansätze zur Lösung dieses Problems setzten in der Weimarer Republik ein. Mit dem »Ottensen-Tiefkühlverfahrens« hatte die Fischwirtschaft erstmals ein Instrument, mit dem es gelang, Fangüberschüsse dauerhaft zu konservieren, eine Vorratswirtschaft aufzubauen, Absatzschwankungen auszugleichen und kostendeckende Auktionspreise zu erwirtschaften. Erste Tiefkühlfabriken entstanden für Seefische und damit die erste vollautomatisierte Produktionslinie in der Fischindustrie. Letztlich scheiterte der Aufbau einer fischindustriellen Tiefkühlung an der nicht ausgereiften Technik und am Fehlen einer flächendeckenden Kühlkette sowie an der geringen Akzeptanz durch den Endverbraucher.[5]

In der NS-Zeit griff der Staat erstmals regulierend während Friedenszeiten in die deutsche Fischwirtschaft ein und schaltete schrittweise die Marktwirtschaft aus, und ersetzte diese durch eine staatlich forcierte Planwirtschaft. Diese wirtschaftliche Gleichschaltung gliederte sich in drei Phasen:

1. 1933–1936: Einführung der Marktordnung und Verbrauchslenkung sowie die Einbindung der Fischwirtschaft in den Reichsnährstand unter Ausgabe des Ziels der Produktions- und Verbrauchssteigerung
2. 1936–1939: Eingliederung der Fischwirtschaft in den Vierjahresplan unter der Zielsetzung der Verdopplung der

Anlandungsmengen sowie des Pro-Kopf-Verbrauchs im Sinne der Autarkiepolitik
3. 1939–1945: Die absolute Lenkung der Fischwirtschaft unter kriegswirtschaftlichen Aspekten

Die erste Phase ordnete die fischindustrielle Produktion in die »Erzeugungsschlacht« des Reichnährstandes ein. Fisch musste die Ernährung des deutschen Volkes sichern. Auf diesem Hintergrund erfolgte der Ausbau aller fischwirtschaftlichen Zweige. Neben der Rohwarensteigerung, erzielt durch einen Ausbau- und Verjüngungsprozess der Fangflotte, schloss sich eine Rationalisierung der Fischindustrie an. Die Anzahl der Großbetriebe stieg bis 1936 zugunsten der lagerfähigen Vollkonservenproduktion, bei einer langsamen Abkehr von der Herstellung von Halbkonserven. Insgesamt war diese Phase von einer deutlichen Produktionssteigerung geprägt. Dieser Anstieg musste in einem zweiten Schritt in Einklang mit dem deutschen Seefisch-Pro-Kopf-Verbrauch gebracht werden. Hierfür bediente sich das NS-Regime dreier Instrumente: Die Seefischwerbung wurde mit allen zur Verfügung stehenden Mitteln intensiviert, das Netz an Fischfachgeschäften im Binnenland wurde ausgebaut und Seefisch wurde in die Massenverpflegung z.B. von Krankenhäusern, Kasernen oder dem Winterhilfswerk eingeführt.

Mit dem Ausruf des Vierjahresplans begann die zweite Phase. Die Fischwirtschaft bekam die Schlüsselrolle zur Schließung der Eiweißlücke zugesprochen und musste damit die Versorgung der deutschen Bevölkerung mit dem lebenswichtigen Protein im Rahmen der Autarkiepolitik sicherstellen. Aber auch zur Schließung weiterer Erzeugungslücken trug die Fischwirtschaft bei. 1934 wurde die »Erste deutsche Walfanggesellschaft« gegründet, um die »Fettlücke« durch die Produktion von Walfetten und -ölen zu verkleinern. Die Fischereiforschung wendete sich verstärkt der Ersatzstoffforschung zu. Auf der »Ersten deutschen Fischerei- und Walfangausstellung Segen des Meeres« 1939 in Hamburg präsentierte die Fischwirtschaft ihre Errungenschaften innerhalb des Vierjahresplans. Der Aufbau einer Fischlederindustrie sowie das auf der Leistungsschau vorgestellte Verfahren zur Erzeugung von Fischwolle sollte einen Beitrag zur Verringerung der »Faserlücke«

Reichsmarschall Herman Göring und Reichsorganisationsleiter Dr. Ley auf der Ausstellung »Segen des Meeres«; hier im Sonderausstellungsbereich »Wiking-Muster-Konditorei«, Mai 1939 (Ein deutscher Rohstoff, Hamburg 1942)

bzw. »Lederlücke« leisten. Als das Produkt der Ersatzstoffforschung und des Vierjahresplans präsentierte die Fischwirtschaft das »Wiking-Eiweiß«. Hierbei handelte es sich um ein Reineiweiß, das aus Seefisch gewonnen wurde und als Ersatzprodukt das Hühnereiweiß in Backwaren und beim Kochen vollständig ersetzen konnte.

Trotz dieser intensiven und vielfältigen Ersatzprodukte fehlte der Fischwirtschaft weiterhin ein Produkt, mit dem es gelang, eine Vorratswirtschaft aufzubauen. Auch hier bildetet die Tiefkühlung von Seefisch den Lösungsansatz. Dem Institut für Seefischerei in Bremerhaven wurde eine Außenstelle des Kältetechnischen Instituts der Technischen Hochschule Karlsruhe angegliedert. Die Versuchsreihen zum Aufbau einer fischwirtschaftlichen Tiefkühlindustrie endeten 1939 mit der industriellen Fabrikationsreife des Gefrierens auf See (davon unten mehr) und an Land. Im okkupierten Norwegen baute das NS-Regime Deutschlands erste Tiefkühlindustrie für Seefische auf, die von einheimischen Fischern mit Rohware versorgt wurde. Für eine lückenlose Kühlkette entstanden im Binnenland Zwischenlager und die Aufnahme der Ware wurde durch den Ausbau des Verkaufsnetzes aus Fischfachgeschäften gesichert. Während des Krieges gelang es, wenn vermutlich auch in deutlich geringerem Umfang als in Friedenszeiten, eine gewisse Versorgung Deutschlands mit Seefisch sicherzustellen.

Wie schon im Ersten Weltkrieg wurde eine Vielzahl der Fischdampfer und deren Besatzungen zum Dienst in der Marine abkommandiert. Der Seekrieg verhinderte zudem Fangreisen der restlichen Fahrzeuge in die nördlichen Fanggebiete. Die Seefischwerbung konzentrierte sich in ihrer Tätigkeit nicht mehr auf die Konsumsteigerung, sondern proklamierte die Parole »Kampf dem Verderb«.[6]

Während des Krieges wurde die Mehrzahl der Fischdampfer in den Marinedienst überführt und zu Hilfskriegsschiffen umgerüstet. Im Einsatz wurden viele Fahrzeuge beschädigt oder versenkt. Die deutsche Hochseefischerei verfügte nach der Kapitulation des NS-Regimes am 8. Mai 1945 über 58 einsatzbereite Fischdampfer. Vor dem Ausbruch des Zweiten Weltkrieges hatte die Flotte 403 Fischereifahrzeuge gezählt.

Unmittelbar nach Kriegsende gingen die fahrtüchtigen Fischdampfer wieder auf Fangreise, um die Versorgung der Bevölkerung mit dem lebenswichtigen Fischeiweiß sicherzustellen. Schon Ende 1945 konnte durch den Rückbau der Hilfskriegsschiffe sowie durch die Instandsetzung beschädigter Fischdampfer die Flotte auf 87 Seitenfänger vermehrt werden, und im Jahr 1946 gingen bereits rund 140 Fahrzeuge auf Fangreise.[7]

Erschwerend kam – neben der verkleinerten Fangflotte – ein Ausrüstungs- und Kohlemangel hinzu, was nur kurze Fangreisen in der Nordsee zuließ. Fischreiche Fanggründe, wie die Barentssee, die norwegische Küstenregionen oder die Gewässer vor Island waren durch das alliierte »Fishery Control Board« für die deutsche Hochseefischerei gesperrt. Das wirkte sich negativ auf die Fangergebnisse aus und verschärfte die bereits angespannte Lebensmittelversorgung. Wegen dieser Nahrungsmittelknappheit hob die Regierung der britischen Besatzungszone die Fischereieinschränkungen am 13. März 1946 auf. Ab spätestens Mitte 1946 waren damit die ertragreichen Fanggebiete wiederum zugänglich. Die Islandfischerei erreichte bedingt durch den Kohlemangel und die geringe Flottenstärke mit rund 29.000 t allerdings nur ein Viertel des Vorkriegsdurchschnitts.[8]

Der Alliierte Kontrollrat erkannte in der Aufstockung der deutschen Fischereiflotte einen Lösungsansatz, um der desaströsen Lebensmittelversorgung entgegenzuwirken, und genehmigte am 4. November 1946 den Neubau von 100 Fischereieinheiten unter festgelegten Voraussetzungen: 66 Fischdampfer durften die Größe von 350 Bruttoregistertonnen (BRT) nicht überschreiten. Der Rest unterlag einer Maximalgröße von 400 BRT und einer Maschinenleistung von 600 PSi. Der kleinere Fischdampfertyp war für das Befischen von Fanggründen außerhalb der Nordsee ungeeignet, sodass für die 350-BRT-Serie von vornherein kein Auftrag vergeben wurde.[9]

Rund 180 Fischdampfer zählte die westdeutsche Flotte Ende 1948[10], und 1949 folgte die Aufhebung der Baubestimmungen für den Fischereifahrzeugbau. Bis 1952 wuchs die Flotte auf 222 Fangschiffe an, wobei ein Großteil der älteren, leistungsschwachen sowie unwirtschaftlichen Fischdampfer außer Dienst gestellt und durch eine geringere Anzahl modernerer ersetzt wurden. Dadurch stieg die Gesamtgröße der westdeutschen Hochseefischereiflotte auf 118.000 BRT an. Zum Vergleich hatte die Fischereiflotte von 1924 401 Fischdampfer bei einer Gesamtgröße von 113.000 BRT.[11]

Neben der Flottenverjüngung erfolgten an den Fischdampfern in den 1950er Jahren eine Anpassung an neue Techniken: die Dampfmaschinen wurden durch Dieselmotoren ersetzt. Dieser Antriebwechsel führte auch zur Abkehr vom Begriff Fischdampfer, an dessen Stelle trat die Bezeichnung Trawler für die Fahrzeuge der Hochseefischerei.[12] Durch die neuen Antriebe erhöhten sich die Durchschnittsgeschwindigkeit und der Fahrbereich und eröffneten der Hochseefischerei die Erschließung neuer Fanggründe im Nord- und Nordostatlantik.[13]

Vom Seiten- zum Heckfänger

Der wichtigste und entscheidende technologische Umbruch der jüngeren Fischereigeschichte war der Übergang von den »seitenfangenden« Fischdampfern zum »heckfangenden« Fangfabrikschiff. Letzteres landete seine Fische nicht mehr frisch an den Auktionen an, sondern filetierte die Fänge an Bord und gefror diese zu haltbaren Tiefkühlfiletblocks.[14] Ab Mitte der 1950er Jahre mehrten sich in Deutschland die Überlegungen, wie die traditionellen

Foto des Fabrikschiffs Hamburg (Archiv DSM)

Seitenfänger an die neuen Bedürfnisse der Hochseefischerei angepasst werden könnten.[15]

Hintergrund dieser Entwicklung war der voranschreitende Verlust der traditionellen Fanggebiete vor Island. Seit der Einführung der Fischdampfer gehörten die fischreichen Gewässer vor Island zu den wichtigsten Fangplätzen der europäischen Hochseefischerei. Langsam, aber stetig dehnte Island seine Fischereigrenzen erst auf vier Seemeilen im Jahr 1952 und dann auf 12 Seemeilen im Jahr 1958 aus.[16] Zwangsläufig stand die deutsche Fischwirtschaft vor der Aufgabe, alternative Fanggründe für die Hochseefischerei zu erschließen. Es musste eine technische Lösung gefunden werden, die das Problem des begrenzten Aktionsradius der Fischdampfer von maximal drei Wochen überwinden konnte. Der Fokus richtete sich auf die Entwicklung eines Fangschiffs mit integrierter Tiefkühlfabrik. Die Idee der Kombination aus Fangschiff und Tiefkühlfabrik war nicht neu; vielmehr bildete sie den dritten Versuch in Deutschland, diese Technik für die Hochseefischerei nutzbar zu machen.

In der Weimarer Republik hatte das Reichsministerium für Ernährung und Landwirtschaft ein Darlehn in Höhe von 600.000

RM für den Bau eines »Reichsgefrierschiffes« zur Verfügung gestellt. Den Zuschlag erhielten die »Nordsee Deutsche Hochseefischerei AG Bremen-Cuxhaven« und die Werft Deutsche Werke Kiel AG. Unter dem Namen VOLKSWOHL ging das erste deutsche Fangfabrikschiff Ende 1929 auf Versuchsfahrt. An Bord befand sich eine Tiefkühlanlage nach dem Ottensen-Gefrierverfahren auf Solebasis. Die Technik erwies sich als nicht ausgereift. Die Schiffsbewegungen deformierten die Fische während der Tiefkühlung, und letztlich waren die tiefgekühlten Rundfische ein unwirtschaftliches Produkt. Die VOLKSWOHL wurde zu einem Fischdampfer zurückgebaut und fuhr unter dem Namen KEHDINGEN für die »Nordsee« auf Fangreise.[17]

Ein ähnliches Schicksal erfuhren rund zehn Jahre später die WESER und die HAMBURG. Während die WESER wie die VOLKSWOHL als Fangfabrikschiff konzipiert wurde, war die HAMBURG ein reines Fabrikschiff, das von Fischdampfern mit Frischfisch zur Tiefkühlung versorgt wurde. Beide Schiffe verfügten über modernste Tiefkühlanlagen und verarbeiteten die Fänge zu haltbaren Tiefkühlfilets. Der Zweite Weltkrieg verhinderte auch den zweiten Versuch, Fische auf See zu gefrieren. Am 4. März 1941 zerstörten britische Kampfflugzeuge die vor den Lofoten operierende HAMBURG. Eigentlich sollte die WESER Fanggebiete vor Grönland, Labrador und Neufundland ansteuern, aber der Seekrieg lies nur den Fang in der Ostsee zu. Hier gefror das Schiff die Fänge erfolgreich zu Tiefkühlfilets. Die kurze Distanz von den Fanggebieten zu den Anlandungshäfen sowie das zu kleine Tiefkühllager machten jedoch das Fabrikschiff unwirtschaftlich. Großbritannien zeigte nach dem Krieg großes Interesse an dem Schiff und entwickelte später auf der technischen Grundlage der WESER die ersten englischen Fangfabrikschiffe.[18]

Aufgrund der früheren gescheiterten Versuche stand die westdeutsche Fischwirtschaft einem erneuten Versuch zur Tiefkühlung auf dem Meer kritisch gegenüber. Zudem stellte sich die Frage nach dem wirtschaftlichsten Schiffstyp: Seiten- oder Heckfänger und Fangfabrikschiff oder Fabrikschiff. Der Seitenfänger war das traditionelle Fangschiff. Es verfügte über ein Schelterdeck und ein erhöhtes Freibord, um ein wettergeschütztes Verarbeiten des Fangs zu ermöglichen. Der Heckfänger war ein relativ neuer

Fahrzeugtyp, der sich in den 1930er Jahren als Fischereifahrzeug in der Walfischerei etabliert hatte.[19] Obwohl der Heckfänger gegenüber des Seitenfängers einige Vorteile aufwies, hielt die Hochseefischerei am traditionellen Fischdampfer fest.[20] Vorteilhaft am Heckfänger war das materialschonende Auslegen und Einholen der Netze, es konnte bei schlechterem Wetter gefangen werden und die Fänge unter Deck verarbeitet werden. Hingegen stellten sich die hohen Investitionen und das nicht zu kalkulierende Risiko für die Reeder als nachteilig heraus.[21]

Diese Bedenken führten zu einer verzögerten Einführung des Heckfängers in der Bundesrepublik Deutschland. In Großbritannien erkannte man die Vorzüge früher und begann bereits Anfang der 1950er Jahre mit den ersten Konstruktionsversuchen. Der ehemalige Minensucher FAIRFREE wurde von der englischen Fischereigesellschaft Salvesen 1953 zu einem hochseefischereitauglichen Heckfänger umgebaut.[22] Es handelte sich bei der FAIRFREE wie bei der VOLKSWOHL und der WESER um ein Fangfabrikschiff mit integrierter Fischverarbeitungsanlage. Nach der Anpassung des Fanggeschirrs an die Bedürfnisse des Heckbetriebs fischte die FAIRFREE erfolgreich und wirtschaftlich. Basierend auf diesen guten Ergebnissen wurde mit der FAIRTRY das nächste Fangfabrikschiff in Dienst gestellt.[23]

Die englischen Ergebnisse überzeugten auch die Sowjetunion von der neuen fischwirtschaftlichen Schlüsseltechnologie, und sie bestellte bei den Kieler Howaldtswerken AG 24 Fangfabrikschiffe. Im Jahr 1955 wurde das erste Schiff dieser Serie ausgeliefert.[24] In der Bundesrepublik Deutschland stand man dem Heckfänger mit Fischfabrik weiterhin kritisch gegenüber. Nach Auffassung der Reedereien war die Schiffsgröße von 70 Metern ungeeignet für den Fang auf hoher See. Sie vermuteten einen hohen Bewegungsgrad im Achterdeck und schlussfolgerten daraus, dass die Netze beim Auslegen sowie beim Einholen reißen könnten.[25]

Erst die erfolgreiche Einführung und die guten wirtschaftlichen Ergebnisse der englischen und sowjetischen Fangfabrikschiffe sowie der Großauftrag der Kieler Howaldtswerke AG, der davon überzeugte, dass die heimischen Werften über das Know-how zum Bau des neuen Fischereifahrzeugs verfügten, führte zu einem Umdenken der westdeutschen Fischereigesellschaften.[26]

Als erste Reederei wagte die Gemeinwirtschaftliche Hochseefischerei GmbH (GHG) den Schritt in Richtung des neuen Schiffstyps und erteilte den Bauauftrag der Bremerhavener Rickmers Werft. Vier Jahre nach der ersten Fangreise der FAIRFREE stellte die GHG 1957 mit der HEINRICH MEINS den ersten westdeutschen Heckfänger in Dienst. Die HEINRICH MEINS war 69 Meter lang und mit seinen 826 BRT nur unwesentliche größer als die traditionellen Frischfisch-Seitenfänger. Unter Deck verfügte sie über zwei Filetiermaschinen, eine Tiefkühlanlage und ein Tiefkühllager sowie über eine Tran-, Fischmehl- und Fischölanlage. In der »schwimmenden« Fabrik wurden die Fänge zu genormten Tiefkühlfiletblocks weiterverarbeitet. Der TK-Filetblock sollte später als neue Rohware die gesamte Fischindustrie und den Fischhandel revolutionieren.[27]

Im selben Jahr lief mit der CARL KÄMPF der Reederei Carl Kämpf der zweite Heckfänger von Stapel. Anders als die HEINRICH MEINS ging die CARL KÄMPF anfangs als reiner Frischfischfänger auf Reise. Allerdings war das Fahrzeug so konstruiert, dass der nachträgliche Einbau einer Fischfabrik möglich war. Als drittes vollfunktionsfähiges Fangfabrikschiff folgte 1958 die SAGITTA[28] der Reederei Busse.[29]

In einem Punkt unterschieden sich die HEINRICH MEINS und die SAGITTA von einem idealtypischen Fangfabrikschiff. Beide Schiffe hatten zusätzlich einen Kühlraum für Frischfische. Diese Schiffstypen werden unter dem Begriff »Teilfroster« zusammengefasst. Die Kombination aus TK-Ware und Frischfisch war insoweit nachzuvollziehen, weil zu dieser Zeit die deutsche Fischindustrie und der deutsche Fischhandel auf Frischfisch ausgerichtet war. Hiermit konnte ein leichterer Übergang vom Frischfisch zum Tiefkühlfiletblock erzielt werden.[30] Die neue Technik verbreitete sich in den folgenden Jahren rasant in der Bundesrepublik Deutschlands. Und auch die Deutsche Demokratische Republik stellte 1960 mit der MARTIN ANDERSEN NEXÖ das erste Fangfabrikschiff in Dienst.[31]

Dieser Zeitraum zwischen 1957 und 1964 kann als Übergangsphase verstanden werden. Neben den Fangfabrikschiffen wurde in beiden deutschen Staaten parallel Frischfischfänger gebaut, die hauptsächlich in Küstennähe und Fanggebieten der mittleren

Fangfabrikschiff HEINRICH MEINS, Baujahr 1957 (Archiv DSM)

Distanz operierten. Sie deckten die Nachfrage an Frischfisch. Weltweit ging der Fischereifahrzeugbau zum Fangfabrikschiff über. Ab 1962 bauten sowohl die DDR als auch die BRD nur noch Heckfänger, die meisten davon waren Teilfroster.[32]

Ab 1964 setzte der Bau der zweiten Fangfabrikschiff-Generation ein. Diese rein als »Vollfroster« konstruierten Schiffe waren größer und hatten leistungsstärkere Maschinen. Trotzdem ließen einige Reedereien einen Spezialkühlraum einrichten, den sie bei Bedarf auch für die Frischfischlagerung nutzen konnten.[33] Parallel zum Größenwachstum der Schiffe verlief die technische Verfeinerung der Fangmethode. Anfangs fischten die Fahrzeuge der zweiten und dritten Generation – die Fabrikschiffe der dritten Generation kamen in den 1980er Jahren auf; sie hatten eine Besatzung von bis zu 70 Männern und Frauen; Reisedauern von 90 Tagen waren Standard, wodurch sie weltweit operieren konnten[34] – noch mit

Fanggeschirr, das mehr oder weniger auf der Technik der Dampfhochseefischerei basierte.

Erst der Einsatz synthetischer Garne gestattete eine Vergrößerung der Netze und folglich der Fangmenge. Gleichzeitig führte der Einsatz von Sonar und anderen Ortungstechniken zur Optimierung der Fangergebnisse. Diese Produktivitätssteigerung ging einher mit der Anpassung der Schiffsgrößen sowie Verarbeitungsmaschinen an die neuen Fangmengen, und der Serienbau von Fangfabrikschiffen von bis zu 2.000 BRT und 85 m Länge begann. Die Tiefkühlräume wurden im gleichen Zeitabschnitt von 511 m^3 auf 910 m^3 vergrößert.[35]

Der Fangradius erhöhte sich mit der Einführung des Fangfabrikschiffes immens. Dieses wurde besonders wichtig, weil Island und Neufundland ihre Fischereigrenzen in den 1960er und 1970er Jahren ausdehnten. Damit verlor Deutschland seine traditionellen Fangplätze. Alternative Fanggebiete erschlossen die Fangfabrikschiffe im Nord-Pazifik[36] und vor Afrika. Einhergehend mit der Etablierung des Fangfabrikschiffs als neues Fischereifahrzeug der Hochseefischerei vollzog sich der Wandel vom Frischfisch zum Tiefkühlfiletblock als neue fischwirtschaftliche Rohware. Der TK-Block revolutionierte den Fischhandel, die Fischindustrie, das Marketing und den Fischkonsum.

Vom Frischfisch zum Fischstäbchen

Nach dem Zweiten Weltkrieg sank mit steigender Verfügbarkeit von Fleisch die Seefischnachfrage. Nun kam erschwerend hinzu, dass sich mit der Geflügelzucht eine neue Lebensmittelindustrie formierte. Ihr Produkt, das Geflügelfleisch, wurde zum ernst zu anehmenden Konkurrenten der Fischwirtschaft.

Gegen das Absinken des Pro-Kopf-Verbrauches an Seefisch startete die Fischwirtschaft einen groß angelegten Werbefeldzug. Zuvor ersetzte 1949 die neugegründete »Deutsche Fischwerbung« die 1937 vom Reichsnährstand gegründete »Reichsfischwerbung GmbH«. Als neue Werbestrategie etablierte die Deutsche Fischwerbung das »Lifestyle-Marketing«. In der Werbekampagne wurde Seefisch als gesundes und junges Lebensmittel vermarktet.

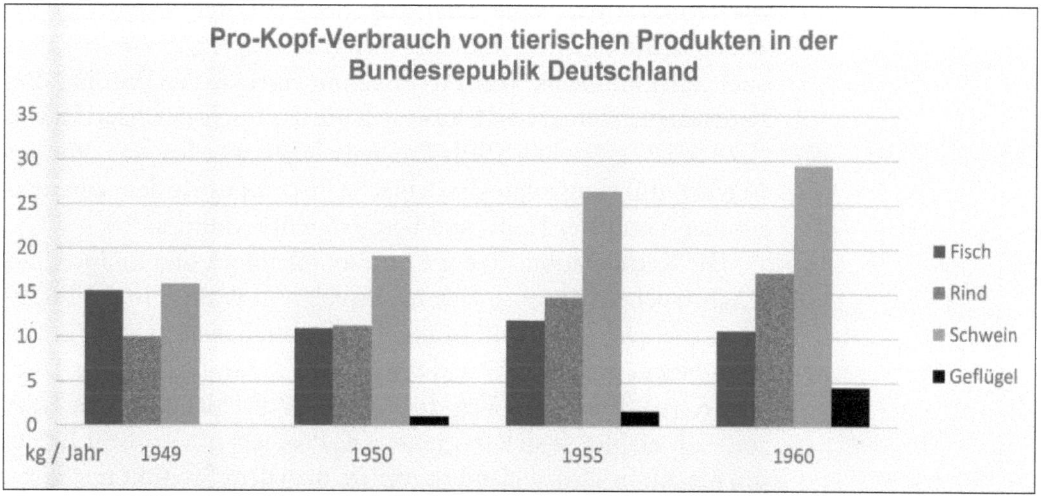

Quelle: Heidbrink: Creating a Demand, 2006, S. 144

Die neue Zielgruppe waren fitnessbewusste Frauen. Trotz der Zielgruppenerweiterung konnte der Konsum jedoch nicht gesteigert werden. Dem Fisch haftete nachhaltig das Image eines Ersatznahrungsmittels an. Die Diät der kaufkräftigen Gesellschaft der Wirtschaftswunderjahre war von der »Fresswelle« geprägt, in der Fischkost eine untergeordnete Rolle spielte. Trotzdem gelang es in den 1950er Jahren, den Fischkonsum im Bundesdurchschnitt bei rund 11 kg Pro-Kopf-Verbrauch einzupendeln.[37]

Im Jahr 1948 führte die Nordsee AG als erstes deutsches Unternehmen nach dem Zweiten Weltkrieg das Tiefkühlfilet wieder ein, allerdings zunächst noch mit bescheidenem Erfolg. Letztlich lag es nicht nur am Produkt; allgemein lief die Verbreitung von tiefgekühlten Lebensmitteln in der Bundesrepublik schleppend. Die 1950er Jahre waren in der Fischindustrie von einem großen Modernisierungs- und Mechanisierungsprozess geprägt. In diesem Kontext wurde der Ausbau der Tiefkühlproduktion vorangetrieben und unter anderem das vollmechanisierte Filetieren eingeführt. In der Konservenindustrie entstanden die ersten vollmechanisierten Produktionslinien der Fischwirtschaft.[38]

Im Jahr 1955 steckte der Handel mit Tiefkühlprodukten noch immer in den Kinderschuhen. Der gesamte Einzelhandel verfügte bundesweit nur über 2.500 Tiefkühltruhen, die jeweils eine maximales Füllvolumen von 200 l hatten. Ein Jahr später vermarktete die Nordsee AG seine Tiefkühlprodukte unter »Feinfrost« als neuen Markennamen, und Solo-Feinfrost wagte den zweiten Versuch zur Einführung von TK-Fisch mit einem neuen Produkt. Bei dem neuen Produkt handelte es sich um das Fischstäbchen, das von der Unilever-Tochter Birds Eye entwickelt worden war. Mit der Markteinführung folgte die deutsche Fischindustrie dem amerikanischen Trend der Halb- und Fertigwarenproduktion.[39]

Die Kombination aus der Rohware Filetblock und Endprodukt Fischstäbchen führte zu einem beispiellosen Wandel in der Fischindustrie. Die Markteinführung des Fischstäbchens startete in den USA bereits im Jahr 1952 und etwas später in Großbritannien. Über den Kanal führte der Weg dann nach Deutschland. In den USA und GB etablierte sich das neue TK-Produkt mit großem Erfolg am Markt. In Deutschland begegnete man dem Produkt mit Skepsis. Die Fischindustrie wurde jedoch schnell eines Besseren belehrt. Binnen kürzester Zeit avancierte das Fischstäbchen zum absoluten Verkaufsschlager und damit zum wirtschaftlichsten Produkt der Fischindustrie sowie des gesamten deutschen TK-Markts.[40]

Der durchschlagende Erfolg des Fischstäbchens ist mit seiner Einfachheit zu erklären. Zudem ist das Tiefkühlprodukt fast unbegrenzt haltbar, womit die Fischwirtschaft nach jahrzehntelanger Forschung endlich das Problem der Vorratswirtschaft löste. Auf einen Schlag beendete das Fischstäbchen die saisonalen Fang- und Absatzschwankungen. Gleichzeitig bot es für den Endverbraucher eine einfache und schnelle Zubereitung und manifestierte sich zum beliebten Familienessen. Seine rechteckige Form und der Überzug mit Panade war ein völlig neues Produktdesign. Augenscheinlich distanzierte sich das Fischstäbchen äußerlich gänzlich vom natürlichen Ausgangsprodukt Fisch. Nicht-Fischessern, darunter vor allem Kindern, bot das Fischstäbchen eine leichte Heranführung an den Fischverzehr. Aber auch die Industrie konnte ohne technische Schwierigkeiten zur Produktion übergehen. Sägen portionierten die Filetblöcke auf Fischstäbchengröße. Danach folgt das Nass- sowie Trockenpanieren und zuletzt das Schockgefrieren.[41] Auf das Fischstäbchen folgte 1969 das Schlemmerfilet als nächster Klassiker der TK-Fischindustrie. Dieses neue Produkt konnte sich lückenlos in den Ernährungstrend der Convenience Foods einreihen. Auf die ebenfalls aus TK-Filetblöcken gesägten Fischschnitten wurde eine

Zuschnitt eines TK-Filetblocks, Bremerhaven, um 1970 (Archiv DSM)

würzige Schicht aufgetragen; das Schlemmerfilet kombinierte erstmals Fisch mit anderen Lebensmitteln in einem Produkt. Bis heute ist das Schlemmerfilet der Inbegriff des Fertigprodukts und eroberte gerade die Single-Haushalte als neuen Konsumentenstamm.[42]

Am 30. September 1969 startete in der Deutschen Demokratischen Republik die Fischstäbchenproduktion in Rostock. Der Betrieb VEB Fischkombinat Rostock verarbeitete halbautomatisiert hauptsächlich Fänge der DDR-Flotte zu Tiefkühlprodukten, die auf dem Weltmarkt nur wenig Absatz fanden. Im Gegensatz zu Westdeutschland war die Fischstäbchenherstellung in Rostock eine personalintensive Industrie. Es wurde auf die Anschaffung von Maschinen für eine Vollautomatisierung verzichtet, weil diese devisenintensiv aus dem Ausland hätten importiert werden müssen.[43]

Während in der DDR eine halbautomatisierte Produktion die Fischindustrie prägte, erfolgte in der BRD die Optimierung der

Produktionsabläufe, die von einem Normierungsprozess begleitet wurde. Der TK-Fischfiletblock mit einem Gewicht von 7,484 kg wurde zum internationalen Standard. Für einen besseren Ausnutzungsgrad der Filetblöcke entwickelte die Industrie neue Schnitttechniken und -muster sowie geeignete Sägen. In den 1960er Jahren steigerten diese technischen Anpassungen sukzessiv den Filetausnutzungsgrad von 89,1 % auf 98,5% pro Filetblock. Diese Ausnutzungssteigerung um 10% steigerte die Wirtschaftlichkeit der Fischstäbchenproduktion deutlich. Für den Fischstäbchenkonsum von 50.000 t in den 2000er Jahren wurden rund 15.000 t weniger Fisch benötigt.[44]

Ab der Mitte der 1960er Jahre führte die voranschreitende Technisierung der Fischindustrie der BRD zu einer Umstrukturierung und Konzentration der Fischwirtschaft. Viele mittelständische Unternehmen wichen wenigen Großbetrieben. Arbeiteten 1965 noch rund 13.000 Menschen in 174 fischindustriellen Betrieben, so verringerte sich die Anzahl der Unternehmen auf 139, bei einer gleichbleibenden Belegschaftsgröße. Der durchschnittliche Umsatz stieg allerdings im gleichen Zeitraum von 52.000 DM auf 77.000 DM pro Fabrikarbeiter. Unter dieser Entwicklung ging das traditionelle Verteilersystem langsam zugrunde. Der Transport mit der Eisenbahn, der an die Haltbarkeit des Frischfisches angepasst war, wurde zunehmend überflüssig. Daneben verlor der fachkundige Fischeinzelhandel zunehmend an Bedeutung, da jedes Lebensmittelgeschäft vom »Tante-Emma-Landen« bis zur Supermarktkette aus Kühltruhen Seefisch verkaufen konnte.[45]

Aber das Fischstäbchen revolutionierte nicht nur die industrielle Produktion und das Fischabsatzsystem, sondern auch die Seefischwerbung. Die traditionelle Fischwerbung zielte produktbedingt auf eine flächenmäßige Steigerung des Seefischkonsums ab. Das Fischstäbchen ermöglichte hingegen ein gezieltes Produktmarketing. Beworben wurde das Fischstäbchen einer bestimmten Marke und eine generelle Steigerung des Fischstäbchenkonsums. Das trennte die Seefischwerbung in Frischfischwaren und Tiefkühlprodukte. Die bis heute schillerndste und prägendste Werbeikone der Fischindustrie ist »Käpt'n Iglo«. Die Werbefigur wurde 1985 in Deutschland eingeführt und basiert auf dem 1966 erfundenen Charakter »Captain Birds Eye« der Werbeagentur Lintas.[46]

Wenig mehr als eine Dekade benötigte das Fischstäbchen nach seiner Markteinführung 1959, um die gesamte deutsche Fischwirtschaft, die Fischindustrie und das Fischmarketing zu revolutionieren.

Fazit

Im ersten Jahrzehnt des 20. Jahrhunderts hat die deutsche Hochseefischerei das Stadium des industriellen Fischfangs erreicht. Die wichtigsten technologischen Umbrüche, die diesen ersten Industrialisierungsprozess in der Fischwirtschaft einleiteten, waren die Einführung des Fischdampfers, die Konservierung der Fänge auf Eis, die Weiterentwicklung des Schleppnetzes sowie die Erschließung von fischreichen Fanggebieten wie Island und die Öffnung des deutschen Hinterlandes als aufnahmefähigen Absatzmarkt. Dabei stand die Fischwirtschaft immer vor der Herausforderung, dass ihr Produkt, der Frischfisch, einer Lagerwirtschaft und damit stabilen Auktionspreisen entgegenstand. Seither suchte die Fischwirtschaft eine technische Lösung zur Überwindung dieser Hürde.

Bereits in der Weimarer Republik war man zurecht davon überzeugt, dass die Tiefkühlung von Seefischen alle Probleme der Fischwirtschaft auf einen Schlag lösen wurde. Jedoch verhinderte die zur Verfügung stehende Technik, das Ottensen-Sole-Gefrierverfahren, eine erfolgreiche Umsetzung, da sie sich nicht für das Gefrieren von Seefisch eignete.

Der zweite Anlauf, die Tiefkühlung für die Konservierung von Seefischen nutzbar zu machen, folgte in der NS-Zeit. Die Motivation erwuchs aus der Autarkiepolitik innerhalb des Vierjahresplans. Dieses Mal stand mit dem »Birds-Eye-Plattenfroster« und anderen kontaktlosen Gefrierverfahren geeignete Techniken zu Verfügung, und es gelang das Installieren einer ersten deutschen Tiefkühlwirtschaft, auch wenn diese im okkupierten Norwegen aufgebaut wurde. Letztlich scheiterte dieser Versuch am Zweiten Weltkrieg.

Erst in den Wirtschaftswunderjahren kam es schließlich zum Durchbruch der Seefischtiefkühlung, die zu einem zweiten Industrialisierungsprozess innerhalb der Fischwirtschaft führte.

Hintergrund dieser Entwicklung war der Verlust der traditionellen Fanggebiete und die daraus resultierende Notwendigkeit, größere Distanzen zwischen neuen Fanggebieten und Anlandungshäfen zu überbrücken. Als neues Fischereifahrzeug setzte sich der Heckfänger bzw. das Fangfabrikschiff durch. Auf den schwimmenden Fabriken wurden die Fänge zu genormten Filetblocks schnellgefrostet. In der Folge löste der TK-Filetblock den Frischfisch als Rohware ab und schuf die Grundlage für den Aufbau einer voll automatisierten Fischindustrie, aus der das Fischstäbchen, das weder nach Fisch aussieht, noch nach Fisch schmeckt, als das fischindustrielle Produkt unserer Zeit hervorging. Dem Fischstäbchen gelang es neue Verbrauchergruppen wie Nicht-Fischesser, Kinder oder Single-Haushalte zu erschließen. Zudem ist es als Tiefkühlprodukt stapelfähig, nahezu unbegrenzt haltbar und preisstabil.

Literaturverzeichnis und Kurztitel

Baartz, 1991: Baartz, Roland: Entwicklung und Strukturwandel der deutschen Hochseefischerei unter besonderer Berücksichtigung ihrer Bedeutung für die Siedlung, Wirtschaft und Verkehr Cuxhavens, Stuttgart 1991.

Dierks, 1961: Dierks: Männer, Trawler, Meere, Bremen 1961.

Greim, 2019: Greim, Jan Christoph: Von Stock- und Kühlfischen zu Fischfilets – Die Industrialisierung des Nahrungsmittels Seefisch (1860 bis 1945), Essen 2019.

Heidbrink, Beckmann, Keller, 2003: Heidbrink, Ingo; Beckmann, Werner; Keller, Matthias: … und heute gibt es Fisch: 100 Jahre Fischindustrie und Fischgroßhandel in Schlaglichtern, Bremerhaven 2003.

Heidbrink, 2004: Heidbrink, Ingo: Deutschlands einzige Kolonie ist das Meer! Die deutsche Hochseefischerei und die Fischereikonflikte des 20. Jahrhunderts, Bremerhaven 2004.

Heidbrink, 2006: Heidbrink, Ingo: Creating a Demand: The Marketing Activities of the German Fishing Industry, C. 1880–1990, in: The North Atlantic Fisheries: Supply, Marketing and Consumption, 1560–1990, Studica Atlantica 8, Hrsg.: Starkey, David J. and Candow, James, Hull 2006.

Heidbrink, 2007: Heidbrink, Ingo: Fish-Fingers – An Exhibition and Research Project of the German Maritime Museum, Bremerhaven, in: Deutsches Schiffahrtsarchiv, Bd. 30., Bremerhaven 2007.

Heidbrink, Fischverarbeitung/Fischstäbchen, 2007: Heidbrink: Fischverarbeitung/Fischstäbchen, in: Innovationen aus Bremen – Persönlichkeiten aus Kultur, Technik und Wirtschaft – Jahrbuch der Wittheit zu Bremen 2006/2007, Hrsg.: Kloft, Hans; Scholl, Lars U. und Wefer, Gerold, Bremen 2007.

Heidbrink, 2012: Heidbrink, Ingo: From Sail to Factory Freezer: Patterns of Technological Change, in: A History of the North Atlantic Fisheries, Volume 2, Hrsg.: Starkey and Heidbrink, 2012, S. 58–78.

Sparenberg, 2012: Sparenberg, Ole: Segen des Meeres: Hochseefischerei und Walfang im Rahmen der nationalsozialistischen Autarkiepolitik, Göttingen 2012.

Spiering, 2000: Spiering, Dirk: Die Heckfänger der Großen Hochseefischerei 1957–1999, Hamburg/Berlin 2000.

Walter, 1999: Walter, Wolfgang: Deutsche Fischdampfer. Technik. Entwicklung. Einsatz. Schiffsregister, Bremerhaven 1999.

Anmerkungen

1 Dieser Aufsatz basiert auf den Ergebnissen der Dissertation des Autors »Von Stock- und Kühlfischen zu Fischfilets – Die Industrialisierung des Nahrungsmittels Seefisch (1860 bis 1945)«; erschienen in den Bochumer Studien zur Technik und Umweltgeschichte Band 10 und als Sonderveröffentlichung des Heimatbundes der Männer vom Morgenstern Band 54 im Klartext Verlag, Essen 2019.

2 Der Frischfisch stellte das neue Produkt der »Großen« Dampf-Hochseefischerei dar. An Deck wurde der Fisch ausgenommen und auf Eis konserviert. Das erhöhte die Haltbarkeit der Ware auf drei Wochen. Bei der »Kleinen« Segel-Hochseefischerei wurden die Fänge lebend in der Bünn gelagert, angelandet und anschließend vom Fischer an seine Kunden verkauft.

3 Greim 2019, S. 36–99.

4 Ebd., S. 100–114.

5 Ebd., S. 115–221.

6 Ebd., S. 222–384.

7 Dierks: Männer, Trawler, Meere, Bremen, 1961, S. 65; Baartz, Roland: Entwicklung und Strukturwandel der deutschen Hochseefischerei unter besonderer Berücksichtigung ihrer Bedeutung für die Siedlung, Wirtschaft und Verkehr Cuxhavens, Stuttgart, 1991, S. 188; Heidbrink, Ingo: Deutschlands einzige Kolonie ist das Meer! Die deutsche Hochseefischerei und die Fischereikonflikte des 20. Jahrhunderts, Bremerhaven 2004, S. 65; Sparenberg, Ole: Segen des Meeres: Hochseefischerei und Walfang im Rahmen der nationalsozialistischen Autarkiepolitik, Göttingen, 2012, S. 366.

8 Dierks,1961, S. 65 f; Heidbrink, 2004, S. 65 f.

9 Dierks, 1961, S. 65; Baartz, 1991, S. 189; Heidbrink, 2004, S. 66.

10 Heidbrink, 2004, S. 65.

11 Ebd., S. 70, Walter, Wolfgang: Deutsche Fischdampfer. Technik. Entwicklung. Einsatz. Schiffsregister, Bremerhaven 1999, S. 64.

12 Sparenberg, 2012, S. 376.

13 Walter, 1991, S. 75; Heidbrink, 2004, S. 81.

14 Ebd., S. 82.

15 Spiering, Dirk: Die Heckfänger der Großen Hochseefischerei 1957–1999, Hamburg/Berlin 2000, S.7.

16 Siehe vertiefend: Heidbrink, 2004.

17 Siehe vertiefend: Greim, 2019, S. 208–219.

18 Siehe vertiefend: Ebd., S. 363–371.

19 Spiering, 2000, S. 7.

20 Heidbrink, Ingo: From Sail to Factory Freezer: Patterns of Technological Change, in: A History of the North Atlantic Fisheries, Volume 2, Hrsg.: Starkey and Heidbrink, 2012, S. 58–78, hier S. 64.

21 Spiering, 2000, S. 7.

22 Ebd.S.7; Heidbrink, 2012, S. 64, Heidbrink, 2004, S. 84.

23 Ebd.

24 Ebd.

25 Spiering, 2000, S.8.

26 Heidbrink, 2004, S. 84.

27 Spiering, 2000, S. 8, Heidbrink, Ingo; Beckmann, Werner; Keller, Matthias: … und heute gibt es Fisch: 100 Jahre Fischindustrie und Fischgroßhandel in Schlaglichtern, Bremerhaven 2003, S. 78; Heidbrink, 2004, S. 85; Sparenberg, 2012, S. 368.

28 Der Name Sagitta für das erste Fangfabrikschiff der Reederei sollte sicherlich an den gleichnamigen ersten deutschen Fischdampfer von 1885 erinnern.

29 Spiering, 2000, S. 8; Heidbrink, 2004, S. 85.

30 Ebd., Ebd., S. 86.

31 Ebd., S. 87.

32 Ebd., Walter, 1999, S. 64; Spiering, 2000, S. 8.

33 Spiering, 2000, S. 8; Heidbrink, 2004, S. 106.

34 Heidbrink, 2012, S. 65.

35 Heidbrink, 2004, S. 107f.

36 Heidbrink, Ingo: Creating a Demand: The Marketing Activities of German Fishing Industry, C. 1880–1990, in: The North Atlantic Fisheries: Supply, Marketing and Consumption, 1560–1990, Studica Atlantica 8 Hrsg.: Starkey, David J. and Candow, James, Hull, 2006, S. 136–152, hier S. 149f; zu Fischereikonflikten siehe vertiefend Heidbrink, 2004.

37 Heidbrink, 2006, S. 144f; Heidbrink, Beckmann, Keller, 2003, S. 76.

38 Heidbrink, Ingo: Fish-Fingers – An Exhibition an Research Project of the German Maritime Museum, Bremerhaven, in: Deutsches Schiffahrtsarchiv, Bd. 30., Bremerhaven 2007, S. 426–439, hier S. 437.

39 Heidbrink, 2007, S. 437; Heidbrink, 2006, S. 146; Heidbrink, Beckmann, Keller, 2003, S. 76 und 79.

40 Ebd.

41 Heidbrink, 2006, S. 147f; Heidbrink, Beckmann, Keller, 2003, S. 79.

42 Heidbrink, Beckmann, Keller, 2003, S. 89.

43 Ebd., S. 88.

44 Heidbrink, 2007, S. 434.

45 Heidbrink: Fischverarbeitung/Fischstäbchen, in: Innovationen aus Bremen – Persönlichkeiten aus Kultur, Technik und Wirtschaft – Jahrbuch der Wittheit zu Bremen 2006/2007, Hrsg.: Kloft, Hans; Scholl, Lars U. und Wefer, Gerold, Bremen 2007, S. 256–263, hier S. 261; Heidbrink, 2006, S. 148 und Heidbrink, Beckmann, Keller, 2003, S. 84 und S. 86.

46 Heidbrink: Fischverarbeitung/Fischstäbchen 2007, S. 261f; Heidbrink, 2006, S. 148.

Fischereihafen Halle XV, 1964
(Bild Bundesarchiv CC BY-SA 3.0 Egon Steiner)

Fischereihafen Bremerhaven im Wandel (1945 – 2020). Vom Auktions- und Verarbeitungsplatz zum Gewerbe- und Industriegebiet und zum Forschungszentrum. Eine topografische Studie

Dirk J. Peters

Die Bedeutung des Fischereihafens als Wirtschaftsstandort für Bremerhaven

Am 1. November 2021 wird der Fischereihafen Bremerhaven seinen 125. Geburtstag begehen. Auch die damalige Fischerei-Betriebs- und Entwicklungsgesellschaft (FBEG, jetzt FBG), die für die Unterhaltung der Landanlagen (Energie- und Wasserversorgung), den Umschlag sowie für die gewerbliche und touristische Erschließung zuständig ist, kann am 10. Oktober 2021 ihren 125. Geburtstag feiern. Der Fischereihafen befindet sich im Besitz des Landes Bremen und wird von der landeseigenen FBG verwaltet. Etwa 9000 Beschäftigte in über 400 Unternehmen arbeiten in einem der wichtigsten Gewerbegebiete Bremerhavens, das sich über 465 Hektar Land- und 160 Hektar Wasserfläche erstreckt. 90 Prozent des Landareals befinden sich im Besitz des Landes Bremen. Etwa 1000 Anlagen, 750 Grundstücke, 13 Industrie- und Packhallen sowie 54 weitere Gebäude müssen unterhalten werden. Die Wasserflächen werden von der Hafengesellschaft bremenports verwaltet. Allein 4000 Mitarbeiter sind noch in 60 Betrieben der Fisch- und Lebensmittelindustrie tätig. Außerdem wird die »Nordsee«, das einstige größte deutsche Hochseefischereiunternehmen, am 23. April 2021 ebenfalls 125 Jahre alt.

Genau wie Schifffahrt, Hafenwirtschaft und Werften sich in den letzten Jahrzehnten einem dramatischen Umstrukturierungs- und Konzentrationsprozess unterziehen mussten, sind die Hochseefischerei und die Fischwirtschaft ebenfalls einem rasanten Wandel und Verdrängungswettbewerb unterworfen gewesen. Nach dem Wiederaufbau in den 1950er Jahren spielten diese

Wirtschaftszweige eine zentrale Rolle für die Ökonomie der Stadt. Der aufwendig gefeierte »Tag des Hochseefischers« demonstrierte in den 1950er Jahren die nationale Bedeutung dieser maritimen Wirtschaftszweige. In den 1960er Jahren spiegelte sich die Wichtigkeit der Hochseefischerei und der Fischindustrie in dem Werbeslogan »Bremerhaven Stadt der Hochseefischerei« und »Bremerhaven der führende Fischereihafen des Kontinents« wider. Die regelmäßige Rubrik »Seefischmärkte« in der Nordsee-Zeitung diente als wichtige Informationsquelle. Die täglichen Meldungen von Radio Bremen über die Verfügbarkeit der Hafenarbeiter im Fischereihafen (Löscher), die in Gängen im Schichtsystem arbeiteten (Gänge 1, 2, 3, 4 usw. sowie Vorarbeiter 5, 6 , 7 usw.), sind ein Beleg dafür. Die schwere Nachtarbeit der Löscher bei Wind und Wetter sorgte dafür, dass die verfügbaren Frischfischbestände in Kisten verpackt für die Versteigerung am nächsten Morgen in der Halle X bereitstanden. Die Fischauktionen in der Karwoche und speziell am Palmsonntag gehörten zu den Höhepunkten des Bremerhavener Fischereihafens.[1]

Im 100. Jubiläumsjahr 1996 war die einstmals mächtige deutsche Hochseefischereiflotte auf knapp ein Dutzend Fahrzeuge, die von drei Reedereien in Cuxhaven, Rostock und Bremerhaven ausgerüstet wurden, geschrumpft. 1961 gab es in Westdeutschland noch 67 Fischfischfänger und 43 Vollfroster, während 1981 nur noch 12 Frischfischfänger und 20 Fangfabrikschiffe im Einsatz waren. In Mecklenburg-Vorpommern verfügte allein der VEB Fischfang Rostock, der für die weltweit operierende Hochseefischereiflotte der DDR zuständig war, um 1980 über 40 größere Fischereifahrzeuge. Auch die isländischen Trawler, die die Bremerhavener Fischauktion bis in die 1990er Jahre noch mit Frischfisch belieferten, steuern längst nicht mehr den hiesigen Fischereihafen an.

Heute wird der Frischfisch in der Regel mit dem Lkw aus dem dänischen Skagen angeliefert. Die deutsche Fischereiflotte besteht aktuell nur noch aus einigen wenigen Fahrzeugen, die überwiegend von isländischen und niederländischen Kapitalgebern gesteuert wird. Die tägliche Fischversteigerung, die privatisiert und rationalisiert wurde, findet heute nur noch mithilfe des Computers im Internet statt. Sie war bis 2017 in der Auktionshalle X beheimatet und ist heute nur noch in der Halle VII am Fischkai, dem

Ursprung des Fischereihafens, mit einem kleinen Büro vertreten. Die Fischhandelsfirmen besorgen sich heute die Ware direkt beim Erzeuger.[2]

Viele historische Bauten und Anlagen sind in den letzten Jahrzehnten aus dem Fischereihafen verschwunden. Die sogenannten »hässlichen« Ecken und »schmuddeligen« Nischen wurden beseitigt. Es wurde kräftig umstrukturiert, modernisiert, planiert, abrasiert, geputzt, geglättet und asphaltiert, wie es so schön heißt. Die gepflasterten Straßen sowie die Schienenwege verschwanden ebenfalls. Fast riecht es schon nicht mehr nach Fisch. Das historische Ensemble des Fischereihafens ist Stück für Stück demontiert worden. Damit ist auch die Authentizität verschwunden, die den Reiz und Charme des alten Fischereihafens ausmachte.

Der traditionelle Fischanlandungs- und -verarbeitungsplatz Bremerhaven hat sich schon seit den 1960er Jahren nach und nach zu einem Industriehafen und Gewerbegebiet gewandelt und präsentiert sich heute als »High-Tech-Nahrungs- und Genussmittelzentrum«. Kühlhäuser und Leichtmetallfassaden sowie die Industriehallen der Offshore-Industrie bestimmen mehr und mehr die Silhouette des modernen Fischereihafens und haben die traditionellen Backsteinfassaden der Hallen abgelöst. Ferner spielen Forschungsinstitute und der Tourismus eine immer stärkere Rolle. Der FBG ist es mithilfe von erheblichen staatlichen und europäischen Fördermitteln gelungen, den Fischereihafen erfolgreich umzustrukturieren. Neue Gewerbegebiete, vor allem auch für die bis vor wenigen Jahren boomende Windkraft- und Offshore-Branche mit vielen Arbeitsplätzen, konnten erschlossen werden. Das Institut für Fischqualität, das staatliche Veterinär- und Fischereiamt, das Institut für Lebensmitteltechnologie und das Technologiezentrum Bremerhaven (ttz) mit angegliedertem Sensoriklabor, das Biotechnologiezentrum, die Hochschule Bremerhaven, das Alfred-Wegener-Institut (AWI), die Thünen-Institute für Seefischerei und Fischereiökologie, das Fraunhofer-Institut für Windenergiesysteme (IWES) und das DLR-Institut für den Schutz maritimer Infrastrukturen stellen wichtige Bausteine dar, die die Position des Fischereihafens Bremerhaven als Wissenschafts- und Forschungsstandort stärken. Auch das Deutsche Schifffahrtsmuseum (DSM) errichtet seit 2019 ein Forschungsdepot und befindet sich wegen des Umbaus mit der Bibliothek, dem

Archiv, dem Magazin und einigen Mitarbeitern im Fischereihafen im FAMO-Gebäude an der Hoebelstraße 23.

Mit großem finanziellen und werbemäßigen Aufwand wurde in den letzten 30 Jahren das »Schaufenster Fischereihafen« am Kopfende des Fischereihafens I mit der sanierten Halle IV, der ältesten Packhalle im Fischereihafen, in der sich jetzt Verarbeitungsbetriebe, Restaurants und Läden befinden, den Räuchereien Franke und Dreistern, dem ehemaligen DDR-Seitenfänger GERA als Museumsschiff des Historischen Museums und einem neuen Hotel aus der Taufe gehoben. Im Mai 1996 konnte das »Forum Fischbahnhof«, ein Mehrzweckgebäude mit der umgesetzten Stahlkonstruktion der historischen Fischversandhalle des einstigen Fischereihafenbahnhofs für Veranstaltungen, Kongresse und ständige Theateraufführungen eröffnet werden. Das Seefischkochstudio, das Theater im Fischereihafen (TiF), museale Präsentationen zur Geschichte des Meeres und seiner Umwelt sowie zur Hochseefischerei und Fischwirtschaft, maritime Geschäfte und ein Bistro sind ebenfalls in dieser neuen Halle vertreten. Das Seefischkochstudio konnte bereits 2014 ein neues Gebäude neben dem Fischbahnhof beziehen, wo es seit 1996 sein Domizil hatte. Diese Institution gibt es bereits seit 1927 und macht bis heute Werbung für das gesunde Nahrungsmittel Seefisch. Zurzeit läuft die dritte Phase der Erweiterung des Schaufensters Fischereihafen, die 2020 mit einem erweiterten Gastronomiebereich, einem verbesserten Veranstaltungszentrum sowie einer aktualisierten Ausstellung abgeschlossen werden soll. In der Hoebelstraße gegenüber dem ehemaligen Seemannsheim befindet sich noch die PHÄNOMENTA Bremerhaven, eine interaktive Erlebnisausstellung, die besonders Jugendliche ansprechen will.[3]

Die historische Entwicklung der Fischereihäfen in Geestemünde/Wesermünde und Bremerhaven von Mitte der 1860er Jahre bis 1947

Von der Geeste aus hat die industriell betriebene deutsche Dampfhochseefischerei ihren Anfang genommen. Geestemünde (heute Stadtteil von Bremerhaven) war der wichtigste Anlande- und Vermarktungsplatz und größte Spezialhafen für Seefische in

Deutschland und spielte für die sich rasant entwickelnde Fischindustrie mit den vielen Zulieferbetrieben eine bedeutende Rolle. Am südlichen Geesteufer, wo sich heute das städtische Historische Museum Bremerhaven erstreckt, das u. a. die Geschichte der hiesigen Hochseefischerei und Fischwirtschaft zeigt, erinnert nur noch das von dem Hamburger Architekten Fritz Höger 1936 zum 50-jährigen Bestehen der deutschen Hochseefischerei und zum 40-jährigen Jubiläum des Fischereihafens Wesermünde geschaffene Busse-Denkmal am Kopf der alten Geestebrücke an die Bedeutung der Hochseefischerei für Geestemünde. Seit den 1860er Jahren entwickelte sich hier der Fischumschlag bis 1896, als der neue Geestemünder Fischereihafen zur Verfügung stand. Seit 1888 fanden hier Auktionen statt, und an der 350 m langen Geestekaje drängelten sich die Ewer, Schaluppen, Kutter und ab 1882 auch schon die ersten englischen Fischdampfer. Die Schuppen und Gebäudeüberreste aus dieser Zeit mussten dem Neubau des damaligen Morgenstern-Museums (heute Historisches Museum Bremerhaven) weichen. Der erste deutsche Fischdampfer SAGITTA wurde 1884/85 nach englischen Vorbildern auf dem gegenüberliegenden Bremerhavener Geesteufer bei der Wencke-Werft für den Geestemünder Fischhändler Friedrich Busse gebaut. Überhaupt profitierten die einheimischen Werften von der rasanten Entwicklung der Hochseefischerei an der Geestemündung.

Auch das bremische Bremerhaven versuchte, mit dem preußischen Geestemünde (seit 1924 Wesermünde) auf dem Gebiet der expandierenden Hochseefischerei in Konkurrenz zu treten. Seit 1891 wurde das Gelände zwischen dem Weserdeich und der Westseite des Alten Hafens zum Fischereihafen umgerüstet. Es entstanden Fisch-, Auktions-, Lagerhallen und Eishäuser. Von 1892 bis 1935 fanden hier Auktionen statt. Mit der 1930 erfolgten Verschmelzung der Fischereihäfen von Wesermünde und Bremerhaven zogen diverse Reedereien und einige fischverarbeitende Betriebe vom Alten Hafen in Bremerhaven in den Wesermünder Fischereihafen um. Die in Bremerhaven ansässige Fischindustrie verblieb aber weiter am Alten Hafen. Zum Wahrzeichen avancierte das 1925 bis 1927 errichtete Fischerei- und Kühlhochhaus, das 1975 abgerissen wurde. Nur die restaurierte Kaje von 1862 an der nördlichen Westseite des Alten Hafens, der auch nur noch in

Überresten vorhanden ist und dem DSM als Museumshafen für seine historischen Fahrzeuge dient, erinnert heute an die lokale Fischereigeschichte.

Mit dem Bau des Fischereihafens I von 1891 bis 1896 schuf das Land Preußen die Grundlage für einen Spezialhafen, der den Bedürfnissen der zunehmenden Bedeutung der industriell ausgeübten Hochseefischerei Rechnung trug. Elf Reedereien mit 39 Fischdampfern sowie 26 Fischgroßhandlungen etablierten sich im neuen Geestemünder Fischereihafen, der von der auf privatwirtschaftlicher Basis agierenden FBG verwaltet wurde. Mit einem Kapital von 150 000 Mark gründeten zwölf Reeder und Fischgroßhändler am 10. Oktober 1896 die Vorgängerin der heutigen FBG, die die Auktionen und ab 1908 auch anstelle der Besatzungen das Löschen der Fischereifahrzeuge durchführte.

Das Hafenbecken ist 1200 Meter lang und in leicht gekrümmter Form in das Wattengebiet angelegt worden. Die Überreste der ehemaligen Nordmole sind noch am Seedeich an der Weser unterhalb des Unterfeuers Fischereihafen sichtbar. Genau wie bei der südlichen Geestekaje handelt es sich hier um einen tideoffenen Hafen. Kernstück des Fischereihafens war die kombinierte Auktions- und Packhalle I auf der Westseite. Die erste Auktion fand hier am 6. November 1896 statt. Die Eis- und Packhäuser lagen gleich hinter der Halle I, nur durch den Fünfmeterweg getrennt. Nach der Erweiterung der Halle von 1913 konnten hier gleichzeitig 15 Fischereifahrzeuge gelöscht werden. Südöstlich gliederte sich der Gebäudekomplex des bekannten Fischereihafen-Restaurants Hollmeyer mit Heuerbüro, Seemannsheim sowie Post- und Telegraphenamt an. Die Straßenbahnlinien 3 und 4 stellten die Verbindung in das Zentrum der Unterweserstädte her. Vor dem Gebäude befand sich an der Kaje ein Anleger, an dem die Dampffähre festmachte, die bis 1901 von der »Bugsirgesellschaft Union« und anschließend von der FBG betrieben wurde. Diese Verbindung führte vom südlichen Geesteufer zum Fischereihafen. Dieser Anleger wurde auch von einer kleinen Personenkahnfähre zum gegenüberlegenden östlichen Ufer benutzt, mit der Gäste das Hafenbecken mit einem Ruderboot schnell überqueren konnten. Die Treppenstufen sind heute an den Kajen noch vorhanden. Im Zweiten Weltkrieg wurde die Halle I zerstört.[4]

Umgenutzte Packhalle IV im »Schaufenster Fischereihafen«, 2018 (Foto Dirk Peters)

Der erste Fischversandbahnhof, der eine entscheidende Voraussetzung für den schnellen Abtransport der empfindlichen Ware Seefisch in das Binnenland war, befand sich an der Südostecke des jetzigen Friedrich-Albert-Pust-Platzes, dem Zentrum des historischen Fischereihafens. 1897 errichtete die Tecklenborg-Werft am Ende des Hafenschlauches eine Slipanlage mit Werkstätten, wo sich jetzt der Marktplatz des »Schaufensters Fischereihafen« befindet. Der ehemalige Tecklenborg-Slip wurde später von der damaligen Seebeckwerft übernommen und 1966 vollständig abgerissen.

Die älteste noch vorhandene Fischhalle ist die zweigeschossige Packhalle IV von 1906/07 aus massivem Mauerwerk (Architekt Dohrmann). Diese 1991/92 aufwendig sanierte Halle an der Straße An der Packhalle IV bildet das Kernstück des jetzigen »Schaufensters Fischereihafen«.

Die beiden historischen Gebäude der Räuchereien von Herbert Franke (vorher Heinrich Strentz, Baujahr um 1907, Architekt Fr.

Tinnemeyer) und von Dreistern (vorher Dieter de Haas und bis 2019 Hans-Joachim Fiedler, Baujahr um 1905) an der Straße Am Pumpwerk 2 und 4 runden das historische Ensemble ab.[5]

Das bisher ungenutzte Ostufer (Kohlenkai) wurde seit 1897 für Bunker- und Kohlenlagerplätze der Fischereiflotte und Reedereibetriebe eingerichtet. Anstelle der hölzernen Bohlwerk-Konstruktion erhielten die Kajen nach und nach feste Ufermauern. Das alte Reedereigebäude der einstigen »Nordstern«-Hochseefischerei (um 1910) hat sich in der Herwigstraße 12/14 erhalten. Viele kleinere Firmen nutzen zum Teil ehemalige Industriehallen, die früher den Zulieferbetrieben für die Hochseefischerei dienten. Am Ostufer des Fischereihafens I sind aber auch neue Gebäude mit einer interessanten Industriearchitektur und eine Wassersportanlage errichtet worden, die den Wandel des Fischereihafens dokumentieren.

Die Ostseite des Fischereihafens I wird heute von dem markanten Gebäudekomplex der Geestemünder Eiswerke, Werk II (1911–1914, Erweiterung 1924, Architekt Beer) an der Herwigstraße 24 mit der überdachten Abfüllanlage für die Eiswagen an der Oststraße und der Beeisungsanlage an der Kaje für die Fischereifahrzeuge geprägt. Hier wurden die Fischereifahrzeuge seit 1911 mit industriell hergestelltem Eis versorgt. Bis 2015 produzierte das Bremerhavener Eiswerk an diesem Standort Kunsteis. Die historischen Gebäude, die unter Denkmalschutz stehen, wurden 2020 nach langem Leerstand an einen Unternehmer aus Oldenburg verkauft, der hier Indoor-Attraktionen in Verbindung mit gastronomischen Angeboten einrichten will. Das Bremerhavener Eiswerk befindet sich seit 2015 in einem Neubau am Kühlhauskai 1 an der Ostseite des Fischereihafens II. Hier haben viele Kühlhäuser ihren Sitz. Mit dem Siegeszug der Fangfabrikschiffe wurden im Fischereihafen seit den 1960er Jahren zahlreiche Tiefkühlkapazitäten geschaffen.[6]

Neben dem raschen Versand des Fisches mit der Bahn spielte die künstliche Eisherstellung eine wichtige Rolle für das Aufblühen der Fischwirtschaft. Davor wurde das Natureis in Eishäusern gelagert. Aus den Teichen und Seen der näheren und weiteren Umgebung wurde das Eis transportiert oder in milden Wintern auch aus Norwegen mit hölzernen Segelschiffen importiert.

Nicht mehr erhalten ist am Ostufer an der Herwigstraße der Schiffsreparaturbetrieb mit zwei Patentslip-Anlagen der

ehemaligen Schiffbaugesellschaft Unterweser von 1918, der 1936/37 erweitert und bis 1995 von der damaligen Schichau Seebeckwerft AG betrieben wurde. Die Anlagen wurden 1998 abgerissen. Seit 2018 residieren hier an der Herwigstraße 31 mit ihren markanten Gebäuden die Thünen-Institute für Fischereiökologie und Seefischerei.[7]

Thünen-Institute an der Herwigstraße 31, 2018 (Foto Dirk Peters)

Mit der Ansiedlung der »Nordsee«, des größten deutschen Fischfang- und Fischverarbeitungsunternehmens von Nordenham und Bremen in das damalige Wesermünde (heute Bremerhaven) 1934 erfolgte hier eine Konzentration der deutschen Fischfangflotte und Fischindustrie. Im Zuge der nationalsozialistischen Wirtschaftspolitik (Vierjahresplan) und im Hinblick auf die Kriegsvorbereitungen sollte die deutsche Bevölkerung möglichst autark versorgt werden, auch um Devisen zu sparen. Der einstige Lagerschuppen A des Geestemünder Handelshafens wurde als Sitz der Zentral- und Reedereiverwaltung eingerichtet (Architekt Emil

Verwaltungsgebäude der »Nordsee«, Herwigstraße 16, 2018 (Foto Dirk Peters)

Vogel). Zusätzlich ließ die »Nordsee« moderne Werkstätten für die Tischlerei, Schiffszimmerei, Netzmacherei, Maschinenreparatur und Lagergebäude errichten. Die Flotte wurde an der östlichen Kaje des Handelshafens ausgerüstet. Der gesamte Betrieb wurde bei dem schweren Bombenangriff auf das damalige Wesermünde am 18. September 1944 völlig zerstört und gleich nach Kriegsende wiederaufgebaut.

Die »Nordsee« entwickelte sich rasch im Nachkriegsdeutschland zu dem wichtigsten Konzern für den Fang, die Verarbeitung und den Handel mit Fischprodukten. Sie baute ihre führende Stellung aus. Im Jubiläumsjahr 1985 hatte die deutsche Hochseefischereiflotte wegen der Ausdehnung der nationalen Hoheitsgewässer auf 200 Seemeilen ihre traditionellen Fanggründe, vor allem vor Island, verloren. Die Flotte der »Nordsee« ging in die Deutsche Fischfang-Union (DFU) auf, die ihre Fangfabrikschiffe von Cuxhaven aus ausrüstete. Die Fischfabrik »Frozen Fish International«,

Wahlspruch der »Nordsee« mit dem Bremer Schlüssel am ehemaligen Verwaltungsgebäude, Klußmannstraße, 2018 (Foto Dirk Peters)

die ihren Sitz im Fischereihafen II in der Straße Am Lunedeich hat, wurde ebenfalls verkauft. Die »Deutsche See«, eine ehemalige Tochter der »Nordsee«, übernahm den Handel mit Fischprodukten und nutzte auch das einstige Verwaltungsgebäude der »Nordsee« von 1955 an der Klußmannstraße bis 2006. Von dem ehemaligen Fischkonzern ist unter dem Namen »Nordsee« nur noch die Restaurantkette geblieben. 2016 wurde der Firmensitz in den Bremerhavener Fischereihafen 1 mit einem Neubau in die Herwigstraße 16 verlagert.

Der traditionelle Firmensitz in Bremerhaven war bedroht, soll aber nun doch nicht verlagert werden. Das einstige historische Verwaltungsgebäude direkt an der Kaje des Geestemünder Handelshafens wurde noch bis 2019 genutzt und wird nach einem Umbau dem AWI ab 2021 als Verwaltungsgebäude dienen. Der Wahlspruch der »Nordsee« »PRO TOTO QUID CONTRIBUAMUS«

(»Lasset uns gemeinsam zum Ganzen beitragen«) mit dem Bremer Schlüssel steht noch über der Eingangstür.

Die Gleisanlagen an der Kaje weisen noch auf die einstige Bedeutung der Eisenbahn für den raschen Transport der empfindlichen Ware Seefisch hin. Die »Nordsee«-Villa wurde im Zuge der Neunutzung durch das AWI im Dezember 2018 abgerissen. Von 2000 bis 2015 wurde die Villa u. a. als Gästehaus und Seminarraum, von der Hochschule Bremerhaven und dem AWI genutzt. Das AWI hat bereits das im Auftrag der FBG sanierte einstige Verwaltungsgebäude der Fischhandelsfirma »Deutsche See« 2018 übernommen. Das Großforschungsinstitut der Helmholtz-Gesellschaft errichtet hier auf diesem Traditionsgelände ein Technikum für die Ausrüstung und Geräte für Expeditionen mit einer Ausrüstungshalle, einem Lager, Werkstätten, Büros und Laborkapazitäten. Der viergeschossige Gebäudekomplex wird 18 m hoch, 60 m lang und 40 m breit werden. In der Tat, ein markanter und massiver Baukörper, der architektonisch und topografisch dieses Areal stark verändern dürfte.[8]

Die südliche historische Kaje des Hauptkanals, die 2013 teilweise eingebrochen war, wurde 2014 von der Hafengesellschaft bremenports saniert. Mit der großflächigen Nutzung durch das AWI wird dieses ehemalige Industrie- und Verwaltungsgelände in Zukunft von der Forschung und der Wissenschaft geprägt werden. Die einstige Seefahrtsschule, das ehemalige Dienstgebäude von bremenports (früher Hansestadt Bremisches Amt Bremerhaven-HBA) an der Bussestraße sowie die Gebäude des ehemaligen Instituts für Meeresforschung (1986 Eingliederung in das AWI) sind bereits mit den markanten Neubauten des AWI an der Fischereihafenschleuse zu einer Forschungsmeile herangewachsen.[9]

Das zwischen der Riedemannstraße und dem südlichen Ufer des Hafenkanals gelegene Gelände war viele Jahrzehnte Sitz der Holzverarbeitungs- und Holzimportfirma Christian Kühlken mit einer eigenen Umschlagskaje am Hafenkanal. 1985 musste die Traditionsfirma Konkurs anmelden. Seitdem werden die Industriehallen, das Verwaltungsgebäude und das Areal an der Straße Am Holzwerk von verschiedenen Firmen als Lager und Abstellplatz genutzt. Allerdings befinden sich die großen Hallen in keinem guten Zustand. Die einstige Drehbrücke über den Werfthafen der einstigen Seebeckwerft an der Riedemannstraße wurde 1973 geschlossen. Eine neue bewegliche Brückenkonstruktion könnte aber wieder bei der Neustrukturierung des zukünftigen Werftquartiers als direkte Verbindung zum Fischereihafen I in Erwägung gezogen werden.[10]

Das rasante Wachstum des Geestemünder Fischereihafens bewies der neue Fischversandbahnhof, der von 1913 bis 1920 entstand. Seitdem der Schienenweg für den Transport der Fischprodukte in das Binnenland keine Bedeutung mehr hatte, führte der Bahnhof ein Schattendasein. Seit 1976 wurden die Bahnhofsanlagen Stück für Stück demontiert. Der ehemalige Sozialtrakt dient dem bekannten Fischereihafen-Restaurant Natusch als Domizil. Das einstige Verwaltungsgebäude wurde nach einem Umbau seit 1994 von der Firma Benthin genutzt und ist jetzt Standort von anderen Firmen. Die alten Fischversandhallen mit dem charakteristischen Ziegelmauerwerk und der Stahlkonstruktion sowie die Bahnsteige wurden abgerissen oder für das Mehrzweckgebäude im »Schaufenster Fischereihafen« verwendet.

Gegenüber von Natusch an der Straße Am Fischbahnhof befinden sich die einstigen Packhallen V (1914/15) und VI (1916/18), die heute von diversen Firmen genutzt werden. Auch ist hier der Bezug zur Fischwirtschaft nur teilweise noch gegeben. Die historische Backsteinarchitektur wurde um 2009 mit Wärmedämmplatten aus Styropor und Riemchen verklebt.[11]

Ein Sorgenkind ist seit vielen Jahren das ehemalige Seemannsheim von 1913 (Architekt Gustav Claas) an der Hoebelstraße 29/31. Dieser dreigeschossige Backsteinbau mit seiner schlichten Klinkerfassade bot 80 Seeleuten aus der Fischerei Platz. Er enthielt eine Heuerstelle. Bis 1980 wurde das architektonisch interessante Gebäude von der Seemannsmission genutzt. Später wurden hier Wohnungen eingerichtet. Trotz vieler Ideen für eine sinnvolle Umnutzung hat sich über viele Jahre keine realistische Lösung ergeben. Das einstige architektonische Juwel, ein Wahrzeichen des Fischereihafens, verfiel zusehends.

2020 hat eine Investorengruppe das historische Gebäude gekauft, die hier 45 Appartements errichten will. Bei dem verfallenen Gebäude neben dem Seemannsheim handelt es sich um die ehemalige Lachsräucherei Klevenhusen & Co mit der Aufschrift

»Hell Kältetechnik« (Hoebelstraße 33). Dahinter befindet sich ein historisches Speichergebäude. Die einstigen Anlagen der bis 1988 an der Hoebelstraße existierenden bekannten Sieghold-Werft wurden danach von der Delmenhorster Firma Carsten Höhne und anschließend bis 2019 von dem Schiffsreparatur-Unternehmen Heise genutzt. Die Wilhelmshavener Rudolph Schulze GmbH Gruppe hat die Anlagen von Heise übernommen.

Auch das einstige Zollamt am Friedrich-Albert-Pust-Platz, das hier seit 1950 ansässig war, konnte einer neuen Verwendung zugeführt werden. Die Packhalle VII von 1920 bis 1922 am Fischkai (Architekt Baurat Saltzmann) wird nach einer aufwendigen Sanierung weiter von Fischfirmen genutzt. Seit 2013 erhebt sich vor der Halle VII direkt auf der Kaje der mehrgeschossige Neubau des Best Western Plus Hotels Bremerhaven mit einem massiven Baukörper und einer interessanten Architektur.[12]

Im Wikinghaus an der Hoebelstraße befand sich bis 1994 der 1919 gegründete »Wachdienst«, eine wichtige Institution für den Fischereihafen, der ursprünglich für die Sicherheit im Fischereihafengebiet und bei den Auktionen zuständig war. Daraus entwickelte sich ein täglicher Nachrichten- und Informationsdient für die Firmen und Behörden im Fischereihafen. Wegen der zunehmenden Frostfischimporte und der strukturellen Veränderungen in den Seefischmärkten hatte dieser traditionelle Informationsdienst keine Zukunft mehr.

Das 1919 durch Dr. Fritz Lücke errichtete »Institut für Seefischerei« hatte von 1920 bis 1928 ebenfalls seinen Standort im Wikinghaus, bevor es in den Baumwollschuppen von 1886 an der Doppelschleuse zog. Er gründete 1921 das »Fischereimuseum«, das 1930 im Baumwollschuppen eröffnet wurde. Nach dem Krieg wurde daraus das bekannte Nordseemuseum des bremischen Instituts für Meeresforschung. Als 1986 das AWI in Bremerhaven aus der Taufe gehoben wurde, ging das Institut für Meeresforschung in das AWI auf. Das von Günter Behrmann geleitete Nordseemuseum hatte einen hervorragenden Ruf und musste 1999 schließen. Die wertvolle Sammlung ist bis heute in Kisten verpackt in einer Halle im Fischereihafen eingelagert.[13]

An den Erbauer des Fischereihafen I, Baurat Theodor Hoebel, erinnert die Hoebelstraße, die den Eingang in den Fischereihafen

Ehemaliges Seemannsheim, Hoebelstraße 29/31, 2018 (Foto Dirk Peters)

darstellt. Einige Dienst- und Wohngebäude aus der Gründungszeit des Fischereihafens I haben sich erhalten, auch wenn sie zum Teil verändert worden sind. Es handelt sich um das Doppelwohnhaus für mittlere Beamte in der Hoebelstraße 1/3, das Wohnhaus für Unterbeamte in der Hoebelstraße 5/7, das Doppelwohnhaus für Hafenwächter in der Hoebelstraße 9/11, das Hafenmeisterhaus in der Hoebelstraße 13 und das Doppelwohnhaus für Hafenwächter in der Hoebelstraße 15/17. In der Hoebelstraße 17 a / Ecke Delphinstraße befindet sich die ehemalige Elektrische Zentrale von 1896, die 1899 und 1904 erweitert wurde. Alle Gebäude wurden von Theodor Hoebel und seinen Mitarbeitern Schubert und Meutz entworfen.[14]

Mit der großzügigen Erweiterung und Eindeichung des Geestemünder Fischereihafengebietes, mit dem Bau der Fischereihafendoppelschleuse (1921–25), des Geestevorhafens (1921–25), des Schleusenhafens (1922–25) sowie mit der

Beispiel für die Keramikreliefs des Worpsweder Künstlers Willi Ohler über den Eingängen der Halle XIV, 2020 (Foto Dirk Peters)

Abschottung des Lune-Weser-Armes, der Verlegung der Lune, der Errichtung des neuen Lunesiels (1923–25), dem Bau des jetzigen Seedeiches von der Lune bis zur Geestemole Süd und der Fertigstellung des Fischereihafens II (1926–28) konnte nach dem Ersten Weltkrieg eines der bedeutendsten preußischen Hafenbauprojekte an der Geestemündung verwirklicht werden, das durchaus mit den häufig gewürdigten bremischen Bauwerken des Bremerhavener Überseehafengebietes (Columbuskaje mit Columbusbahnhof und Nordschleusenensemble) in jener Zeit verglichen werden kann.

Eine eigene Neubaubehörde betrieb systematisch die Durchführung der Erweiterungsarbeiten des Geestemünder Fischereihafens. Mit der 1928/29 entstandenen kombinierten Auktions- und Packhalle X (390 m lang und mehrere Geschosse) an der südlichen Ostkaje des Fischereihafens II konzentrierten sich hier die Fischanlandungen, während der Fischereihafen I schon

damals seine Bedeutung als Auktionsplatz verlor. Die ehemalige Heringshalle, die sich südlich der Auktions- und Packhalle X befand, wurde 1935/36 zur Versteigerungshalle XI ausgebaut, die 1936/37 sogar noch erweitert wurde. Weiter entstanden im Zuge des Ausbaus des Fischereihafens Wesermünde im Rahmen des nationalsozialistischen Vierjahresplans in den Jahren 1937 bis 1940 die Packhallen XII, XIII und XIV (Architekten Oberbaurat Emil Vogel und Karl Zeh). Das für die Fischverarbeitung errichtete 320 m lange Klinkergebäude der Halle XIV mit den farbigen Keramikreliefs des Worpsweder Künstlers Willi Ohler über den Eingängen steht wie die Hallen XII und XIII inzwischen unter Denkmalschutz.

Gedenktafel für die ausländischen Fremdarbeiter im Zweiten Weltkrieg Am Baggerloch/Kühlhausstraße, 2020 (Foto Dirk Peters)

Im Zweiten Weltkrieg waren in dieser Verarbeitungshalle seit 1942 ausländische Zwangsarbeiter unter teilweise menschenunwürdigen Bedingungen untergebracht. Seit 1988 erinnert im Fischereihafen Bremerhaven eine Gedenktafel an der Straße Am

Baggerloch/Kühlhausstraße, wo es auch Barackenunterkünfte für Zwangsarbeiter gab, an die 21 Zwangs- und Fremdarbeiterlager im damaligen Wesermünde (heute Bremerhaven).

Vom Ausbau des Fischereihafens profitierten auch die umliegenden Orte Geestemünde und Wulsdorf, das 1920 nach Geestemünde eingemeindet wurde. Es entstanden hier neue Wohngebiete und Industriebetriebe. Die FBG und etliche Betriebe aus der Fischindustrie beteiligten sich nach dem Ersten Weltkrieg an dem Bau von Genossenschaftswohnungen für ihre Arbeiter in Geestemünde-Süd, um die Wohnungsnot zu lindern. Die Maschinenfabrik Schlotterhose & Co., die 1906 entstanden war, und ihren Standort von 1911 bis zu ihrer Schließung 1995 an der Weserstraße hatte, ist eng mit dem Fischereihafen verbunden gewesen. Ihre Spezialität war die Konstruktion von Fischmehlanlagen. Im Ersten und Zweiten Weltkrieg baute Schlotterhose u. a. auch U-Bootteile. Die 1992 erfolgte Übernahme durch die weltbekannte Lübecker Firma Nordischer Maschinenbau Rud. Baader, die führend im Bau von Fischverarbeitungsmaschinen war, blieb nur ein kurzes Zwischenspiel. Um 1920 hatte Conrad Schlotterhose die benachbarte 1894/95 von dem Geestemünder Architekten Georg Fräsenfeldt für Friedrich Busse entworfene Villa mit Garten erworben, die sich bis heute erhalten hat und seit 2001 unter Denkmalschutz steht.

Wegen des aufgrund der Erweiterung des Fischereihafens und der zunehmenden Bevölkerung größer werdenden Wasserverbrauchs ließ der Magistrat der Stadt Wesermünde unter der Bauleitung des Stadtbaurates Dr. Wilhelm Kunz 1926/27 den jetzigen Wohnwasserturm in Wulsdorf errichten. Dieser in Stahlbeton-Skelettbauweise mit vorgeblendeten Klinkern und Sprossenfenstern von der Firma Paul Kossel gebaute Turm enthält unter dem mit zwei Wasserbehältern ausgefüllten Obergeschoss in den unteren Stockwerken 24 Wohnungen. Dieses Baudenkmal ist mit seiner ausdrucksstarken Architektur und in seiner ungewöhnlichen Kombination eines technischen Bauwerks mit einem Wohngebäude ein außerordentlich interessantes Monument, das in enger Beziehung zum Fischereihafen steht. Der Wasserturm ist seit 1996 nicht mehr in Funktion.

Am Eingang des Fischereihafengebietes, wo sich seit Gründung des Fischereihafens I zwischen Hoebelstraße und Delphinstraße ein gemischtes Gewerbe- und Wohngebiet entwickelt hatte, errichtete man an der Blexener Straße von 1923 bis 1925 diverse Zwei- und Vierfamilienhäuser. Für die auswärtigen weiblichen ledigen Arbeitskräfte entstand 1929/30 im Auftrag der Stadt Wesermünde und im Interesse der Fischindustrie an der Ibbrigstraße ein Ledigenheim für Frauen. 216 Arbeiterinnen fanden hier eine Unterkunft. Das Gebäude steht heute noch.

Zum 40-jährigen Jubiläum des Wesermünder Fischereihafens 1936 besuchte der preußische Ministerpräsident und Reichsminister Hermann Göring die Unterweserstadt. Neben der Einweihung des Busse-Denkmals an der Geestedrehbrücke und der Grundsteinlegung des Hochseefischer-Ehrenmals an der Geesteeinfahrt wurde in Wulsdorf noch die Hermann-Göring-Siedlung, heute Liethbreden-Siedlung, offiziell eröffnet. Am 18. Dezember 1937 wurde der Grundstein für eine weitere Arbeitersiedlung (Otto-Telschow-Stadt, benannt nach dem damaligen Gauleiter in Wesermünde) gelegt. Daraus hat sich der heutige Stadtteil Surheide entwickelt. Neben diesen Kleinsiedlungsbauten, der Errichtung zusätzlicher Packhallen, dem Ausbau des Fischereibahnhofs und der Infrastruktur wurde in der Lengstraße ein neues Arbeitsamt errichtet. Die staatliche Ernährungspolitik sorgte für konstante Auktionspreise und garantierte die Abnahme der Fischprodukte. 21 Reedereien mit 215 Fahrzeugen waren in Wesermünde 1938 registriert. 193 Fischversandunternehmen, 26 Fischindustriefirmen, zehn Fischmehlanlagen und vier Eiswerke waren im Wesermünder Fischereihafen und im ehemaligen Bremerhavener Fischereihafen 1938 am Alten Hafen beheimatet. Das Land Preußen hatte in diesem Zeitraum 70 Millionen Reichsmark investiert. Eine geplante dritte Erweiterung des Fischereihafens mit einer neuen Schleuse und weiteren Hafenbecken und vier Auktionshallen kam wegen des Ausbruchs des Zweiten Weltkriegs nicht mehr zur Ausführung. Viele Fischdampfer wurden zu Vorpostenbooten umgebaut. In der Ostsee konnte noch mit einigen veralteten Fischdampfern einige Jahre gefischt werden. Die deutsche Bevölkerung konnte in der Kriegszeit teilweise auch mit Importware aus Norwegen, Dänemark und der Türkei versorgt werden.[15]

Die bauliche Entwicklung des Fischereihafens Bremerhaven von 1947 bis heute

Nach dem Zweiten Weltkrieg waren die Landanlagen zu etwa 60 Prozent zerstört. Im Fischereihafen setzte in Verbindung mit dem Wiederaufbau einer deutschen Hochseefischereiflotte, der Wiederherstellung des bewährten Auktionssystems und einer auf privatwirtschaftlicher Basis funktionierenden Fischwirtschaft mit Unterstützung staatlicher Fördergelder eine rege Bautätigkeit ein. Sie dokumentiert den beachtlichen Stellenwert der Hochseefischerei und Fischwirtschaft für die ökonomische Entwicklung Bremerhavens nach 1945. Die Hallen XI und XIV wurden wiederaufgebaut. Für die zerstörte Versteigerungs- und Packhalle I wurde die Auktionshalle XV als massiver Mauerwerkbau mit 35 m Breite und mit einem Stahlbetondach 1949/50 an der Ostkaje des Fischereihafens II errichtet. Die Kaje wurde 1957/58 um 550 m nach Süden verlängert. Der südliche Teil des Fischereihafens II wurde durch eine verbesserte Infrastruktur für neue Gewerbebetriebe interessant. Von 1949 bis 1983 existierte an der Halle XV zur Westseite eine kostenlose Personen- und Fahrzeugfähre (Westfähre).

Seit 1947 befindet sich der Fischereihafen Bremerhaven im Besitz des Landes Bremen und wird durch die FBG verwaltet. Professor Arnold Agatz, der als junger Ingenieur am Bau der Fischereihafendoppelschleuse maßgeblich beteiligt war, konnte sich als Präsident der bremischen Hafenbauverwaltung (1947–1953) und später als Gutachter immer wieder für die Belange des Fischereihafens engagieren. Die FBG bezog 1954 ihr jetziges Verwaltungsgebäude an der Lengstraße. Die Löscharbeiter erhielten 1965 endlich ein modernes Betriebsgebäude an der Freiladestraße 5. An dem einstigen Sozialgebäude für die Arbeiter befinden sich zwei Reliefs des einheimischen Künstlers Georg Grygo, die die schwere Arbeit der Hochseefischer dokumentieren.

Neben den bestehenden Auktions- und Packhallen IV bis XV errichtete die FBG 1964/65 für die Fischwirtschaft sechs neue Industriehallen XVI, XVII, XVIII, XIX, XX und XXI. 1978 wurde an der Wittlingstraße die Industriehalle XXII fertiggestellt. Wegen eines Schneesturms im Februar 1979 stürzte das Dach der Auktionshalle X ein. Bis zum Januar 1982 wurde die Halle, die jetzt eine

Hecktrawler ANNIE HILLINA (ROS 170) des Fischfangkonzerns Parlevliet & Van der Plas an der Ostkaje des Fischereihafens II, 2020 (Foto Dirk Peters)

Länge von 547,50 m aufweist, zu einer der modernsten Einrichtungen ihrer Art umgebaut. Die Auktions- und Packhalle X, die heute als Versteigerungshalle keine Funktion mehr hat, dient nach einem Umbau seit 2010 als Aus- und Weiterbildungszentrum für die Windenergiebranche und als Lager für verschiedene Firmen. 1993 ließ die FBG noch die Industriehalle XXIII an der Maifischstraße errichten, die den strengen Hygiene- und Umweltbestimmungen vollständig entspricht und heute von dem Unternehmen »Deutsche See« genutzt wird. Eine Besonderheit für den Fischereihafen II bildete auch das Motorradrennen, das seit 1952 für viele Jahre einen Höhepunkt im Motorsportgeschehen an der Unterweser darstellte und heute aus Sicherheitsgründen nicht mehr veranstaltet wird.

An der Straße Am Lunedeich, der Hauptverbindungsstraße des Fischereihafens, haben die beiden in Deutschland mit Fisch- und Tiefkühlprodukten führenden Firmen »Frozenfisch International AG« mit »Iglo GmbH« und »FRoSTA AG« ihren Sitz.

Beide Unternehmen sind aus einstigen Reedereien der Hochseefischerei (»Nordsee« und »Nordstern«) entstanden und bilden das Rückgrat der Bremerhavener Fischindustrie. An der Ostseite des Fischereihafens II befindet sich seit 1986 die »Doggerbank-Seefischerei«, die zum niederländischen Fischfangkonzern Parlevliet & Van der Plas gehört.

Seit 2018 gehört auch der Fischgroßhandelsbetrieb »Deutsche See« zur niederländischen Unternehmensgruppe. Entlang des Labradorhafens erstrecken sich verschiedene Industriebetriebe wie der Fliesenhersteller NordCeram, die Metallbaufirmen Rupertus Strako, Stahlbau Nord GmbH, Unterweser Stahl- und Maschinenbau und die J. Heinrich Kramer Holding. Die riesige Montagehalle des 2015 in Konkurs gegangenen Offshore-Betriebs Weserwind wird inzwischen von der zur Rönner-Gruppe gehörenden Firma Stahlbau Nord genutzt, die hier Sektionen für den Stahlschiffbau montiert. Den südlichen Abschluss an der Labradorstraße bildet das Holzimportunternehmen Cordes, das hier ein Hobelwerk betreibt. Vorreiter für die industrielle Entwicklung des Labradorhafens im Fischereihafen II war die einstige bremische Autospeditionsfirma Harms mit einem Ro-/Ro-Terminal, die den südlichen Kopf des Labradorhafens für den Autoumschlag nutzte.[16]

Die große Kammer der alten Fischereihafendoppelschleuse wurde von 1996 bis 2001 mit einem neuen Betriebsgebäude für die damaligen großen Kühlschiffe erweitert. Die historischen Wohngebäude wurden abgerissen. Die ehemaligen Reedereianlagen der Hochseefischerei »Nordstern« und der »Hanseatischen Hochseefischerei« an der Westseite des Fischereihafens II, die hier bis in die 1980er Jahre ihren Sitz hatten, werden inzwischen von anderen Firmen genutzt. Die Hallen der Lunewerft Kuhr, die von 1964/65 bis 1973 an diesem Standort Rettungsboote aus Kunststoff fertigte, wurden von der Rickmers-Werft 1976 übernommen.

Die Jungfischerschule mit ihrer markanten Architektur erfüllte in Zeiten der Hochkonjunktur der Hochseefischerei von 1957 bis 1962 für die Ausbildung des Fischereinachwuchses auf See eine wichtige Funktion. Nach ihrer kurzen Bestimmung als Schule und Internat für die angehenden Hochseefischer fand dieses Gebäude bei verschiedenen Behörden und Firmen Verwendung, u. a. auch bei der Rickmers-Werft, die seit 1967 an der Westseite des Fischereihafens

Fraunhofer Institut IWES an der Westseite des Fischereihafens II, 2020 (Foto Dirk Peters)

II ihren Ausrüstungs- und Dockbetrieb aufbaute. Bis zu ihrem Konkurs 1986 war die Traditionswerft nicht nur an ihrem Stammsitz an der Geesthelle im Stadtteil Lehe, sondern auch für den Fischereihafen als Reparatur- und Dockbetrieb ein wichtiger Arbeitgeber. Die Hallen haben inzwischen durch andere Maschinenbaufirmen eine Verwendung gefunden. Die einstige Jungfischerschule wird nach einem Umbau seit 2011 als »Windhaus« vom Fraunhofer-Institut IWES genutzt, dass seit 2009 in diesem Teil des Fischereihafens II inzwischen mit seinem markanten Verwaltungsgebäude (2012), den Rotorblatthallen (2009–2011) und anderen Prüfständen für die Tests der Windflügel seine Präsenz zeigt.[17]

Schon vor dem Zweiten Weltkrieg bildete das Freibad an der Lunemündung, das von 1926 bis 1978 bestand, für viele Bremerhavener ein wichtiges Freizeitvergnügen. Von 1945 bis 1952 hatte die Lunewerft von Gustav Kuhr hier ihren Standort. Das Neue Lunesiel, das im Zuge der großen Fischereihafenerweiterung in den 1920er Jahren errichtet wurde, stellte neben seiner technischen Funktion als Entwässerungssiel mit der Nutzung des Betriebsgebäudes als Gaststätte und den Blick auf die Wesermündung ebenfalls eine wichtige Freizeitattraktion dar. Wegen der Erhöhung des Deiches wurde das Neue Lunesiel mit der Klappbrücke 2004 bis 2005 Jahre überbaut. Die Gebäude wurden 2006 abgerissen.

Seit 1981 bildet an der westlichen Seite des Fischereihafens II die Marina Nordsee-Yachting Bremerhaven der Familie Kuhlmann als Wassersportzentrum mit dem ehemaligen Leuchtturm Brinkamahof eine Attraktion. Das historische Leuchtfeuer musste wegen der Erweiterung des Containerterminals Bremerhaven in Weddewarden seinen Platz räumen und fand hier einen neuen Standort.

Auch das neue zentrale Klärwerk der Stadt Bremerhaven wurde neben dem bestehenden Regionalflughafen Luneort angesiedelt und erfüllt seit der Inbetriebnahme 1983 seine Funktion.

Der bekannte und beliebte Regionalflughafen Luneort im Süden des Fischereihafens, der durch den 1957 gegründeten Aero-Club Bremerhaven seit 1958 mit der Genehmigung als Flughafen kontinuierlich ausgebaut werden konnte, musste am 28. Februar 2016 wegen des geplanten und bis heute nicht realisierten Offshore-Terminals Bremerhaven (OTB) geschlossen werden. Die Infrastruktur mit verschiedenen Schwerlasttrassen wurde für die damals boomende Offshore-Industrie eingerichtet, die das Bild des südlichen Fischereihafens mit Ihren riesigen Hallen und Anlagen stark veränderte. 2019 schloss das letzte Unternehmen seine Tore. Die verwaisten Landebahnen und das Gelände des Regionalflughafens Luneort, der auch mit öffentlichen Mitteln gefördert wurde und sogar mit einer Landebahn für den Nachtflug ausgestattet war, sollen zukünftig als Versuchsfeld für den mithilfe der Windenergie hier zu produzierenden »Grünen« Wasserstoff dienen.

Der 1922 gegründete Wassersportverein Wulsdorf befindet sich mit seinen Hallen und Steganlagen seit 1959 am westlichen Ende des Luneorthafens. Gegenüber an der östlichen Kaje hat seit 1968 das Kraftfutterwerk des Agravis Raiffeisen-Verbundes seinen Sitz. Seit 1962 errichtete die damalige Seebeckwerft am südlichen Ende des Fischereihafens II einen Dockbetrieb ein, der heute von den Bredo-Dry-Docks GmbH unter der Leitung der Unternehmerfamilie Rönner erfolgreich weitergeführt wird.[18]

Fazit und Perspektiven für den Fischereihafen Bremerhaven

Der Fischereihafen Bremerhaven wurde in den vergangenen 40 Jahren von einem herkömmlichen Fischumschlags- und -verarbeitungsplatz zu einem modernen Nahrungs- und Genussmittelzentrum sowie zu einem Industriehafen mit einem vielfältigen Gewerbegebiet umgestaltet. Das Produkt Seefisch steht nicht mehr ausschließlich im Mittelpunkt. Inzwischen hat sich in den letzten Jahren der Fischereihafen Bremerhaven zu einem Forschungszentrum entwickelt. Das Forschungsschiff WALTHER HERWIG III der Thünen-Institute, das zum Bundeslandwirtschaftsministerium gehört, die Dienstfahrzeuge WEGA des Bundesamtes für Seeschifffahrt und Hydrographie (BSH) und HEINCKE des AWI dominieren das Hafenbecken des Fischereihafens I, wenn sie hier für ihre Expeditionsreisen ausgerüstet werden. Das historische Hafenbassin könnte aber noch stärker für Traditionsfahrzeuge und für den Wassersport verwendet werden. Inzwischen werden die Kajen und hölzernen Reibepfähle von der FBG saniert.

Das »Schaufenster Fischereihafen« hat sich zu einem attraktiven Veranstaltungsort mit vielen Besuchern entwickelt und hat sich längst neben den Havenwelten im Zentrum Bremerhavens als touristischer Schwerpunkt in Bremerhaven etabliert. Viele neue Firmen haben sich hier angesiedelt. Die Hotelkapazitäten wurden erweitert. Das neue Seefischkochstudio wurde 2014 eröffnet. Auch der Pavillon der Bremerhavener Tourismusgesellschaft »Erlebnis Bremerhaven« konnte seinen Betrieb aufnehmen. Das »Forum Fischbahnhof« ist 2020 ausgebaut worden. In der Halle IV und in den Räucherbetrieben wird die Vielfalt der Ware Fisch in allen Variationen angeboten. Zahlreiche Restaurants laden zu einem Besuch ein. Das Theater im Fischereihafen (TiF) sowie Freiluftkonzerte, die neue Ausstellung im Fischbahnhof, das restaurierte Museumsschiff FMS GERA am Fischkai und die PHÄNOMENTA Bremerhaven in der Hoebelstraße bieten vielfältige Möglichkeiten zur Freizeitgestaltung. Wenn die leerstehenden Hallen des einstigen Bremerhavener Eiswerks in der Herwigstraße, die seit 2020 einen Investor gefunden haben und für neue Veranstaltungen und Freizeitmöglichkeiten umgestaltet werden, könnte das die Attraktivität des Fischereihafens noch steigern.

Hafenbecken des Fischereihafens I am »Schaufenster Fischereihafen«, 2020 (Foto Dirk Peters)

Seit 2019 gibt es eine direkte Busverbindung vom Stadtzentrum zum Fischereihafen. Hafenrundfahrten mit dem Schiff, mit dem Bus und Entdeckungstouren mit dem Fahrrad sowie Hafenrundgänge existieren bereits. Vielleicht könnte in den Sommermonaten wieder eine Fährverbindung von der Geeste oder vom Anleger vor der Strandhalle aus mit einem Helgoländer Börteboot (»Lottchen«) angeboten werden. Die einstige Ruderfähre über das Hafenbassin des Fischereihafens I vom Fischkai zum Kohlenkai könnte mit einem modernen Wasserfahrzeug mit einem alternativen Antrieb wiederbelebt werden. Wenn es eine Brückenverbindung über den ehemaligen Werfthafen von Seebeck wieder eines Tages geben sollte, wäre auch der Fischereihafen I vom Stadtzentrum aus schneller zu erreichen. Die Weiterentwicklung des Werftquartiers mit dem Ausbau der Forschungsmeile des AWI bieten für die nächsten Jahre gute Perspektiven für die Stadtentwicklung im Süden Bremerhavens.

Trotz der vorhandenen musealen Präsentationen, der Filmvorführungen der Archivgruppe der FBG, der Zeitzeugengespräche und Führungen, die viele Bremerhavener und Gäste anlocken, und trotz digitaler Angebote fehlt aber eine Basisinformation über den« historischen Ort Fischereihafen« sowie dessen jetzige Bedeutung. Mit einigen Schautafeln und Informationsständen rund um den Fischereihafen I hätte auch der flüchtige Besucher die Möglichkeit, Historisches und Aktuelles über den Fischereihafen Bremerhaven zu erfahren. Diese notwendige Ergänzung ist aber die Voraussetzung für eine weitergehende touristische Nutzung, die gerade den besonderen und attraktiven Stellenwert des »Schaufensters Fischereihafen« mit den historischen Relikten in Verbindung mit einer modernen Architektur ausmacht.

Es bleibt zu hoffen, dass auch in der Zukunft der Fischereihafen Bremerhaven als innovativer Wirtschaftsstandort und als bedeutendes Forschungszentrum gesichert werden und als touristischer Anziehungspunkt seinen typischen Charakter trotzdem bewahren kann.

Literaturhinweise

Arnold Agatz: Die technische und wirtschaftliche Entwicklung der deutschen Hochseefischereihäfen, Hannover 1919.

Werner Beckmann: Die Reedereien der Hochsee- und Heringsfischerei in Bremerhaven, Bremerhaven 2003.

Anja Benscheidt, Alfred Kube: Krisen, Protest und Punk. Bremerhaven in den 1980er Jahren, Bremerhaven 2019.

Anja Benscheidt, Alfred Kube: Museumsschiff FMS GERA, Bremerhaven 2019.

Hartmut Bickelmann (Hrsg.): Bremerhavener Persönlichkeiten aus vier Jahrhunderten. Ein biographisches Lexikon, 2. Aufl., Bremerhaven 2003.

Hartmut Bickelmann: Schlafende Schönheit. Das Seemannsheim im Fischereihafen Bremerhaven, in: Oceanum. Das Maritime Magazin (2019), Nr. 4, S. 170–175.

Hartmut Bickelmann, Dirk J. Peters: Vierundfünfzigmal Bremerhaven. Miniaturen zur Geschichte von Stadt und Hafen, Bremerhaven 2014.

Hartmut Bickelmann, Gotthilf Hempel, Kai Kähler: Wanderwege/Wunderwege, Bd. 2: Bremerhaven, Bremerhaven 2007.
Walter Bollen: Bahnhof am Meer. Die Eisenbahn an der Unterweser, Bremen 2006.
Wilfried Brandes (Hrsg.): Fischauktion, Bremen 2000.
Bremerhaven. Ein hafengeschichtlicher Führer. Im Auftrag des Deutschen Schiffahrtsmuseums hrsg. von Lars U. Scholl, 2. Aufl., Bremerhaven 1984.
Heino Brockhage: Auf den Spuren von Rotbarsch & Co., in: Bremerhaven Fangfrisch, 2. Jg. (2017), Nr. 2, S. 52–57.
Erik Delfs: Feuer an deutschen Küsten, Hamburg 1993.
August Dierks: Männer, Trawler, Meere, Bremen 1961.
Peter Dittrich: Eiswerke und Kühlhäuser in den Bremerhavener Fischereihäfen, Bremerhaven 2012.
Peter Dittrich: Nicht nur, dass es übel riecht… Fischmehl-, Tran- und Klippfischfabriken in den Fischereihäfen von Geestemünde, Wesermünde und Bremerhaven 1892/98 – 1991, Bremerhaven 2017.
Susanne Engelbertz: Bremen, Stadt Bremen, Bremen Nord, Bremerhaven (=Heimatgeschichtlicher Wegweiser zu Stätten des Widerstandes und der Verfolgung 1933–1945, Bd. 6), Frankfurt am Main 1992.
Manfred Ernst: Zwangsarbeit in Wesermünde während des 3. Reiches, Bremerhaven 1987.
Harry Gabcke u. a.: Bremerhaven in zwei Jahrhunderten, II. Bd. 1919–1947 und III. Bd. 1948–1991, Bremerhaven 1991–1992.
Elke Grapenthin: Künstler und Künstlerinnen in Bremerhaven und Umgehung 1827–1990, Bremerhaven 1991.
Historische Bauwerke in Bremerhaven, 2. Aufl., Bremerhaven 2018.
100 Jahre Fischereihafen Bremerhaven, Bremerhaven 1996.
Werner Jakobeit, Karl Kairat: Die Firmengeschichte der Reederei »NORDSEE«. Hrsg. Förderverein Schifffahrtsgeschichte Cuxhaven e.V., Cuxhaven 2016.
Kai Kähler: Historische Stadtrundgänge Bremerhaven, Bremerhaven 1993.
Herbert Körtge: Die Straßennamen der Seestadt Bremerhaven, 3. Aufl., Bremerhaven 1992.

Arne Krone: Pioniere der Seestadt Bremerhaven, Bd. 1, Bremerhaven 2008.
Arne Krone: Pioniere der Seestadt Bremerhaven, Bd. 2, Bremerhaven 2009.
Arne Krone und Aero-Club Bremerhaven: Wie uns Schwingen wuchsen. 50 Jahre Aero-Club Bremerhaven. Chronik 1957–2007, Bremerhaven 2007.
Alfred Kube: Entdeckertour Fischereihafen, Bremerhaven 2019.
Jürgen Meyer: Chronik des Wassersportvereins Wulsdorf e.V. 1922–1997, Bremerhaven 1997.
Christian Ostersehlte: Die Bugsirgesellschaft »Union« (1873–1914), in: Bremerhavener Beiträge zur Stadtgeschichte II, Bremerhaven 1996, S. 9–96.
Dirk J. Peters: Bewegliche Brücken in Bremerhaven, in: Jahrbuch der Männer vom Morgenstern 74 (1995), S. 177–214.
Dirk J. Peters: Gutachten Werftquartier Bremerhaven-Geestemünde für die BIS, Bremerhaven 2018 (Unveröffentliches Manuskript).
Dirk J. Peters: Ein Jahrhundertbauwerk im Wandel. 75 Jahre Fischereihafen-Doppelschleuse Bremerhaven (1925–2000), in: Jahrbuch der Männer vom Morgenstern 80 (2001), S. 139–158.
Dirk J. Peters: Der wichtige Schritt zum Spezialhafen, in: 100 Jahre Fischereihafen Bremerhaven, Bremerhaven 1996, S. 9–44.
Dirk J. Peters: Technische Bauten des Fischereihafens, in: Deutsches Schiffahrtsarchiv 6 (1983), S. 243–263.
Claus Petersen: 100 Jahre Fischereihafen Bremerhaven, Bremerhaven 1996.
Uwe Schwartz: Denkmale im Fischereihafen Bremerhaven, in: Denkmalpflege in Bremen (2010), Heft 7, S. 22–38.
Lars Schmitz-Eggen: Der Kunststoff-Schmied vom Neuen Hafen. Gustav Kuhr und die Geschichte der Bremerhavener Lune-Werft 1945–1976, Norderstedt 2012.
Helmut Seger: Bremerhavens Waterkant, Bremerhaven und Wiefelstede 2016.
Eberhard Syring: Architekturführer Bremen/Bremerhaven, hrsg. vom Bremer Zentrum für Baukultur, Berlin 2019.
Wolfgang Timm: Seit 20 Jahren kein Nordseemuseum mehr in Bremerhaven, in: Niederdeutsches Heimatblatt (2020), Nr. 838.
https://www.fbg-bremerhaven.de (16.7.2020)

Anmerkungen

1 Wilfried Brandes (Hrsg.): Fischauktion, Bremen 2000, S. 31–32, 51–53, 61–64 und 71–86; https://www-fbg-bremerhaven.de/auktion-fischmehlfabriken (16.7.2020).

2 Dirk J. Peters: 100 Jahre Fischereihafen Bremerhaven, in: Hartmut Bickelmann, Dirk J. Peters: Vierundfünfzigmal Bremerhaven, Bremerhaven 2013, S. 135–140, hier S. 135; https://www.fbg-bremerhaven.de/auktion-fischmehlfabriken (16.7.2020).

3 Dirk J. Peters: Der wichtige Schritt zum Spezialhafen, in: 100 Jahre Fischereihafen Bremerhaven, Bremerhaven 1996, S. 9–44, hier S. 42; Claus Petersen: In der Vielfalt liegt die Stärke, in: Ebenda, S. 71–86, hier S. 75–81; Peters: 100 Jahre Fischereihafen (wie Anm. 2), S. 136; Kai Kähler, Gotthilf Hempel: Neue Nutzung in alten Hallen, in: Wanderwege, Bd. 2: Bremerhaven, Bremerhaven 2007, S. 98–99; Gotthilf Hempel: Mehr als nur Fischstäbchen, in: Ebenda, S. 100–101; Jürgen Rabbel: Die Phänomenta auf Expansionskurs, in: Nordsee-Zeitung vom 11.1.2017, S. 13; Gert-Dieter Meier: Fischgenuss soll wieder Spaß machen, in: Nordsee-Zeitung vom 24.1.2017, S. 12; Jürgen Rabbel: Erfolgsstory Schaufenster, in: Nordsee-Zeitung vom 19.8.2017, S. 16–17; Hagen Haastert: Geballte Forschung in der Seestadt, in: Sonntagsjournal der Nordsee-Zeitung vom 5.11.2017, S. 6; Christoph Barth: Für mehr Sicherheit in den Häfen, in: Nordsee-Zeitung vom 30./31.10.2018, S. 9; Christoph Barth: Fraunhofer hat Grund zum Feiern. In: Nordsee-Zeitung vom 9.10.2019, S. 13; Maike Wessolowski: Ein Haus voller Schätze entsteht, in: Nordsee-Zeitung vom 7.11.2019, S. 9; Jürgen Rabbel: Multivision ohne 3-D-Brille, in: Nordsee-Zeitung vom 26.11.2019, S. 12; Anja Benscheidt, Alfred Kube: Museumsschiff FMS »GERA«, Bremerhaven 2019; Alfred Kube: Entdeckertour Fischereihafen, Bremerhaven 2019.

4 Christian Ostersehlte: Die Bugsirgesellschaft »Union« (1873–1914), in: Bremerhavener Beiträge zur Stadtgeschichte II, Bremerhaven 1996, S. 9–96, hier S. 73–79; Peters: Der wichtige Schritt zum Spezialhafen (wie Anm. 3), S. 10–20; Peters: 100 Jahre Fischereihafen (wie Anm. 2), S. 136–138.

5 Peters: Der wichtige Schritt zum Spezialhafen (wie Anm. 3), S. 20–21; Uwe Schwartz. Denkmale im Fischereihafen, in: Denkmalpflege in Bremen (2010), Heft 7, S. 22–38, hier S. 25–26 und 32; Peters: 100 Jahre Fischereihafen (wie Anm. 2), S. 138; Busse-Denkmal, in: Historische Bauwerke in Bremerhaven, 2. Aufl., Bremen 2018, S. 38; Historisches Museum Bremerhaven, in: Ebenda, S. 40.

6 Peters: Der wichtige Schritt zum Spezialhafen (wie Anm. 3), S. 21–22 und 39; Schwartz (wie Anm. 5), S. 33–35; Peter Dittrich: Eiswerke und Kühlhäuser in den Bremerhavener Fischereihäfen, Bremerhaven 2012, S. 24–30, 42–44 und 47–55; Peters: 100 Jahre Fischereihafen (wie Anm. 2), S. 138; Jürgen Rabbel: Eisproduktion läuft rund um die Uhr, in: Nordsee-Zeitung vom 18.9.2015, S. 15; Geestemünder Eiswerke, in: Historische Bauwerke in Bremerhaven (wie Anm. 4), S. 16; Neue Freizeitattraktion im alten Eiswerk, in: Sonntagsjournal der Nordsee-Zeitung vom 5.7.2020, S. 7.

7 Peters: 100 Jahre Fischereihafen (wie Anm. 2), S. 138–139; Jürgen Rabbel: Die Fische könnten einziehen, in: Nordsee-Zeitung vom 15.4.2017, S. 17; Maike Wessolowski: Forschung gehört zur Stadt, in: Nordsee-Zeitung vom 16.8.2018, S. 9; Johann-Heinrich von Thünen-Institut für Fischereiökologie und Seefischerei, in: Eberhard Syring: Architekturführer Bremen, Bremerhaven, Berlin 2019, S. 346–347.

8 Peters: Der wichtige Schritt zum Spezialhafen (wie Anm. 3), S. 31–32; Werner

Beckmann: Die Reedereien der Hochsee- und Heringsfischerei in Bremerhaven, Bremerhaven 2003, S. 145–148; Schwartz (wie Anm. 5), S. 28–31; Peters: 100 Jahre Fischereihafen (wie Anm. 2), S. 139–140; Werner Jakobeit, Karl Keirat: Die Firmengeschichte der Reederei »NORDSEE«: Hrsg. Förderverein Schifffahrtsgeschichte Cuxhaven e. V., Cuxhaven 2016; Jürgen Rabbel: Villa ist nur noch Schuttberg, in: Nordsee-Zeitung vom 8.12.2018, S. 17; AWI errichtet Technikum, in: Sonntagsjournal der Nordsee-Zeitung vom 21.4.2019, S. 5; Thorsten Brockmann: Chefs ist das Büro zu teuer, in: Nordsee-Zeitung vom 21.9.2019, S. 13; Christoph Barth: Warnstreik bei der »Nordsee«, in: Nordsee-Zeitung vom 12.2.2020, S. 10; Jürgen Rabbel: AWI-Forschung im historischen Speicher, in: Nordsee-Zeitung vom 22.5.2020, S. 16.

9 Klimakundler jetzt in der ersten Reihe, in: Nordsee-Zeitung vom 7.12.1999, S. 15; Gotthilf Hempel: Gestreift, gerastert und gemustert. Der Neubau des Alfred-Wegener-Instituts, in: Wanderwege, Bd. 2: Bremerhaven (wie Anm. 3), S. 94–95; Rainer Donsbach: Wissenschaft beflügelt Wirtschaft, in: Nordsee-Zeitung vom 27.5.2010, S. 15; Rainer Donsbach: Namenspatron in der AWI-Lounge, in: Nordsee-Zeitung vom 26.1.2012, S. 15; Christoph Bohn: Bruck-Kaje wird Schmuckstück, in: Sonntagsjournal der Nordsee-Zeitung vom 4.1.2015, S. 2; Alfred-Wegener-Institut 2, in: Syring (wie Anm. 7), S. 334.

10 Peters: Der wichtige Schritt zum Spezialhafen (wie Anm. 3), S. 32 und 38; Dirk J. Peters: Bewegliche Brücken in Bremerhaven, in: Jahrbuch der Männer vom Morgenstern 80 (2001), S. 139–158, hier S. 186; Futtermittel für den Fischereihafen, in: Nordsee-Zeitung vom 27.4.2010, S. 13.

11 Kai Kähler: Fischereihafen, in: Historische Rundgänge in Bremerhaven, Bremerhaven 1993, o, S.; Peters: Der wichtige Schritt zum Spezialhafen (wie Anm. 3), S. 22–23; Brandes (wie Anm.1), S. 26; Schwartz (wie Anm. 5), S. 25–26; Rainer Donsbach: Historie verschwindet hinter Styropor, in: Nordsee-Zeitung vom 13.6.2009, S. 17; Peters: 100 Jahre Fischereihafen (wie Anm. 2), S. 139.

12 Peters: Der wichtige Schritt zum Spezialhafen (wie Anm. 3), S. 22, 31 und 39; Zöllner verlassen den Fischereihafen, in: Nordsee-Zeitung vom 23.3.2004, S. 14; Martina Löwner: Wellness im alten Zollamt, in: Sonntagsjournal der Nordsee-Zeitung vom 8.3.2009, S. 5; Schwartz (wie Anm. 5), S. S. 26, 32–33 und 35–38; Susanne Schwan: Seemannsheim erleidet Schiffbruch, in: Nordsee-Zeitung vom 5.12.2011, S. 15; Rainer Donsbach: Aus der Möwenperspektive, in: Nordsee-Zeitung vom 12.1.2013, S. 17; Jürgen Rabbel: Seemannsheim vor Verfall gerettet, in: Nordsee-Zeitung vom 7.10.2016, S. 13; Hotels am Fischereihafen, in: Syring (wie Anm. 7), S. 345; Zukunft von Stahlbaufirma Heise gesichert, in: THB Deutsche Schiffahrts-Zeitung vom 30.8.2019, S. 13; Hartmut Bickelmann: Schlafende Schönheit. Das Seemannsheim im Fischereihafen Bremerhaven, in: Oceanum. Das maritime Magazin (2019), Nr. 4), S. 170–175; Jürgen Rabbel: Kur für markanten Klinkerbau, in: Nordsee-Zeitung vom 18.4.2020, S. 20.

13 Peters: Der wichtige Schritt zum Spezialhafen (wie Anm. 3), S. 32–33; Hartmut Bickelmann: Lücke, Fritz, in: Bremerhavener Persönlichkeiten aus vier Jahrhunderten, 2. Aufl., Bremerhaven 2003, S. 205–206; Arne Krone: Pioniere der Stadt Bremerhaven, Bd. 2, Bremerhaven 2009, S. 104–109; Wolfgang Timm: Seit 20 Jahren kein Nordsee-Museum mehr in Bremerhaven, in: Niederdeutsches Heimatblatt (2019), Nr. 838.

14 Peters: Der wichtige Schritt zum Spezialhafen (wie Anm. 3), S. 18–19; Dirk J. Peters: Hoebel, Theodor: In: Bremerhavener

Persönlichkeiten aus vier Jahrhunderten (wie Anm. 13), S. 136; Dirk J. Peters: Gutachten Werftquartier Bremerhaven-Geestemünde für die BIS, Bremerhaven 2018 (Unveröffentliches Manuskript), S. 49–50.

15 Manfred Ernst: Zwangsarbeit in Wesermünde während des 3. Reiches, Bremerhaven 1987; Harry Gabcke u. a.: Bremerhaven in zwei Jahrhunderten. II. Bd. 1919–1947, Bremerhaven 1991, S. 86–87; Harry Gabcke u. a.: Bremerhaven in zwei Jahrhunderten. III. Bd. 1948–1991, Bremerhaven 1992, S. 198; Susanne Engelbertz: Bremen, Stadt Bremen, Bremen-Nord, Bremerhaven (=Heimatgeschichtlicher Wegweiser zu Stätten des Widerstandes und der Verfolgung 1933–1945, Bd. 6), Frankfurt am Main 1992, S. 127–129; Kähler: Fischereihafen und Rund um den Fisch (wie Anm. 11), o. S.; Peters: Der wichtige Schritt zum Spezialhafen (wie Anm. 3), S. 25–31 und 36–37; Brandes (wie Anm. 1), S. 26–29; Dirk J. Peters: Ein Jahrhundertbauwerk im Wandel, in: Jahrbuch der Männer vom Morgenstern 80 (2001), S. 139–158; Uwe Weiher: Claas, Gustav, in: Bremerhavener Persönlichkeiten aus vier Jahrhunderten (wie Anm. 13), S. 59–60; Uwe Weiher: Kunz, Wilhelm, in: Ebenda, S. 183–184; Schwartz (wie Anm. 5), S. 25–28; Jürgen Rabbel: »Schlafstadt« für die Arbeiter, in: Nordsee-Zeitung vom 23.9–2011, S. 12; Hartmut Bickelmann: Ein Denkmal der Industriekultur, in: Bickelmann, Peters: Vierundfünfzigmal Bremerhaven (wie Anm. 2), S. 233–238; Wolfgang Ehrecke: Der Fischereihafen ist in Sichtweite, in: Nordsee-Zeitung vom11.1.2016, S. 13; Wohnwasserturm, in Historische Bauwerke in Bremerhaven (wie Anm. 5), S. 14; Fischereihafenschleuse, in: Ebenda, S. 24; Wohnwasserturm Wulsdorf, in: Syring (wie Anm. 7), S. 343; Packhallen X, XII, XIV, in: Ebenda, S. 344.

16 Elke Grapenthin: Künstler und Künstlerinnen in Bremerhaven und Umgebung 1827–1990, Bremerhaven 1991, S. 492; Kähler: Fischereihafen (wie Anm. 11), o. S.; Peters: Der wichtige Schritt zum Spezialhafen (wie Anm. 3), S. 38–39 und 41–42; Brandes (wie Anm. 1), S. 28–30 und 64; Beckmann (wie Anm. 8), S. 73–75, 145–151; Dirk J. Peters: Agatz, Arnold, in: Bremerhavener Persönlichkeiten aus vier Jahrhunderten (wie Anm. 13), S. 15–16; Krone (wie Anm. 13), S. 124–128; Gert-Ulrich Hensellek: Frischer Wind weht jetzt in Halle X, in: Nordsee-Zeitung vom 6.11.2010 Sonja Schierwater: Makrele und Hering geben den Ton an, in: Nordsee-Zeitung vom 1.10.2016, S. 17; Christoph Barth: Wo im Hafen die Säge kreist, in: Nordsee-Zeitung vom 10.3.2017, S. 14; Thorsten Brockmann: Ein Bekenntnis zum Standort, in: Nordsee-Zeitung vom 14.2.2018, S. 9; Jürgen Rabbel: Gedenkstätten im Verborgenen, in: Nordsee-Zeitung vom 20.5.2019, S. 13; Christoph Barth: Das Ende des Traums, in: Nordsee-Zeitung vom 30.8.2019, S. 9; Jürgen Rabbel: Fregatte am Stück in der Lune-Halle, in: Nordsee-Zeitung vom 14.2.2020, S. 11; Jürgen Rabbel: Neue Hallen, neue Maschinen, in: Nordsee-Zeitung vom 9.5.2020, S. 20; https:/// www.fbg-bremerhaven.de/Aktuelle Firmen Teil 1, Teil 2, Teil 3, Teil 4 (16.7.2020).

17 Gabcke u. a.: Bremerhaven in zwei Jahrhunderten. III. Bd. (wie Anm. 15), S. 55; Peters: Ein Jahrhundertbauwerk im Wandel (wie Anm. 15), S. 144–145; Peters: Der wichtige Schritt zum Spezialhafen (wie Anm. 3), S. 40–42; Dirk J. Peters: Kuhr, Gustav, in: Bremerhavener Persönlichkeiten aus vier Jahrhunderten (wie Anm. 13), S. 182–183; Beckmann (wie Anm. 8), S. 73–74, 99, 105–106 und 148–152; Gert-Ulrich Henesellek: Bis Juli wird das Windhaus fertig, in: Nordsee-Zeitung vom 28.1.2010, S. 15; Rainer Donsbach: Symbol für den

Strukturwandel, in: Nordsee-Zeitung vom 3.2.2011, S. 13; Lars Schmidt-Eggen: Der Kunststoffschmied vom Neuen Hafen. Gustav Kuhr und die Geschichte der Bremerhavener Lune-Werft 1945–1976, Norderstedt 2012, S. 43, 54–55, 119–122 und 129–130; Hartmut Bickelmann: Im Puls der Zeit. Von der Jungfischerschule zum »Windhaus«, in: Bickelmann, Peters: Vierundfünfzigmal Bremerhaven (wie Anm. 2), S. 284–289; Fischereihafenschleuse, in: Historische Bauwerke in Bremerhaven (wie Anm. 8), S. 24; Ursel Kikker: Meilensteine für Bremerhaven, in: Nordsee-Zeitung vom 2./3.10.2019, S.14.

18 Wände der Kuhlmanns im rot-weiß gestreiften Prunkstück sind rund, in: Nordsee-Zeitung vom 5.11.1987, o. S.; Gabcke u. a.: Bremerhaven in zwei Jahrhunderten. III. Bd. (wie Anm. 15), S. 157 und 170–171; Erik Delfs: Feuer an den deutschen Küsten, Hamburg 1993, S. 182–183; Peters: Der wichtige Schritt zum Spezialhafen (wie Anm. 3), S. 41; Jürgen Meyer: Chronik des Wassersportvereins Wulsdorf e. V., Bremerhaven 1997; Peters: Kuhr, Gustav (wie Anm. 17); Arne Krone und Aero-Club Bremerhaven: Wie uns Schwingen wuchsen. 50 Jahre Aero-Club Bremerhaven. Chronik 1957–2007, Bremerhaven 2007; Arne Krone: Pioniere der Seestadt Bremerhaven, Bd. 1, Bremerhaven 2008, S. 168–172; Christoph Barth: Ein Fundament für die Zukunft, in: Nordsee-Zeitung vom 9.6.2009, S. 9; Christoph Barth: Kraftfutter aus dem Hafen, in: Nordsee-Zeitung vom 13.8.2010, S. 15; Schmidt-Eggen (wie Anm. 17), S. 14–17; Dirk J. Peters, Hartmut Bickelmann: Wasserregulierung, Schifffahrt und Freizeitvergnügen, in: Bickelmann, Peters: Vierundfünfzigmal Bremerhaven (wie Anm. 2), S. 303–308; Sebastian Loskant: Letzt Durchsage vom Luneort-Pionier, in: Nordsee-Zeitung vom 29.2.2016, S. 9; Maike Wessolowski: Kleinste Kneipe öffnet nach Bedarf, in: Nordsee-Zeitung vom 27.7.2018, S. 11; Reparaturwerften: Aus drei mach eine, in: Nordsee-Zeitung vom 2.5.2020, S. 18; Ursel Kikker: Testfeld für Wasserstoff-Produzenten, in: Nordsee-Zeitung vom 9.6.2020, S. 15; Thorsten Brockmann: »Wir liegen weit vorn«, in: Nordsee-Zeitung vom 15.8.2020, S. 8.

Focke-Wulf Piaggio FWP.149D, gebaut 1957 – 61
(Bild Wikimedia Commons CC BY-SA 4.0 Spotter LEVT)

Vor dem Take-off: Flugzeugbau in Bremen in den fünfziger Jahren

Hartmut Pophanken

Die Firma Focke-Wulf Flugzeugbau in Bremen, im Kriege weitgehend zerstört, hat nur unter größten Schwierigkeiten wieder Anschluss an die internationale Luftfahrtindustrie finden können. Wegen der Zerstörung der Produktionsanlagen und dem Verlust aller Maschinen und Vorrichtungen, wegen der sehr umfangreichen Altschulden und wegen der vollständigen Uneinbringbarkeit der Verbindlichkeiten des Reiches aus den Jahren vor 1945 war der Neuaufbau eines ausreichenden Kapitalstocks nicht möglich, sodass nur Kleinprojekte wie die Lizenzfertigung von Segelflugzeugen oder der Bau von Prototypen eines leichten Motorflugzeuges realisiert werden konnten. Da größere Produktionsaufträge auch nach Beginn der Wiederbewaffnung Westdeutschlands nicht erwartet werden konnten, ließ sich auch kein ausreichend großer Stamm von Ingenieuren und technischen Fachkräften aufbauen. Erst die Einstellung eines tatkräftigen Spitzen-Managers, der in der französischen Luftfahrtindustrie Leitungserfahrung gesammelt hatte, im Jahre 1959, und schließlich 1964 die Fusion mit der kapitalkräftigeren, ebenfalls im Raum Bremen beheimateten Firma Weserflug[1] zum Unternehmen Vereinigte Flugtechnische Werke VFW legten die Grundlagen für eine neue Phase der Expansion des Bremischen Flugzeugbaus.

In diesem Kontext betrachtet der hier vorgelegte Aufsatz die folgenden Aspekte:

- Die Überbrückung der unmittelbaren Nachkriegsjahre bei Focke-Wulf
- Der Bau von Segelflugzeugen
- Erfolge und Misserfolge beim Bau von leichten Motorflugzeugen
- Eine gescheiterte Innovation: der eigenstabile Focke-Borgward-Hubschrauber

Focke-Wulf – die ersten Jahre nach Kriegsende

Im April 1945, wenige Tage vor der Kapitulation des »Dritten Reiches«, endete der militärische Fertigungsbetrieb bei der Firma Focke-Wulf Flugzeugbau GmbH in Bremen. Das Werk Bremen-Hastedt war durch Bombenangriffe vollkommen zerstört, die Werke Flughafen (Reparatur und Musterbau) und Bremen-Hemelingen (Teilefertigung) zu großen Teilen. Der eigentliche Serienbau von Kampfflugzeugen – im wesentlichen Jäger der Typen Fw 190 und Ta 152 – hatte im letzten Kriegsjahr nur noch bei den Lizenznehmern[2] sowie in den im Osten gelegenen Focke-Wulf-Werken Cottbus, Sorau/Lausitz, Posen und Marienburg/Westpreußen stattgefunden; die letzteren vier Werke waren im Februar 1945 von der Roten Armee erobert worden.

Die von englischen Truppen Ende April 1945 besetzten Bremer Betriebsstätten wurden schon Ende Mai von der Besatzungsmacht freigegeben, mit Ausnahme des Werkes am Bremer Flughafen. Flugzeuge durften keine hergestellt werden, ein Verbot, das mit dem Potsdamer Abkommen vom August 1945 für das ganze besetzte Deutschland verbindlich wurde.

Schon seit Juli 1945 produzierte die neugegründete Fahrzeug- und Gerätebau GmbH, Nachfolgefirma von Focke-Wulf, in zunächst bescheidenem Umfang Metallwaren wie Stahlblechöfen, Kochkisten, Kleinmöbel und Töpfe sowie Leichtmetallkonstruktionen wie Leitern, Öltanks usw., wobei Restmaterialien aus dem Flugzeugbau der Kriegszeit verwendet wurden. Zudem reparierte sie Straßenfahrzeuge. Über 50 Prozent der Gesellschaftsanteile waren im Besitz der Berliner C. Lorenz AG, der deutschen Tochter des amerikanischen ITT-Konzerns, ein anderer Teil war bei der bremischen Roselius-Gruppe verblieben[3]. Eine Einflussnahme der Kapitaleigner auf die Entscheidungen des Vorstandes ist nicht überliefert und kann für die Roselius-Gruppe ausgeschlossen werden.

Im Oktober 1947 wurde für die britisch-amerikanische Zone die Liste der zu demontierenden Industrieanlagen veröffentlicht; Focke-Wulf wurde zum »Demontagebetrieb« erklärt, der »abgewickelt« werden sollte. Bis zum 31. März 1948 sollten Reparationsleistungen aus den Focke-Wulf-Werken Bremen und Hoykenkamp entnommen werden. Aber noch vor Ablauf der Reparationsfrist wurde die Beschlagnahme für einen Teil des Focke-Wulf-Werkes Flughafen aufgehoben. Die »Abwicklungsstelle der Focke-Wulf-Flugzeugbau GmbH«, geleitet vom früheren Vorstandsmitglied Harmening, erreichte schließlich sogar eine Entschädigung für Schäden durch die Belegung mit Verbänden der amerikanischen Streitkräfte, die sogenannten »Besatzungsschäden«, in Höhe von 150.000 DM[4]. Die Werke Hastedt und Hemelingen wurden geräumt und langfristig an andere Industriebetriebe vermietet, das Werk Hastedt an die Hansa-Waggonbau und Werk Hemelingen an Nordmende und andere.

Am 28. Mai 1951 wurde die Firma in Focke-Wulf GmbH umbenannt und das Kapital auf 3 Mio. DM umgestellt. In die Eröffnungsbilanz konnte nach langen Verhandlungen mit dem bremischen Finanzressort ein Kapitalverlustkonto von 6 Mio. RM eingestellt werden, was zu erheblichen steuerlichen Entlastungen führte. Noch war die Kapitalausstattung schmal und es bestanden erhebliche Bankschulden aus der Kriegszeit. Die Forderungen an das Reich wurden als »nicht beizutreiben« klassifiziert. Allerdings wurden die Forderungen auf Leistungen für erlittene Kriegsschäden nach dem Lastenausgleichgesetz aufrechterhalten. Für Investitionen in Betriebs- und Fertigungseinrichtungen standen nur geringe Mittel zur Verfügung. Der handwerksmäßige Bau kleiner Serien von Segelflugzeugen – sobald dieser wieder gestattet sein würde – ohne größere Investitionen in Gebäude und Betriebsmittel bot sich an, um die Restbelegschaft sechs Jahre nach Kriegsende erneut mit den Verfahren des Flugzeugbaus vertraut zu machen.

Segelflugzeugbau bei Focke-Wulf

Nachdem in Österreich schon im Herbst 1949 das Verbot des Segelfluges aufgehoben worden war, führte schließlich das Drängen der ehemaligen Sportflieger und Luftwaffenpiloten, aber auch die Politik von Ländern und Bundesbehörden im April 1951 zur Aufhebung des Segelflugverbotes für das Gebiet der Bundesrepublik. Hierbei war die Unterstützung durch den britischen Schwesterverband des Deutschen Aero-Clubs, die British Gliding

Association mit ihrem Vorsitzenden Philip Wills, besonders wertvoll. Am 19. Juni 1951 erfolgte auch die Freigabe des Segelflugzeugbaus für Muster mit einem Leergewicht bis zu 400 kg, etwas später wurde die Grenze auf 600 kg erhöht. Unmittelbar darauf entschloss sich die Unternehmensleitung, den bereits seit mehr als einem Jahr vorbereiteten Bau von Segelflugzeugen aufzunehmen. Im teilweise instandgesetzten Werk Flughafen leiteten August Harmening und Werner Naumann die Geschäfte des Betriebes. Naumann war Anfang 1950 maßgeblich am Antrag der Bremischen Bürgerschaft für eine Wiederzulassung des Segelfluges beteiligt gewesen, weswegen er 1951 als Vorkämpfer des Flugsports zum Vizepräsidenten des Deutschen Aero-Clubs gewählt wurde.

Die Frage nach den zu fertigenden Typen wurde recht schnell entschieden. Die Focke-Wulf-Geschäftsführung ging von der Überlegung aus, dass die neu formierten Segelfluggruppen wie vor 1945 ihre einfacheren Schul- und Übungsflugzeuge selbst bauen würden. Ein größerer Gewinn würde sich – so nahm man an – dann bei der Herstellung von komplexeren und teureren Leistungs-Segelflugzeugen für Überlandflug und Wettbewerbseinsatz erzielen lassen.

Naumann hatte daher bereits im Vorjahr Kontakt zum ehemaligen leitenden Konstrukteur der Deutschen Forschungsanstalt für Segelflug – abgekürzt DFS – Hans Jacobs aufgenommen. Seine Vorkriegs-Konstruktionen, insbesondere Reiher, Weihe und Olympia-Meise, waren außerordentlich gut gelungen und verkörperten den Weltstandard des Wettbewerbssegelflugzeugs schlechthin; Weihe und Meise wurden im Ausland in größeren Stückzahlen nachgebaut und in Frankreich und England zum Ausgangspunkt eigener nationaler Entwicklungslinien. Focke-Wulf erwarb die Lizenzrechte an Olympia-Meise und Weihe und schloss einen Vertrag zur Herstellung der Neukonstruktion Kranich III.

Der einfache Aufbau der Meise und ihre sehr guten Flugeigenschaften hatten im Frühjahr 1939 bei einem Vergleichsfliegen in Italien gegen starke in- und ausländische Konkurrenz – unter anderem die deutsche Mü 17 Merle und die polnische Orlik Olympijski – zur Auswahl als Olympia-Einheitsflugzeug für die

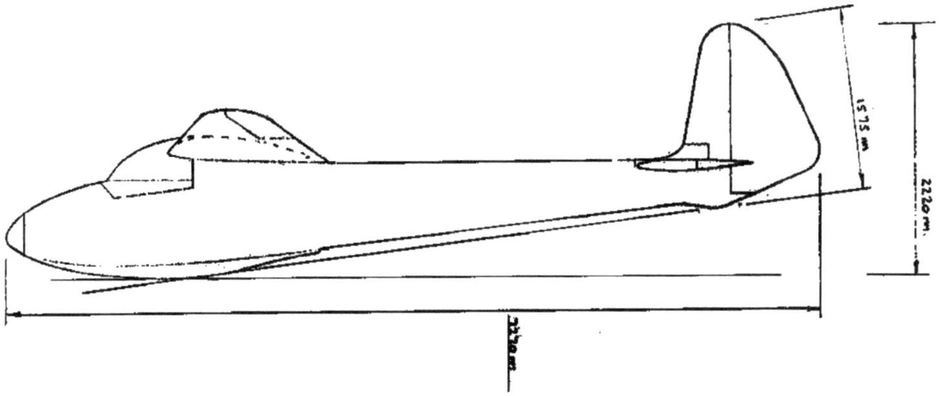

Aus der Übersichtszeichnung: Seitenriss der Olympia-Meise (Bild Airbus Altarchiv)

Olympischen Spiele 1940 geführt[5], die dann ja wegen des Beginns des Zweiten Weltkrieges nicht stattfinden sollten.
Das Lastenheft der Ausschreibung von 1938 – dem die **Olympia-Meise** vollständig entsprach – hatte unter anderem verlangt:

Spannweite 15 m: die Spannweite der späteren Standardklasse – noch heute gültig
Rumpfbreite 60 cm
Baustoffe Sperrholz, Kiefer sowie Stahl für Beschläge und Bolzen
Sturzflugbremsen für eine höchstzulässige Geschwindigkeit von 200 km/h
Rüstgewicht maximal 160 kg
Zuladung 95 kg

Die Olympia-Meise überzeugte seinerzeit die Juroren vor allem wegen ihrer harmonischen Ruderabstimmung. Der oben erwähnte Philip Wills, der renommierteste britische Segelflieger jener Jahre und Weltmeister 1952, urteilte: »The Olympia is, in my view, one of the finest pieces of balanced aerodynamic poetry which has yet been created by man.«[6] Der beste Gleitwinkel der Olympia-Meise lag um 25 – bei etwa 70 km/h erreicht -, ihr geringstes Sinken bei 70 cm/s. Damit waren nicht nur Flüge am Hang oder im Platzbereich, sondern für geübte Piloten auch längere Thermikflüge möglich. Wie bei Reiher und Weihe – und auch bei den folgenden Konstruktionen von Hans Jacobs – war der Innenflügel auf ein leicht verdicktes Profil Gö 549 gestrakt, und der Außenflügel auf das Profil Gö 676. Der Flügel war um fünf Grad geschränkt.

Während des Krieges sind in Deutschland mehrere Hundert Olympia-Meisen gebaut worden, die meisten davon nach überarbeiteten Plänen der Firma Schmetz. Die ursprünglichen DFS-Pläne waren seit Sommer 1939 im Ausland erhältlich für eine Gebühr von 200 RM oder 21 Britischen Pfund; bereits vor Beginn des Krieges wurden die ersten in Lizenz gebauten Flugzeuge im Ausland zugelassen.

Während des Krieges hatten zahlreiche junge Piloten des Nationalsozialistischen Fliegerkorps (NSFK) und auch viele Soldaten der Luftwaffe in ihrer einsatzfreien Zeit die Meise geflogen und verbanden allerbeste Erinnerungen mit diesem Muster; diese Flieger bildeten für Focke-Wulf die Zielgruppe. In den Jahren 1945–1951 begann der Lizenzbau der Olympia-Meise in England, Frankreich, Schweden, der Schweiz, Jugoslawien, Holland, Brasilien, Argentinien und der DDR. Auch aus Heuschobern und Lagerschuppen in der Bundesrepublik wurden versteckte Meisen der Kriegsproduktion hervorgeholt, überholt und wieder zugelassen. Für Focke-Wulf aber wollte sich kein Absatzerfolg einstellen: Nur 25 Satz Zeichnungen der Olympia-Meise 51 – so die vollständige Bezeichnung des leicht überarbeiteten Musters – konnten verkauft werden. Zu klein war der Gesamtmarkt, und zu stark die Konkurrenz durch den preisgünstigen Scheibe Spatz, auch wenn dieser flugleistungsmäßig nicht besser war und weniger angenehme Abkippeigenschaften hatte. Der Gruppen-Selbstbau, auf den die Focke-Wulf-Geschäftsführung gesetzt hatte, verlor im westdeutschen Wirtschaftswunder an Bedeutung und kam schließlich Ende des Jahrzehnts ganz zum Erliegen. Mit dem Erscheinen der von Kaiser konstruierten Schleicher Ka 8 im Jahre 1958, die aufgrund ihrer guten Flugeigenschaften und ihrer unempfindlichen Bauweise in den Fliegergruppen den Platz als Fortgeschrittenen-Schulflugzeug und als Leistungsflugzeug für erste Streckenflüge einnahm und so das Grunau Baby und eben auch die Olympia-Meise ersetzte, schloss sich für Focke-Wulf dieses Marktsegment.

Bessere Chancen schien der Sektor der Hochleistungsflugzeuge zu bieten: In den ersten Jahren nach dem Kriege genoss die 1938 von Jacobs entworfene Weihe einen hervorragenden Ruf. Nach Achtungserfolgen der beiden Prototypen beim Rhönwettbewerb 1938 gelangen im Folgejahr beim letzten Rhönwettbewerb vor

Weihe 50 mit geblasener Haube und Seitenwandkupplung, ohne Rad (Bild Airbus Altarchiv)

Kriegsbeginn beste Platzierungen. Die Flugeigenschaften waren außerordentlich gut, vor allem im Steigflug; das Aufrüsten war ohne lose Teile möglich – nach damaliger Vorstellung im Wettbewerb vorteilhaft. Nachdem die ersten 60 Flugzeuge beim Flugzeugbau Schweyer entstanden waren, gründete der Konstrukteur 1941 gemeinsam mit Heinz Schweyer in Darmstadt ein neues Unternehmen, den Jacobs-Schweyer Flugzeugbau (Kürzel JS), bei dem weitere 300 Flugzeuge für NSFK und Luftwaffe nach überarbeiteten Zeichnungen gefertigt wurden. Auch bei Beneš-Mráz im besetzten Böhmen und bei kleineren Betrieben im »Reich« wurden Baugruppen oder auch ganze Weihen gefertigt. 1943 begann der Lizenzbau in Schweden, dem sich nach Kriegsende Fertigungen in Spanien, Frankreich und Jugoslawien anschlossen[7]. Mit der Weihe wurden die Weltmeisterschaften 1948 und 1950 gewonnen; 1950 wurden sieben der ersten zehn Plätze von Piloten auf Flugzeugen dieses Musters belegt – ein Triumph. Noch 1954 erreichte der deutsche Weihe-50-Pilot August Wiethüchter den dritten Platz bei der Weltmeisterschaft. Mit den verschiedenen Versionen der Weihe wurden zwischen 1939 und 1959 auch zahlreiche nationale und Weltrekorde aufgestellt.

Das Flugzeug war für den industriellen Serienbau entwickelt, ähnelte in Aufbau und Abmessungen dem einige Jahre vorher ebenfalls von Jacobs entworfenen Rhönadler 35 und sollte diesen in den NSFK-Gruppen als Leistungsflugzeug ersetzen. Auch sämtliche mit dem 1937/38 – ebenfalls von Hans Jacobs entworfenen – extrem aufwendigen Spitzen-Segelflugzeug Reiher, dem leistungsfähigsten Serienflugzeug der Vorkriegszeit, gesammelten Erfahrungen wurden auf das neue Muster übertragen[8].

Wenn also die Geschäftsführung von Focke-Wulf 1950 ein Hochleistungsflugzeug deutscher Konstruktion zum Nachbau auswählte, so war die Weihe ohne echte Alternative. Jacobs ließ die Zeichnungen ein weiteres Mal überarbeiten mit dem Ziel einer einfacheren Fertigung der Tragflächen. Das Rumpfheck wurde strukturell verstärkt; die wenig wirksamen DFS-Klappen wurden beibehalten, nun allerdings kostensparend aus Holz gefertigt. Erstmals stand eine Seitenwandkupplung für den Windenstart zur Verfügung. Die Möglichkeit zum Einbau eines Wassertanks hinter dem Sitz fiel weg. Später wurden Schwerpunktkupplung, Rad und geblasene Haube verfügbar.

Der Erstflug der Weihe 50 erfolgte am 9. März 1952 auf dem Bremer Flughafen mit Hanna Reitsch am Steuerknüppel. Sie berichtete, das Flugzeug flöge genau so gut wie sein Vorläufer, mit hoher Richtungsstabilität, angenehm ausgeglichener Steuerung und exzellenter Leistung im langsamen Kreisflug. Im Querruder war das Flugzeug etwas schwerfälliger als die kleinere Meise; einige Eigner verkleinerten deswegen später die Querruder-Spannweite und kamen nun mit einem Antriebshebel aus, was die Reibung der Quersteuerung merklich verringerte.

Die Hauptdaten der **Weihe 50**:
Spannweite 18 m
Länge 8,30 m
DFS-Sturzflugbremsen, zulässige Höchstgeschwindigkeit 215 km/h
Rüstgewicht 195 kg
Zuladung 140 kg
Bestes Gleiten 1:29 bei 70 km/h, geringstes Sinken 0,61 cm bei 50 km/h
Die Profilierung der Tragfläche war die gleiche wie bei der Olympia-Meise, die Schränkung 6,5 Grad

Das Flugzeug wurde zu einem Preis von 12.000 DM angeboten, zu welchem es jedoch nahezu unverkäuflich war. Die kleineren, handwerklich organisierten anderen Segelflugzeughersteller in Deutschland hatten wesentlich geringere Verwaltungskosten und auch geringere Aufwendungen für Gebäude, Vorrichtungen und Maschinen. Die Konkurrenten kalkulierten auch weniger Arbeitsstunden und lieferten z. T. auch eine weniger dauerhafte Qualität. Insgesamt wurden nur neun Weihe 50 verkauft, die letzte erst 1959. Der Verkauf von Bauunterlagen und Beschlägen beschränkte sich auf etwa 20 Stück und kam Ende des Jahrzehnts ebenfalls zum Erliegen.

Im Verlauf der 1950er Jahre wandelte sich die Wahrnehmung der segelfliegenden Kundschaft grundsätzlich: Die 1938 entworfene Weihe wurde zunehmend als nicht mehr modern genug empfunden. Berichte in der Fachpresse über modernste Neukonstruktionen mit Laminarprofil in den USA, Großbritannien und Frankreich, dann auch in der Bundesrepublik – der Doppelsitzer HKS-1, Erstflug 1953 – mit deutlich besserer Gleitleistung beeinflussten die Vorstellung, wie ein teures Hochleistungsflugzeug aussehen müsse.

Bereits Ende der 1930er Jahre hatten Wissenschaftler des amerikanischen National Advisory Committee for Aeronautics, des Vorläufers der NASA, unter der Leitung von Eastman N. Jacobs im Windkanal von Langley Messungen an rechnerisch ermittelten Tragflächenprofilen mit weit zurückliegendem Dickenmaximum und verlängerter Laufstrecke der laminaren Grenzschicht durchgeführt. Der Umschlag der Grenzschicht in den turbulenten Zustand – mit starker Widerstandszunahme verbunden – wurde bei diesen neuartigen

Profilen erst bei 30 bis 40% der Tragflügeltiefe erwartet, und nicht bereits bei etwa 10% wie bei herkömmlichen Tragflügelprofilen. In einem schmalen Anstellwinkelbereich wurden stark verringerte Profilwiderstände gemessen, jedenfalls unter Windkanalbedingungen. Besonders bei den niedrigen Reynoldszahlen eines langsam fliegenden Segelflugzeuges versprachen die neuen Profile sehr gute Ergebnisse[9]. Das Potenzial dieser Laminarprofile wurde auch in Deutschland erkannt, die technische Umsetzung jedoch für kaum möglich angesehen, denn im freien Fluge war eine äußerst profiltreue, wellen- und stoßfreie, saubere Tragflügeloberfläche erforderlich, um die Windkanaldaten zu reproduzieren. Das erste Großserienflugzeug mit einem Laminarprofil der NACA-Serie, die North American P–51 Mustang von 1942, erreichte seine hohe Flugleistung denn auch aus anderen Gründen, nämlich aus einer perfekten Auslegung von Kühler, Lader und Abgasanlage. Trotz sehr guter Bauqualität lag der Umschlagpunkt von laminarer zu turbulenter Grenzschicht bei nur 10 % der Tragflügeltiefe der Mustang, wie deutsche Vermessungen eines notgelandeten Exemplars ergaben. Diese schlechten Messergebnisse von 1943 haben zur Geringschätzung der neuen Technologie unter deutschen Fliegern in den Kriegsjahren und den ersten Jahren danach ganz wesentlich beigetragen.

Wenn auch zunächst noch die Fertigung von Laminarflügeln von nicht zu hohem Gewicht für unmöglich gehalten wurde, so zeigten 1950 das Versuchs-Segelflugzeug Ross-Johnson RJ 5[10] und – ab 1953 – dann auch mehrere andere Muster, dass das Implementieren von NACA-Laminarprofilen mit der geforderten Konturentreue eben doch möglich und mit hohem, aber noch vertretbarem Bauaufwand durchführbar war: Eine Revolution des Segelflugzeugbaus hatte begonnen; die Flugleistungen stiegen sprunghaft an. Im gleichen Zeitraum verbesserte sich auch der Kenntnisstand der Leistungssegelflieger: Deutlicher wurde, dass höhere Durchschnittsgeschwindigkeiten im Überlandflug weniger von der Steigleistung eines Musters, sondern ganz wesentlich von gutem Gleiten bei hoher Fahrt abhängig war.

Rudolf Kaiser setzte als einer der ersten die Erkenntnisse der NACA praktisch um und entwarf 1954/55 in Deutschland zwei Segelflugzeuge hoher Leistung, die mit Laminarprofilen der NACA 63er Serie ausgerüstet waren und die nun erforderliche hohe

Oberflächengüte des Tragflügels besaßen: die Ka 6, die beim Alexander Schleicher Segelflugzeugbau ab 1956 in Großserie gefertigt wurde, und den Zugvogel, der bei Egon Scheibe in Dachau entstand. Die kleine, nur 14 m spannende Ka 6 – später auf 14,4 m und endgültig auf 15 m Spannweite vergrößert – erreichte bereits das Leistungsniveau der Weihe 50, der Zugvogel mit zunächst 16 m, später 17 m Spannweite übertraf es erheblich[11] – zum gleichen Preis von 12.000 DM. Die Flugeigenschaften beider Muster wurden in der Fachpresse als hervorragend bewertet. Der bayerische Leistungspilot – und Scheibe-Mitarbeiter – Franz Medicus urteilte über den Prototypen: »Der Zugvogel ist der Trakehner unter den Segelflugzeugen…«[12] Hanna Reitsch gewann mit dem gleichen Flugzeug 1955 die Deutsche Meisterschaft. Mit einem in den Verkaufsbroschüren des Zugvogels I angegebenen besten Gleitwinkel von 34 und Bestwerten für das Sinken bei hoher Fahrt schien das Leistungsniveau der Weihe weit übertroffen. Das als gefährlich apostrophierte Abkippverhalten der Laminarflügel-Flugzeuge[13] wurde durch eine sorgfältig berechnete Auftriebsverteilung, ausreichende Schränkung und einen geeigneten Flügelumriss mit geringer Zuspitzung und – bei der Ka 6 – durch eine sinnreiche Höhensteuer-Querruder-Kopplung vermieden. In vielen Segelfluggruppen liebäugelten die Mitglieder nun mit dem sehr leistungsfähigen Zugvogel, um schließlich doch die preiswertere Ka 6 zu bestellen: eine gute Wahl. Auf der Ka 6 wurden zahllose Meisterschaften gewonnen und eine Vielzahl von Rekorden aufgestellt, Tausende von Vereins-Segelfliegern flogen ihre ersten größeren Strecken mit diesem Muster – wie auch der Verfasser dieses Textes.

Etwa 1.300 Stück des Musters Ka 6 wurden gebaut. Bereits im Winter 1957/58 entschied die Geschäftsführung von Focke-Wulf, die Herstellung der nun veralteten Olympia-Meise 51 und Weihe 50 zu beenden.

Focke Wulf Kranich III (Bild Wikimedia Commons CC BY-SA 3.0 Thomas Süß)

Mehr Erfolg hatte Focke-Wulf mit dem von Jacobs 1951 entworfenen und vom Ingenieur-Team der Firma Focke-Wulf unter Richard Koitsch ausgearbeiteten neuen Muster Kranich III, einem Doppelsitzer mit modifiziertem Weihe-Flügel und neukonstruiertem Stahlrohrrumpf. Dieser Entwurf, nicht verwandt mit seinem Vorgänger Kranich II (RLM-Nr. 108–30), nutzte Jacobs' Erfahrungen bei der Konstruktion des Doppelsitzers Geier – nach anderen Quellen Geieradler – (RLM-Nr. 108–82) für die Luftwaffe in den Jahren 1942/43[14]. Der über sehr gute Flugeigenschaften verfügende und äußerst solide gebaute Kranich III belegte bei nationalen Wettbewerben und bei Weltmeisterschaften vordere Ränge und wurde bis 1959 verkauft.

Die Hauptdaten des **Kranich III**:
Spannweite 18,10 m, Endkeulen
Länge 9,12 m
Schempp-Hirth-Bremsklappen, höchstzulässige Geschwindigkeit 185 km/h
Rüstgewicht 320 kg
Zuladung 200 kg
Bestes Gleiten 1:30 bei 80 km/h, geringstes Sinken 0,75 m/s bei 77 km/h
Tragflächenprofil Gö 549/Gö 676 wie Weihe und Meise, Schränkung 8 Grad

Allerdings erfüllte auch dieses Muster wirtschaftlich nicht alle Erwartungen, denn das Interesse an teuren Hochleistungsdoppelsitzern ging stark zurück, als auf Weltmeisterschaften keine

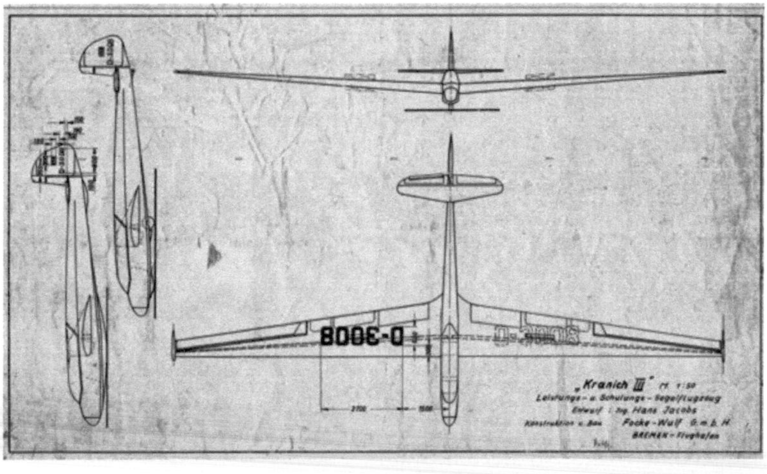

Übersichtszeichnung 3-Seitenriss des Kranich III (Bild Airbus Altarchiv Bremen)

Hanna Reitsch mit Copilotin Susanne Klingeberg auf Kranich III, Oerlinghausen, 1953 (Bild Airbus Altarchiv)

Doppelsitzer-Wettbewerbe mehr ausgetragen wurden. Für den reinen Schulbetrieb aber war das Flugzeug mit etwa 15.000 DM zu teuer[15], die Ruderkräfte waren groß, und das Auf- und Abrüsten mühsam. Die Gesamtproduktion des Kranich III hat etwa 40 Stück betragen – ein bescheidener Erfolg. Eine innovative Weiterentwicklung des Flugzeuges wurde nicht verfolgt; Focke-Wulf besaß keine eigene Entwicklungsabteilung, sondern nur eine sehr kleine Zahl von Konstrukteuren. Auch die Entwicklung eines Motorseglers auf Kranich-Basis – auf der Grundlage eines Entwurfes von Lufthansa-Cheffluglehrer Hans Joachim Schulze – wurde von Focke-Wulf wegen mangelnder Ingenieur-Kapazität abgelehnt[16].

Einige Exemplare dieses sehr dauerhaft gebauten Flugzeuges sind noch zugelassen und im Flugbetrieb; ein sorgfältig grundüberholter Kranich III wurde von der Landes-Denkmalpflegebehörde Schleswig-Holstein im Herbst 2016 als »bewegliches technisches Denkmal« anerkannt, mit dessen Erhaltung das historische

Bau von Segelflugzeugen des Typs Kranich III in einer teilweise wiederhergestellten Halle (Bild Bremer Verein für Luftfahrt/Schulze)

Luftfahrzeug selbst und die zu seiner Entstehung notwendige Ingenieurs- und Handwerkskunst dokumentiert werden soll[17].

Das Projekt Bremen-Lane

Zu den ersten in Deutschland nach dem Kriege verfügbaren Publikationen über die Nutzung der neuen aerodynamischen Erkenntnisse für den Bau von leistungsfähigen Segelflugzeugen zählten die Veröffentlichungen des amerikanischen Aerodynamikers und Luftfahrtingenieurs August Raspet in der Zeitschrift Soaring[18]. Durch konsequente Widerstandsverminderung sollte die Leistung von Segelflugzeugen dramatisch erhöht werden. Raspet schlug vor, die neuen NACA-Laminarprofile zu verwenden, alle Spalten zu schließen und Stöße zu glätten – dies war seit den späten 1930er Jahren in Deutschland und Polen bereits Stand der Technik –, einen oben abgeplatteten Rumpf [19] und eine runde geblasene

Haube zu verwenden. Seine Vorstellungen verwirklichte er 1950 erfolgreich im Versuchs-Segelflugzeug Ross-Johnson RJ–5 – mit einem besten Gleitwinkel von 1:40: ein Quantensprung in der Flugleistung. In Deutschland überwog noch die Skepsis, ob die neue Technologie für den Segelflug überhaupt relevant oder vielleicht sogar gefährlich sei. Raspets Veröffentlichungen motivierten jedoch im Winter 1951/52 den US-Airport Administrator des Bremer Flughafens, Frank Lane – einen Ingenieur und Segelflieger – und den Bremer Segelfluglehrer Jan Eilers zum Entwurf eines doppelsitzigen Ganzmetall-Segelflugzeuges nach den Prinzipien Raspets – allerdings mit dem konventionellen Tragflächenprofil NACA 0012. Lane ließ das Flugzeug in der Metallbau-Firma des ehemaligen Focke-Wulf-Ingenieurs Ernst Nipp am Bremer Flughafen konstruktiv ausarbeiten und bauen. Obwohl Raspets Konzeptionen beim Bremer Projekt weitgehend umgesetzt wurden, enttäuschte die Bremen-Lane vollständig. Ihr unelegantes Aussehen – Spitzname »der Blechelefant« – paarte sich mit überraschend schlechten Flugleistungen. Wolfgang Schulze, Chronist des Bremer Flugsports, urteilt: »Leider hat die Konstruktion sowohl im fliegerischen ›Handling‹ als auch in ihren Gleitflugleistungen die damals zugelassenen Segelflugzeuge nicht erreicht.«[20] Der hohe Stirnwiderstand des Doppelsitzers, der beachtliche Profilwiderstand[21], die niedrige Streckung von 12, der hohe induzierte Widerstand des plump anmutenden Rechteckflügels und die unorganisch angefügte riesige Haube ließen befriedigende Flugleistungen nicht zu. Ein Serienbau der Bremen-Lane kam weder bei Nipp noch bei Focke-Wulf zustande.

Nipp Bremen-Lane am Start auf dem Bremer Flughafen (Bild Bremer Verein für Luftfahrt/Schulze)

Die Bilanz des Kapitels »Segelflugzeugbau bei Focke-Wulf« fällt negativ aus. Zwar hatte sich ein kleiner Stamm qualifizierter Facharbeiter weiter beschäftigen lassen, und die Verfahren und Prozeduren des industriellen Flugzeugbaus waren damit nicht vollständig in Vergessenheit geraten, aber der wirtschaftliche Ertrag des Projektes war sehr gering: Die Summe der Jahresüberschüsse aus dem Segelfluggeschäft haben mit Sicherheit 100.000 DM nicht überschritten; nennenswertes Kapital für einen Wiedereinstieg in den Metallflugzeugbau konnte nicht akkumuliert werden. Ohne leistungsfähiges Ingenieurteam, das die neuen Erkenntnisse der Segelflugtechnik innovativ umsetzen konnte, und ohne ausreichende Investitionsmittel blieb der Versuch von Focke-Wulf, im Segelflugsegment Fuß zu fassen, ohne nachhaltigen Erfolg.

Ob die von den Konkurrenten Messerschmitt, Heinkel und Dornier in den Jahren 1948–56 verfolgten Überlebensstrategien wirtschaftlich erfolgreicher waren als die Unternehmenspolitik von Focke-Wulf, ist eine noch offene Frage. Die Diversifikation in den Bau von Fertighäusern durch alle drei Konkurrenten war zumindest im Fall Heinkel von Erfolg gekrönt: Die Firma Heinkel-Modulbau hat sich am Markt behauptet und existiert heute noch; das »Dornier-Heim« und das Messerschmitt-Heber-Fertighaus sind andererseits um 1951 wieder vom Markt verschwunden.

Anfangs erfolgreicher war die Fertigung von Motorrollern und Kleinstwagen durch Heinkel (»Heinkel-Tourist« und »Heinkel-Kabine«) und von Messerschmitt (Kabinenroller) sowie die Herstellung von Textilmaschinen durch die Firma Dornier; das Dornier Delta-Kleinstauto blieb jedoch erfolglos[22]. Den größten Erfolg in dieser Branche erzielte der frühere Fieseler-Ingenieur Erich Bachem, der 1944/45 – noch kurz vor Finis Germaniae – die Herstellung des von der SS geförderten senkrechtstartenden Raketenjägers Bachem Ba 349 Natter aufnahm und 1956/57 in unmittelbarer Nähe seiner ehemaligen Flugzeugfabrik die bis heute erfolgreiche Serienproduktion der fortschrittlichen Eriba-Wohnwagen begann. Flugzeuge baute er allerding nie wieder.

Die Freigabe des Motorflugzeugbaus und der Lizenzbau: der Piaggio P.149

Focke-Wulf befand sich weiterhin in einem andauernden Zustand der Startvorbereitungen[23], »in einer permanenten Warteschleife«[24] oder, wie es Ernst Heinkel formulierte, »zwischen Baum und Borke«. Die Dauer der weiteren Verhandlungen über die Freigabe des Motorflugzeugbaus ließ sich nicht abschätzen, und ohne konkrete Aussichten auf eine Fertigung von Flugzeugen ließen sich Investitionen in die Produktionsanlagen nicht rechtfertigen. Zunächst nahm Focke-Wulf den Bau von Leichtmetallbehältern und von Bootsaufbauten aus Aluminium auf. Wenig später wurde die Fertigung von Ladebühnen für Lkw ins Programm genommen – noch heute unter der Bezeichnung »MBB Liftsystems« am Markt – eine gelungene Diversifikation. Mit dieser luftfahrtfremden Fertigung wurden nennenswerte Erträge erwirtschaftet, die in den Folgejahren zur Stabilisierung der Firma beitrugen, für den Aufbau eines größeren Kapitalstocks aber ebenfalls nicht ausreichten.

Die durchaus vorhandene Bereitschaft des Bundesministers für Wirtschaft, Ludwig Erhard, analog zur Schiffbau- und Stahlindustrie in beschränktem Umfang Investitionskredite an die Luftfahrtindustrie, jene »Spätheimkehrer des industriellen Wiederaufbaus«[25] zu vergeben, scheiterten schließlich an der kompromisslosen Schatzhortungspolitik des Finanzministers Schäffer[26]. Die Gedankenfigur des Verteidigungsministers Franz-Josef Strauß; »Verlorenen Zeit, aber gewonnenes Geld«, durch »umgekehrte Demontage«[27], also das Einsparen von Kosten durch die Rezeption angloamerikanischer Forschungs- und Entwicklungsergebnisse, erscheint aus heutiger wie auch aus damaliger Sicht als laienhaft verkürzend und nicht diskussionswürdig.

Das Land Bremen gewährte schließlich ein Darlehen von 500.000 DM, um weitere Monate zu überbrücken. Mithilfe von Admiral Jeffs, dem amerikanischen Landeskommissar für Bremen, wurden Kontakte geknüpft zu den US-Firmen Lockheed und Curtiss-Wright[28], als bekannt geworden war, dass die AG für Luftverkehrsbedarf, die spätere Lufthansa, für ihren Langstrecken-Flugbetrieb die mit Curtiss-Wright-Motoren angetriebene

Lockheed Super Constellation ausgewählt hatte. Offenbar beabsichtigte Focke-Wulf die Wartung, eventuell sogar eine Komponentenfertigung für diese Flugzeuge zu übernehmen. Auch der Bremer Senat bekundete weiterhin sein großes Interesse am Aufbau einer bremischen Flugzeugindustrie und unterstützte materiell die Deutsche Forschungsanstalt für Segelflug wegen deren großer Wichtigkeit für den Flugzeugbau insgesamt.[29] Den Forderungen nach einer Wiedereröffnung der Fachrichtung Flugzeugbau am Technikum (später: Hochschule für Technik) und nach Einrichtung einer Fliegerschule, u. a. formuliert von Carl Francke, dem Vorsitzenden des Bremer Vereins für Luftfahrt, zeigte der Senat ebenfalls ein offenes Ohr. 1955/56 wurde eine Flug-Fachschule eröffnet, einige Jahre später das Fach Flugzeugbau an der Hochschule für Technik etabliert.

Die lange erwartete Freigabe von Luftfahrtforschung und der Entwicklung und Herstellung von Luftfahrzeugen erfolgte schließlich am 5. Mai 1955 mit dem Inkrafttreten des Truppen- und Deutschlandvertrages, der der Bundesrepublik die nahezu vollständige Souveränität brachte. Noch bevor die lange erwarteten Aufträge des Bundesverteidigungsministeriums zum Aufbau einer neuen deutschen Luftwaffe vergeben wurden, aktivierte Focke-Wulf die Aufbaupläne für das Werk Flughafen, sodass im Oktober 1955 Maschinen und Bauvorrichtungen soweit installiert waren, dass der Bau von Motorflugzeugen in Angriff genommen werden konnte. Zunächst kam ausschließlich der Lizenzbau infrage; für Eigenentwicklungen fehlten weiterhin die personellen und fabrikatorischen, und vor allem die finanziellen Voraussetzungen.

Fritz Feilcke, einer der Gutachter der Bundesregierung zur Frage des Neubeginns eines westdeutschen Flugzeugbaus und bereits seit 1934 Geschäftsführer der Firma Weserflug sowie ihrer Nachfolgegesellschaften, hatte schon 1953 geurteilt, dass eine Flugzeugfertigung im industriellen Maßstab von substanziellen Luftrüstungs-Aufträgen der Bundesregierung abhängig sei – ganz wie 1933. Die Unterkapitalisierung der verbliebenen Flugzeugwerke, so Feilcke, erlaube zunächst nur den Lizenzbau von Militärflugzeugen für die aufzustellende neue deutsche Luftwaffe. Wenn auch der Versuch, eine deutsche Wiederbewaffnung im Kontext der Europäischen Verteidigungsgemeinschaft in den

Jahren 1951–54 zu realisieren, am Widerstand Frankreichs scheiterte, so änderte die dann 1955/56 durchgeführte Vorbereitung eines deutschen Militärbeitrages als Teil des NATO-Bündnisses nichts Wesentliches an der Typenplanung der neuen Luftwaffe, auch nicht in quantitativer Hinsicht[30].

558 Jagdbomber und Aufklärer Republic F–84F und RF–84F gingen als Leihgaben in den Besitz der Luftwaffe über[31], dazu wurden beschafft 390 Jagdflugzeuge North American, Canadair und Fiat F–86 Sabre, 175 Transporter vom Typ Nord Aviation Noratlas sowie einige Dutzend Marineflugzeuge. Ein Teil der Sabres, Armstrong-Whitworth Sea Hawks und Fairey Gannets sowie die Transporter und SAR-Flugboote wurden käuflich erworben, wie auch eine größere Zahl von Schulflugzeugen Fouga Magister, Verbindungsflugzeugen Dornier Do 27 und Ergänzungstypen verschiedener Art. Eine Anzahl Douglas C–47 Transporter, North American T–6 und Lockheed T–33 Schulflugzeuge, einige Hubschrauber Bell H–13 sowie Schulflugzeuge Piper L–18 für die Fluganwärter-Vorauswahl wurden bereits 1955/57 kostenlos geliefert. Aufgrund einer Erklärung der Regierung Adenauer war bekannt, dass die Bundesrepublik bis auf weiteres Kampfflugzeuge der ersten Linie im verbündeten Ausland beschaffen würde, aber Transporter, Schulflugzeuge und diverse weitere Typen, soweit ökonomisch sinnvoll, in Lizenz zu bauen beabsichtigte. Dies waren die Aufträge, von denen Feilcke gesprochen hatte.

Die Fouga Magister wurden von der Flugzeug-Union Süd geliefert, einer Arbeitsgemeinschaft von Messerschmitt und Heinkel, die Noratlas vom Flugzeugbau Nord, einem Verbund von Weserflug, Hamburger Flugzeugbau und Siebel-ATG – Geschäftsführer Fritz Feilcke -, Dornier baute seine Eigenentwicklung Do 27 für alle drei Teilstreitkräfte, und für Focke-Wulf blieb nach der Planung des Amtes Blank, des späteren Bundesverteidigungsministeriums, die Lizenzfertigung eines Schul- und Verbindungsflugzeuges.

Hier kamen mehrere Muster infrage. Plausibel erschien die Beschaffung der SAAB Safir, die vom gleichen Chefkonstrukteur Anders J. Andersson entworfen war wie das während des Krieges in großen Stückzahlen gebaute und nahezu allen ehemaligen Piloten der Luftwaffe gut bekannte Schulflugzeug Bücker Bü 181

Bestmann, allerdings in zeitgemäßer Ganzmetallbauweise und mit Bugradfahrwerk. Die Safir war auch als Verbindungsflugzeug brauchbar und verfügte über drei Sitze.[32]

Nach einer gründlichen Erprobung von sieben Schulflugzeug-Mustern in Nörvenich bereits im Mai 1955[33] fiel die Entscheidung jedoch für die Piaggio P.149. In den Medien wurde ein erheblicher Hype für die Piaggio entfacht; die ehemaligen Jagdflieger Adolf Galland und »Edu« Neumann siegten auf dem Muster beim Italien-Rundflug. Piaggio stellte das leistungsschwächere Schwestermodell P.148 im Juli 1955 auf einem Flugtag auf dem Bremer Flughafen vor. Bereits im Januar des Jahres hatte Focke-Wulf vom Herstellerwerk eine Nachbau-Lizenz für die P.148 und die P.149 erworben, zusammen mit den Vermarktungsrechten für Skandinavien, Südamerika und Israel[34]. Die Flugeigenschaften wurden als ausgezeichnet beurteilt: »… a dream aeroplane … and as lively in every aerobatic as the most exacting virtuoso could desire … delightful controls … but a forgivingness which preserves the undeserving pilot from the consequences of error … an ideal combination of trainer and tourer.«[35] Man kann annehmen, dass außer den sehr guten Flugeigenschaften und der Tatsache, dass BMW bereits die Nachbaurechte für den 274 PS leistenden Motor Lycoming GO–480 – für die Do 27 – erworben hatte, der politisch-ökonomische Proporz berücksichtigt wurde: Außer amerikanischen, britischen, kanadischen und französischen Flugzeugherstellern kam hier erstmals die italienische Industrie zum Zuge.

Der Aufbau des Flugzeuges war konventionell, aber durchaus auf dem Stand der Technik jener Jahre. Der Tragflügel – vollständig aus Dural – war zweiholmig mit tiefem Torsionskasten, die Rippen bestanden aus gepresstem Blech, die Beschläge aus Stahl. Der Rumpf war eine einfache Schalenkonstruktion mit Stringern und Spanten aus U-Profilen. Das Flugzeug verfügte über ein elektrisch betätigtes Dreibein-Einziehfahrwerk, besaß vier Sitzplätze und hatte einen Constant-Speed-Propeller Konstruktion Piaggio. Die sehr große Haube war teilweise abwerfbar und bot beste Sicht.

Hauptdaten der **Focke-Wulf-Piaggio FWP.149 D** – so die offizielle Bezeichnung:
Spannweite: 11,12 m
Länge 8,80 m
Leergewicht 1160 kg
Zuladung 520 kg
Höchstgeschwindigkeit 304 km/h
Reisegeschwindigkeit bei 67% Leistung 266 km/h.

Da kein ausreichend leistungsfähiges Konstruktionsbüro bei Focke-Wulf vorhanden war, fungierte hilfsweise die Duisburger Firma Blume Leichtbau- und Flugtechnik als »Nachbau-Büro«. Ihr Eigentümer war Walter Blume, ehemaliger Geschäftsführer der reichseigenen Arado-Flugzeugwerke mit Zweigwerken in Warnemünde, Anklam, Babelsberg, Brandenburg, Wittenberg und Rathenow, die nach Kriegsende allesamt in der sowjetischen Besatzungszone gelegen waren, weswegen die Firma 1948 »in Volkseigentum überführt« und schließlich ab 1953 liquidiert wurde. Der für die Forschungs- und Hochtechnologieförderung zuständige nordrhein-westfälische Staatssekretär Leo Brandt hatte beabsichtigt, rund um den verbliebenen Rest des Arado-Leitungsteams herum in Duisburg ein Flugzeugwerk aufzubauen, zu dessen Realisierung es aus verschiedenen Gründen jedoch nicht gekommen ist[36]. Während die Mitarbeiter dieser Gruppe die Konstruktion eines eigenen Sportflugzeuges vorbereiteten – davon unten mehr – besorgten sie einen Teil der technischen Organisation des Piaggio-Nachbaus.

Der Erwerb der Nachbaulizenz und die Erstellung von Vorrichtungen und anderen Hilfsmitteln wurden von Focke-Wulf ohne staatliche Kredite bewältigt; das finanzielle Volumen hat etwa DM 1,5 Mio. betragen. Bei einem Verkaufspreis um DM 150.000 und einem vom Auftraggeber zugestandenen Gewinn von 5% konnte das P.149-Programm nur knapp kostendeckend abgewickelt werden; allerding war – zumal sich die Nutzungsdauer auf mehr als zwei Jahrzehnte erstreckte – ein beträchtliches Wartungsvolumen gesichert, was die Rechnung ausgeglichen haben mag.

Von 1957 bis 1961 wurden in Bremen 190 FWP.149 gefertigt. Etwa 250 Mitarbeiter waren mit diesem Auftrag beschäftigt. Im

Serienbau der FWP.149D (Bild Sammlung Eggers/ Airbus Altarchiv Bremen)

Dauerbetrieb stellten sich einige strukturelle Mängel der Piaggio heraus, die aufwendig nachgebessert werden mussten. Die betrieblichen Eigenschaften waren jedoch sehr gut – allerdings galt das Triebwerk als empfindlich. Rund zwei Dutzend der Flugzeuge wurden im Rahmen von Entwicklungsprojekten an afrikanische Staaten geliefert, einige wenige auch an zivile Betreiber. Die nach dem Ende der Nutzung durch die Luftwaffe 1990 noch vorhandenen Flugzeuge wurden an Luftwaffen-Flugsportgruppen abgegeben bzw. privat veräußert – nicht wenige sind noch in Betrieb. Nach dem Ende der Piaggio-Fertigung wurde die frei gewordene Hallenfläche mit der Herstellung von F-104-Baugruppen belegt, die der Weserflug – einer der Firmen der deutsch-holländischen ARGE Nord zum Lizenzbau des Starfighter – zugeliefert wurden.

Es gelang der Geschäftsführung von Focke-Wulf im Zeitraum 1957/58, sich auch die Wartungsaufträge für die Marine-Flugzeuge Armstrong-Whitworth Sea Hawk[37] (68 Stück), Fairey Gannet[38]

(16) und Grumman HU–16 Albatross[39] (acht Flugzeuge) zu sichern. Die Arbeit an diesen wenn auch nicht ganz hochmodernen, so doch recht komplexen Flugzeugen erhöhte die technische Kompetenz der Mitarbeiterschaft erheblich und wurde zu auskömmlichen Preisen abgerechnet. Gannets und Sea Hawks wurden um 1966 ausgemustert, die letzte Albatross erst 1972.

Konstruktion und Bau der Blume Bl 502

Die Duisburger Firma Blume – vollständige Bezeichnung »Prof. Dipl.-Ing. Walter Blume Ingenieurbüro für Leichtbau und Strömungstechnik GmbH, Duisburg-Ruhrort« – zählte zu ihren technischen Mitarbeitern die Ingenieure Liebing, Rebeski und van Nes. Gemeinsam mit Betriebsleiter Blume und anderen Fachleuten hatten diese vor 1945 in der Firma Arado mehrere außerordentlich leistungsfähige Flugzeuge konstruiert und gebaut, darunter das in großen Stückzahlen gefertigte Schulflugzeug Arado Ar 96 und seine Weiterentwicklung Ar 396[40], das hochmoderne Sportflugzeug Ar 79, den Transporter Ar 232, den Zerstörer Ar 240/440 und den Düsenbomber und –aufklärer Ar 234. Namentlich das letztere Flugzeug, das fortschrittlichste Technik mit besten Flugeigenschaften kombinierte, hatte sehr zum Ansehen dieses Konstruktionskollektivs beigetragen. Der Entwicklungschef, Rüdiger Kosin, trat allerdings nicht ins Büro Blume ein, sondern wanderte in die USA aus. Das Büro Blume wurde in der Öffentlichkeit als Nachfolger – und Platzhalter – der Altfirma Arado verstanden.

Rebeski und van Nes verbrachten die frühen 1950er Jahre in Österreich und waren in der kleinen Firma von van Nes' altem Fliegerfreund Meindl tätig. Dort hatten sie, auf dem Entwurf der Ar 79 von 1939 aufbauend, mehrere Weiterentwicklungen ausgearbeitet, darunter die Meindl R 110/R110, für eine Fertigung im Ausland vorgesehen – Indien, aber auch Caproni in Italien waren im Gespräch – und die daraus entwickelte Meindl M 210 für den Österreichischen Aero-Club. Beide Entwürfe gelangten nicht zur Serienfertigung, allein von der M 210/211 wurde ein Stück in Bayern bei der Motorenfabrik Wimmer in Sulzbach/Inn fertiggestellt[41].

Seit 1954 beschäftigten sich Rebeski, van Nes und einige Mitarbeiter des Büros Blume mit dem Entwurf und der Konstruktion einer Weiterentwicklung der Meindl M 210 in Ganzmetallbauweise unter der Bezeichnung Blume Bl 500/502. Vorher waren sorgfältig mehrere alternative Konfigurationen zum Normalflugzeug geprüft worden, darunter auch die der 1940 von van Nes konstruierten Meindl Wn 16 mit Doppelrumpf und Schubpropeller; alle erwiesen sich jedoch als weniger leistungsfähig[42]. Da Blume keine eigene Fertigungskapazität besaß, erging der Auftrag zum Bau zweier Prototypen und einer Bruchzelle Anfang 1956 an Focke-Wulf[43].

Der Halbschalenrumpf der Bl 502 war konventionell aufgebaut, der Rechteck-Trapezflügel mit Laminarprofil zur Erzielung einer perfekten Oberfläche jedoch geklebt. Ausgewählt wurde das Zwei-Komponenten-Harzsystem Redux 775 der englischen Firma Aero Research, ein warmhärtender Phenolharz-Polyvinylformal-Kleber. Dieser während des Krieges entwickelte Kleber war in den Jahren zuvor erfolgreich bei den Firmen de Havilland, Vickers und English Electric sowie bei französischen Herstellern verwendet worden, und ab 1954 bei der holländischen Fokker F 27 – und allen weiteren Fokker-Verkehrsflugzeugen, denen die geklebte Bauweise eine außergewöhnlich hohe strukturelle Festigkeit verlieh.

Wegen der geringen Hautstärke war die bei einem Laminarflügel notwendige Senknietung unmöglich. Um ein Beulen der dünnen stringerlosen Haut unter Last zu vermeiden, brachte man bei der Bl 502 die nur 0,6 Millimeter dicken Beplankungsbleche nach dem Beizen unter Vorspannung – in Spannweitenrichtung – auf die je 14 Rippen pro Halbflügel auf, fixierte sie in einer inneren und äußeren Klebevorrichtung und erzeugte an den Klebestellen mit Druckscheren und elastischen Druckschläuchen den notwendigen Anpressdruck von 7 kg/cm². Anschließend wurden die Halbflügel bei 145 Grad Celsius 25 Minuten lang getempert. Die gesamte Ofenzeit betrug einschließlich Aufheizen und Abkühlen vier Stunden. Danach wurde die Klebevorrichtung ausgebaut, um beim nächsten Stück wieder verwendet zu werden. Die Zweckmäßigkeit dieser Bauweise wurde auf der WGL-Tagung 1958 kontrovers diskutiert, kritische Auffassungen überwogen[44].

Blume Bl 502 V1
(Bild Airbus Altarchiv Bremen)

Die Hauptdaten des ersten Prototyps der **Bl 502** waren:
Vier Sitze, Antrieb ein Lycoming O–320 von 150 PS.
Spannweite 10,50 m
Länge 8,15 m
Rüstgewicht 670 kg
Zuladung 450 kg
Höchstgeschwindigkeit 250 km/h
Reisegeschwindigkeit 220 km/h, beides erflogen bei einem Fluggewicht von 970 kg

Das Klebeverfahren und der Laminarflügel resultierten also in mäßigem Strukturgewicht und recht hohen Leistungen. Ein Verkaufsprospekt[45] nannte als Verwendungszweck Anfängerschulung, Übung, Kunstflug, Sportflug, Schleppflug, Luftwerbung d. h. Bannerschlepp, Forst- und Landwirtschaftsflug, Reiseflug, Kurierflug, und zwar sowohl für zivile als auch für militärische Verwendung. Besonders gerühmt wurden die sehr guten Flugeigenschaften, auch im Kunstflug, und die hohe Festigkeit des Musters; bei der Flugerprobung sind später 500 km/h im Bahnneigungsflug erreicht worden.

Der Prototyp flog erstmals im März 1957 in Bremen, das zweite Stück – später mit einem 180-PS-Motor ausgerüstet und als Bl 503 bezeichnet – einige Monate später. Die LBA-Zulassung erfolgte am 18. April 1958. Eines der V-Muster ging bei der Flugerprobung verloren.

Das Interesse privater Flieger an der Blume war gering. Auch Bundeswehr und Lufthansa waren an einer Anschaffung nicht interessiert; sie hatten bereits anders disponiert. Der Versuch des Büros Blume, die Bl 502 als Weiterentwicklung der Ar 79 zu deklarieren und deren hervorragendes Erbgut für die Neukonstruktion zu reklamieren, nützte ebenfalls nichts. Die sehr hohen Kosten einer serienmäßigen Herstellung, bedingt durch das aufwendige Tempern der Flügel in einer komplexen Vorrichtung, führten 1959 zur Aufgabe des Programms. Nach Ende der Arbeiten am Bl 500-Projekt beteiligte sich das Büro Blume 1959–61 im Rahmen des Transall-Konsortiums an der Konstruktion des Leitwerks des neuen Transportflugzeuges. Anschließend wechselte Team-Leiter Rebeski zum Hamburger Flugzeugbau, van Nes zur Firma Bölkow.

Für Focke-Wulf aber erbrachte der Bau der drei Blume-Flugzeuge wertvolle Erfahrungen in der Herstellung eines modernen Flugzeuges: ein »Exerzierauftrag«. Der zweite Prototyp ist erhalten und wird zurzeit wieder flugklar gemacht. Leichtflugzeuge, die mit überschaubaren Investitionen hätten entwickelt und produziert werden können, sind jedoch in Bremen nach dem Auslaufen der Piaggio-Fertigung keine mehr gebaut worden.

Aus heutiger Sicht stellt sich die Frage, warum Focke-Wulf – und die anderen deutschen Flugzeugbaufirmen – nicht an die große Tradition des deutschen Leichtflugzeugbaus der dreißiger Jahre haben anknüpfen können. In der NS-Zeit war der Absatz von Sportflugzeugen fast vollständig an staatliche Abnehmer erfolgt, nämlich an den Deutschen Luftsportverband, die Deutsche Verkehrsfliegerschule und die Luftwaffe, dann auch an das NSFK. Diese Organisationen hatten nicht wie die Luftsportklubs der Nachkriegszeit eigenverantwortlich wirtschaften müssen, sondern wurden vom Staat massiv subventioniert, einmal um den fliegerischen Nachwuchs für die Luftwaffe zu schulen und zum anderen die industriellen und organisatorischen Grundlagen für

Verkaufsprospekt der Blume Bl 502 (Titelseite), ca.1958
(Bild Airbus Altarchiv Bremen)

die Lizenz- und Eigenproduktion von Kampfflugzeugen zu schaffen. Daher konnten die Leichtflugzeugbauer nennenswerte Profite erzielen und das finanzielle Fundament für eine umfangreiche Entwicklungstätigkeit schaffen. Die Sportfluggruppen der Nachkriegszeit dagegen mussten mit den Mitteln ihrer Mitglieder sparsam wirtschaften und griffen deswegen in den Anfangsjahren zu den billigen Sportflugzeugen aus amerikanischen und britischen Kriegsüberschussbeständen. Wenn überhaupt Neukäufe möglich waren, ging man kein Risiko ein und beschaffte eines der preiswerten amerikanischen Großserien-Sportflugzeuge, von denen bekannt war, dass sie fliegerisch geringe Ansprüche stellten, zum Beispiel vom Hersteller Cessna. Für einen Absatz teurer deutscher Neuflugzeuge war nahezu kein Raum.[46]

Auch der in den 1930er Jahren betriebene Export in das europäische Ausland fiel nun weg. Da bis 1939 die Devisenreserven aufgezehrt waren und um nahezu jeden Preis erhöht werden mussten, genoss der Flugzeugexport massive staatliche Förderung. Der Absatz an Privatpersonen spielte vor dem Kriege, ganz wie in den ersten Jahren nach 1955, keine nennenswerte Rolle. Der Erfolg des deutschen Leichtflugzeugbaus vor dem Kriege erklärt sich also weitgehend aus den Bedingungen der nationalsozialistischen Luftrüstung und Luftsportförderung sowie aus dem Zwang zum Export, Bedingungen, die nach 1955 nicht mehr gegeben waren.

Das Ende der Wiederaufbauphase

1957 wurde endlich ein Vergleich mit den Bankgläubigern von Focke-Wulf hinsichtlich der alten Kriegsschulden erzielt, sodass nun eine maßvolle Expansion ins Auge gefasst werden konnte. Ein gewisses Maß an Know-how war nunmehr vorhanden, einige hundert Fachkräfte eingestellt, ein Teil der Werksanlagen wieder benutzbar und eine Anzahl von Maschinen und Vorrichtungen für den Metallflugzeugbau wieder vorhanden.[47]

Für eine Wiederaufnahme des Baus komplexer Flugzeuge fehlte aber doch ganz erheblich das Eigenkapital[48], zudem musste eine leistungsfähige Entwurfs- und Konstruktionsabteilung aufgebaut werden. Die französische und die englische Luftfahrtindustrie kämpften mit ähnlichen Schwierigkeiten: Das völlige Fehlen eines ausreichenden Kapitalstocks machte die Firmen abhängig von staatlichen Luftrüstungsprogrammen oder von erheblich subventionierten Zivilprojekten – und damit empfindlich gegen deren kurzfristige Einstellung.

Für den Aufbau von Konstruktion und Entwicklung wurde am 1. Oktober 1959 Gerhard Eggers als technischer Geschäftsführer eingestellt, bis dahin Abteilungsleiter der französischen Triebwerksfirma SNECMA und Chef des Projektes zum Bau und zur Flugerprobung des technisch hochkomplexen senkrechtstartenden Ringflüglers Coléoptère[49]. Er sollte im folgenden Jahrzehnt Focke-Wulf den Weg in die Moderne weisen. Neue Geschäftsfelder wie Senkrechtstarttechnik und Raumfahrt wurden geöffnet, 1961 zusammen mit Weserflug und dem Hamburger Flugzeugbau der Entwicklungsring Nord ERNO zur Bündelung der Entwicklungskompetenzen gegründet, und schließlich am Jahresende 1963 die Fusion mit dem anderen, größeren und kapitalkräftigeren bremischen Luftfahrtunternehmen, der Weserflug, vollzogen.[50]

Auf dem Weg zum eigenstabilen Hubschrauber: das Focke-Borgward Projekt

Nach Ende des Zweiten Weltkriegs konzentrierte sich die Arbeit der Hubschrauberkonstrukteure in aller Welt auf die Verbesserung der ursprünglichen Entwürfe von Sikorsky, Bell, Focke, Flettner und anderen Pionieren – jedoch unter Wahrung der jeweiligen Patentansprüche. Die deutschen Patente aus den Jahren vor 1945 standen allerdings nun allen Interessierten zur Verfügung, denn deutsche Patentansprüche waren mit dem Londoner Abkommen von 1946 erloschen.

Entwicklungsziel aller Hubschrauber-Spezialisten waren Verbesserungen am Rotor-System, die höhere dynamische Stabilität – also bessere Eignung für den Instrumentenflug – und ein direkteres Folgen des Drehflüglers auf Steuereingaben, möglichst wie beim Flächenflugzeug, zum Ziel hatten. Henrich Focke hatte diese Eigenschaften bereits in seiner Patentschrift von 1933 angesprochen – damals noch als Desiderat[51]. Die zentrale Aufgabe, der sich

Henrich Focke für den Rest seines Ingenieurlebens verschrieben hat, war die Verbesserung der Steuerfähigkeit des Hubschraubers und die Erhöhung der dynamischen Flugstabilität ohne komplexen elektronischen Flugregler mit dem Ziel einer Tauglichkeit für den Instrumentenflug.

Der klassische einrotorige Hubschrauber, 1943 von Igor Sikorsky patentiert[52], bedient sich eines vollbeweglichen, unstarren Rotorkopfes, der den Hubschrauber sowohl in Nick- und Rollrichtung – durch die zyklische Blattverstellung – als auch in Steig- und Sinkrichtung – durch die kollektive Blattverstellung – steuert. Die Giersteuerung wird vom Heckrotor besorgt. Der unstarre Rotorkopf macht eine sofortige Rückmeldung von Steuereingaben schwierig und ermöglicht nur eine geringe dynamische Flugstabilität insbesondere in Bezug auf die Nickachse – der speziell ausgebildete Hubschrauberpilot muss den Drehflügler permanent steuern, wenn er ein Anfachen der Nickschwingung vermeiden will.

Fockes Überlegung – und die seiner Mitbewerber – war es, das System von Taumelscheibe, Gelenken und Stellhebeln mechanisch zu vereinfachen und von einzelnen Funktionen zu entlasten, den Rotorkopf also teilstarr zu gestalten, um das Feedback der Steuerung zu verbessern und gleichzeitig die dynamische Stabilität zu erhöhen, d.h. die Schwingung des Hubschraubers um die Nickachse zu dämpfen. Wie oben angesprochen, kam bei der Lösung dieser Aufgabe der Patentsituation besondere Bedeutung zu.

Bereits vor dem Kriege hatte Focke den doppelten, schrägstehenden Heckrotor entworfen, der gleichzeitig Gier- und Nicksteuerung des Hubschraubers übernehmen und die Stabilität um die Querachse wesentlich erhöhen sollte[53]. Eine praktische Verwirklichung erfolgte zunächst nicht, war aber 1940–43 für einen Hubschrauber Focke-Achgelis Fa 283 geplant.[54]

In den Jahren kurz nach dem Krieg war Focke mit einem kleinen Team für die französische Firma SNCASE unter Vertrag und brachte dort den mit doppeltem schrägstehenden Heckrotor ausgerüsteten Hubschrauber SE 3101 zum Fliegen; seine Eigenschaften befriedigten jedoch nicht.[55]

Focke war anschließend ab 1952 in Brasilien tätig und verbesserte dort seinen Entwurf: Die zwei schrägstehenden Heckrotoren standen nun mechanisch vorteilhaft eng beieinander und kämmten ineinander.[56] Gleichzeitig wurde bei dem in Brasilien konstruierten Leichthubschrauber BF–1 Beija-Flôr erstmals überhaupt ein mechanisch-hydraulisches Stabilisierungssystem vorgesehen, das bei Störungen der Fluglage Steuerimpulse erzeugen sollte, die direkt am Rotorkopf angriffen. Der Rotor besaß keine Schwenkgelenke[57]. Spätere Flugversuche bestätigten den Erfolg dieser Konstruktion – der Hubschrauber war eigenstabil.

Der Beija-Flôr folgte in seiner Gesamtauslegung dem damals in der Luftfahrtpresse lebhaft diskutierten Cessna-Hubschrauber, Entwurf und Konstruktion Charles Seibel, bei dem ebenfalls die Entwicklungsziele »verbesserte Flugstabilität« und »leichtere Bedienbarkeit« verfolgt wurden. Wie bei Fockes Konstruktion war beim Seibel'schen Hubschrauber ein Fronttriebwerk vorgesehen, mit kurzer schräger Hauptwelle zum Rotorkopf und mit einem senkrecht vor den Besatzungsmitgliedern im Cockpit stehenden Rotormast. Der Rotorkopf des Cessna-Hubschraubers besaß keine Schlaggelenke, sondern an deren Stelle flexible Stahl-Elemente.[58]

Bevor Seibel den Cessna CH–1 entwarf, hatte er in den Jahren zuvor in seiner eigenen Firma bereits zwei Hubschrauber-Prototypen zum Fliegen gebracht, den ersten davon, die Seibel S–2, mit einer bemerkenswerten Steuerung: Ein Teil des Rumpfes wurde im Fluge seitlich und nach vorn und nach hinten verschoben; diese Schwerpunkt-Steuerung ersetzte die entsprechenden Funktionen – und Freiheitsgrade – der Taumelscheibe[59]. Bemerkenswerterweise sollte Henrich Focke auch dieses Seibel'sche Konzept etwas später wiederbeleben, nämlich im Borgward-Focke Kolibri V 1.

Gelegentlich besuchte der in Südamerika tätige Henrich Focke seine Vaterstadt Bremen. Bei einem dieser Besuche im Jahre 1953 wurde wohl auf Vermittlung des früheren Focke-Wulf-Werkleiters Gieschen, nun Betriebsdirektor der Borgward-Automobilwerke, ein Kontakt zum Eigentümer Carl F. W. Borgward hergestellt. Nach einer anderen Überlieferung waren Fockes früherer Compagnon Gerd Achgelis und der ehemalige Focke-Wulf-Einflieger Conny Edzard die Kontaktvermittler – vielleicht sind beide Überlieferungen richtig[60]. Seit einer Begegnung mit Kurt Tank 1953 hatte Carl Borgward erwogen, in den Flugzeugbau zu diversifizieren. Mit Diversifikation ist in der Definition Kockas «… eine

Unternehmensstrategie gemeint, durch die die Spezialisierung auf ein Produkt oder eine Produktgruppe durch breitere Fächerung und Herstellung sehr verschiedenartiger Produkte ersetzt wurde, welche … die Herstellbarkeit durch gleiche oder interdependente Technik, die Herkunft aus gleichen oder ähnlichen Rohstoffen bzw. Halbprodukten oder die Absetzbarkeit durch gleiche oder ähnliche Marktorganisationen gemeinsam hatten…«[61]. Borgward erblickte im Hubschrauber auch eine Modernisierung seiner Produktpalette, ein »Auto der Lüfte«[62].

Recht bald stellte sich jedoch heraus, dass an eine Herstellung durch gleiche Technik oder aus den gleichen Rohstoffen nicht zu denken war. Der Hubschrauber musste musterzugelassen werden, also durften ausschließlich luftfahrtzugelassene Werkstoffe – und Motoren – verwendet werden, nicht aber im Borgward-Konzern vorhandene ähnliche Bauteile. Verkompliziert wurde die Angelegenheit dadurch, dass die alten deutschen Zulassungsrichtlinien außer Kraft und viele Baustoffe nach deutscher Luftfahrtnorm nicht mehr lieferbar waren, und dem ganzen Projekt britische und amerikanische Vorschriften zugrunde gelegt werden mussten.

Ungeachtet dieser Schwierigkeiten begannen im Herbst 1955 die Vorarbeiten, die Abteilung Hubschrauberbau der Carl F. W. Borgward Automobil- und Motorenwerke GmbH wurde begründet, und im Sommer 1956 nahm Focke mit einem kleinen Team seine Arbeit in Bremen-Sebaldsbrück auf. Entwicklungsziel war – ganz ähnlich wie in Brasilien – ein zwei- bis dreisitziger Leichthubschrauber mit Kolbenmotor-Antrieb, mit hoher Flugstabilität und guten Flugeigenschaften. Bei der Realisierung dieses Anspruches galt es nun die zahlreichen internationalen Patente zu berücksichtigen, darunter auch die von Focke in den Vorjahren selbst eingereichten, die allesamt als Rechte-Inhaber das brasilianische Luftfahrtministerium nannten. Die elegante Lösung der ineinander kämmenden Heckrotoren beim Beija-Flôr konnte deshalb nicht übernommen werden, und auch nicht dessen Stabilisierungssystem.

Focke war gezwungen, auf die Heckrotoranlage seines Patentes von 1940 samt zweier Pendel-Seiten- und -Höhenruder[63] zurückzugreifen; die gesamte Rotorkopf-Baugruppe entstand neu. Den Gedanken einer Steuerung des Hubschraubers durch

Großmodell des Kolibri V1 aus dem Hubschraubermuseum Bückeburg, deutlich zu sehen sind Rotorkopf mit Steuerspinne und die seitwärts schwenkbare Lagerung von Rotor, Getriebe und Triebwerk (Bild H. Pophanken)

Schwerpunktverschiebung aufgreifend, die von Seibel und einigen anderen Pionieren formuliert worden war, entschied sich Focke zu einer Rollsteuerung durch seitliches Ausschwenken der gesamten Rotor-Rotorkopf-Getriebe-Motoren-Einheit. Da Gier- und Nicksteuerung vom doppelten schrägstehenden Heckrotor besorgt werden sollten, verblieb für den Hauptrotorkopf ausschließlich die Aufgabe der kollektiven Blattverstellung, also das Steuern des Hubschraubers in Auf- und Abwärts-Richtung. Hierzu war nur eine einfachere Rotorkopfkonstruktion, allerdings mit Schlag- und Schwenkgelenken, notwendig; Focke wählte eine Spinnensteuerung nach Art der Bristol-Hubschrauber[64], aber aus Patentgründen eben nicht völlig identisch. Der Motor-Getriebe-Rotorblock wurde an einer kräftig dimensionierten Glockenstuhlartigen Tragekonstruktion aufgehängt und war seitlich um acht Grad ausschwenkbar. Der Erstflug des nun als Borgward-Focke BFK–1 Kolibri bezeichneten Hubschraubers erfolgte am 9. Juli 1958, der erfahrene Testpilot Rohlfs saß an Steuerknüppel und Collective-Hebel.

Der Hubschrauber flöge einigermaßen gut, berichteten die Testpiloten, die vom brasilianischen Vorbild abweichende

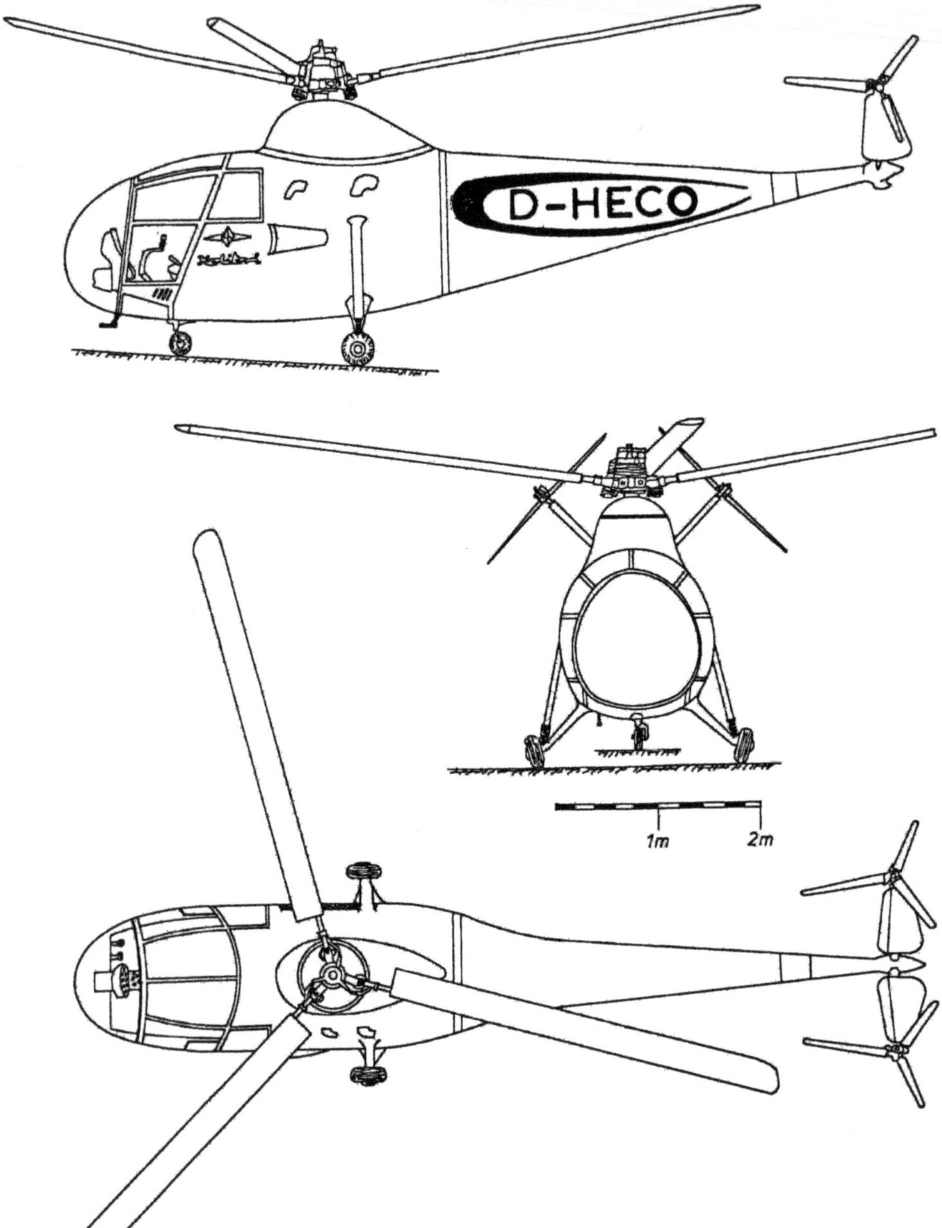

BORGWARD „KOLIBRI" I
Konstrukteur: Prof. H.Focke

Stabilisierungsanlage funktionierte allerdings nicht befriedigend, wurde im Testbetrieb blockiert und musste konstruktiv verbessert werden. Die Glockenstuhl-Rollsteuerung »brachte [ebenfalls] gewisse Schwierigkeiten und damit Verzögerungen bei der Flugerprobung mit sich«[65]. Tatsächlich musste die Rollsteuerung mehrfach überarbeitet werden; und ob sie im Frühjahr 1961 befriedigend funktionierte, ist nicht bekannt. Zu einer Musterprüfung durch das Luftfahrtbundesamt kam es nicht mehr, weil der Borgward-Konzern unmittelbar vor dem geplanten Termin für die Abnahmeflüge Anfang Februar 1961 zahlungsunfähig wurde. Am 21. März 1961 wurde das Hubschrauber-Projekt bei Borgward eingestellt.[66]

Die technischen Hauptdaten des **Borgward-Focke BFK–1 Kolibri V1**:
3 Sitze, Antrieb ein Lycoming VO–430 von 260 PS Startleistung
Dreiblatt-Rotor, Rotorkreisdurchmesser 9,10 m
Länge 8,30 m
Leergewicht 800 kg
Fluggewicht 1.200 kg
Reisegeschwindigkeit 140 km/h
Vertikale Steigleistung 1 m/sec
Maximale Schwebeflughöhe außerhalb des Bodeneffekts 600 m

Die Werte für Steig- und Schwebeflugleistung waren recht bescheiden; offensichtlich war eine Reduzierung des Leergewichts und/oder ein stärkeres Triebwerk nötig.

Focke und Borgward hatten durchaus eine zivile Verwendung des Kolibri ins Auge gefasst gehabt, hofften aber vor allem auf Aufträge der Bundeswehr. Nachdem sich die Streitkräfte im Herbst 1958 für die größere Alouette 2 entschieden hatten, blieb für den Kolibri nur noch die Rolle des Erprobungsträgers, und zwar für die am 10.9.1957/31.12.1958 patentierte verbesserte Stabilisierungsanlage. Ein Angebot an das Verteidigungsministerium vom 4. Mai 1959[67] blieb erfolglos, wohl auch deswegen, weil Focke auf Nachfrage mitteilte, seine Stabilisierungsanlage funktioniere nur beim Kolibri, nicht aber bei anderen Hubschraubern, jedenfalls nicht ohne aufwendige Umbauten. Den ganzen Rotorkopf auf

Links: Übersichtszeichnung Borgward-Focke BFK-1 Kolibri I mit Verkleidung (Bild Airbus Altarchiv Bremen)

andere Muster zu verpflanzen sei praktisch unmöglich und auch nicht in seinem – Fockes – Geschäftsinteresse.[68]

Während der Jahre des Baus und der Flugerprobung des Kolibri beschäftigte sich die Focke-Gruppe noch mit einigen anderen Projekten. Bereits Anfang 1957 unterbreiteten sie dem Verteidigungsministerium ein Angebot für Konstruktion und Entwicklung des »Schnellhubschraubers« Borgward-Focke Rochen, einen exotisch aussehenden Senkrechtstarter mit ummanteltem, schrägstehendem Rotor, für den Focke schon 1944 die ersten Skizzen angefertigt hatte. Eine Startleistung von 2.000 PS war erforderlich, Wellenturbinen waren vorgesehen. Fockes Abteilung schätzte im Januar 1957 die Entwicklungskosten auf 4,8 Mio. DM – eine sehr konservative Annahme. Nach längerem Briefwechsel mit dem Verteidigungsministerium wurde das Projekt eingestellt, denn 1957 galten andere Prioritäten.[69] Erste Vorüberlegungen stellte man vor dem Konkurs der Firma Borgward noch zu einer Familie von turbinengetriebenen Kranhubschraubern unterschiedlicher Größen an; diese verließen jedoch nicht mehr das Reißbrett. Verhandlungen über einen langfristigen Studienauftrag des Verteidigungsministeriums an die Focke-Gruppe im März 1961 – wohl, um das substanzielle Know-how dieser Spezialisten für die Bundesrepublik zu erhalten – blieben ohne Ergebnis[70].

Nach der Insolvenz wurden beide Prototypen des Kolibri verschrottet. Die Konstruktionsunterlagen wurden an die Firma Weserflug übergeben und befinden sich heute im Hubschraubermuseum Bückeburg; Splitter finden sich im Altarchiv der Firma Airbus in Bremen.

Henrich Focke hat nach 1961 seine Tätigkeit in der Industrie weitgehend eingestellt; es blieb noch eine Beratertätigkeit bei den 1964 durch Fusion von Focke-Wulf und Weserflug entstandenen Vereinigten Flugtechnischen Werken. In den Jahren bis zu seinem Tode 1979 hat sich Focke weiter wissenschaftlich mit dem Problem des eigenstabilen Hubschraubers beschäftigt – theoretisch und auch experimentell in dem von ihm selbst gebauten und betriebenen kleinen Windkanal in Bremens Bahnhofsviertel.[71]

Anmerkungen

1 Zur Nachkriegsgeschichte der Firma Weserflug im niedersächsischen Lemwerder vgl. Thiel, Reinhold: »Weser« Flugzeugbau, Bremen 2013, S. 245 ff.

2 AGO Oschersleben, Fieseler, Norddeutsche Dornier-Werke, Mitteldeutsche Metallwerke und Weserflug.

3 Ausführlicher Pophanken, Hartmut/Roder, Hartmut: Der Wiederaufbau der bremischen Luftfahrtindustrie nach dem Zweiten Weltkrieg, in: Kuckuk, Peter/Pophanken, Hartmut/Schalipp, Klaus: Ein Jahrhundert Luft- und Raumfahrt in Bremen, Bremen 2016, S.141–155.

4 Thiel, Reinhold: Focke-Wulf Flugzeugbau, Bremen 2011, S. 244 f.

5 Mü 17: Konstruktion Flugtechnische Fachgruppe München. Orlik: Konstruktion Antoni Kocjan. Die im World Wide Web und in der populären Literatur präsentierte Erzählung, der technisch überlegene Orlik sei von einer faschistischen deutsch-italienischen Gutachtermehrheit niedergestimmt worden, ist eine faktenwidrige Kolportage. Zu Punktebewertung und Abstimmungsergebnis des Vergleichsfliegens vgl. Ocker, Peter: Hans Jacobs – Pionierleben im Flugzeugbau, 2 Bände, Heidenheim 2012, S. 449–456, dort auch die Quellen.

6 Ocker S. 457

7 Ocker S. 427–431

8 Jacobs, Hans: Die Entwicklung der Leistungssegelflugzeuge S. 136. f., in Hirth, Wolf: Handbuch des Segelfliegens, Stuttgart 1963 (8. Aufl.), S.109–140.

9 Zur deutschen Rezeption der amerikanischen Messergebnisse vgl. Flugsport 10/1939, S. 260 f.

10 Simons: Segelflugzeuge 1945–1965, Königswinter 2006 (2. Aufl.), S. 144 ff., Flying Magazine 12/1950, S. 28 f. und S. 58.

11 DAeC-Indexliste 2019: Weihe 50: Leistungskennzahl 80, Ka 6 B/C: 82, Zugvogel I, II und IV: 86. In der zweiten Hälfte der 50erJahre entstanden dann noch eine ganze Reihe von weiteren leistungsfähigen Leistungssegelflugzeugen in Holz- und Mischbauweise, die diese modernen Tragflügelprofile verwendeten, wie die SB 5 der Akademischen Fliegergruppe Braunschweig, die Standard Austria des Österreichischen Aeroclubs oder die Scheibe SF 27.

12 Fischer, Hans-Jürgen: Scheibe Zugvogel I – IV, S. 51, Quiet Flyer August 2003, www.quietflyer.com.

13 Deutsche Segelflieger kannten Berichte von den gefährlichen Flugeigenschaften eines Versuchsträgers, der mit einem Mustang-Laminarprofil ausgerüsteten Horten IVb aus dem Jahr 1944, die im Langsamflug ohne Vorwarnung abkippte und trudelte. Viele Flieger hielten dieses tückische Abkippverhalten für

Laminarprofil-typisch, und solche Profile für ungeeignet für den Vereins-Segelflug. Der Absturz der Horten IVb im Januar 1945 war jedoch auf Flattern der Außenflügel zurückzuführen. Vgl. Horten, Reimar/Seliger, Peter F: Nurflügel. Die Geschichte der Horten-Flugzeuge 1933–1960, Graz 1983 (2. Aufl.) S.111–116.

14 Das Flugzeug kam nicht zum Erstflug.

15 Der – weniger solide gebaute – Scheibe Bergfalke kostete die Hälfte.

16 Briefwechsel Flugkapitän Hans Joachim Schulze mit Geschäftsführung Focke-Wulf 1957, Sammlung Jürgen Schulze Bremen.

17 LuftSport 12/2016–1/2017, S. 18 f.

18 Soaring September-October 1951, S.17–21.

19 Genannt »Flat Top«-Kontur, ein unbrauchbarer Vorschlag

20 Schulze, Wolfgang: Luftsport in Bremen. Vom Neuanfang 1946 bis zur Gegenwart, S. 348 f. in: Kuckuk, Peter/Pophanken, Hartmut/Schalipp, Klaus: Ein Jahrhundert Luft- und Raumfahrt in Bremen, Bremen 2016, S. 343–373.

21 Das ungewölbte Profil NACA 0012 ist eigentlich ein Außenflügelprofil und braucht einen größeren Einstellwinkel, was den Widerstand erhöht.

22 Das Projekt wurde an Zündapp verkauft, hatte aber auch in Gestalt des Zündapp »Janus« keinen Erfolg.

23 BN 18./19.7.1953.

24 So Fritz Feilcke, Geschäftsführer der Finanz- und Verwaltungsgesellschaft »Weser« mbH, der vormaligen Weserflug, im Sommer 1953

25 So der nordrhein-westfälische Staatssekretär Leo Brandt 1954.

26 Kirchner, Ulrich: Die Geschichte des deutschen Verkehrsflugzeugbaus. Der lange Weg zum Airbus, Frankfurt/M. 1998, S. 52.

27 Kirchner S. 53.

28 BN 23.9.1953, Adm. Jeffs an Curtiss-Wright-Gesellschaft vom 8.7.1953; StAB 3.-L.8 Nr. 598.

29 Vermerk vom 20.9.1954; StAB 4, 92-702-83 Senator für Wirtschaft und Außenhandel.

30 Auf die Wandlungen der NATO-Verteidigungsdoktrin und die komplizierten Anpassungsprozesse der deutschen Planung an die Vorstellungen der Alliierten wird hier nicht eingegangen, vergl. dazu Rebhan, Heinz: Aufbau und Organisation der Luftwaffe 1955 bis 1971, in: Die Luftwaffe 1950 bis 1970, S. 557–604, Hrsg. Militärgeschichtliches Forschungsamt, München 2006.

31 »Entmottung« und Flugklarmachen erfolgte bei Weserflug in Lemwerder.

32 Die Firma Weserflug in Lemwerder kalkulierte bereits Aufwand und Ertrag des Baus einer Serie von 400 Safir. Airbus-Altarchiv, unsignierter Bestand »Weserflug« 1.11.1954.

33 SAAB 91 Safir, Morane-Saulnier MS. 732 Alcyon, Piaggio P.149, Beechcraft T–34 Mentor, Temco Model 33 Plebe, De Havilland

Canada DHC-1 Chipmunk und Fokker S-11 Instructor. Die Ryan L-17 Navion wurde nicht evaluiert – überraschenderweise, denn dieses Muster wurde von den amerikanischen Streitkräften in gleichen Jahr für die gleiche Rolle zur Beschaffung ausgewählt.

34 WK 7.2.1955.

35 Flight 18 July 1958 S. 73.

36 Budrass, Lutz: Adler und Kranich. Die Lufthansa und ihre Geschichte 1926–1955, München 2016, S. 471 f.

37 Britischer einstrahliger Marine-Jagdbomber mit ungepfeilten Flügeln, Erstflug 1947.

38 Britischer U-Bootjäger mit Doppel-Propellerturbine, Erstflug 1949.

39 Amerikanisches Amphibien-Flugboot mit zwei Kolbenmotoren, Erstflug 1947, für SAR.

40 Die Ar 96 und die in Holzbauweise konstruierte Ar 396 wurden noch bis in die 50er Jahre in Frankreich und der Tschechoslowakei nachgebaut, und in Frankreich bis in die 70er Jahre als militärisches Schulflugzeug genutzt

41 Keimel, Reinhard: Luftfahrzeugbau in Österreich. Von den Anfängen bis zur Gegenwart, Oberhaching 2003, S. 219 f. und 267 f. Aus der M 210 entwickelte van Nes den eleganten Zweimotorer M 222, von dem 1958–61 eine kleine Anzahl bei den Simmering-Graz-Pauker–Werken, einer Waggon- und Maschinenfabrik in Wien, entstand.

42 Rebeski, Hans: Neuartige Fertigungsmethoden am Sport- und Reiseflugzeug Blume 502, in Deutscher Aeroclub, April 1958, S. 8–11.

43 BN 21.4.1956.

44 Rebeski, Hans: Zweck und konstruktive Ausführung einer vorgespannten und metallgeklebten Tragflügelbehäutung, ausgeführt an dem Flugzeug Blume 502, im Jahrbuch 1958 der Wissenschaftlichen Gesellschaft für Luftfahrt, S. 213–218.

45 Blume Bl 502 Sport- Reise- und Schulflugzeug, Prospekt 4 S. Duisburg o.J.

46 Gersdorff von, Kyrill: Ludwig Bölkow und sein Werk, Bonn 2002 (2. Aufl.), S. 67 ff.

47 StAB 3.-L.8 Nr. 259 Entwicklung der Firma Focke-Wulf GmbH Bremen (31.10.1957).

48 Spiegel 3/1964, S. 26–31.

49 ausführlich: Eggers, Karsten: Prof. Gerhard Eggers (1912–1998), in: Kuckuk, Peter/Pophanken, Hartmut/Schalipp, Klaus (Hrsg.): Ein Jahrhundert Luft- und Raumfahrt in Bremen, Bremen 2016, S. 375–400.

50 Zur Nachkriegsgeschichte der Weserflug vgl. Pophanken, Hartmut: Gründung und Ausbau der »Weser«-Flugzeugbau GmbH, Bremen 2000, S. 123 f. sowie Thiel, S. 271.

51 Patent DRP 588391 15.6.1932/21.11.1933 Focke-Wulf Flugzeugbau AG Bremen-Flughafen: Kombinierter Trag- und Hubschrauber. Ausführlich Geißler, Wolfgang: Hubschrauberentwicklungen in Bremen in Kuckuk, Peter/Pophanken, Hartmut/Schalipp, Klaus (Hrsg.): Ein Jahrhundert Luft- und Raumfahrt in Bremen, Bremen 2016, S.221–235.

52 Patent US 2318260A 9.4.1940/4.5.1943 Sikorsky/United Aircraft: Helicopter and Controls Therefor.

53 Patente US 2217108A Focke: Rotary Wing Aircraft vom 23.8.1938/8.10.1940 und US 22250002 Focke: Helicopter Rotor Control System vom 30.6.1939/17.12.1940.

54 Körper, Bruno: Focke-Achgelis, S. 49 in: VFW-Fokker (Hrsg.): Beiträge zur Geschichte von VFW-Fokker, o. O. (Bremen) O.J. (1974), S. 45–50. Es hat um 1943, kurz vor Einstellung des Projektes, auch das Konzept einer Giersteuerung durch Luftausblasung gegeben.

55 Die spätere Weiterentwicklung SE 3130 Alouette 2 besaß wiederum einen konventionellen Heckrotor und hatte sehr gute Flugeigenschaften – ein Welterfolg.

56 Patent US 2702084 Focke und Ministerio da Aeronautica Brasil vom 20.5.1952/15.2.1955.

57 Springmann, Enno: Focke-Flugzeuge und Hubschrauber von Henrich Focke 1912–1961, Oberhaching 1997, S. 259 f.

58 Remington, Steve: The Cessna CH–1 Helicopter. A Record Setter – Sixty Years Later, 2003, http://collectair.org/cessna.html.

59 Patent US 2471904A 11.9.1947/31.5.1949 Seibel: Rotor Drive and Control System, und: Flying Magazine 12/1950, S. 22 f. und S. 51 f., Why Not a $ 5,000 Helicopter?

60 Ausführlicher Focke, Harald: Borgwards Hubschrauber: »Kolibri, das Auto der Lüfte«, mit einem Beitrag von Peter Kurze, Bremen 2014, S. 20 f.

61 Kocka, Jürgen: Großunternehmen und der Aufstieg des Manager-Kapitalismus im späten 19. und frühen 20. Jahrhundert. Deutschland im internationalen Vergleich, in: Historische Zeitschrift (232) 1/1981, S. 39–60.

62 Focke 2014, S. 22.

63 Diese waren nur im Vorwärtsflug wirksam.

64 Konstruktion Raoul Hafner, 1934–38 Technischer Direktor der Firma Hafner Gyroplane, 1948–60 des Helicopter Department der Bristol Aeroplane Company und 1960–70 der Bristol Helicopter Division der Westland Aircraft Ltd.

65 Springmann 1997 S. 263.

66 Zur Beendigung des Projektes ausführlich Focke, Harald: Borgward wollte fliegen. Henrich Fockes Bremer Hubschrauberprojekt Kolibri, S. 114–118, in: Raumfahrthistorisches Archiv Bremen e.V.

(Hg.), Norddeutsche Luft- und Raumfahrt, Technik – Programme – Personen, Bremen 2019, S. 104–119

67 Airbus Altarchiv, Bestand Hubschraubersachen

68 Ebda.

69 Der ganze Vorgang findet sich im Airbus Altarchiv, Bestand Hubschraubersachen.

70 WK 25.3.1961

71 Der Focke Windkanal ist nahezu fertig restauriert und betriebstüchtig; er steht heute unter Denkmalschutz. Betreiber ist der Focke-Windkanal e. V. Bremen.

Literatur

Abbott, Ira H./von Doehnhoff, Albert E.: Theory of Wing Sections, Including a Summary of Airfoil Data, New York NY (New Ed.) 1959

Budrass, Lutz: Adler und Kranich. Die Lufthansa und ihre Geschichte 1926–1955, München 2016

Coates, Steve: Deutsche Hubschrauber 1930–1945, Stuttgart 2004

Fischer, Hans-Jürgen: Scheibe Zugvogel I – IV, Quiet Flyer August 2003, www.quietflyer.com

Focke, Harald: Borgwards Hubschrauber, mit einem Beitrag von Peter Kurze, Bremen 2014

Focke, Harald: Borgward wollte fliegen. Henrich Fockes Bremer Hubschrauberprojekt Kolibri, in: Raumfahrthistorisches Archiv Bremen e.V. (Hg.), Norddeutsche Luft- und Raumfahrt, Technik – Programme – Personen, Bremen 2019, S. 104–119

Focke, Henrich: Mein Lebensweg, Köln 1977

Gersdorff von, Kyrill: Ludwig Bölkow und sein Werk, Bonn 2002 (2. Aufl.)

Hirth, Wolf: Handbuch des Segelfliegens, Stuttgart 1963 (8. Aufl.)

Horten, Reimar/Seliger, Peter F: Nurflügel. Die Geschichte der Horten-Flugzeuge 1933–1960, Graz 1983 (2. Aufl.)

Jahrbuch 1958 der Wissenschaftlichen Gesellschaft für Luftfahrt, Braunschweig

Keimel, Reinhard: Luftfahrzeugbau in Österreich. Von den Anfängen bis zur Gegenwart, Oberhaching 2003

Körper, Bruno: Focke-Achgelis, in: VFW-Fokker (Hrsg.): Beiträge zur Geschichte von VFW-Fokker, o. O. (Bremen) O.J. (1974)

Kirchner, Ulrich: Die Geschichte des deutschen Verkehrsflugzeugbaus. Der lange Weg zum Airbus, Frankfurt/M. 1998

Ocker, Peter: Hans Jacobs – Pionierleben im Flugzeugbau, 2 Bände, Heidenheim 2012

Petite, Robert: Cessna in the Helicopter Age, Vertical Magazine 7. August 2013 – verticalmag.com/features/Cessna-in-the-helicopter-age/

Pophanken, Hartmut/Roder, Hartmut: Der Wiederaufbau der bremischen Luftfahrtindustrie nach dem Zweiten Weltkrieg, in: Kuckuk, Peter/Pophanken, Hartmut/Schalipp, Klaus: Ein Jahrhundert Luft- und Raumfahrt in Bremen, Bremen 2016, S.141–155

Rebhan, Heinz: Aufbau und Organisation der Luftwaffe, in: Die Luftwaffe 1950 bis 1970. Konzeption, Auftrag, Integration, hrsg. vom Militärgeschichtlichen Forschungsamt, München 2006

Simons, Martin: Segelflugzeuge 1920–1945, Königswinter 2006 (2. Aufl.)

Simons, Martin: Segelflugzeuge 1945–1965, Königswinter 2006 (2. Aufl.)

Springmann, Enno: Focke-Flugzeuge und Hubschrauber von Henrich Focke 1912–1961, Oberhaching 1997

Thiel, Reinhold: Focke-Wulf Flugzeugbau, Bremen 2011

Thiel, Reinhold: »Weser« Flugzeugbau, Bremen 2013

Thomas, Fred: Grundlagen für den Entwurf von Segelflugzeugen, Stuttgart 1979

Vincenti, Walter: What Engineers Know and How They Know it: Analytical Studies from Aeronautical History, Baltimore MD (Revised Ed.) 1993

Wortmann, Franz Xaver: Widerstandsverminderung bei Segelflugzeugen, Aero-Revue Vol. 40, 12/1965, S. 723–728

Zuerl, Hubert: Deutsche Segelflugzeuge, München 1954

Perodika

Flugsport 6/1939, 10/1939, Soaring 7–8/1948, 1–2/1950, 9–10/1951, Flying Magazine 12/1950 und 3/1955, Der Spiegel 41/1952, 1/1955, 23/1955, 48/1956, 3/1964, Deutscher Aeroclub 4/1958, Flight 18 July 1958, Interavia 10/1965, Historische Zeitschrift 1/1981, LuftSport 12/2016–1/2017, Weser-Kurier div., Bremer Nachrichten div.

Archivalien

Staatsarchiv Bremen:
StAB 3-L.8. Luftfahrt
StAB 4,35 Senator für Häfen, Schiffahrt und Verkehr
StAB 4,92 Senator für Wirtschaft und Außenhandel
StAB 9,S 0 Sammler Allgemein – Wirtschaft
StAB 9,S 3 Sammler Personen

Airbus Altarchiv, Bremen:
Foto-Sammlung Wilm Gödden
Unsignierte Bestände:
»Segelflugzeuge«
»Blume«
»Piaggio«
»Hubschraubersachen«
»Weserflug«

Sammlung Hartmut Pophanken, Bremen
Sammlung Jürgen Schulze, Bremen
Sammlung Karsten Eggers, Bremen

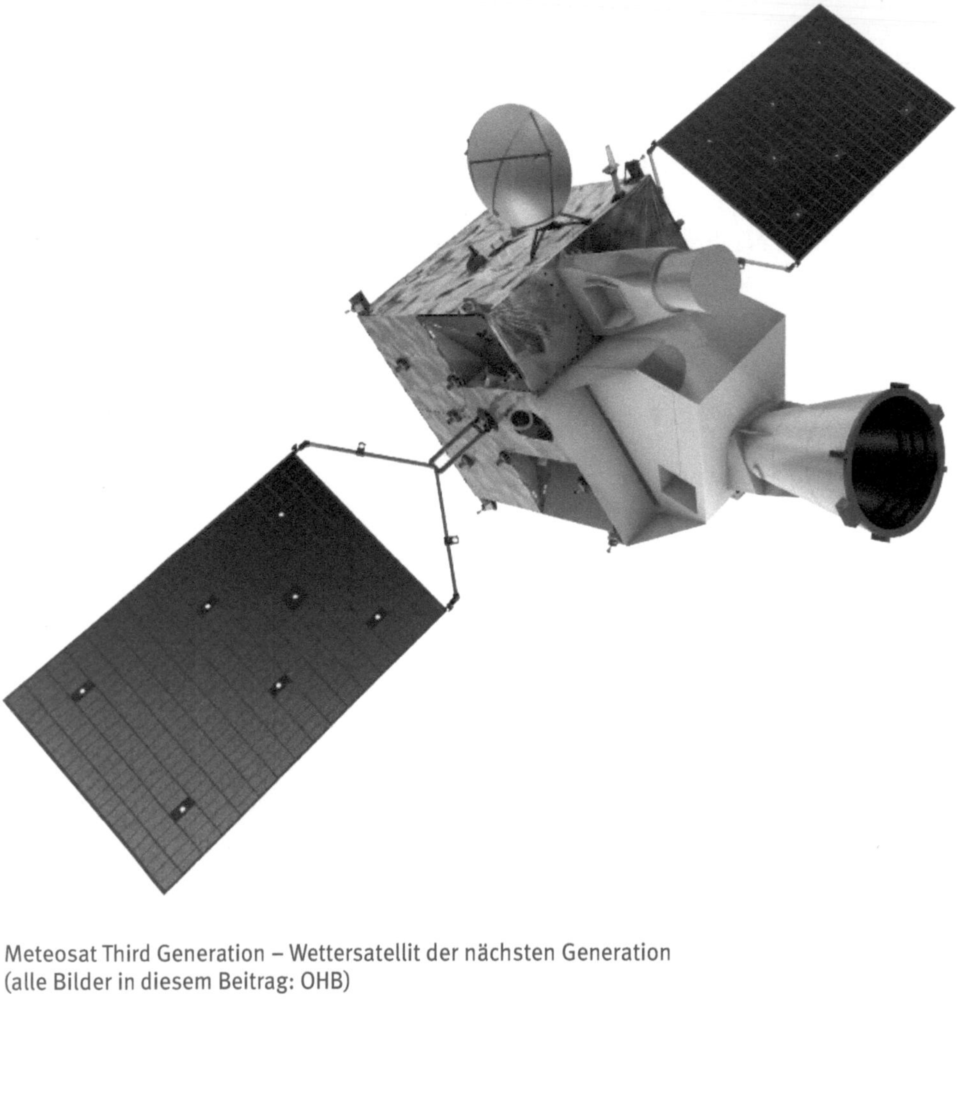

Meteosat Third Generation – Wettersatellit der nächsten Generation
(alle Bilder in diesem Beitrag: OHB)

OHB – von der Garagen-Firma zum Global Player der Raumfahrt

Günther Hörbst

Die Erfolgsgeschichte außergewöhnlicher Unternehmen beginnt nicht selten in Garagen in Kalifornien – oder auch in einer Werkstatt im Bremer Ortsteil Hemelingen. Da ist die kleine Firma Otto Hydraulik Bremen, kurz OHB, angesiedelt, als Christa Fuchs 1981 eine neue Herausforderung sucht. Die Kinder sind aus dem Haus und die gelernte Kauffrau voller Tatendrang. Zunächst ist ein Wollladen im Gespräch, doch dann kommt es zu einer schicksalhaften Begegnung mit der Familie Otto, die eine Nachfolge für ihren kleinen Betrieb OHB sucht. Zu der Zeit sind dort fünf Mitarbeiter beschäftigt, die elektrische und hydraulische Schiffssysteme für die Bundeswehr reparieren. Mutig steigt die Tochter eines Maschinenbauunternehmers zunächst als Teilhaberin ein, um ein Jahr später die unternehmerische Führung zu übernehmen. Sie stellt erste Ingenieure und Fachleute ein und die Weichen auf Wachstum. Der Grundstein für eines der heute bedeutendsten europäischen Raumfahrtunternehmen, die OHB SE, ist gelegt.

Manfred Fuchs ist ein äußerst erfolgreicher Manager bei MBB ERNO (heute Airbus), als er Mitte der 1980er Jahre in das Unternehmen seiner Frau wechselt. Er kennt das Raumfahrtgeschäft wie kaum ein anderer, denn er hat es im Norden Deutschlands maßgeblich mit aufgebaut. Der Raumfahrtpionier wagt den Schritt in die Selbstständigkeit, weil er Nischen sieht, die er mit einem kleineren und flexibleren Unternehmen besser besetzen kann. Als ein Großteil der Fachwelt noch davon überzeugt ist, dass nur große und teure Satelliten und Raumfahrtsysteme leistungsfähig sind, glaubt er an das genaue Gegenteil. Seine Ideen und Visionen: Bauteile und Technologien werden immer kleiner und effizienter, warum nicht

Ab 1985 geht es in der einfachen Garage am Hemelinger Hafendamm in Bremen Schritt für Schritt in Richtung Raumfahrt. Zunächst mit der Fallkapsel MIKROBA und Versuchen unter Schwerelosigkeit

also auch die Satelliten bei verbesserter Leistung wesentlich kleiner und kostengünstiger anbieten?

Heute kennen wir derartige Ansätze unter dem Begriff New Space: kleine, leichte Satelliten, die als sogenannte Konstellationen in niedrigen Orbits um die Erde fliegen und den Planeten beobachten oder schnelles Internet zur Verfügung stellen. Manfred Fuchs sieht diesen Markt Mitte der 1990er Jahre schon voraus. Damals ist OHB allerdings noch ein kleines, aufstrebendes Familienunternehmen, das in der Branche zu den Zulieferern für große Systemhersteller, etwa in der astronautischen Raumfahrt und in der Mikrogravitationsforschung, zählt.

Durch den stetig wachsenden Mitarbeiterstab werden die Räumlichkeiten in der Garage im Bremer Stadtteil Hemelingen bald zu klein, sodass OHB 1988 das erste neu errichtete Gebäude am heutigen Firmenstandort in der Nähe der Universität Bremen bezieht. 1994 macht sich die zielstrebige Aufbauarbeit bezahlt und die Vision von Manfred Fuchs wird in die Tat umgesetzt: Mit Brem-Sat startet der erste von OHB gefertigte Kleinsatellit und erbringt den Beweis, dass leistungsfähige Satelliten tatsächlich auch klein und günstig sein können. Der Ausbau des Raumfahrtgeschäfts bringt Mitte der 1990er Jahre auch Marco Fuchs dazu, in das Unternehmen seiner Eltern einzusteigen. Der studierte Jurist arbeitet damals in New York und Frankfurt als Anwalt.

Mit dem Auftrag über das Aufklärungssystem SAR-Lupe gelingt OHB der Durchbruch

Der Sprung in die Königsklasse gelingt dann in dem Jahr, in dem OHB an die Börse geht: 2001. Mit dem Gewinn des Großprojektes SAR-Lupe, einem Satellitenaufklärungssystem für die Bundeswehr, erhält das junge Raumfahrtunternehmen erstmals die Gelegenheit, sich als Systemlieferant zu beweisen. Mit 320 Millionen Euro ist das Auftragsvolumen zehnmal höher als der damalige Jahresumsatz. OHB lässt sich davon jedoch nicht einschüchtern, im Gegenteil. Das Unternehmen stellt zusätzliche Mitarbeiter ein, entwickelt neue Organisationsstrukturen und setzt das Projekt erfolgreich um. Als 2006 der erste Satellit startet, hat sich das Gesicht von OHB stark verändert: Aus dem Fünfmannbetrieb in der Garage in Hemelingen ist ein beachtetes Raumfahrtsystemhaus geworden.

Als in Deutschland aufgrund stagnierender Raumfahrtbudgets eine Zeit der Konsolidierungen eintritt und etliche Technologieunternehmen sich von ihren Raumfahrtsparten trennen, setzt Familie Fuchs weiter auf eine positive Entwicklung der Branche. Zusammen mit Hans Steininger von Apollo Capital Partners kaufen sie die »MAN Neue Technologie« auf und stellen sie unter dem Namen MT Aerospace (Augsburg) und MT Mechatronics (Mainz) zunächst auf eine gesunde Basis und schon bald auf Wachstumskurs. Für OHB bedeutet dieser Schritt den Einstieg ins Geschäft der Startraketen und Teleskope und einen 10-prozentigen

Arbeitsanteil am europäischen Ariane 5-Programm. Die Zahl der Mitarbeiter der OHB-Gruppe steigt um mehr als das Dreifache auf über 800 Fachkräfte.

Dass die Wachstumsstrategie der OHB zu keiner Zeit auf Deutschland begrenzt ist, zeigt bereits 2004 die Gründung der luxemburgischen Tochter Luxspace. Die europäische Entwicklung der Gruppe nimmt 2009 weiter Fahrt auf, als das Mailänder Unternehmen Carlo Gavazzi Space (heute OHB Italia) in die OHB-Gruppe integriert wird. Der italienische Spezialist für Mini- und Mikrosatellitensysteme ist bereits seit 1995 im Privatbesitz der Familie Fuchs. Mit der Integration in die Gruppe setzt OHB einen großen Fuß in die italienische Raumfahrtlandschaft und damit in die drittgrößte europäische Raumfahrtnation.

Mit dem Auftrag über den Telekommunikationssatelliten H36W–1 für den spanischen Anbieter Hispasat setzt OHB den ersten geostationären Satelliten aus der selbst geschaffenen Produktlinie SmallGEO um.

Weitere wichtige strategische Punkte auf der Europa-Karte folgen: 2010 erwirbt OHB einen belgischen Ableger von Thales Alenia Space in Antwerpen und führt das Geschäft seither unter der Firmierung Antwerp Space erfolgreich fort. 2011 löst die Swedish Space Corporation (SSC) ihre Abteilung Raumfahrt aus dem Unternehmensverbund und verkauft das Portfolio und das Team aus 40 Spezialisten an OHB. Beides geht in der neu gegründeten OHB Sweden auf. Die Präsenz der OHB-Gruppe in Europa ist zu diesem Zeitpunkt bereits stark, ihre Bedeutung ist jedoch durch andere unternehmerische Erfolge enorm gewachsen.

Denn auch mit Projekten sorgt OHB für Aufbau und Wachstum und wagt erneut einen großen Schritt nach vorn. Diesmal geht es um Satelliten für ein künftiges Europa-eigenes Navigationssystem namens Galileo. Wieder einmal traut kaum ein Kenner der Branche OHB zu, Projekte dieser Größenordnung zu gewinnen. Und doch geschieht erneut das scheinbar Unmögliche: OHB erhält den Zuschlag über die volle erste Tranche von vierzehn Satelliten mit einem Auftragsvolumen von 566 Millionen Euro. Im Laufe der nächsten sieben Jahre werden sukzessive zwanzig weitere Satelliten bestellt, sodass OHB insgesamt 34 Satelliten zum europäischen Navigationssystem Galileo beisteuert.

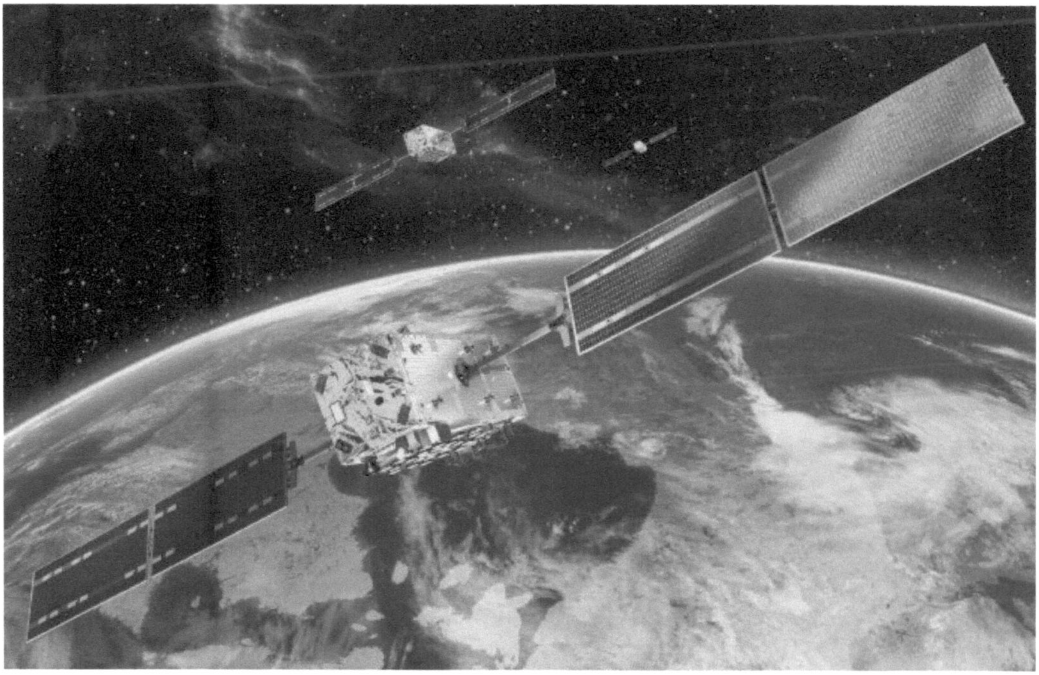

Einst eine kleine Werkstatt, ist OHB inzwischen bei der ESA als dritter Anbieter von Raumfahrt-Gesamtsystemen gelistet und bietet eine starke Alternative zum Duopol der beiden Großen der Branche, Airbus und Thales Alenia Space. Doch Konkurrenz schließt Partnerschaften, vor allem in der Raumfahrt, nicht aus. Gemeinsam mit Thales Alenia Space gelingt OHB System bereits Ende 2010 eine weitere Sensation: Das Konsortium setzt sich im Wettbewerb um die nächste Generation europäischer Wettersatelliten, Meteosat Third Generation (MTG), durch. Der Projektanteil der OHB-Gruppe liegt hier nun schon bei rund 750 Millionen Euro. Wie bereits 2001, als OHB den Sprung zum Hauptauftragnehmer macht, steht nun die OHB-Gruppe durch Mut, Eigeninitiative, politische Unterstützung und unternehmerischen Weitblick an der Schwelle zum europäischen Luft- und Raumfahrtkonzern.

Mit dem Auftrag über zunächst 14 und insgesamt 34 Galileo Satelliten gelingt OHB der zweite große Durchbruch

Heute ist OHB der drittgrößte Anbieter von Raumfahrtsystemen in Europa und *das* deutsche Raumfahrtunternehmen. Aktuell beschäftigt der Konzern weltweit knapp 3.000 Mitarbeiter aus 40 verschiedenen Nationen und ist dabei trotzdem ein

Familienunternehmen geblieben. Im Geschäftsjahr 2019 überstieg der Umsatz erstmals die Grenze von einer Milliarde Euro.

Im Jahr 2020 ist es die Coronavirus-Pandemie, die dieser Erfolgsstory einen Dämpfer versetzt. Doch auch hier lässt sich eine Besonderheit festhalten: Durch die langlaufenden Verträge der Projekte und Missionen ist die Raumfahrtindustrie nicht so massiv von Einbrüchen betroffen wie Unternehmen aus anderen Branchen. Dennoch machen die Auswirkungen der Pandemie sich auch in der Raumfahrtbranche bemerkbar. Es sind in erster Linie Verzögerungen in den Lieferketten, mit denen umgegangen werden muss.

Dies ist bislang jedoch gut geglückt in den drei Geschäftsfeldern Space Systems, Aerospace & Industrial Products sowie OHB Digital. Zugpferd ist dabei wie schon in der Anfangszeit der Bereich Space Systems. Die von OHB entwickelten und gebauten Systeme umfassen alle Größenklassen und decken alle Anwendungsfelder von Satellitentechnik ab. Hinzu kommen Aktivitäten in den Bereichen Human Space Flight, sowie Wissenschaft und Exploration.

Exploration, also die Erforschung des Alls, ist dabei sozusagen die Königsdisziplin der Raumfahrt. Es geht dabei in der Regel um Missionen, die sich an der Grenze der Machbarkeit bewegen und sehr häufig keine Vergleichsmöglichkeiten bieten. Es sind Missionen, die technologisch betrachtet Pionierarbeit bedeuten.

OHB deckt heute sämtliche Anwendungen ab, die die Satellitentechnologie zur Verfügung stellen kann

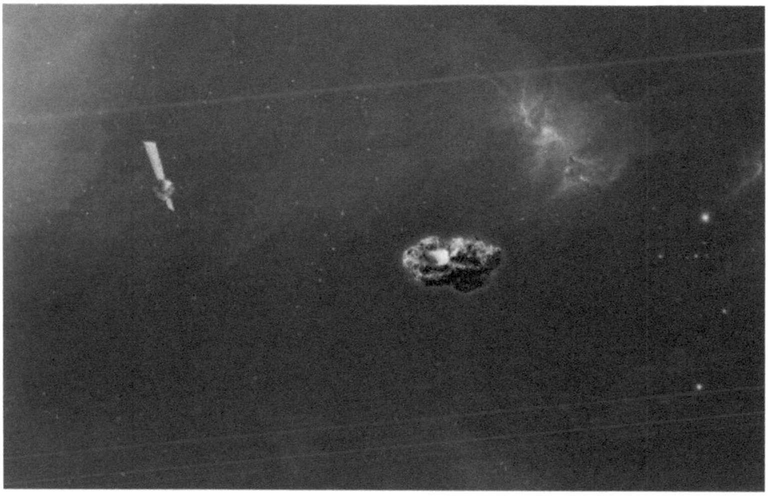

Hera und Dimorphos, der kleinere Körper des Didymos-Systems

So verhält es sich auch mit dem Auftrag der Europäischen Weltraumorganisation ESA für die Mission Hera. Mit der offiziellen Entscheidung dafür Ende Juni 2020 begann für den OHB-Konzern auch ein neuer Abschnitt in der Unternehmensgeschichte. Das Unternehmen leistet damit nicht nur einen ganz konkreten Beitrag zum Schutz der Erde vor Gefahren aus dem Weltraum, es entwickelt auch ein System, das es so zuvor noch nie gegeben hat.

Die Hera-Mission ist der europäische Beitrag zu einer gemeinsamen, aber gestaffelten planetarischen Verteidigungsmission in Zusammenarbeit mit der NASA. Die Gesamtmission trägt den Namen AIDA (Asteroid Impact and Deflection Assessment) und soll eine praktikable Methode zur Ablenkung von Asteroiden auf Kollisionskurs mit der Erde untersuchen. Das »Versuchsgelände« für die Mission ist der Zwillingsasteroid Didymos, der sich aus einem Hauptkörper mit einem Durchmesser von 780 Metern und einem kleineren Mond zusammensetzt. Der Mond trägt den Namen Dimorphos und besitzt einen Durchmesser von 160 Metern. Fliegt ein solches Gestein auf die Erde zu, hätte ein Treffer schwerwiegende Folgen auf regionaler Ebene und beispiellose sozioökonomische Auswirkungen auf globaler Ebene. Das Ziel der AIDA-Mission ist es deshalb, die Flugbahn eines Asteroiden durch einen Einschlag mit hoher Geschwindigkeit messbar zu verändern. Zu diesem Zweck schickt die NASA 2021 die Sonde

DART in das Didymos-System. Diese soll gezielt zur Kollision mit Dimorphos gebracht werden und dadurch die Bahn des Asteroiden zwar nur minimal aber immer noch messbar verändern. Es wird davon ausgegangen, dass der Einschlag die Geschwindigkeit von Dimorphos um etwa einen halben Millimeter pro Sekunde verlangsamen wird.

Die europäische Hera-Mission soll 2024 starten und die Auswirkungen der Kollision untersuchen. Dazu soll sie den von DART hinterlassenen Einschlagskrater vermessen und detaillierte Informationen über die Bahnveränderungen von Dimorphos liefern. Darüber hinaus soll die Sonde auch Daten über die Zusammensetzung des Asteroiden und seine Oberflächenstruktur sammeln. Durch diese umfassenden Untersuchungen wird es möglich, Modelle zu erstellen und die gewonnenen Erkenntnisse auf andere Himmelskörper zu übertragen. Nur wenn wir genau wissen, wie sich Asteroiden zusammensetzten und auf einen Einschlag reagieren, können wir wirksame Abwehrmaßnahmen ergreifen, wenn ein solches Objekt eines Tages tatsächlich Kurs auf die Erde nimmt.

Wie wichtig das Hera-Projekt für die Zukunft der Erde und der Menschheit insgesamt ist, zeigen einige Zahlen: Experten gehen davon aus, dass 90 Prozent aller sehr großen Asteroiden, die die Zivilisation zerstören können, bekannt sind. Allerdings gelten nur wenige Prozent der kleineren Asteroiden als identifiziert. Und Experten sprechen von Kolossen mit bis zu 500 Metern Durchmesser – solche Geschosse können ganze Regionen vernichten. Zum Vergleich: Der Asteroid, der am 30. Juni 1908 über Tunguska in Sibirien explodierte und auf einer Fläche von 2.000 Quadratkilometern sämtliche Bäume umknickte, hatte einen Durchmesser zwischen 30 und 80 Metern. Seine Sprengkraft wird auf die von 1.400 Hiroshima-Bomben geschätzt. Daten über Größe, Zusammensetzung und Flugbahn von Asteroiden sind deshalb von außerordentlich hohem strategischem, wissenschaftlichem und wirtschaftlichem Interesse.

Unser Wissen über die Objekte in unserem Sonnensystem zu erweitern und möglichst viele Himmelskörper zu typisieren und zu kartieren, ist demnach nicht nur für Astronomen interessant. Gleichzeitig ist ein solcher Ansatz allerdings auch ein Mammut-Projekt, das einen globalen Angang erfordert, bei dem

Raumfahrtagenturen, Wissenschaft, Wirtschaft und Non-Profit-Organisationen ihre Kräfte bündeln müssen. Unzählige Hobby-Astronomen, die ihre Expertise und bewundernswerte Ausdauer immer wieder unter Beweis stellen, und Big-Data-Experten könnten dazu ebenfalls wertvolle Beiträge leisten.

Asteroiden sind nämlich (noch) Welten, die es zu entdecken und erforschen gilt. Dank moderner Technik, Big Data und New Space werden in Zukunft sicher noch sehr viel mehr unbekannter Asteroiden entdeckt werden. Wurden vor ein paar Jahren noch drei Asteroiden pro Monat gefunden, geschieht das heutzutage dreimal pro Nacht, was sich auf 1.000 zusätzlich bekannte Asteroiden pro Jahr summiert! Bereits jetzt stehen rund 900 potenziell gefährliche Near Earth Objects unter ständiger Beobachtung. Der Schutz der Erde vor Gefahren aus dem Weltraum ist folglich eine Langzeitmission.

Aus einer allgemeinen Perspektive betrachtet, besteht das größte Risiko also darin, dass wir den Asteroiden im Moment nichts entgegenzusetzen haben. Sollte ein Asteroid jemals Kurs auf die Erde nehmen, sind wir ihm im Moment restlos ausgeliefert. Bisher können wir Asteroiden nur beobachten und bestimmen, wo sie sich befinden. Trotz der technischen Entwicklung der letzten Jahre übersehen wir hin und wieder welche. Diesen Aspekt gilt es also zu verbessern. Andererseits benötigen wir dringend eine Lösung für den Fall, dass ein Asteroid ein Kollisionsrisiko für die Erde darstellt. Bisher haben wir einfach nur Glück gehabt; den Dinosauriern ist es damals anders ergangen. Genau deswegen sind Missionen zur Asteroidenabwehr so wichtig. Es geht darum zu verstehen, was wir gegen Asteroiden tun können, die sich auf uns zu bewegen.

OHB SE ist heute zwar ein etabliertes Unternehmen in der Raumfahrtbranche geworden, doch in der Selbstwahrnehmung ist es noch eine Firma, die Dinge vorhat, die vorher vielleicht noch niemals gemacht wurden – die Mission Hera ist ein sehr gutes Beispiel dafür. Insofern ist OHB eine innovative, dynamische Firma. Sie hat immer darauf geachtet, unmittelbar anwendbare und nützliche Raumfahrt zu machen.

Die Grundidee der OHB-Philosophie lautet: Raumfahrt ist unsere Kernkompetenz im Bereich Systemgeschäft. Damit zusammenhängende Dienste und Anwendungen verschaffen dem Unternehmen eine größere Relevanz und transportieren die Botschaft der Nützlichkeit von Raumfahrt. Und darauf wird es künftig ankommen. Raumfahrt – und dass der Mensch sich im All bewegt – wird in Zukunft nur dann eine Rechtfertigung erfahren, wenn die Nützlichkeit dieser Aktivitäten für die Allgemeinheit nachgewiesen wird.

Die Nützlichkeit wird jedem Menschen sofort klar, der unseren Planeten einmal von oben gesehen hat. Vom All aus sieht man die ganze Verletzlichkeit dieses kleinen blauen Punktes im Universum. Dazu kommt das durch die bemannte Raumfahrt geschärfte Bewusstsein dieser Verletzlichkeit – und damit einhergehend die Notwendigkeit, die Veränderungen auf der Erde noch besser und genauer zu beobachten. Die Satellitentechnologie ist für diesen Zweck unverzichtbar. Mehr noch: Sie macht es überhaupt erst möglich, über das Sammeln von Daten und Fakten zu neuen Erkenntnissen über den Zustand der Erde zu kommen. Erdbeobachtung führt in diesem Sinn dazu, dass wir mehr über die Erde erfahren und somit vielleicht besser und schneller herausfinden, wohin sie sich entwickelt.

Aus diesem Grund wird der Bereich Umwelt einschließlich Wetter und Klima langfristig enorm an Bedeutung gewinnen. Die Umweltüberwachung aus dem Weltraum wird ein Ausmaß annehmen, das wir uns im Moment noch gar nicht vorstellen. Sie wird eine Permanenz und Vielschichtigkeit bekommen, die sie von allen anderen Bereichen deutlich unterscheidet. Bei der Aufklärung geht es um drei, vier abbildende Sensoren, zum Beispiel hochauflösende elektronische Optik, Radar oder Infrarot. Für die Umwelt gibt es deutlich mehr. Und zwar in der Form, dass wir in Zukunft möglicherweise über Sensoren reden werden, die eine eigene Satellitenkonstellation notwendig machen.

In diesem Sinn leistet OHB über die Expertise in der Erdbeobachtungstechnologie auch einen Beitrag, die Erde langfristig zu schützen und zu erhalten. Die Raumfahrt nimmt für sich ja insgesamt in Anspruch, dass sie Gutes für die Erde leistet. Für die Überwachung der Umwelt nehmen wir natürlich auch in Anspruch, dass die Erde damit bewahrt werden soll. Den unmittelbarsten Nutzen für das tägliche Leben liefern übrigens Wettersatelliten.

Das ist das Alltäglichste, das man heute als Information bekommen kann. Und viele Ältere erinnern noch, dass die Wettervorhersage lange Zeit mehr mit Wahrsagerei als Empirie zu tun hatte.

Heute ist das völlig anders. Wettervorhersagen sind verlässlich geworden. Es ist eine Naturwissenschaft geworden, die präzise Vorhersagen liefert. Kurzum: Das Wetter ist die alltäglichste Frage, die jeden umtreibt. Jeder Mensch, in allen Kulturen, in allen Lebenslagen, interessiert sich für das Wetter.

Der tiefere Sinn der Raumfahrt besteht im Fall der Beobachtung der Erde vom All aus darin, dass sie die Analyse von Veränderungen auf dem Planeten großflächiger machen kann. Daraus kann sie große Autorität ableiten. Denn am Ende geht es immer darum, Prognosen oder Theorien glaubhaft zu machen. Dazu muss man beobachten und Fakten sammeln. Bei Umwelt und Klima trifft das auf jeden Fall zu. Globaler Klimaschutz ist aus diesem Grund ohne technische Hilfe aus dem Weltall gar nicht mehr denkbar. Die Raumfahrt nimmt hier eine Schlüsselrolle ein. Denn es geht auch darum, zu messen, ob Klimaschutzmaßnahmen den gewünschten Effekt haben. Nach einer Erhebung der ESA können mehr als 50 Prozent der wichtigen Klimavariablen nur durch Technologien der Raumfahrt gemessen werden. Es ist kaum vorstellbar, wie viele Sensoren nötig wären, um all diese Daten an Messpunkten auf der Erde zu erhalten. Die Betrachtung aus dem Orbit ist somit auch eine sehr zuverlässige Datengrundlage für politische Entscheidungen.

Die europäische Erdbeobachtungsmission »Copernicus« hat auf der ESA-Konferenz »Space19+« im November 2019 ein Budget von rund EUR 1,8 Mrd. für die nächsten drei Jahre erhalten, allein EUR 520 Mio. davon kommen aus Deutschland. Das ist deutlich mehr, als ursprünglich erwartet worden ist. Mit diesem Geld werden nun alle sechs geplanten Copernicus-Missionen umgesetzt werden – die Aufträge hat die ESA Ende Juni 2020 vergeben. Alle diese Missionen werden einen sehr wichtigen Beitrag leisten, mehr über die Veränderungen der Umwelt und des Klimas auf unserem Planeten zu erfahren. Dieses Wissen wird uns in die Lage versetzen, besser und vor allem schneller auf die Veränderungen zu reagieren. Anders ausgedrückt: Durch das Bekenntnis für Copernicus hat Europa deutlich gemacht, wie ernst es den

Mit den CO2M-Satelliten soll es möglich werden, Regionen mit hohem Kohlenstoffdioxidausstoß zu identifizieren

ESA-Staaten damit ist, dem gefährlichen Wandel des Klimas und der Umwelt nicht tatenlos zuzusehen.

OHB wird dabei eine Schlüsselrolle spielen. Das Unternehmen entwickelt und baut zwei Satelliten im Rahmen der Copernicus-Mission CO2M. Diese Satelliten werden die Aufgabe haben, die durch den Menschen verursachten Kohlenstoffdioxid-Emissionen gezielt zu messen und damit einen Beitrag zu leisten, die Fortschritte oder auch Rückschläge im Rahmen des Pariser Klimaabkommens nachweisbar zu machen. Der Start ist für Ende 2025 geplant.

Bisher ist es durch Messungen am Boden zwar möglich, die generellen Veränderungen des Kohlenstoffdioxidgehalts in der Atmosphäre zu verfolgen, allerdings können keine verlässlichen Aussagen über die Emissionen einzelner Länder oder gar einzelner Regionen und Städte getroffen werden. Mit der CO2M-Mission soll diese Lücke im verfügbaren Datenmaterial geschlossen werden.

Wie bereits erwähnt, ist es sehr wahrscheinlich, dass wir in den kommenden Jahren eine permanente Überwachung der Erde mittels Satellitentechnologie erleben werden. Es ist deshalb denkbar, dass es künftig eigene Satellitenkonstellationen mit nur einigen speziellen Sensoren zur Umweltüberwachung geben könnte. Dies würde einem Zukunftssektor der Raumfahrt, Mikrosatelliten und damit zusammenhängende Konstellation von Hunderten oder gar Tausenden kleinen Satelliten, enormen Schub verleihen.

OHB verfügt über die Kompetenz, diese kleinen Satelliten zu bauen. Das Spektrum bei OHB reicht inzwischen von Satelliten von fünf Kilogramm bis fünf Tonnen. Ob sich Konstellationen kleiner bis kleinster Satelliten und die damit verbundenen Geschäftsmodelle durchsetzen werden, kann man heute seriös noch nicht beantworten. Es gibt jedoch berechtigten Anlass, von einer Möglichkeit dafür auszugehen. Der Grund ist, dass es mit Space X und Blue Origin sehr finanzkräftige Unternehmen gibt, die diese Pläne zielstrebig vorantreiben. Ihre Absicht ist es, Schwärme von tausenden kleinen, nur gut 100 Kilogramm schwere Satelliten für schnellen Internetempfang ins All zu schießen. Vor allem das Star-Link-Projekt von Elon Musks Raumfahrtunternehmen Space X ist schon recht weit vorangekommen.

Die grundlegende Idee hinter diesen sogenannten Konstellationen – also Schwärmen von Hunderten bis Tausenden kleiner Satelliten, die eine ganz bestimmte Funktion erfüllen – ist die der industrialisierten Serienfertigung in hoher Stückzahl auch in der Raumfahrt. Damit würden die Produktionskosten pro Satellit von derzeit bis zu einigen Hundert Millionen Euro auf möglicherweise nur noch eine Million Euro reduziert. Das würde es dann auch deutlich mehr kommerziellen Nutzern erlauben, sich via Satellit Dienstleistungen oder Daten zu kaufen. Doch ein Satellit muss ja immer noch in seine Umlaufbahn gebracht werden. Es wird also nötig sein, eine kleine und möglichst günstige Rakete zu haben. Raketen dieses Typs werden in der Raumfahrt als Mikrolauncher bezeichnet. Es gibt derzeit weltweit rund 100 Mikrolauncher-Projekte, viele davon werden nicht über das Stadium von Powerpoint-Präsentationen hinauskommen. In Deutschland entwickeln derzeit drei Start-ups unabhängig voneinander einen Mikrolauncher: Isar Aerospace, Hyimpulse und die Rocket Factory Augsburg

RFA. Die RFA ist ein Start-up, das unter dem Dach von OHB entstanden ist. Es führt das Unternehmen sozusagen wieder in seine Gründerzeit zurück.

Denn in den späten 1990er Jahren, als die damals noch kleine OHB in Bremen sozusagen zum Sprung ansetzte, galt in der Firma das Motto: kleiner, leichter, günstiger – bei hoher Leistungsfähigkeit! Bei der Rocket Factory soll die gleiche Leidenschaft, gepaart mit viel Mut und großem Sachverstand, das Projekt einer kleinen Rakete aus dem OHB-Konzern vorantreiben und damit das Portfolio der OHB-Gruppe ergänzen, beziehungsweise das Unternehmen zu einem Raumfahrtunternehmen wandeln, das die gesamte Palette von Raumfahrtanwendungen anbieten kann.

Das Team aus rund 70 Mitarbeitern schwört dabei auf die Mischung aus New Space und Silicon-Valley-Approach. Denn nicht nur die Geschwindigkeit des Launchers ist wichtig, sondern auch wie schnell die hochgesteckten Ziele umgesetzt werden. Die Entwicklung ist wie beschrieben ein Wettbewerb von vielen derartiger Unternehmen. Und in einem neuen Marktumfeld hat sicher das Unternehmen die besten Möglichkeiten, das zu den ersten im Markt gehört. Deshalb finden bei der RFA vor allem die Ansätze des Lean-Start-up großen Anklang. Das heißt: schlanke Prozesse und kurze Entscheidungswege ohne große Zeitverluste durch unbürokratisches Vorgehen. Das ist auch einer der Gründe, weshalb das Start-up so stark auf 3D-Druck setzt; dadurch werden die Produktionszyklen um ein Vielfaches kürzer als bei traditionellen Raumfahrt-Unternehmungen.

Wenn das Konzept aufgeht, wird die RFA in ein paar Jahren jährlich zwanzig Mini-Launcher starten. Für jeden werden neue Strukturbauteile und zehn Triebwerke benötigt – das macht nur in einer industriellen Serienproduktion Sinn. Die RFA sucht deshalb Partnerschaften mit versierten Fertigungsunternehmen aus der Industrie, etwa der Automobilbranche oder dem Maschinenbau. Denn im Regelbetrieb wird die RFA alleine 20 Tonnen 3D-gedruckte Bauteile pro Jahr benötigen.

Durch den 3D-Druck kann die RFA übrigens Raketenteile designen und herstellen, die bis vor Kurzem noch unmöglich gewesen wären. Dadurch hat das Unternehmen einen Vorteil gegenüber der Konkurrenz. Es produziert Teile, die effizienter sind und eine geringere Masse haben. Das alles in einem Bruchteil der Zeit von konventionellen Fertigungsverfahren. Durch additive Fertigung können sehr schnell Prototypen produziert, getestet, neu gestaltet und innerhalb kürzester Zeit eine verbesserte Variante erneut getestet werden.

Im Rahmen dieses Projekts war im Lauf des Jahres 2020 auch viel vom Plan eines Weltraumbahnhofs für Mikrolauncher in Deutschland zu hören. Es war eine Initiative, die vom Bundesverband der Deutschen Industrie BDI vorangetrieben wurde und sich anfangs auf Standorte am Festland konzentrierte. Inzwischen dreht sich die Diskussion dank einer ersten Evaluierung durch die RFA um sehr ernsthafte Überlegungen, einen solchen Startplatz auf einer Offshore-Plattform in der Nordsee zu schaffen. Das Bundeswirtschaftsministerium hat dazu nun eine Machbarkeitsstudie in Auftrag gegeben. Der BDI treibt dieses Projekt weiter federführend voran. OHB unterstützt die Pläne, da für ein deutsches Mikrolauncher-Unternehmen natürlich mit einer Startmöglichkeit auf deutschem Staatsgebiet einige vor allem bürokratische Vorteile verbunden sind – von der einfacheren Logistik ganz zu schweigen.

Es tut sich also eine Menge in der Raumfahrt. Und es wird sich auch in Zukunft weiter sehr viel rund um die Raumfahrt tun. Denn den Unternehmen der Branche ist es in den vergangenen Jahren überzeugend gelungen, den Nutzen ihrer Technologie für die Allgemeinheit zu demonstrieren. Kaum jemand wird heute ernsthaft bestreiten, dass Raumfahrttechnologie einen wesentlichen Beitrag zum Funktionieren von Wirtschaft und Gesellschaft beiträgt: Wettervorhersagen, Navigation, Umwelt- und Klimabeobachtung – all das wäre ohne die Infrastruktur im All nicht möglich. Wenn man also die vergangenen Jahrzehnte analysiert, wird offensichtlich, dass die Bedeutung von raumfahrtgestützten Infrastrukturen zugenommen hat – es ist keine sehr gewagte Behauptung, dass das im kommenden Jahrzehnt so weitergehen wird. Mehr noch: die 2020er Jahre könnten ein Jahrzehnt der Raumfahrt werden.

Denn es hat sich in der Struktur der Branche einiges geändert. Während die vergangenen vier Jahrzehnte geprägt waren von einer stark von Staaten und staatlichen Institutionen dominierten Raumfahrt, erleben wir derzeit eine grundlegende Neuausrichtung der gesamten Industrie. Neue Marktteilnehmer treten auf den Plan, neue Geschäftsmodelle entstehen. Der Markt verändert sich rasant. Das erfordert neue Technologien, neue Prozesse und neue Produktionsverfahren. Zwar werden Staaten immer eine zentrale Rolle für die Raumfahrt spielen, vor allem als Aufsicht, als Initiator von Projekten und als Betreiber öffentlicher Infrastrukturen wie etwa dem Navigationssystem Galileo. Aber rund um diese klassische Raumfahrt werden sich neue Märkte bilden, in denen private Investoren große Chancen haben werden. Kurzum: Die alten Grenzen werden sich in den kommenden Jahren mehr und mehr auflösen. Dadurch entstehen neben ganz neuen kommerziellen Bereichen auch Chancen für Mischmodelle von privaten und öffentlichen Beteiligten.

Diese öffentlich-privaten Partnerschaften bieten den Beteiligten künftig attraktive Strukturen, um Projekte gemeinsam effizienter umzusetzen. Das erhöht die Attraktivität bestimmter Vorhaben und sollte damit zu weiterem Wachstum führen. Diese neuen Mischmodelle werden aber auch eine neue Form von Kontrolle benötigen. Es muss trotz der verlockenden Perspektiven eines neuen Wirtschaftsraums in einer neuen Dimension verhindert werden, dass sich im All eine Art Wildwest-Manier etabliert. Deshalb wird es schon in einigen Jahren ein Reglement geben, mit dem Satelliten und Raumschiffe zentral verkehrsüberwacht werden. Wenn erst mal die privat finanzierten Satellitenkonstellationen in niedrigen Erdorbits zu Zehntausenden unterwegs sind, wird ein derartiges Reglement im Grunde wie im Flugverkehr am Himmel dafür sorgen, dass eine gewisse Ordnung nicht verloren geht, dass es anderen Nutzern gegenüber klare Rechte und Pflichten gibt und diese auch eingehalten werden.

Künftig wird es sehr viele Möglichkeiten für Wachstum in der gesamten Branche geben. In den kommenden Jahren werden relevante Dinge vom Erdorbit aus permanent gemessen und online überwacht werden können. Und es wird immer mehr Parameter geben, die gemessen werden. Es wird in nicht allzu ferner Zukunft eine Zeit geben, da werden Internetdienstleister Satellitenbilder in Echtzeit online anbieten. Es wird einen Kartenservice geben, mit dem ein Lieferdienst oder ein Makler den Livezustand eines Gebietes überprüfen kann. Mit den Daten von

Erdbeobachtungssatelliten werden also in den kommenden Jahren eine Reihe neuer Geschäftsmodelle entstehen – nicht zuletzt deshalb, weil die Daten des europäischen Erdbeobachtungssystems Copernicus bereits jetzt frei für alle Nutzer verfügbar sind.

Das ist die eine, die auf die Erde gerichtete Seite der Raumfahrt. Es gibt aber ja auch noch die weit ins All hinaus blickende Seite der Raumfahrt – die Explorations-Raumfahrt. In diesem Feld ist im kommenden Jahrzehnt sehr viel geplant. Es wird allein vier Mars-Missionen geben, auch eine europäische, ExoMars 2022, an der OHB einen wesentlichen Anteil hat. All diese Missionen sind jedoch unbemannt, Analysen auf dem roten Planeten werden von Robotern vorgenommen.

Wenn man es nüchtern betrachtet, dann wird eine Marsreise für Astronauten noch lange eine Vision bleiben. Es wäre ein sehr hohes Risiko – auch wegen der hohen Strahlenbelastung unterwegs, von den Bedingungen auf dem Mars selbst ganz zu schweigen. Selbst der Mond ist nicht einfach, die amerikanischen Apollo-Missionen haben viel Glück gehabt. Am Ende war das neben den immensen Kosten sicherlich auch der Grund, warum Apollo 1972 eingestellt wurde: Den Amerikanern ist klar geworden, wie hoch das Risiko dieser Missionen war und dass sie ihr Glück nicht noch weiter herausfordern sollten. Deshalb sollten die Menschen erst den Mond beherrschen, bevor sie weiter zum Mars gehen. Mit der geplanten NASA-Mission Artemis sollen ja auch 2024 wieder Menschen den Mond betreten.

Der Grund für die Missionen zum Mars ist ja nicht, dort Menschen anzusiedeln. Die Hoffnung ist, auf dem Mars, beziehungsweise unter der Oberfläche des Planeten, Spuren von Leben zu finden. In dem Zusammenhang ist der Hinweis gestattet, dass die Venus auch ein lohnendes Ziel darstellt. Die Venus ist ein erdähnlicher Planet und genauso spannend wie der Mars, auch was den möglichen Nachweis von außerirdischem Leben betrifft. Leben im All ist wahrscheinlich gar nicht so außergewöhnlich. Es ist unglaublich, wo sich überall Leben bilden kann. Deshalb ist es durchaus vorstellbar, dass die Menschheit bis Ende dieses Jahrzehnts konkrete Spuren von außerirdischem Leben findet – wie immer dieses dann auch aussehen mag.

Verkostung von Hintz-Produkten im Supermarkt in Tunis, 2014
(alle Bilder in diesem Beitrag: Archiv Hintz Foodstuff Production Bremen)

Wagen un Winnen: Die Geschichte eines Bremer Außenhandelsunternehmens – oder was Oberst Gaddafi zum Erfolg der Firma beigetragen hat

Thomas Hintz

Vorbemerkung

Klassische Exportunternehmen, wie es sie früher in Bremen sehr zahlreich gab, sind heute eine Seltenheit. Der Exporteur ist der klassische Mittler zwischen dem inländischen Produzenten und den ausländischen Abnehmern. Die meisten Produzenten waren – vor Jahrzehnten – damit zufrieden und auch ausgelastet, ihre Produkte herzustellen und im Inland zu verkaufen. Es gab zwar auch direkten Export, aber eher bei den größeren Herstellern, oder bei den kleineren oft nur beschränkt auf Europa und ggf. die USA. Andere Exportmärkte waren entweder zu klein und unbedeutend oder zu kompliziert – z.B. durch ihre Etikettierungsvorschriften – als dass kleinere und mittlere Produzenten sich für sie interessiert hätten. Genau hier kam der Exporteur ins Spiel. M.D. Hintz, der Begründer der Firma Hintz, hat es einmal so ausgedrückt: »Entweder ich habe einen Hersteller, dann suche ich für ihn einen Abnehmer oder ich habe einen Kunden, der ein bestimmtes Produkt braucht. Dann suche ich für ihn einen Hersteller.«

Exporteure kannten ihre Exportmärkte sehr gut, die Einfuhrvorschriften, die Zahlungsmodalitäten (und -moral!) des Marktes und nicht zuletzt Kultur und Geschäftsgebaren. In Zeiten, in denen es noch kein Internet gab, waren solche Informationen nur sehr schwer zu bekommen, und für die meisten kleineren und mittleren Hersteller lohnte sich das komplizierte Geschäft einfach nicht.

Heute gibt es nur noch sehr wenige klassische Exporteure; die allermeisten Hersteller betreiben genau dieses Geschäft inzwischen selbst. Die Welt ist heute kleiner geworden, die Menschen viel mobiler als früher, auch das Internet und internationale Messen, die Aussteller und Besucher aus aller Welt anziehen, haben dazu beigetragen.

Wie also ist es möglich, dass eine kleine Bremer Firma auch heute noch sehr erfolgreich ein reines Exportgeschäft betreibt und sich dabei sogar (zumindest in manchen Märkten) auch vor den ganz großen multinationalen Firmen nicht zu verstecken braucht?

Dazu muss man sich die Geschichte der Firma genauer ansehen.

Personen I

Die Geschichte der Hintz Foodstuff Production GmbH ist eng verknüpft mit ihrem Gründer Marx-Dieter Hintz. M.D. Hintz, Jahrgang 1931, geboren in Halle/Saale, überwand im Alter von 15 Jahren zusammen mit seinem sieben Jahre jüngeren Bruder die grüne Grenze in den Westen und wohnte bei in Bremen lebenden Verwandten. Er besuchte das Alte Gymnasium in Bremen und schaffte sein Abitur nur mithilfe des Vaters eines Schulfreundes, der ihm Nachhilfe in Französisch finanzierte – er hatte in Halle Russisch als Fremdsprache gehabt und musste mehrere Jahre Französisch nachholen. Die »Hungerwinter« in der Nachkriegszeit haben ihn sehr geprägt; niemals hätte er Essen weggeworfen oder auch nur seinen Teller nicht leergegessen – selbst bei Lebensmitteln, die ihre Haltbarkeit schon sichtbar überschritten hatten! Sein dadurch erworbener »robuster Magen« sollte ihm später noch zugutekommen.

Nach dem Abitur machte er eine Lehre beim Bremer Ostasien-Handelshaus C. Melchers & Co. Im Anschluss an die Ausbildung entsandte Melchers ihn nach Kampala in Uganda. Melchers hatte eine Reihe von Niederlassungen in Ostafrika, die von einer regionalen Zentrale in Nairobi aus geleitet wurden.

Hauptaufgabe von M.D. Hintz war es, deutsche Produkte, deren Vertretung bei Melchers lag, in Uganda zu verkaufen. Es ist überliefert, dass M.D. Hintz Fahrradgeschäfte im Land abklapperte, um dort Continental Fahrradreifen zu verkaufen.

Nach vier Jahren in Kampala hatte er seinen ersten Heimaturlaub in Bremen, den er nutzte, seine Freundin Ingrid zu heiraten und anschließend nach Kampala mitzunehmen. Zwei Jahre später wurde dort der erste Sohn Thomas, geboren, der Autor dieses Textes.

Kurz darauf wurde das operative Afrika-Geschäft von Melchers an die Bremer Firma Joh. Achelis und Söhne verkauft. M.D. Hintz kehrte daraufhin mit seiner Familie nach Bremen zurück. Allerdings hatte er dort zunächst keinen Arbeitsplatz mehr, da er das Übernahmeangebot von Achelis ausgeschlagen hatte. Also bewarb er sich wieder bei Melchers – und wurde eingestellt. Nach seinen Erzählungen war Melchers zu jener Zeit auf der Suche nach neuen Märkten – China befand sich mitten in der Kulturrevolution – und der ehemalige Aggressor Deutschland war nicht überall in Ostasien gern gesehen. Er bekam also den Auftrag, sich nach neuen Märkten für Melchers umzusehen. Nach seinen Worten dachte er dabei an den Nahen Osten, denn dort gab es Öl, und wo es Öl gibt, so seine Überlegung, gibt es auch Geld. Also bereiste er die Länder im Nahen Osten, Saudi-Arabien, die Vereinigten Arabischen Emirate, Bahrain, Oman, Kuwait und Katar, aber auch Libyen, den Iran, Afghanistan und Pakistan.

Melchers besaß eine größere Anzahl an Handelsvertretungen, mit denen M.D. Hintz das Geschäft vor Ort aufbauen konnte. So lieferte Melchers u.a. Fotolaborzubehör von Tura, Blitzgeräte von Metz und Carl Braun Projektoren. Unterhaltungselektronik kam von Nordmende, Telefunken und SHG. Auch Küchenmaschinen, zunächst von Braun und später von Elektro Star verkauften sich gut.

Das traditionelle Gewand der Araber, die Dishdasha, wird an den Ärmeln geknöpft. M.D. Hintz erkannte die Gelegenheit und stellte Manschettenknöpfe vor. Innerhalb kurzer Zeit wuchs der Umsatz enorm und M.D. Hintz wurde inoffiziell als al Malik Kam-al-Kat (der König der Manschettenknöpfe) bekannt. Passend dazu wurde auch Parfum der Marke Patra (Henkel) verkauft.

Auch mit Automobilen beschäftigte sich Melchers dort und baute den Export der Marke Audi in den Vereinigten Arabischen Emiraten auf.

In den arabischen Ländern wurde von Wohlhabenden auch gerne geangelt; Angelzubehör der DAM (Deutsche Angelgeräte Manufaktur) war deshalb im Lieferprogramm ebenfalls enthalten.

Der persönliche Kontakt zwischen Verkäufer und Käufer war damals noch wichtiger als heute, entsprechend wurde viel gereist. Meist wurden mehrere Märkte hintereinander besucht und so dauerten die Reisen gewöhnlich mehrere Wochen. M.D. Hintz war damals meist mehr als sechs Monate im Jahr auf Geschäftsreise. Eine einzelne Reise dauerte sogar drei Monate! Sie begann in Japan, führte über Malaysia nach Pakistan und dann in den Iran. Die Telefonverbindungen waren damals nur eingeschränkt verfügbar, so wurde in erster Linie per Telex kommuniziert. Es wartete immer bereits ein Telex von Melchers auf ihn, sobald er sein Hotel auf der nächsten Station seiner Reise erreichte.

Der Aufbau

Bei Melchers ergaben sich interne Änderungen in der Organisation und so entschloss sich M.D. Hintz – inzwischen Exportleiter bei Melchers – nach 28 Jahren die Firma zu verlassen und sich selbstständig zu machen. Die Trennung verlief keineswegs im Bösen und Herr Claussen, einer der Melchers-Teilhaber, ermöglichte es M.D. Hintz über seine Kontakte zur Bremer Bank (zu deren Gründern auch die Fa. Melchers gehört hatte) eine Finanzierung seiner Pläne. Ein weiterer Finanzier war der kuwaitische Kaufmann Gabi Al Matar. Die Firma Hintz Export GmbH & Co. KG wurde am 4. Januar 1977 gegründet und ins Handelsregister eingetragen.

Die neugegründete Firma startete mit drei Mitarbeitern, die alle vorher bei Melchers tätig gewesen waren, in einem kleinen Büro im vierten Stock (ohne Fahrstuhl) in der Sögestraße in Bremen.

Die Aktivitäten der neugegründeten Firma waren der von Melchers im Exportgeschäft nicht unähnlich. Das Fotozubehörgeschäft wurde fortgeführt und sogar ausgeweitet, so wurden u.a. Spiegelreflexkameras der DDR-Marke Praktica geliefert.

Werkzeuge hatten einen stattlichen Anteil an den Verkäufen. In Remscheid und Wuppertal waren die Mitarbeiter von Hintz oft und gern gesehen.

Auch Nahrungsmittel gehörten zum Repertoire der neuen Firma. Anfangs handelte es sich dabei insbesondere um Produkte österreichischer Hersteller: Käse der Firma Alma, Milchpulver des

Österreichischen Molkereiverbandes (Ömolk) und vor allem Säfte der Firma Hermann Pfanner Getränke GmbH. Besonders gut verkauften sich die roten und weißen Traubensäfte in dickwandigen Bügelflaschen. Diese Flaschen konnten geöffnet, ein wenig Hefe hineingegeben und wieder verschlossen werden. Ein paar Tage auf die Fensterbank gestellt, und schon hatte man selbst gemachten Wein! In Ländern, in den Alkohol verboten war wie Saudi-Arabien, wurden diese Flaschen zigtausendfach verkauft.

Auch sonst ließ sich mit Alkohol Geld verdienen: Bis zu seiner Vereinigung 1990 war auch der Jemen zweigeteilt. Es gab den Nordjemen (die Jemenitische Arabische Republik), wo Alkohol verboten war, und den Südjemen (Demokratische Volksrepublik Jemen), hier war Alkohol erlaubt. Hintz wurde Vertreter der Bremer Brauerei Beck & Co. und lieferte die Biere Beck's und St. Pauli Girl in den Südjemen. Auch deutsche Weine und Spirituosen wurden geliefert. Anlässlich eines Besuchs von hochrangigen Mitarbeitern des jemenitischen Importeurs in der Brauerei Beck & Co. brachte buten un binnen einen Bericht über diesen Besuch und ein Interview mit M.D. Hintz im Fernsehen.

Der Südjemen war zwar kein klassisches Touristenland, aber als sozialistischer Staat bestand eine Nähe zur Sowjetunion; es hielten sich mehrere Tausend Russen im Südjemen auf. Für deren Bedarf wurden z.B. Sonnenschirme, aber auch Bikinis (am besten lief Größe XL) geliefert. Diese Waren wurden bei Metro, dem Cash- and Carry-Markt, gekauft. Die Container wurden auch direkt auf dem Parkplatz bei Metro geladen und dann anschließend zum Hafen gebracht.

Einer der größten und lukrativsten Märkte jener Jahre war Libyen. Die SPLAJ (Socialist People's Libyan Arab Jamhirya) war ein sozialistischer Staat, streng planwirtschaftlich organisiert, ähnlich wie der Südjemen. Es gab große volkseigene Betriebe, jeweils auf einen Bereich ausgerichtet. So gab es Einkaufsgesellschaften wie Letools für Werkzeuge, Hawanid für den Eigenbedarf der Regierung und Ministerien – hier wurden vor allem Lampen und Bestecke geliefert. Außerdem gab es eine Gesellschaft für Lebensmittel. Wichtig war es hier, nicht nur gute Qualität zu akzeptablen Preisen zu liefern, sondern ein guter Draht zum jeweiligen Einkaufsleiter war der eigentliche Schlüssel zum Geschäft. Diese Einkaufsleiter reisten auch gerne, vordergründig zum Fabrikbesuch oder für Einkaufsverhandlungen. Es ist überliefert, dass einige dieser Einkäufer auch gerne in Bremen in die Kneipe gingen, und der eine oder andere erwartete auch andere Vergnügungen. Diese Herrschaften wurden in »Etablissements« im Philosophenweg abgeliefert. Den Rückweg zu ihrem Hotel haben sie wohl alleine wiedergefunden.

Der Einkaufsleiter der Importgesellschaft für Lebensmittel in Tripoli kam eines Tages zu M.D. Hintz und bat ihn, ihm Kakaopulver zu besorgen. Damals wusste noch niemand, dass dies zu erheblichen Veränderungen bei Hintz führen würde, ja sogar die Zukunft von Hintz maßgeblich bestimmen sollte.

Entsprechend seinem Mantra »Entweder ich habe einen Hersteller, dann suche ich für ihn einen Abnehmer oder ich habe einen Kunden, der ein bestimmtes Produkt braucht. Dann suche ich für ihn einen Hersteller«, wandte M.D. Hintz sich an den für Nahrungsmittel zuständigen Vertreter. Exporthandelsvertreter gibt es heute nicht mehr. Damals aber hatten sie eine wichtige Funktion: Sie hatten Vertretungen deutscher Hersteller und besuchten Exporteure, um ihnen diese Waren für den Export anzubieten. Ebenso funktionierte es andersherum. Also fragte M.D. Hintz den Exporthandelsvertreter nach Kakaopulver. Dieser kannte tatsächlich einen Hersteller von Kakao in Bremen. So kam die erste Lieferung von Kakao in zwei 20 Fuß Containern nach Tripoli zustande. Geliefert wurde der Kakao in dunkelbraunen Schachteln von 100 g, mit wenig mehr Text als »Fine dark cocoa powder, ideal as drinking chocolate and for baking« und »Product of Germany«.

Der Kakao verkaufte sich sehr erfolgreich, und so sollte nach einer recht kurzen Frist nachbestellt werden.

Oberst Muammar Al Gaddafi, der libysche Revolutionsführer, hatte ein Buch geschrieben, das sogenannte »Grüne Buch«. Darin veröffentlichte er seine Thesen – zum Teil angelehnt an die »Mao-Bibel«. Einer der Leitsätze des Grünen Buches lautete »Cut out the middle men (macht keine Geschäfte mit Zwischenhändlern)«. Der libysche Einkäufer sprach also M.D. Hintz daraufhin an und sagte ihm, dass der Firmenname Hintz Export GmbH & Co. KG doch allzu sehr nach eben genau solch einem Zwischenhändler klang. Ob man nicht vielleicht eine Firma mit »Production« im Namen, am besten mit »Foodstuff Production« gründen könnte, dann habe man keine Probleme mit vorgesetzten Stellen zu fürchten.

Und so kam es zur Gründung der Hintz Foodstuff Production GmbH, die am 2. Januar 1980 den Betrieb aufnahm. Es wurde ein Logo für die Marke Hintz kreiert und sowohl das Logo als auch die Marke als Warenzeichen eingetragen. Ab sofort wurden die Kakaoschachteln mit diesem Logo bedruckt.

Das Geschäftsvolumen war inzwischen so angewachsen, dass das kleine Büro im vierten Stock nicht mehr ausreichte. So wurde der gesamte zweite Stock angemietet; die Mitarbeiterzahl war inzwischen auf zwölf angestiegen. Es wurde auch Nachwuchs ausgebildet, insgesamt durchliefen ca. zehn junge Leute ihre Ausbildung zum Groß- und Außenhandelskaufmann bei der Firma Hintz.

Das Non-Food Geschäft lief zunächst weiter und machte zu der Zeit noch etwa 80–90% des Geschäftsvolumens aus. In den Vereinigten Arabischen Emiraten stattete Hintz den Palast der Herrscherfamilie von Sharjah mit Lampen und Kronleuchtern aus. Im Rahmen der Verhandlungen traf M.D. Hintz auch den Emir von Sharjah; überhaupt war es zu der Zeit wesentlich leichter, mit hochrangigen Persönlichkeiten zusammenzutreffen als heute. Auch dem damaligen Emir von Dubai, Sheikh Rashid bin Said al Maktoum, dem Vater von Skeikh Mohammed al Maktoum, dem heutigen Emir, begegnete M.D. Hintz. Von Sheikh Rashid wird erzählt, dass er tatsächlich sein Geld unter seiner Matratze aufbewahrte.

Die achtziger Jahre

Rückblickend war dieses das »goldene Jahrzehnt« der Firma Hintz. Nie zuvor wurden so hohe Umsätze und auch Erträge erwirtschaftet wie in den achtziger Jahren, auch später wurden solche Zahlen nie wieder erreicht.

Insbesondere in Libyen lief das Non-Food Geschäft glänzend. In den Archiven der Firma finden sich mehrere Akkreditive aus Libyen in Millionenhöhe: Eines über 6,8 Mio. DM und ein weiteres über 2,6 Mio. DM. Liefergegenstand waren hauptsächlich Werkzeuge. Im Jahre 1985 erwirtschaftete Hintz einen Jahresumsatz von über 40 Mio. DM!

In dieser Zeit eröffnete der stille Teilhaber Gabi Matar aus Kuwait, dass er seine Beteiligung ausbezahlt haben wollte, da er nach Kanada auswandern wollte. Glücklicherweise ermöglichte es der Geschäftsverlauf von Hintz, dass dieses ohne Kapital- bzw. Liquiditätsprobleme über die Bühne gebracht werden konnte.

Obwohl M.D. Hintz nie sonderlich technikaffin war, erkannte er die Möglichkeiten, die ein Faxgerät bot und gehörte zu den Ersten, die ein solches Gerät nutzten. Das Fax löste allmählich die Telex-Apparate ab.

1986 ereignete sich der Reaktorunfall in Tschernobyl. Die radioaktive Wolke wehte nach Westen und der nukleare Fallout erreichte auch Westeuropa. Damit wurde auch das Gras, das österreichische Kühe fraßen, belastet. Die Behörden in den arabischen Staaten reagierten sofort und stoppten alle Lieferungen von Milchpulver. Einige Container mit Milchpulver von Hintz waren zu der Zeit bereits auf Schiffen in den Golf unterwegs – obwohl dieses Milchpulver bereits vor dem Reaktorunfall hergestellt worden war und damit gar nicht belastet sein konnte, verboten die Behörden in Saudi Arabien die Einfuhr. Das war ein nicht unerheblicher Verlust, zumal das Milchpulvergeschäft der Firma Hintz ab dem Zeitpunkt zum völligen Erliegen kam und sich auch später nie wieder erholte. Damit fielen auf einen Schlag Umsätze in Millionenhöhe ersatzlos weg.

Im Jahre 1987 ergab sich für Hintz eine besondere Gelegenheit: Die im Jahr 1891 gegründete Firma Dr. Franz Grossmann GmbH & Co. KG wurde M.D. Hintz zum Erwerb angeboten. Grossmann handelte mit Chemikalien, Blechen und Laminaten im Inland und auch im Export, dort insbesondere nach Sri Lanka. Nach der Übernahme schlief das Inlandsgeschäft bald ein und auch der Export nach Sri Lanka war nicht besonders ertragreich und wurde nach und nach eingestellt. Aber das Laminatgeschäft wurde fortgeführt, auch unter dem Mantel von Hintz. Hier wurden auch neue Märkte, z.B. in der Karibik, erschlossen. Dieser Geschäftszweig wurde einige Jahre fortgeführt, bis die beiden Mitarbeiter, die dieses Geschäft verantworteten, sich selbstständig machten und unter ihrer eigenen Firma fortführten. Ab da war Grossmann für Jahre kaum aktiv; dies sollte sich erst in den 90er Jahren wieder ändern.

Das Lebensmittelgeschäft der Hintz Foodstuff wurde derweil erweitert, es kam Kaffee (sowohl als Röstkaffee als auch löslicher, d.h. Instantkaffee), Cappuccino-Mischungen, Kaffeeweißer und Milchshakepulver dazu. Aus Spanien wurden Obst- und Gemüsekonserven, Kapern und Oliven und aus Malaysia Backpulver und Karamellcreme geliefert – alles unter der Marke Hintz. Fleischkonserven, insbesondere Frühstücksfleisch, aber auch Schinken, natürlich aus Rindfleisch – denn Schweinefleisch gilt Moslems ja als »Haram« (verboten) – wurden exportiert. Die Lieferanten kamen meist aus Holland und auch aus Österreich. Die Hersteller verarbeiteten auf ihren Maschinen aber nicht nur Rindfleisch, sondern für ihre einheimischen und europäischen bzw. amerikanischen Märkte auch Schweinefleisch. Die Golfstaaten hatten ihre Analysemethoden immer weiter verfeinert und so konnten sie bereits einen einzigen Tropfen Schweineblut auf eintausend Liter Rinderblut nachweisen! Sei es durch Nachlässigkeit oder durch ungenügende Reinigung ihrer Maschinen zwischen der Produktion unterschiedlicher Fleischsorten kam es vor, dass das Labor in Dubai in Proben von Rindfleischdosen (nicht nur) der Marke Hintz Schweineblut nachwies. Das führte zu einem großen Aufschrei in der Bevölkerung, zumal diese Erkenntnisse auch in der lokalen Presse veröffentlicht wurden. So erfolgreich das Fleischgeschäft auch gewesen war, Hintz entschied sich zur Einstellung desselben, da der Ruf der Marke insgesamt in Gefahr geriet. Zu dieser Entscheidung trug auch der österreichische Lieferant von Rinderschinken in Dosen bei. Der hatte sich ausbedungen, Zahlungen für seine Lieferungen nicht auf sein Geschäftskonto in Österreich zu erhalten, sondern er bestand auf Zahlung auf sein Konto in Liechtenstein, was zwar ungewöhnlich, aber nicht verboten war. Bei einer wenig später stattfindenden steuerlichen Betriebsprüfung fiel dies wohl auf. Und so stand am nächsten Tag ein ganzer Trupp Steuerfahnder im Büro, in der Hoffnung, einen ganz großen Fang gemacht zu haben. Nach Durchsicht der Akten im Büro, in Anwesenheit von Detlev Hintz, dem Bruder von M.D. Hintz, der als Steuerberater die Firma betreute, löste sich der Verdacht jedoch komplett auf, und die Steuerfahnder zogen unverrichteter Dinge wieder ab.

Je besser die Marke sich entwickelte, umso argwöhnischer wurde die etablierte Konkurrenz. Es kam zu mehreren Verfahren wegen angeblicher Markenrechtsverletzung gegen die Firma. Die meisten dieser Verfahren endeten mit einem Erfolg für Hintz vor Gericht. Das allergrößte Verfahren wurde von H.J. Heinz & Co. aus den USA angestrengt, die eine zu große Ähnlichkeit zwischen Hintz und Heinz sahen. Immerhin war H.J. Heinz ein multinationaler Konzern und beschäftigte vermutlich fünfmal mehr Schreibkräfte in ihrer Rechtsabteilung als die Fa. Hintz Angestellte insgesamt hatte. Nach zähen, insgesamt mehrjährigen Verhandlungen wurde schließlich eine Einigung in Form einer Abgrenzungsvereinbarung erzielt: Hintz verpflichtete sich, keine Heinz-typischen Produkte wie z.B. Ketchup und Mayonnaise zu vertreiben und im Gegenzug erlaubte Heinz die Nutzung der Marke Hintz für (im Detail genau definierte) Produktgruppen wie Kakao, Kaffee und Brotaufstriche. Juristisch war dies die größte Hürde, die Hintz je zu bewältigen hatte; nach erfolgter Einigung war die Erleichterung groß.

Die neunziger Jahre

Das Non-Food Geschäft verlor zunehmend an Bedeutung: Seitens der Abnehmer war man inzwischen mehr internationalisiert, und auch die Hersteller hatten inzwischen eigene Exportambitionen; »Cut out the middle men« hatte sich auch hier herumgesprochen. Dazu kam, dass der Nahe und Mittlere Osten auch für Europäer nicht mehr so exotisch war wie zuvor, und es war manchem aufgefallen, dass man in jener Gegend gutes Geld verdienen konnte.

Stefan Hintz, der Neffe von M.D. Hintz, kam als Neuzugang in die Firma. Er hatte vorher bei der DS Chemie in Bremen gearbeitet und dort mit Chemikalien für die Herstellung von Verschlüssen, also Dichtungen und Lacke für Deckel und Kronkorken, gehandelt. Da es auch in der arabischen Welt Hersteller solcher Verschlüsse gab, wurde versucht, dieses Geschäft zu entwickeln. Man fand einen Produzenten in Halle, der als Konkurrent von DS Chemie ähnliche Produkte herstellte. Dieses Geschäft passte nicht so recht in eine »Foodstuff Production« Firma und so wurde es in die Firma Dr. Franz Grossmann ausgegliedert. Obwohl es sich um komplett andere Abnehmer als für die Nahrungsmittel handelte, konnte man bei Reisen die Kunden beider Firmen besuchen und so ergab sich zumindest eine gewisse Synergie.

Einige wenige Produkte aus dem »Non-Food-Bereich« wurden auch unter der Marke Hintz weiterhin verkauft. Es handelte sich dabei um Produkte, die im weitesten Sinne mit Nahrungsmitteln zu tun hatten, wie z.B. Aluminium- und Plastikfolien. Als besonders erfolgreich erwiesen sich die Topfreiniger aus Metall, die z.T. in vollen Containern verkauft wurden. Bei Carrefour in Dubai waren die Hintz Topfreiniger sogar die meistverkauften Produkte in ihrer Kategorie, zumindest solange bis Carrefour das gleiche Produkt unter ihrer eigenen Marke verkaufte. In einem Fernsehbericht des »Weltspiegel« waren Hintz Topfreiniger zu sehen, wie sie im Oman dazu benutzt wurden, bei Fischen die Schuppen zu entfernen.

Im Jahre 1996 installierte der sich gerade im Heimaturlaub in Bremen befindende Thomas Hintz das erste Modem im Büro, womit das Internet endlich auch Einzug bei Hintz hielt.

Der Geist der Perestroika führte auch zur Öffnung der Märkte in der ehemaligen Sowjetunion. Das waren komplett unerschlossene Märkte, die ein riesiges Potenzial versprachen. Hintz besuchte und stellte auf Messen in Kiew, Sankt Petersburg, Moskau, Baku, Almaty als auch in Novosibirsk und Kemerowo in Sibirien aus. Anfragen kamen beinahe täglich, sowohl direkt aus den ehemaligen Sowjetrepubliken als auch von in Deutschland lebenden Russen mit Kontakt zu ihrer Heimat. Von den Hintz-Produkten wurde Kaffee, Cappuccino und Kakao geliefert und auch Marmelade aus Spanien ging nach Sibirien. Einmal wurde sogar ein Container Kaffee für ein Gefängnis in Bischkek, der Hauptstadt Kirgistans, per Bahnfracht geliefert.

Die vielen neu entstandenen Kontakte im Osten führten auch dazu, dass Hintz Praktikanten aus Russland und anderen GUS-Staaten aufnahm. Für Hintz bedeutete dies, dass man jemanden vor Ort hatte, der sich dort sehr gut auskannte und auch Russisch sprach. Die Praktikanten konnten Erfahrungen in der Privatwirtschaft sammeln und lernten auch etwas Deutsch und Englisch. Einer dieser Praktikanten, der Mongole Dorj Ketov aus Ulan Bator, steht auch heute noch regelmäßig mit den Mitarbeitern bei Hintz in Kontakt.

Mit der Firma Südmilch in Stuttgart einigte sich die Firma Hintz, deren Produkte – hauptsächlich Joghurt – in den Ländern der ehemaligen Sowjetunion zu vertreiben. Da die erwarteten (und auch erzielten) Umsätze sehr groß waren, gestand die Südmilch Hintz eine Bruttomarge von fünf Prozent zu. Diese Entscheidung war jedoch im Nachhinein betrachtet keine gute, denn auch eine sehr schlank aufgestellte Firma wie Hintz konnte mit einer so geringen Bruttomarge ihre Kosten nicht vollständig decken. Obwohl die Umsätze in lange nicht erreichte Höhen stiegen, fuhr die Firma Verluste ein. Hinzu kam, dass auch der russische Abnehmer wirtschaftlich in Schwierigkeiten geriet und so kam es, dass die letzte Lieferung von Joghurt nie bezahlt wurde.

Auch aus anderen Gründen wurde das Geschäft schwieriger: In Spanien hatte es aufgrund einer Trockenheit erhebliche Ernteausfälle gegeben, was dazu führte, dass das große Geschäft mit spanischen Obst- und Gemüsekonserven fast vollständig zum Erliegen kam. Auch der Kurs des US-Dollars ging deutlich gegenüber der DM zurück. Damit wurden in DM fakturierte Lieferungen in die arabischen Länder, die fast alle ihre eigenen Währungen in der ein oder anderen Form an den Dollar gekoppelt hatten, erheblich weniger wettbewerbsfähig; auch rächte es sich jetzt, dass nicht alle in Dollar fakturierten Lieferungen über Termingeschäfte abgesichert waren, sodass größere Währungsverluste drohten.

Die wirtschaftliche Situation führte sogar dazu, dass für die Mitarbeiter Kurzarbeit angemeldet werden musste.

Die Zukunft der Firma Hintz stand 1996 so stark auf der Kippe, dass sich der damals 65-jährige M.D. Hintz entschloss, zu versuchen, die Firma zu verkaufen, um die durchaus drohende Insolvenz abzuwenden. Er verhandelte sowohl mit Bremer und Hamburger Unternehmen, die im Außenhandel tätig waren, als auch mit Lieferanten, die ja bereits unmittelbar in das Geschäft eingebunden waren. Im Endergebnis war es jedes Mal das Gleiche: Entweder verstanden die Gesprächspartner das Geschäftsmodell nicht oder die, die es sehr wohl verstanden, machten geltend, dass dieses Geschäft so stark auf die Person von M.D. Hintz und seine langjährigen Kontakte zu den Abnehmern zugeschnitten war, als dass man es sich zugetraut hätte, dieses Geschäft erfolgreich fortzuführen. Auch war niemand bereit, eine Beschäftigungsgarantie für die bestehenden Mitarbeiter bei Hintz auszusprechen.

Völlig unerwartet erholte sich das Geschäft kurz darauf wieder, die Kurzarbeit wurde eingestellt und stattdessen Überstunden gemacht. Der Dollar stieg wieder und auch die spanischen Lieferanten hatten wieder Waren. Die Unsicherheit hatte etwa eineinhalb Jahre gedauert und durchaus ihre Spuren hinterlassen. Die Firma hatte nur noch fünf Mitarbeiter und vom Russlandgeschäft ließ man die Finger und konzentrierte sich wieder auf die angestammten Märkte im arabischen Raum.

Personen II

Auch die Vita des Sohnes von M.D. Hintz ist für die Geschichte der Firma Hintz von Bedeutung. Thomas Hintz, der Autor dieses Textes, wurde 1960 in Kampala/Uganda geboren und wuchs in Bremen auf. Als die Familie innerhalb Bremens umzog, wurde ein Schulwechsel erforderlich. Er wechselte zum Bremer Gymnasium Horn, wo sich ihm eine einmalige Gelegenheit bot: Das Gymnasium Horn hatte eine Partnerschaft mit der Senior High School II in Quincy/IL in den USA. Regelmäßig wurde ein halbjährlicher Austausch von Schülern organisiert, anschließend nahm die Familie einen Schüler aus Quincy auf, und zwar in der Regel aus der Familie, in der man in Quincy gewohnt hatte. T. Hintz ging also für ein halbes Jahr in den USA zur Schule, und dies in seinem zweiten Halbjahr am Gymnasium Horn. Nach einigen Monaten in Quincy fragte er einen amerikanischen Freund nach dessen Einschätzung seiner Englischkenntnisse und bekam zur Antwort: »Dein Englisch ist gut, aber deinen deutschen Akzent hört man zwei Meilen gegen den Wind.« Daraufhin bemühte er sich, seinen Akzent dem seiner Gastgeber anzupassen – dies mit einigem Erfolg.

Nach dem Abitur und Absolvierung der Wehrpflicht ging Thomas Hintz zum Biologiestudium an die Universität Konstanz. Nach drei Semestern merkte er, dass dieses Studium nicht das war, was er erwartet hatte, und brach es ab. Da er zu diesem Zeitpunkt keine genaue Vorstellung von seinem weiteren Werdegang hatte, bot sein Vater ihm an, ein Praktikum in dessen Firma zu absolvieren. Dieses Praktikum dauerte eineinhalb Jahre, in denen er durchaus Gefallen an einem Beruf in der Wirtschaft fand. Da er aber auf eigenen Füßen stehen wollte, entschloss er sich, eine Banklehre zu absolvieren. Im April 1983 begann er seine Berufsausbildung bei der Deutschen Bank in Bremen. Diese schloss er 1985 mit dem Leverenz-Preis ab. Durch sein vorheriges Praktikum bei der Firma Hintz war er sehr stark mit den Instrumenten der Außenhandelsfinanzierung, also insbesondere dokumentären Inkassi und Akkreditiven in Berührung gekommen, und von daher bot es sich an, dass er nach Abschluss der Ausbildung bei der Bank in die Auslandsabteilung ging.

Vielleicht aufgrund seines exotischen Geburtsortes und der Tatsache, dass er in den USA sehr gut zurechtgekommen war, wollte er gern im Ausland arbeiten – zumindest für eine gewisse Zeit. Schließlich war auch sein Vater im Ausland gewesen und selbst der Großvater hatte einige Jahre in Dänemark gearbeitet. Bei einem so international aufgestellten Arbeitgeber wie der Deutschen Bank sollten sich da wohl Möglichkeiten ergeben. Doch die Vorgesetzten waren nicht so leicht davon zu überzeugen. 1987 reiste Thomas Hintz im Urlaub nach China, Hongkong und Taiwan. In Taiwan lebte ein guter Freund aus Schulzeiten, der im Übrigen eine recht ähnliche Vita hatte: Sein Großvater war Importleiter bei C. Melchers & Co. gewesen, bevor er sich selbstständig machte, sein Vater arbeitete in Westafrika, in Ghana, wo der Freund geboren wurde. Bei diesem Besuch in Taiwan eröffnete ihm sein Freund, dass er eigentlich gerne Taiwan verlassen würde, und fragte T. Hintz (vermutlich nicht ganz ernst gemeint): »Hättest Du nicht Lust, meinen Posten hier zu übernehmen?« T. Hintz war gar nicht abgeneigt und erzählte nach seiner Rückkehr aus dem Urlaub auch den Kollegen in der Bank von diesem »Jobangebot«. Das wiederum hörte sein Vorgesetzter und bereits am nächsten Tag wurde ihm eröffnet, dass er sich eine Woche später in Frankfurt bei der Zentralen Personalabteilung melden solle. Frankfurt hatte auch gleich eine Überraschung parat: Ein Jahr in Sydney/Australien in der Auslandsabteilung! Viele der australischen Kollegen hielten ihn wegen seines Akzents für einen Amerikaner. Das Jahr in Sydney war eine tolle Zeit, und auf dem Rückweg entschloss er sich, den Heimweg Richtung Osten zu nehmen. Einige Tage Urlaub in

Neuseeland und auf Tahiti vor dem Weiterflug über Los Angeles bedeuteten eine komplette Erdumrundung.

Die nächsten zwei Jahre verbrachte er wieder bei der Deutschen Bank in Bremen, diesmal in der Kredit- und Firmenkundenabteilung. Bereits vor dem Auslandsaufenthalt in Australien hatte T. Hintz angefangen, an der »Bankakademie« zu studieren. Die Bankakademie ist eine überbetriebliche berufsbegleitende Weiterbildung, die sowohl abends als auch samstags stattfindet und über drei Semester geht. Wegen der Entsendung nach Sydney konnte er nicht weiter an dieser Fortbildung teilnehmen. Wieder zurück in Deutschland, legte ihm die Zentrale Personalabteilung jedoch nahe, wieder mit der Bankakademie zu beginnen. Da die Maßnahme bereits begonnen hatte, konnte er erst im zweiten Jahr beginnen. Als er im zweiten Semester war, wurde ihm eröffnet, dass er nach Lahore in Pakistan entsendet werden sollte. Auf die Frage »Was ist mit der Bankakademie?« hieß es auf einmal »Das ist nicht so wichtig.« So kam es, dass er Anfang 1991 nach Pakistan ging und die Bankakademie quasi im Fernstudium fortführte. Freunde schickten ihm ihre Aufzeichnungen per Fax nach Lahore und er lernte dort. Zur Prüfung flog er zurück nach Bremen und bestand diese auch – als erster Fernstudent, wie ihm versichert wurde! Fortan durfte er den Titel »Bankfachwirt« auf seine Visitenkarten drucken, was er jedoch nie tat, zumal es in Pakistan sowieso niemand verstanden hätte.

Pakistan war eine echte Herausforderung, sowohl sprachlich als auch kulturell: in Kilometern deutlich näher an Deutschland als Australien, aber kulturell ein Vielfaches entfernter. Wenn er sich auch ein halbwegs alltagstaugliches Urdu aneignen konnte, war die Sprache eine große Herausforderung, da das persische Alphabet verwendet wird und er daher nie schriftliches Urdu beherrschte.

Damals gab es in Lahore noch keine Supermärkte, und lediglich die Lebensmittelabteilung des einzigen Kaufhauses in der Stadt führte westliche Lebensmittel. Dort gab es auch ein Regal mit Kakaoprodukten – zu 100% bestückt mit Hintz Kakao! Obwohl Hintz damals nicht nach Pakistan lieferte. Dieser Kakao wurde von zurückkehrenden pakistanischen Gastarbeitern im Duty-Free Shop in Dubai gekauft und anschließend an das Kaufhaus verkauft.

Nach knapp drei anstrengenden, aber hochinteressanten Jahren in Pakistan wurde T. Hintz nach Indonesien versetzt, als Leiter der Filiale in Surabaya in Ost-Java. Surabaya war mit 30 Mitarbeitern die kleinste Filiale im Verbund des RHO in Singapur. Die Filiale bestand damals seit sechs Jahren, und T. Hintz war der sechste Leiter! Normalerweise setzte die Deutsche Bank auf Kontinuität, und die Entsendungsverträge für deutsche Mitarbeiter hatten üblicherweise eine Laufzeit von drei bis fünf Jahren. Die Filiale hatte also schon einige Leute verschlissen, und auch die Zahlen sahen anfangs gar nicht gut aus. Erst nachdem einige hochkarätige lokale Mitarbeiter angeworben werden konnten, entwickelte sich das Geschäft weitaus besser.

Anders als mit Urdu fiel es T. Hintz leichter, die Sprache zu erlernen. Dabei half sicher auch, dass er in Surabaya seine spätere Frau Fanny kennenlernte. Indonesisch verwendet das lateinische Alphabet, und so konnte man auch z.B. die Zeitung lesen und nach einzelnen nicht verständlichen Wörtern fragen. Der Entsendungsvertrag von T. Hintz lief über fünf Jahre, doch dessen Ende fiel genau in die Zeit der asiatischen Währungskrise. 1996/97 hatte es zuerst Thailand getroffen; die lokale Währung wertete dramatisch gegenüber dem US-Dollar ab, und Firmen, die sich in US-Dollar verschuldet hatten, bekamen Probleme, weil ihre Einnahme in Baht auf einmal nicht mehr reichten, um ihre Schulden in USD zu tilgen. Zu der Zeit hatte die Filiale Jakarta gerade ihr neues 23-stöckiges Gebäude fertiggestellt, und zur Einweihung waren alle lokalen Entscheidungsträger und auch das neue, für Asien zuständige Vorstandsmitglied anwesend. Dieser Vorstand, Herr Dr. Ackermann, der spätere CEO der Deutschen Bank, begrüßte die Abteilungsleiter und die Leiter der Filialen in Jakarta und Surabaya mit den Worten: »Die Krise hat Thailand erwischt und wird sich auch in Indonesien manifestieren«. Wer damit gerechnet hatte, dass Dr. Ackermann den Anwesenden nun ans Herz legen würde, ihre Kreditportfolios genau unter die Lupe zu nehmen und besonders die in Fremdwährung verschuldeten Firmen zu beobachten, wurde enttäuscht. Als Vorbereitung auf die Krise, die kommen würde, wies Dr. Ackermann alle Filial- und Abteilungsleiter an, ihre Belegschaft um zwanzig Prozent zu reduzieren! Für die Filiale Surabaya bedeutete dies fünf Entlassungen. In einem Land, das quasi kein soziales Netz hat, sind Entlassungen noch dramatischer als in Deutschland, und so entschied sich T. Hintz, diese Entlassungen nicht nur nach fachlichen, sondern an erster Stelle nach sozialen Gesichtspunkten durchzuführen. Es traf also vor allem Mitarbeiter der chinesischen Minderheit, die durch ihre wohlhabenden Familien besser abgesichert waren. Dennoch konnte er eine ganze Weile nicht gut schlafen, nachdem er die Entlassungen aussprechen musste.

Nach Ablauf seines Vertrages 1998 wurde T. Hintz gebeten, ein weiteres Jahr in Surabaya zu bleiben. Ende Juni 1999 ging er schließlich nach insgesamt neun Jahren in Asien zurück nach Deutschland, nach kurzen Zwischenstationen in Bremen und Hannover in die Filiale Hamburg. Wie sich bereits bei Dr. Ackermanns Reaktion auf die Krise gezeigt hatte, war die Deutsche Bank eine andere geworden als die, die er zuvor kennengelernt hatte. Er fühlte sich nicht mehr wohl in dem Unternehmen – es war nicht mehr sein Zuhause! Das merkte auch M.D. Hintz, und er fragte seinen Sohn einmal mehr, ob er nicht bei ihm in die Firma einsteigen wollte. Anders als zuvor willigte Thomas Hintz ein. Bereits im Februar 2001 verließ er die Deutsche Bank und wurde Angestellter der Hintz Foodstuff.

Die zweitausender Jahre

Zunächst wurde der neue Mitarbeiter durch ausgedehnte Reisen zusammen mit seinem Vater den Kunden vorgestellt. Manche Kundenverbindungen bestanden bereits seit den 70er Jahren und wurden auch auf Kundenseite auf die nächste Generation überführt. In der arabischen Welt sind persönliche Beziehungen nicht nur von Vorteil, sondern beinahe unabdinglich. Fast alle Kunden sind selbst Familienunternehmen, und so wurde T. Hintz beinahe selbstverständlich akzeptiert. Es gab auch keine großen kulturellen Probleme – durch seine neun Jahre in islamischen Ländern war T. Hintz mit dieser Kultur sehr vertraut. Sprachlich hatte sich auch einiges getan, anders als früher sprach die jüngere Generation Englisch. Dennoch musste sich T. Hintz zumindest arabische Sprachkenntnisse aneignen, weniger für geschäftliche Verhandlungen als für Alltagsdinge, wie z.B. Taxifahren. Taxifahrer, zumindest die lokalen in Saudi-Arabien, sprechen auch heute noch meist kein Englisch. Einmal, nach dem Besuch eines neuen Kunden in Jeddah zur Zeit des zweiten Golfkrieges, fand sich T. Hintz in einem Industriegebiet wieder, in dem nur sehr wenige Taxen fuhren. Als er schließlich eines anhalten konnte, schwante ihm Böses: Der Taxifahrer, ein Saudi, trug eine Dishdasha, die die Knöchel freiließ und hatte einen langen Bart ohne Oberlippenbart. Untrügliche Zeichen, dass es sich um einen Mutawa, einen besonders fundamentalistisch religiösen Moslem handelte. Also sprach T. Hintz ihn auf Arabisch an: »Ana mish amriki, ana almani« (Ich bin kein Amerikaner, ich bin Deutscher). Sofort veränderte sich die vorher eher feindselige Miene des Taxifahrers in ein breites Grinsen und er erwiderte: »Ahlen, ahlen« (Willkommen).

Im Islam gibt es das Gebot, Nichtmoslems von den Vorzügen des Islams zu überzeugen und sie zu konvertieren. Bei geschäftlichen Besuchen in arabischen Ländern kommt es vor, dass man von Einheimischen darauf angesprochen wird. Die allermeisten respektieren auch ein freundliches »Nein, danke«, aber es gibt auch immer wieder Leute, die eher penetrant insistieren. Bei einem gemeinsamen Besuch von M.D. und T. Hintz in Jeddah wurden beide, wie üblich, zum Mittagessen in das Haus des saudischen Geschäftspartners eingeladen. Sheikh Mohammed, das Oberhaupt der Familie, war ein bekannter, sehr gut vernetzter Geschäftsmann in Saudi-Arabien. Es kam nicht selten vor, dass saudische Prinzen (von denen es allerdings über fünftausend gibt) bei diesen Essen anwesend waren. Diesmal waren auch prominente Religionsgelehrte aus Mekka dabei, und die hatten offenbar die Absicht, die beiden westlichen Besucher zu konvertieren. Freundlich zur Schau gestelltes Desinteresse schien sie nicht davon abzuhalten, sondern im Gegenteil noch anzuspornen. Nach dem Essen verschwand Sheikh Mohammed für einige Zeit und auch die Geistlichen waren verschwunden. Wie später berichtet wurde, hat Sheikh Mohammed wohl unverhohlen gedroht, diese Geistlichen nie wieder in seinem Haus willkommen zu heißen, sollten sie je wieder seine Gäste belästigen – und das, obwohl Sheikh Mohammed selbst ein gläubiger Mann war.

Nach gründlicher Einarbeitung und nachdem deutlich geworden war, dass die Kunden ihn akzeptierten, übernahm T. Hintz

M.D. Hintz bei Sheikh Mohammed und einem seiner Söhne in Jeddah, Saudi Arabien, 2008

mit Wirkung von 1. Januar 2004 die Geschäftsanteile der Fa. Hintz und wurde zum alleinigen Geschäftsführer bestellt. Das Geschäft entwickelte sich stetig weiter, und T. Hintz setzte graduelle Veränderungen durch. Auch wegen seiner Erfahrungen im Bankgeschäft legte er das Augenmerk stärker auf den Ertrag, als dies in der Ägide des eher umsatzorientierten M.D. Hintz der Fall gewesen war. Alle in Fremdwährung getätigten Lieferungen wurden nun durch Termingeschäfte abgesichert und der gesamte Export über eine Hermesdeckung versichert.

Computer und E-Mail lösten das Faxgerät und die Schreibmaschinen ab, und zum ersten Mal wurden auch moderne Marktforschungsinstrumente eingesetzt. Eine gemeinsam von Hintz und dem saudischen Importeur in Auftrag gegebene Studie über dem Markt an löslichen Getränken in Saudi Arabien brachte erstaunliche Ergebnisse: Beim Instantkaffee hatte die Marke Nescafé – wie erwartet – einen Marktanteil von 80%, aber mit 6% Marktanteil lag die Marke Hintz auf dem dritten Platz. Noch besser war es beim Kakao, hier hatte der Hintz Kakao einen Marktanteil von 84% und war damit unangefochten Marktführer, und das vor so bekannten Marken wie Rowntree (Nestlé), Cadbury und Hershey's!

Dies Situation löste natürlich Begehrlichkeiten aus, und so brachten vor allem lokale saudische Firmen Kakao auf den Markt. Das ist zwar legitim, aber die Gestaltung der Verpackung überraschte schon! Alle lokalen Marken benutzten, genau wie es Hintz seit mehreren Jahrzehnten gemacht hatte, eine braune Dose. Ungewöhnlich für eine saudische Marke war es aber schon, dass diese jeweils ein Facing (eine bedruckte Seite der Dose) auf Deutsch hatten. Der Text war zwar völlig unverständlich, sollte aber eindeutig den Eindruck erwecken, dass es sich hierbei um ein deutsches Qualitätsprodukt handelte. Auch andere Designelemente der Hintz Dose wurden nahezu ein zu eins übernommen. Die Dosen sahen der Hintz Dose dermaßen ähnlich, dass sie selbst T. Hintz bei einem Marktbesuch nicht auf den ersten Blick als Konkurrenzprodukt identifizieren konnte. Versuche von Hintz, in Saudi-Arabien gerichtlich gegen diese Plagiate vorzugehen, scheiterten, da die Marke selbst nicht gefälscht worden war. Das Argument der Täuschung von Kunden durch das nahezu identische Design verfing vor Gericht ebenfalls nicht. Diese Produkte waren preislich sehr attraktiv, sie waren im Laden ca. 30% billiger als Hintz. Zusammen mit der nahezu identischen Verpackung führte dies dazu, dass das Kakaogeschäft von Hintz in Saudi-Arabien kein Wachstum mehr zeigte. Um dem zu begegnen, gestaltete Hintz die eigene Verpackung um: Die vorher hellbraune Schrift auf den Dosen wurde in ein sehr hochwertig wirkendes Gold umgewandelt, der Markeneindruck auf dem Deckel wich einem Relief und der Schriftzug »The Original from Germany« wurde prominent auf die Dose gedruckt. Dies alles diente dazu, die Dosen der Marke Hintz wieder unverwechselbar zu machen und sie deutlich von den Plagiaten zu unterscheiden. Die saudischen Hersteller füllten ihre Dosen mit minderwertigem Kakao indischen oder malaysischen Ursprungs, wie mehrere von Hintz in Auftrag gegebene Analysen ergaben. Ein Labor merkte sogar süffisant an: »Die Qualität entspricht den vom Fabrikboden aufgefegten Resten«. Die großen Qualitätsunterschiede und die wieder unterscheidbare Dose führten im Lauf eines Jahres dazu, dass die Umsätze von Hintz im Kakao wieder ihren gewohnten Anstieg zeigten.

Original und Fälschungen: Hintz Kakao, 2006

Auf einer von der (heute nicht mehr existenten) Centralen Marketinggesellschaft der Deutschen Agrarwirtschaft (CMA) durchgeführten Markterkundungsreise nach China fand T. Hintz einen Abnehmer für seinen Cappuccino. Das war eine kleine Supermarktkette in Shanghai, jedoch kein Distributor, der auch andere Läden in seiner Region beliefert hätte. Die Umsätze in dem Riesenreich China blieben zu klein, um das Geschäft profitabel zu machen, und so wurde es nach wenigen Jahren eingestellt. Ganz anders aber der Nachbar im Osten! Seit Jahrzehnten liefert Hintz seinen Kakao und Kaffee nach Taiwan und auch Produkte anderer deutscher Hersteller werden immer noch von Hintz an die Kaufhauskette Federal Department Stores (FEDS) geliefert. Interessant dran ist, dass die Kunden in Taiwan offenbar keine Probleme mit der arabischen Beschriftung der Dosen haben. Bedruckte Bleche für die Dosen haben im Normalfall eine Mindestbestellmenge von 100.000 Stück, was der Menge von ca. zwanzig vollen Containern Kakao entspricht. Eine solche Menge kann man sich nicht einfach »auf Verdacht« auf Lager legen, und so können manche Märkte außerhalb der arabischen Welt nicht beliefert werden; die Mengen für die einzelnen Märkte geben solche Stückzahlen einfach nicht her.

Auch für Indien liefert Hintz seine Produkte in der arabischen Aufmachung. Indien ist zwar ein sehr großes Land mit einer Bevölkerung von über einer Milliarde Menschen, aber der Markt für importierte Lebensmittel ist sehr viel kleiner, als man denken könnte. So kann (und will) sich nur ein sehr geringer Teil der indischen Bevölkerung überhaupt importierte Lebensmittel leisten. Dennoch ist Hintz auch hier Marktführer bei importiertem Kakao. Die weit über die Region bekannte Bäckerei des buddhistischen Klosters in Dharamsala verwendet nach Aussagen des indischen Importeurs sogar ausschließlich Hintz Kakao für ihre Backwaren.

Verkostung von Hintz Nuss-Nugat-Creme in einem Supermarkt in Saudi Arabien, 2006

Nahrungsmittelmessen, wie die in Köln stattfindende ANUGA oder die Gulfood in Dubai, sind gute Gelegenheiten, neue Kunden zu gewinnen. Hintz ist regelmäßig mit einem eigenen Stand auf beiden Messen vertreten. Manchmal kommen Interessenten, die sich vorher genau über die Firma und ihre Produkte informiert haben, wie z.B. der heutige Importeur in Ägypten. Er erschien auf dem ANUGA-Stand und hatte bereits eine Liste mit Produkten, die er bestellen wollte, dabei. Manchmal kommen auch Interessenten, die bestimmte Produkte suchen und sich über den Ausstellungskatalog über entsprechende Lieferfirmen informiert haben.

Auch die Delegation einer japanischen Supermarktkette besuchte den Hintz Stand auf der ANUGA. Sie hatten im Vorbeigehen die attraktiven Kakaodosen gesehen und dachten, dass dieses Produkt auch für den japanischen Markt interessant sein könnte. Japaner sind jedoch nicht unbedingt spontan und sind auch sehr darauf bedacht, jede Entscheidung vorher von ihren Vorgesetzten absegnen zu lassen, und so dauerte es einige Monate und einen Besuch der Japaner in der Fabrik, wo der Kakao hergestellt wird, bis sie sich zu ihrer ersten Bestellung durchringen konnten. Der Verkauf im Supermarkt lief wohl gut und so wurde

Kunden aus Dubai beim Besuch im Büro in der Sögestrasse in Bremen, 2006

recht bald ein zweiter Container nachbestellt. Normalerweise ist die zweite Bestellung ein gutes Indiz dafür, dass das Produkt sich gut verkauft, und man ab dem Zeitpunkt mit regelmäßigen Bestellungen rechnen kann. In Japan gilt jedoch die Besonderheit, dass erst die dritte Bestellung quasi eine langfristige Geschäftsbeziehung zementiert. Diese dritte Bestellung kam jedoch nie; der Einkäufer der japanischen Firma war von einem Tag auf den anderen verschwunden und Hintz hat nie herausgefunden, warum das Geschäft nach positivem Beginn so plötzlich abbrach.

Ebenfalls auf der ANUGA besuchten syrische Interessenten den Stand von Hintz. Es stellte sich heraus, dass es sich um den ehemaligen Importeur von Nescafé in Syrien handelte, dem Nestlé die Vertretung entzogen hatte. Sie waren nun auf der Suche nach einem alternativen Lieferanten für Instantkaffee und wurden bei Hintz fündig. Die syrische Firma kannte sich mit Instantkaffee sehr gut aus und hatte auch die entsprechenden Strukturen für eine erfolgreiche Distribution. So kam es, dass Hintz in Syrien bald einen Marktanteil von ca. 30% bei Instantkaffee hatte, sehr viel mehr als in allen anderen Märkten. Mit Beginn des syrischen Bürgerkriegs stellte sich jedoch heraus, dass der Inhaber der syrischen Firma offenbar ein enger Vertrauter von Bashar Al

Assad war, und wurde auf einer Embargoliste des BAFA (Bundesamt für Wirtschaft und Ausfuhrkontrolle) geführt. Daher war eine Lieferung an ihn und mit ihm verbundenen Firmen nicht mehr zulässig, womit das Syriengeschäft für Hintz beendet war. Dennoch hat ein so großer Marktanteil, wie Hintz ihn in Syrien einmal hatte, auch heute noch Auswirkungen. Im Rahmen der Flüchtlingskrise kamen Hunderttausende Syrer nach Deutschland und Hintz erhielt immer wieder Anfragen von geflüchteten Syrern, wo sie denn nun in Deutschland Hintz Kaffee kaufen könnten. Da der Kaffee, wie alle anderen Produkte, nur im Ausland verkauft wird, konnte man ihnen keine Einkaufsmöglichkeit in Deutschland aufgeben. Manche bekamen aber ein Paket von Hintz mit ein paar Gläsern Kaffee, und einer bedankte sich, dass er damit auch in Deutschland endlich wieder ein Stück Heimat gefunden hätte. Wenn ein in Deutschland lebender Syrer mit Hintz Kaffee an seine Heimat erinnert wird, bedeutet dies wohl, dass Hintz Produkte in der arabischen Welt zum Alltag dazugehören!

Auch im Jemen, der aus dem Zusammenschluss der ehemals getrennten Staaten Nordjemen und Süd-Jemen entstand, tobt ein Bürgerkrieg. Hintz hat eine lange Geschäftsbeziehung zu jemenitischen Firmen, und der Bürgerkrieg hat daran nichts geändert. Die Situation ist zum Teil sehr dynamisch und verwirrend, und so kam es, dass man bei manchen Lieferungen vorher nicht wusste, in welchem Hafen das Schiff anlegen würde, je nachdem ob die saudische Luftwaffe gerade den Hafen von Aden oder Hodaidah bombardierte. Wenn man in den Nachrichten Bilder aus dem Jemen sah, konnte man sich nicht vorstellen, dass dort ein Markt für hochwertigen Kakao bestehen sollte. In einem Land, das nach UNO-Angaben von Hungersnot bedroht ist, scheint es trotz allem genügend wohlhabende Leute zu geben, die das Geld für importierte Lebensmittel haben – wohlgemerkt handelt es sich bei den Hintz Produkten nicht um Grundnahrungsmittel.

Überhaupt ist ein großer Teil der Region, auf die sich Hintz spezialisiert hat, nicht mehr friedlich. Neben Syrien und Jemen traf dies auch auf den Irak zu. Vor langer Zeit hatte Hintz Geschäfte im Irak gemacht und auch zu Zeiten des Iran-Irak-Krieges reiste M.D. Hintz zu Geschäftsbesuchen in den Irak.

Nach Ende des zweiten Golfkrieges ergab sich wieder eine Gelegenheit, mit dem Irak ins Geschäft zu kommen. Mehrere große irakische Firmen hatten aus Sicherheitsgründen ihre Zentralen nach Amman in Jordanien verlegt und steuerten von dort ihr Irakgeschäft. Da Hintz in Jordanien sehr gut aufgestellt war (und ist), fielen die Produkte im Supermarkt wohl auch den irakischen Mitarbeitern auf, die daraufhin Kontakt zu Hintz aufnahmen. Lieferungen erfolgten nach Akaba, dem jordanischen Hafen am Roten Meer. Die Container wurden dort auf Lkw verladen und es ging auf dem Landweg über die Grenze nach Bagdad. Dieser Landweg führte jedoch durch von der Daesh (auch Islamischer Staat genannt) kontrollierte Gebiete und so war zumindest Wegzoll fällig. Die Fahrer müssen unglaublich mutig – oder verzweifelt! – gewesen sein, diese Fahrt auf sich zu nehmen. Die irakische Firma arbeitete hochprofessionell, und es wurden jeden Abend die Verkaufszahlen des Tages an die Zentrale nach Amman gemeldet. Zuallererst wurde jedoch berichtet »alle Fahrer und Verkäufer leben noch«!

Auch der Iran ist ein großer und interessanter Markt, oder war es zumindest, bevor die amerikanischen Sanktionen wieder in Kraft gesetzt wurden. Bevor ausländische Nahrungsmittel im Iran verkauft werden dürfen, müssen sie vom iranischen Gesundheitsministerium zugelassen werden. Das ist in der Regel ein langer und komplizierter Prozess, der nicht selten mehrere Jahre in Anspruch nimmt. Das iranische Gesundheitsministerium besteht normalerweise darauf, eigene Inspekteure zu den Fabriken zu schicken, die eine solche Zulassung beantragen. Solche Inspekteure werden in den Fabriken gar nicht gerne gesehen, auch um die eigenen Produktionsmethoden vor Industriespionage zu schützen. Da Hintz keine eigenen Fabriken hat, war es auf die Mitarbeit der Hersteller angewiesen, die eine solche Inspektion aber kategorisch ablehnten. Um eine Zulassung dennoch zu erreichen, einigte man sich auf einen Kompromiss: Der iranische Importeur besuchte die Fabriken selbst, um anschließend seine Behörden von den hygienischen Zuständen bei der Produktion zu überzeugen. Bei einem anschließenden Essen bestellte er sich Schweinefleisch. Auf die verwunderten Blicke antwortete er: »Das bekomme ich zu Hause nicht«. Als die Genehmigung aus dem Iran endlich kam, reisten M.D. und

Verhandlungen auf der Gulfood 2014 mit kuwaitischen Partnern. Im Bild links I. Mertens, zweiter von rechts T. Hintz, ganz rechts C. Hintz

T. Hintz nach Teheran, um die letzten Verhandlungen über den Marktstart zu führen. Abends wurden sie vom iranischen Importeur in sein Haus zu einer Feier anlässlich der erteilten Verkaufszulassung eingeladen. Sie waren ziemlich überrascht, als sie bereits im Garten, nachdem das große gusseiserne Tor geschlossen war, gefragt wurden: »Wein, Bier, Gin oder Whiskey?«. Damit hatten sie ausgerechnet im Iran nicht gerechnet. Den Besuchern aus Deutschland wurde erklärt, dass Bestellungen für Alkohol ausgerechnet bei den Pasdaran, den iranischen Revolutionsgarden, aufgegeben würden.

2008 kam auch der zweite Sohn von M.D. Hintz, Carsten Hintz, zur Firma und übernahm das Geschäft der Firma Dr. Franz Grossmann.

Im Jahre 2017 wurden in einer Feier mehrere Jubiläen gleichzeitig gefeiert. Die Firma Hintz Export war 40 Jahre zuvor gegründet worden, Dr. Franz Grossmann vor 125 Jahren. Außerdem war eine Mitarbeiterin seit 40 Jahren im Unternehmen, eine andere seit 30 und eine dritte seit 25 Jahren.

Um ein Markenprodukt zu verkaufen, ist Werbung unerlässlich. Bei Hintz macht dieser Posten mit Abstand den größten Kostenblock aus. In kleineren Märkten wird eher auf »Blockshelf« gesetzt (man mietet beim Supermarkt Regalplatz, um die

Lieferwagen mit Hintz-
Werbebeschriftung in
Alexandria, Ägypten
ca. 2010

Hintz Gondola in einem
Supermarkt in Kairo,
Ägypten 2010

eigenen Produkte möglichst nebeneinander zu platzieren, ohne durch Konkurrenzprodukte unterbrochen zu werden). In den größeren Märkten, wie z.B. in Saudi Arabien, nimmt das eine ganz andere Dimension ein. Dort werden z.B. im Ramadan – der islamischen Fastenzeit – mehrere Meter große Blöcke mit Kakao gebildet oder sogar ganze Kakao-Pyramiden aufgebaut. Die im Wortsinne größte Werbung war ein Hochhaus in Jeddah, das abends mit Hintz Kakaowerbung angestrahlt wurde.

Heute beschäftigt Hintz sieben Mitarbeiter, exportiert regelmäßig 51 verschiedene Produkte und Verpackungsgrößen (SKU-Stock Keeping Units) der eigenen Marke in elf Länder; in sechs von ihnen ist Hintz Marktführer in Kakao.

Fazit

Heute gibt es kaum noch klassische Exportunternehmen; die allermeisten von ihnen, auch große, mussten schließen oder haben ihr Geschäftsmodell geändert. Auch die Hintz Foodstuff Production GmbH hat das getan und ist heute ein im Export tätiges Marketingunternehmen, und zwar nahezu ausschließlich fokussiert auf die eigene Marke. Man konkurriert mit den Großen der Branche und muss sich zumindest in Teilmärkten gegen multinationale Großkonzerne behaupten. In Zeiten zunehmender Internationalisierung war Hintz da erfolgreich, wo viele andere Firmen scheiterten. Rückschauend werden eine Reihe von Faktoren deutlich:

Hintz hat frühzeitig ein zukunftsträchtiges Geschäftsmodell entwickelt, das teilweise aufgrund eigener Überlegungen und kurioserweise teilweise auch durch die Umsetzung von Oberst Gaddafis Vorschlägen entstanden ist. Obwohl dem Namen nach ein Produktionsunternehmen, hat Hintz tatsächlich fast alle Phasen der Wertschöpfung ausgelagert, und zwar Produktion, Lagerung, Design und Herstellung der Verpackungen, sowie den Transport der Ware. Mit sehr schlanken Verwaltungsstrukturen, wenigen aber hoch motivierten und hoch qualifizierten Mitarbeitern ist ein Unternehmen entstanden, dass der ehemalige Bremer Staatsrat beim Senator für Wirtschaft und Häfen, Heiner Heseler, einmal im Gespräch mit dem Autor als hochmodern gekennzeichnet hat.

Der Bremer Witschaftssenator M. Günthner und T. Hintz auf der Anuga in Köln 2013

Des Weiteren sind in einer Region wie der arabischen Halbinsel umfassende interkulturelle und sprachliche Kompetenzen unabdingbar, genauso wie langjährige persönliche Verbindungen und damit verbunden die Auswahl und Pflege zuverlässiger Partner. Zudem hat die Geschäftsleitung immer Wert daraufgelegt, das Gebaren eines hanseatischen Kaufmanns an den Tag zu legen, was auch – oder ganz besonders – in fernen Ländern gewürdigt wird.

Schifffahrtsmuseum
Bremerhaven, 2021
(Bild H. Pophanken)

Das Projekt »MaWiDok« – Ausgangspunkt für die Errichtung eines regionalen Wirtschaftsarchivs in Bremen?

Michael Jurk und Harald Wixforth

Einleitung

Seit der Frühen Neuzeit prägt die maritime Wirtschaft Handel und Gewerbe an der Nord- und Ostseeküste. Zudem beeinflusste sie entscheidend den gesellschaftlichen Wandel und vermittelte den Anstoß zur Errichtung neuer Institutionen in Wirtschaft und Politik. Mit dem Durchbruch der Industrialisierung seit der Mitte des 19. Jahrhunderts und dem dadurch ausgelösten wirtschaftlichen Aufschwung nahm ihre Bedeutung für die wichtigen Wirtschaftsstandorte an Nord- und Ostsee erheblich zu. Steigende Umsätze und zunehmend bessere Gewinnaussichten evozierten in einigen Teilen der Wirtschaft betriebsorganisatorische und technologische Innovationen, reizten darüber hinaus zu Investitionen und Gründung neuer Unternehmen. Der moderne Großbetrieb entstand, wenn auch unter konjunkturellen Schwankungen. Dieser Befund gilt auch für die maritime Wirtschaft, in der ab Mitte des 19. Jahrhunderts leistungsstarke Werften und große Reedereien errichtet wurden. Der Wandel vom handwerklich strukturierten Betrieb hin zum Großunternehmen veränderte auch die Gewichte in der Wirtschaftsstruktur an Nord- und Ostsee: Die maritime Wirtschaft wurde zum »leading sector« in den Küstenregionen, wobei eine kontinuierliche Ausdifferenzierung in verschiedene Segmente stattfand, deren Entwicklung jedoch aneinandergekoppelt war und deren Entwicklungsdynamik sich dadurch verstärkte.[1] Bis in die Bundesrepublik hinein blieb die dominante Stellung der maritimen Wirtschaft bestehen. Spätestens seit Beginn der 1970er Jahre wurde die Branche aber zum Objekt eines immensen Strukturwandels aufgrund von veränderten Wettbewerbsbedingungen auf den globalen Märkten. Sie wurde Schritt für Schritt zu einer Krisenbranche, die mit der Schließung von großen Unternehmen und dem Verlust von Arbeitsplätzen zu kämpfen hatte. Dies betraf nicht nur die Werften, sondern auch Zulieferer- und Logistikbetriebe. Der vormalige »leading sector« wurde zu einem Sorgenkind von Wirtschaft und Politik, ja sogar zu einem Hemmschuh für eine wirtschaftliche Neuausrichtung und eine gezielte zukunftsorientierte Standortpolitik. Dieser Prozess ist bis heute noch nicht abgeschlossen.[2]

Die Bedeutung der maritimen Wirtschaft steht im Gegensatz zu ihrem Stellenwert in der modernen Wirtschafts- und Unternehmensgeschichte. Daher überrascht es nicht, dass zahlreiche Aspekte der Entwicklung prominenter Unternehmen der Branche bisher kaum untersucht wurden. Zudem dominiert in vielen Studien zum Schiffbau und zur Schifffahrt ein politikhistorischer Zugriff, vor allem dann, wenn die Situation der Branche vor, während und nach dem Ersten und dem Zweiten Weltkrieg untersucht wird.[3] Selbst Studien zu einzelnen wichtigen Unternehmen, etwa zur Hamburger Großwerft Blohm & Voss oder zum Norddeutschen Lloyd, fokussieren sich auf die Bedingungen der Kriegswirtschaft, obwohl sie den Anspruch erheben, sich an den Kriterien und Fragestellungen der modernen Unternehmensgeschichte zu orientieren.[4]

Dieser Zugriff hat zur Folge, dass wesentliche Forschungsfragen und -felder ausgeklammert werden, die zum Verständnis der speziellen Entwicklungsdynamik in der maritimen Wirtschaft und ihrer Unternehmen beitragen können. Sind es die häufig wiederkehrenden negativen Meldungen über Werften und Reedereien, die potenzielle Autoren davon abhalten, sich intensiver mit der Geschichte der maritimen Wirtschaft zu beschäftigen? Oder gibt es institutionelle und arbeitsorganisatorische Hindernisse, die einer ambitionierten wirtschafts- und unternehmenshistorischen Forschung entgegenstehen? So wird immer wieder das Argument vorgetragen, das Quellenmaterial zu wichtigen Unternehmen der Branche sei disparat und verstreut, sodass ein schneller Zugriff als Grundlage für eine detaillierte Forschung schwierig, wenn nicht gar unmöglich sei. Dieser Hinweis ist sicherlich berechtigt, fehlt doch für eine Reihe wichtiger Werften und Reedereien bis heute aussagekräftiges Archivmaterial, von geschlossenen Quellenbeständen ganz zu schweigen.[5]

Eine systematische und nachhaltige Erschließung relevanter Quellen scheint vor diesem Hintergrund absolut notwendig zu sein. Die bisher initiierten Schritte erwiesen sich jedoch nicht als sonderlich erfolgreich. Daher sollte auch in Bremen ein Weg beschritten werden, der sich bereits in anderen Regionen Deutschlands für die wirtschafts- und unternehmenshistorische Forschung als außerordentlich nutzbringend erwiesen hat. Welche Maßnahmen dazu notwendig und in Bremen zu ergreifen sind, ist das Thema des folgenden Beitrags.

Das Projekt »MaWiDok«

Trotz aller Krisen und eines zumindest partiellen Bedeutungsrückgangs besitzt die maritime Wirtschaft weiterhin eine Schlüsselstellung für ökonomische, soziale und gesamtgesellschaftliche Wandlungsprozesse an Nord- und Ostsee. Diese Position wurde ihr noch unlängst vom Bundeswirtschaftsministerium attestiert. In seinem fünften Bericht über die Entwicklung und Zukunftsperspektiven der maritimen Wirtschaft in Deutschland unterstreicht das Ministerium die außerordentliche Bedeutung der Branche für die Sicherung von Wachstum und Beschäftigung. Neben traditionellen Geschäftsfeldern setzt man auch in Berlin auf die technische Innovationskraft zahlreicher Unternehmen bei der »off-shore«-Energiegewinnung und damit bei der Sicherung des künftigen Bedarfs an umweltfreundlichen Energien. Nach den Angaben des Berichts sind in der gesamten maritimen Wirtschaft Deutschlands noch immer mehr als 400.000 Personen beschäftigt, bei einem jährlichen Umsatzvolumen der erfassten Unternehmen von mehr als 50 Milliarden Euro![6] Stellt man in Rechnung, dass zahlreiche Zuliefererbetriebe aus verschiedenen Wirtschaftszweigen nicht nur aus Norddeutschland, sondern aus dem gesamten Bundesgebiet ihre Erzeugnisse an die großen Firmen der maritimen Wirtschaft an Nord- und Ostsee liefern, dann wird deutlich, wie sehr die Branche mit zahlreichen Unternehmen in ganz Deutschland vernetzt ist. Von den Küstenregionen ausgehend erschließt sich eine spezifische ökonomische Landschaft«, mit den großen Werften und Reedereien als »Clustern« oder wirtschaftlichen Kernen.[7]

Die Kluft zwischen der unstreitigen Bedeutung der maritimen Ökonomie und der weiterhin mangelhaften Erforschung ihrer wichtigen Akteure, ihrer Unternehmen und Interessenorganisationen ist bis heute evident. Zu erklären ist dieser Sachverhalt nicht zuletzt mit dem Mangel an aussagekräftigem Quellenmaterial. Ein solcher Befund gilt für einige große Unternehmen der Branche, vor allem aber für die zahlreichen mittelständischen Betriebe. Dies betrifft nicht nur die maritime Wirtschaft, sondern auch andere Branchen. Dabei bestätigen Ausnahmen die Regel. Das Archiv der Meyer–Werft in Papenburg beinhaltet zum Beispiel nicht nur Dokumente aus der jüngsten Vergangenheit, als sich die Werft zu einem der Marktführer der Branche in Deutschland und ganz Europa entwickelte, sondern auch aus weiter zurückliegenden Etappen der Entwicklung, als das Unternehmen noch eher einen mittelständischen Zuschnitt aufwies.[8]

In Bremen wiegt der Mangel an aufbereitetem und strukturiertem Archivmaterial zudem schwerer als an anderen Wirtschaftsstandorten. In zahlreichen Bundesländern übernehmen regionale Wirtschaftsarchive die Aufgabe, das Archivgut von mittelständischen Unternehmen zu sichern, zu erschließen und für die Forschung nutzbar zu machen. Dies gilt auch für Hamburg und weite Teile Niedersachsens. Während das Hanseatische Wirtschaftsarchiv seine Hamburger Klientel betreut, konzentriert sich das Niedersächsische Wirtschaftsarchiv in Braunschweig / Wolfenbüttel – von Ausnahmen abgesehen[9] – vor allem auf das Archivgut von Firmen der unmittelbaren Region.[10] Das Archivgut von Unternehmen aus dem nordwestlichen Landesteil Niedersachsens wurde dagegen im Wirtschaftsarchiv Nord-West-Niedersachsen gesammelt und verwahrt. Dieses Archiv mit Sitz in Emden hat 2014 seine Tätigkeit jedoch nach wenigen Jahren wieder einstellen müssen. Damit bleibt die gesamte Region an der deutschen Nordseeküste von Emden bis nach Bremerhaven aus archivischer und unternehmenshistorischer Sicht mehr oder weniger eine Diaspora.[11]

Das Staatsarchiv Bremen hat in der Vergangenheit versucht, diese Lücke zu schließen – durchaus mit gewissem Erfolg. Ein

Blick in die Bestandsübersichten verrät, dass hier Akten zu einigen großen Firmen aus Bremen und seinem Umland verwahrt werden. Zu nennen wäre etwa der Bestand zum Bremer Vulkan oder zur Norddeutschen Wollkämmerei und Kammgarnspinnerei (Nordwolle). Inzwischen stößt jedoch das Staatsarchiv Bremen räumlich und personell an Grenzen, sodass die Hoffnung schwindet, hier weiterhin unternehmenshistorisch relevantes Material sichern zu können. Damit ist absehbar, dass die Klagen über den Mangel an zugänglichen archivalischen Quellen zur Geschichte einzelner Firmen eher zunehmen werden. Dieser Befund gilt vor allem für die Unternehmen der maritimen Wirtschaft.[12]

Vorläuferprojekte

Ausgehend von dieser Sachlage und auf der Basis eines 2012 verabschiedeten Eckpunktepapiers zur Förderung von Forschungsinfrastrukturen entstand 2015 im Deutschen Schifffahrtsmuseum in Bremerhaven (DSM) der Plan, eine Informationsplattform zu den Beständen von Unternehmen und Korporationen der maritimen Wirtschaft in Nordwestdeutschland zu errichten. Unter dem Namen »Maritim-wirtschaftliche Dokumentation«, kurz MaWiDok, sollte ein Sachinventar zu dem vorhandenen Archivmaterial der maritimen Ökonomie an der Nordseeküste seit dem Beginn der Industrialisierung entstehen. Das zentrale Ziel bestand darin, Nachweise für relevante Quellenbestände in einem Internetportal zusammenzustellen und damit den Zugang für die wirtschafts- und unternehmenshistorische Forschung zu diesem Material zu vereinfachen bzw. überhaupt erst zu ermöglichen. In einer Datenbank sollten Metadaten zu Quellen der maritimen Wirtschaft in staatlichen, kommunalen und privaten Archiven, Museen und sonstigen Einrichtungen der norddeutschen Küstenländer gesammelt und der Wissenschaft sowie der interessierten Öffentlichkeit in strukturierter Form zur Verfügung gestellt werden.[13]

Mit diesem Projekt wurden Überlegungen wieder aufgegriffen, die bereits vor mehr als zwanzig Jahren in den wissenschaftlichen Diskurs eingespeist wurden. So konstatierte die Historikerin und Archivarin Christina Deggim in einem 1999 publizierten Beitrag, dass der neuzeitliche Seeverkehr in der Forschung bisher auch deshalb nur wenig Beachtung gefunden habe, »weil kaum bekannt ist, wo welches Quellenmaterial vorhanden ist und welche Informationen es enthält.« Zudem, so Deggim, würden die vorhandenen Findbücher vielfach kaum weiterhelfen, »da sie zum Teil nicht einmal die Laufzeiten der Serien vermerken und die darin genannten Aktentitel nur für die mit der Tektonik des jeweiligen Archivs vertrauten Archivare aussagekräftig sind.«[14]

Das Monitum Deggims bildete den Anstoß für ein ambitioniertes Projekt. Mit finanzieller Unterstützung der Volkswagen-Stiftung begann das Niedersächsische Landesarchiv damit, ein sachthematisches Inventar zur maritimen Wirtschaft zu erstellen, das 2011 als Quelleninventar zum Seeverkehr an der deutschen Nordseeküste vom 16. Jahrhundert bis zum 19. Jahrhundert erschien und Bestände im Elbe-Weser-Raum und in Bremen erfasste. Leider ist es bei diesem als Pilotprojekt geplanten Teilband geblieben, da zum einen die Förderung durch die Volkswagen-Stiftung auslief, zum anderen es nicht mehr als opportun erschien, im Zeitalter von Internetportalen umfangreiche mehrbändige Inventare drucken zu lassen.[15]

Ein derartiges Internetportal für den Bereich der maritimen Wirtschaft entstand unter dem Namen Wirtschaftsgeschichtliche Dokumentation (WiGeDok) zwischen 2010 und 2012 für den Bereich Ostfriesland und die benachbarte niederländische Provinz Groningen. Auftraggeber für das Projekt WiGeDok waren zum einen die Industrie- und Handelskammer für Ostfriesland und Papenburg, zum anderen das Wirtschaftsarchiv Nord-West-Niedersachsen und der Verbund der Groninger Archive. Das Ziel des Gemeinschaftsprojekts war, ein grenzüberschreitendes Sachinventar zur Wirtschaftsgeschichte dieses Raumes vom 19. Jahrhundert bis zur Gegenwart zu erstellen. Bei der Recherche wurden nicht nur die staatlichen und kommunalen Archive, sondern auch die zu einem großen Teil unerschlossenen Aktenbestände privater Institutionen einbezogen. Auf diese Weise konnten bis zum Abschluss des Projekts im Dezember 2012 auf deutscher Seite 760 Bestände verschiedener Unternehmen nachgewiesen werden, darunter sehr viele aus der maritimen Wirtschaft. Auf niederländischer Seite fanden rund 750 Unternehmen, erneut mit einem Schwerpunkt bei

Deutsches Schiff-
fahrtsmuseum
Bremerhaven, 1976
(Bild H. Pophanken)

Werften, Reedereien und maritimer Logistik, Aufnahme in das Internetportal. Mit der Schließung des Wirtschaftsarchivs Nord-West-Niedersachsen und die Übernahme seiner Bestände durch das Staatsarchiv Aurich wurde die weitere Pflege des Internetportals jedoch eingestellt.[16]

Damit ist auch dieser, sicherlich in die Zukunft weisende Versuch gescheitert, systematisch Bestände zu Unternehmen und Korporationen der maritimen Wirtschaft zu erfassen und für die Forschung zugänglich zu machen. Trotz dieser institutionell begründeten Rückschläge ist es evident, dass derartige Sachinventare eine wichtige Funktion erfüllen. Die Ergebnisse des Projekts WiGeDok haben gezeigt, dass für die maritime Wirtschaft eine Fülle von unternehmenshistorischen Quellenbeständen in staatlichen und kommunalen Archiven, vor allem aber auch in privatem Besitz vorhanden ist. Diese Ergebnisse und Erfahrungen nicht zu nutzen, wäre für die Forschung fatal. Das vom Deutschen Schifffahrtsmuseum geplante Projekt MaWiDok knüpft daher an die Erfahrungen von WiGeDok an, geht aber gleichzeitig über dessen regional vergleichsweise eng begrenztes Projektdesign hinaus, indem es die gesamte maritime Branche der deutschen

Nordseeanrainerstaaten in den Blick nimmt. Dabei sollen bereits erhobene Daten ebenso genutzt werden wie die Erfahrungen beim Aufbau und beim Betrieb eines Internetportals.

Das Design von MaWiDok

Das primäre Ziel des Projekts MaWiDok besteht darin, Metadaten zu Quellenbeständen der maritimen Wirtschaft in staatlichen, kommunalen und privaten Archiven, Museen und Bibliotheken und sonstigen Institutionen zu sammeln. Diese Daten sollen in einem zweiten Schritt der Wissenschaft, der Wirtschaft und der interessierten Öffentlichkeit zugänglich gemacht werden.

Die Daten sind dabei anhand folgender Kriterien zu strukturieren:

1. Primär sind die Bestände zu Reedereien der zivilen Hochsee- und Küstenschifffahrt sowie zur Kriegsmarine zu sammeln, ebenso zu Unternehmen für den Bau und die Wartung von seegehenden Schiffen (zivil und militärisch), für den Hafenbau und den Betrieb von Hafenanlagen (maritime Logistik) sowie zu einzelnen Ämtern und Behörden.
2. In einem sekundären Zugriff sind die Bestände zu weiteren maritimen Dienstleistungsunternehmen (Touristik etc.), zu Wirtschaftsvereinigungen und zu von einzelnen Institutionen geführten Schiffsregistern einzubeziehen.
3. Schließlich gehören auch die Daten zu Personen aus einzelnen Berufsgruppen der maritimen Wirtschaft, zu Seefahrtsschulen, und zu Forschungseinrichtungen in diesen Bereich.

Nicht zu bestreiten ist, dass das Projekt MaWiDok in einem gewissen Konkurrenzverhältnis zu Internetportalen steht, die aktuell mit dem Anspruch eines zentralen Nachweissystems für möglichst viele Teile der Wirtschaft entstehen, zum Beispiel das Archivportal D.[17] Gelingt die Umsetzung dieses Anspruchs, dann stellt sich die Frage, ob ein Internetportal MaWiDok nicht eigentlich überflüssig ist.

Dem ist entgegenzuhalten, dass zahlreiche Unternehmen zwar Mitglied des Archivportals D sind, dort aber nur selten eigene

Bestände nachweisen. Gleiches gilt für die hier lediglich kursorisch oder gar nicht verzeichneten Bestände in kommunalen und staatlichen Archiven, in Museen oder in Privatbesitz. Portale wie MaWiDok mit ihren regionalen und sachthematischen Schwerpunkten sind daher mehr als nur eine sinnvolle Ergänzung, sie sind für eine nachhaltige und zielführende Forschung zu zentralen Bereichen eines »leading sectors« der Wirtschaft absolut notwendig. Zudem bieten gerade sie die Schnittstelle für den Zugriff auf inzwischen digitalisierte Quellenbestände auf der einen und den in verschiedenen Institutionen verwahrten, z.T. nicht oder unzureichend erschlossenen Archivalien auf der anderen Seite. Zwar wird die Digitalisierung von Archivgut in Zukunft weiter zunehmen – und damit auch der Zugriff auf diese Quellen »frei Haus« am eigenen PC; dies macht Archive mit ihrer Vielzahl von Beständen jedoch nicht überflüssig, im Gegenteil. Nur die Verbindung von beidem kann in Zukunft eine quellengestützte Forschung garantieren, die für wichtige Branchen wie der maritimen Wirtschaft notwendig ist.[18]

MaWiDok – Sprungbrett für ein regionales Wirtschaftsarchiv?

Trotz anfänglicher Euphorie und großen Engagements der Initiatoren hat sich das Projekt MaWiDok in der zunächst angedachten Form bis heute nicht realisieren lassen. Dafür waren verschiedene Gründe verantwortlich. Zum einen gab es institutionelle Probleme, zum anderen änderte die Deutsche Forschungsgemeinschaft als möglicher Finanzier mehrfach die Förderrichtlinien, was mehrmals eine zeitaufwendige Anpassung des Projektdesigns erforderte. Da sich dadurch der Beginn von MaWiDok immer wieder verzögerte, begann eine Diskussion über mögliche Alternativen bzw. andere Vorgehensweisen. Zum Beispiel wurde erwogen, die auf der Basis von MaWiDok entstehende Infrastruktur nicht nur für ein Internetportal zur maritimen Wirtschaft, sondern auch für den Aufbau eines regionalen Wirtschaftsarchivs zu nutzen, das die identifizierten Bestände dieser Branche aus dem gesamten nord- bzw. nordwestdeutschen Küstenbereich nötigenfalls aufnehmen könnte. Ohne Frage knüpften solche Überlegungen an die vergleichsweise kurzfristige Existenz des Wirtschaftsarchivs Nord-West-Niedersachsen an, dessen Schicksal bei ähnlichen Vorhaben aber eine besonders umsichtige Vorgehensweise nahe legt. Um Nutzen und Kosten eines solchen Projekts abzuwägen, ist ein kurzer Blick auf die Struktur und die Aufgaben bereits existierender regionaler Wirtschaftsarchive sinnvoll.

Wirtschaftsarchive – notwendige Institutionen für Wirtschaft und Wissenschaft

Forderungen, das Schriftgut von Unternehmen zu sammeln, archivalisch aufzubereiten und sowohl Entscheidungsträgern aus der Wirtschaft als auch der wissenschaftlichen Forschung zur Verfügung zu stellen, lassen sich bis zum Beginn des 20. Jahrhunderts zurückverfolgen. Bereits 1905 verlangten Mitarbeiter des renommierten und in Leipzig lehrenden Historikers Karl Lamprecht, wirtschaftliche Bezirksarchive ins Leben zu rufen, um gezielt Dokumente und Daten von Unternehmen und wirtschaftlichen Interessenverbänden zu erheben und zu verwahren. Zur gleichen Zeit ertönten auch immer lauter die Rufe, große Unternehmen sollten eigene Archive einrichten. Während diese Forderungen von Konzernen aus der Kaiserzeit wie Krupp, Siemens und Bayer aufgegriffen und in die Tat umgesetzt wurden, erfolgte zur gleichen Zeit die Gründung eines ersten regionalen Wirtschaftsarchivs. Auf Initiative der Handelskammern in den beiden preußischen Provinzen Rheinland und Westfalen entstand 1906 das Rheinisch-Westfälische Wirtschaftsarchiv in Köln, etwa zur gleichen Zeit das südwestdeutsche Wirtschaftsarchiv in Saarbrücken.[19] Allerdings blieb es für längere Zeit bei diesen beiden regionalen Wirtschaftsarchiven in Deutschland. Erst im Jahre 1941 wurde das Westfälische Wirtschaftsarchiv mit Sitz in Dortmund gegründet, das wie die beiden anderen regionalen Archive vor allem mittelständischen Firmen die Gelegenheit bieten sollte, ihre Dokumente an eine zentrale Stelle abzuliefern. Die Erfahrungen hatten gezeigt, dass gerade bei Betrieben dieser Größenordnung oft nur eine geringe Sensibilität für das Erbe der Vergangenheit herrschte, sodass sie vielfach vorschnell bereit waren, ihre Archivalien zu vernichten.[20]

In der Nachkriegszeit gab es nur wenige Initiativen, neue Archive der Wirtschaft ins Leben zu rufen. Erst die Gründung der Vereinigung deutscher Wirtschaftsarchivare e.V. (VdW) im Jahre 1957 war ein Zeichen, zugleich der Startschuss nicht nur für die Professionalisierung des Berufsstandes, sondern auch für die zunehmende Bedeutung der wissenschaftlichen Wirtschafts- und Unternehmensgeschichte.[21]

Zum einen rückte im Rahmen eines Paradigmenwechsels die Wirtschaft eines Landes als Forschungsfeld in den Fokus der Historiografie, zum anderen entschieden sich in dieser Zeit eine Reihe von Unternehmen aus dem verarbeitenden Gewerbe, aber auch der Kreditwirtschaft, eigene Archive aufzubauen.[22] Schließlich erwies sich das 1969 beim Deutschen Bergbau Museum in Bochum als Branchenarchiv ins Leben gerufene Deutsche Bergbau-Archiv als außerordentlich nützlich, um zahlreichen Forschern zur Montangeschichte Deutschlands gezielt den Zugang zu relevanten Quellenbeständen zu ermöglichen. Gerade dieser Dreiklang war dafür verantwortlich, dass an verschiedenen Wirtschaftsstandorten in Deutschland intensive darüber debattiert wurde, eigene regionale Wirtschaftsarchive einzurichten.[23]

Wie vor dem Zweiten Weltkrieg waren es vielfach die Industrie- und Handelskammern, die sich für einen solchen Schritt stark machten, unterstützt von wirtschaftlichen Interessenverbänden, aber auch namhaften Unternehmern. Nach der Jahrtausendwende zählte die wiedervereinigte Bundesrepublik insgesamt sechs regionale Wirtschaftsarchive: Neben dem bereits erwähnten Rheinisch-Westfälischen Wirtschaftsarchiv in Köln und dem Westfälischen Wirtschaftsarchiv in Dortmund das Baden-Württembergische Wirtschaftsarchiv in Stuttgart (gegründet 1980), das Bayerische Wirtschaftsarchiv in München (gegründet 1986), das Hessische Wirtschaftsarchiv in Darmstadt (gegründet 1992) und das Sächsische Wirtschaftsarchiv in Leipzig (gegründet 1993).[24]Ab der Mitte des neuen Jahrzehnts kam es in schneller Folge zur Gründung weiterer regionaler Wirtschaftsarchive. Dem Niedersächsischen Wirtschaftsarchiv in Braunschweig bzw. Wolfenbüttel (2005) folgte das Hanseatische Wirtschaftsarchiv in Hamburg (2008), das

Thüringische Wirtschaftsarchiv in Erfurt (2009) und im gleichen Jahr das Wirtschaftsarchiv Berlin-Brandenburg in Berlin. Auf die zeitlich eng begrenzte Existenz des Wirtschaftsarchivs in Emden wurde bereits verwiesen.[25]

Grundlage für die Gründung regionaler Wirtschaftsarchive war einerseits die Erkenntnis, dass gerade die für die deutsche Wirtschaft so wichtigen mittelständischen Unternehmen nur selten in der Lage waren, eigene, professionell geführte Archive zu unterhalten. Um die Geschichte dieser Firmen jedoch zu bewahren, sollte deren Archivgut zentral gesammelt und betreut werden. Andererseits war es Konsens, dass die regionalen Wirtschaftsarchive vor allem auch das Archivgut von in Konkurs gegangenen oder aus anderen Gründen nicht mehr existierenden Firmen vor der Vernichtung bewahren sollten.[26] Bei der Zielsetzung und der rechtlichen Konstruktion lässt sich daher bei den regionalen Wirtschaftsarchiven ein hohes Maß an Übereinstimmung konstatieren. Neben ihrer hoheitlichen Aufgabe, die Akten von Kammern und anderen Korporationen der Wirtschaftsverwaltung zu archivieren, sollen sie als zentrale Auffangstelle für das Schriftgut von Unternehmen, Verbänden bzw. wirtschaftlichen Vereinigungen, aber auch für persönliche Nachlässe fungieren. Erlischt ein Unternehmen, so ist es die primäre Aufgabe der regionalen Wirtschaftsarchive, wertvolles historisches Schriftgut und Archivmaterial zu retten und zu übernehmen. Träger der Archive sind entweder Stiftungen, die von den jeweiligen Industrie- und Handelskammern im Verbund mit anderen wirtschaftlichen Interessenverbänden ins Leben gerufen wurden, oder gemeinnützige Vereine.[27]

Die Herausforderung für Bremen

Mit Blick auf die Aufbewahrung und Nutzung von Schriftgut aus der Wirtschaft sind die Verhältnisse in Bremen ausgesprochen unbefriedigend, obwohl die Bündelung von finanziellen, personellen und räumlichen Ressourcen doch auch in dieser Hinsicht das Gebot der Stunde sein sollte.

Quellenmaterial zu diversen Wirtschaftssubjekten wird im Staatsarchiv Bremen, im Stadtarchiv Bremerhaven, in einigen

Haus Schütting, Sitz der Bremer Handelskammer, 1963 (StAB, Schmidt)

wenigen Unternehmensarchiven wie z. B. dem der Sparkasse Bremen[28] sowie im Archiv der Handelskammer Bremen verwahrt. Dessen Bestände dokumentieren nicht nur die Kammertätigkeit, sondern auch das operative Geschäft weiterer wirtschaftlicher Korporationen sowie von Unternehmen. Die Handelskammer wäre damit ein wichtiger Impulsgeber für ein zu gründendes regionales Wirtschaftsarchiv, hat in dieser Hinsicht aber bisher eine eher abwartende Haltung gezeigt. Damit existiert in Bremen offenbar eine andere Sachlage als in vielen anderen Bundesländern und Wirtschaftsstandorten, wo es gerade die Industrie- und Handelskammern waren, die den entscheidenden Anstoß für die Errichtung eines Wirtschaftsarchivs bzw. zur Gründung eines entsprechenden Trägers gaben.

Eine solche Institution ist jedoch notwendig, um diesen Prozess voranzutreiben. Soll er gelingen, so muss sich eine Stiftung oder ein Verein etablieren, der die Gründungsmodalitäten koordiniert und später als rechtliche Basis für ein solches Archiv fungiert. Daher wird es eine der vordringlichen Aufgaben sein, eine solche Institution ins Leben zu rufen. Zudem ist die Errichtung einer Stiftung oder eines Vereins als institutionelle Grundlage für die Schaffung eines Wirtschaftsarchivs nur dann sinnvoll, wenn ein stringentes Konzept für dessen Zweck und Betrieb vorhanden ist.

Hier kann sicherlich auf die fast durchweg positiven Erfahrungen anderer Wirtschaftsarchive[29] sowie auf die Expertise aus Wirtschaft und Wissenschaft zurückgegriffen werden. Dies allein wird nicht genügen. In Bremen und Bremerhaven müssen sich Personen aus Wissenschaft, Politik und Wirtschaft finden, die ein solches Projekt entscheidend vorantreiben wollen.

Denkbar wäre etwa, zunächst gemeinsam mit der Handelskammer ein Organisationskomitee engagierter Initiatoren zu schaffen, bei dem die Fäden für die Errichtung einer Trägerstiftung bzw. eines entsprechenden Vereins zusammenlaufen würden. Parallel dazu ist in einem Diskussionsprozess aller Interessenten ein Konzept für den Betrieb eines solchen Archivs vorzulegen, wobei auf die Struktur, die Aufgaben, die Finanzierung und das operative Geschäft anderer Archive Bezug genommen werden kann. An diesen Überlegungen haben sich abschließend die rechtlichen und organisatorischen Formen zu orientieren.

Ein regionales Wirtschaftsarchiv in Bremen bietet mehrere Vorteile. Zum einen kann es – wie in anderen Wirtschaftsregionen auch – Archivmaterial und Dokumente aus der Wirtschaft sammeln, aufbereiten und der Forschung sowie Politik und Wirtschaft zur Verfügung stellen, zum anderen kann es die Vorarbeiten und die Konzepte des Projekts MaWiDok aufgreifen und als Bracheninventar für die maritime Wirtschaft fungieren. Eine solche Kombination schafft nicht nur Vorteile für potenzielle Nutzer, sondern generiert auch Synergien und spart Kosten. Zudem lassen sich unter Umständen einfacher Sponsoren aus verschiedenen Bereichen von Wirtschaft und Gesellschaft finden. Auf den ersten Blick ist es daher reizvoll, diese Vorteile zu nutzen. Auf den zweiten Blick sind die Kosten und die Friktionen, die ein solches Vorhaben begleiten können, immer mit ins Kalkül einzubeziehen. Gerade vor dem Hintergrund von Erfahrungen aus der Vergangenheit, selbst bei der Initiierung des Projekts MaWiDok, ist mit zahlreichen Hindernissen zu rechnen, sodass die hier vorgestellten Überlegungen aktuell noch wie eine Utopie erscheinen. Die Zeit ist jedoch reif, neue Wege zu beschreiten und alte Verhaltensmuster über Bord zu werfen. Dies sollte auch in Bremen gelten, gerade dann, wenn man mit einem wissenschaftlich ambitionierten und nachhaltigen Projekt seine Strahlkraft als Wissenschaftsstandort deutlich steigern kann.

Literatur

Albert, Götz, Wettbewerbsfähigkeit und Krise der deutschen Schiffbauindustrie 1945 bis 1990, Frankfurt am Main 1998.

Ders., Vom blauen Band zur Grundberührung: Die deutsche Schiffbauindustrie von 1950 bis 1990, in: Vierteljahrsschrift für Sozial- und Wirtschaftsgeschichte, Bd. 83, 1996, S. 155–179.

Bei der Wieden, Brage, und Martin Fimpel, Die Stiftung Niedersächsisches Wirtschaftsarchiv Braunschweig, in: Archiv und Wirtschaft. Zeitschrift für das Archivwesen der Wirtschaft, 43. Jg., 2010, Heft 2, S. 53–59.

Böhm, Ekkehard, Überseehandel und Flottenbau. Hanseatische Kaufmannschaft und deutsche Seerüstung 1879–1902, Düsseldorf 1972.

Bundesministerium für Wirtschaft und Energie (Hg.), Fünfter Bericht der Bundesregierung über die Entwicklung und Zukunft der maritimen Wirtschaft in Deutschland, Berlin 2017.

Czapski, Holger, Die Stiftung Wirtschaftsarchiv Nord-West-Niedersachsen in Emden. Aufgaben, Projekte und Perspektiven, in: Archiv und Wirtschaft. Zeitschrift für das Archivwesen der Wirtschaft, 45. Jg., 2012, Heft 2, S. 133–144.

Deggim, Christina, Convoyberechtigungsbücher und Zolllisten – sachthematisches Inventar zum neuzeitlichen Seeverkehr, in: Deutsches Schiffahrtsarchiv, Jg. 22, 1999, 35–42.

Domizlaff, Svante, und Essberger, John T., Eine deutsche Geschichte der Tankschifffahrt, Hamburg 1999.

Dülffer, Jost, Weimar, Hitler und die Marine. Reichspolitik und Flottenbau 1920–1939, Düsseldorf 1973.

Ehrensberger, Konrad, Hundert Jahre Organisation der deutschen Marine, 1890–1990, Bonn 1993.

Ellerbrock, Karl-Peter, Das Westfälische Wirtschaftsarchiv und seine Bestände, in: ders., (Hg.), Westfälische Wirtschaftsgeschichte. Quellen zur Wirtschaft, Gesellschaft und Technik vom 18. bis zum 20. Jahrhundert, Münster 2017, S. 15–22.

Ders., Wirtschaftsarchive in Deutschland: Zu den Anfängen und zur gegenwärtigen Rolle der regionalen Wirtschaftsarchive vor den Herausforderungen von Strukturwandel und Globalisierung, in: Archiv und Wirtschaft, 38, Jg., 2005, Heft 1, S. 16–25.

Epkenhans, Michael, Die wilhelminische Flottenrüstung 1908–1914. Weltmachtstreben, industrieller Fortschritt und soziale Integration, München 1991.

Graf, Klaus, Wirtschaftsarchiv Nordwest Niedersachsen von Emden nach Aurich verlegt, in: Emdener Zeitung vom 30. Dezember 2016.

Häpke, Rudolf, Die ökonomische Landschaft und die Gruppenstadt in der älteren Wirtschaftsgeschichte (Aufsatz von 1928), wieder abgedruckt in: Carl Haase (Hg.), Die Stadt des Mittelalters, 3. Bde, Darmstadt 1976–1978, hier Bd. 3, S. 33–54.

Kappelhoff, Bernd, (Hrsg.), Archivalische Quellen zum Seeverkehr und den damit zusammenhängenden Waren- und Kulturströmen an der deutschen Nordseeküste vom 16. Bis zum 19. Jahrhundert. Ein sachthematisches Inventar, bearbeitet von Christina Deggim. Teil 1: Archive im Elbe-Weser-Raum und in Bremen, (Veröffentlichungen der Niedersächsischen Archivverwaltung, Bd. 63), Göttingen 2011.

Kludas, Arnold, Die Geschichte der deutschen Passagierschifffahrt, Bd. I-V, Hamburg 1994.

Kroker, Evelyn, Das Bergbau-Archiv Bochum und seine Bestände, Bochum 2001.

Leise, Britta, Die Vereinigung deutscher Wirtschaftsarchivare. Aspekte zur Entwicklung des Archivwesens der Wirtschaft in der Bundesrepublik Deutschland bis 1990, (Archiv + Wirtschaft, Beiheft 3), Köln 2007.

Lührs, Wilhelm, und Schwarz, Klaus, Übersicht über die Bestände des Staatsarchivs der Freien Hansestadt Bremen, in: Veröffentlichungen aus dem Staatsarchiv der Freien Hansestadt Bremen, Bd. 48, Bremen 1982.

Martin, Ron, Pfadabhängigkeit und die ökonomische Landschaft, in: Christian Berndt und Johannes Glückler (Hg.), Denkanstöße zu einer anderen Geographie der Ökonomie, Bielefeld 2006, S. 47–76.

Mertelsmann, Olaf, Zwischen Krieg, Revolution und Inflation. Die Werft Blohm & Voss 1914–1923, München 2003.

Moltmann, Bodo Hans, Geschichte der deutschen Handelsschifffahrt, Hamburg 1981.
Rübner, Hartmut, Konzentration und Krise der deutschen Schifffahrt. Maritime Wirtschaft und Politik im Kaiserreich, in der Weimarer Republik und im Nationalsozialismus, Bremen 2005.
Scholl, Lars Uwe, Technikgeschichte des industriellen Schiffbaus in Deutschland, 2 Bd., Hamburg 1996.
Soénius, Ulrich, Zukunft im Sinn, Vergangenheit in den Akten. 100 Jahre Rheinisch-Westfälisches Wirtschaftsarchiv in Köln, Köln 2006.
Slotta, Rainer, (Hg.), 75 Jahre Deutsches Bergbau Museum in Bochum. Vom Wachsen und Werden eines Museums, 2. Bde., Bochum 2005.
Van Eyll, Klara, Voraussetzungen und Entwicklungslinien von Wirtschaftsarchiven bis zum Zweiten Weltkrieg, Köln 1969.
Witthöft, Hans-Jürgen, Meyer-Werft. Innovativer Schiffbau aus Papenburg. 210 Jahre Erfolg beim Bau von Schiffen, Hamburg 2005.
Wixforth, Harald, Kriegseinsatz und Kriegsfolgen – der Norddeutsche Lloyd im Ersten Weltkrieg und in der Nachkriegsinflation, in: Vierteljahrsschrift für Sozial- und Wirtschaftsgeschichte 3 (2018), S. 365–390.

Anmerkungen

1 Siehe als Überblicksdarstellungen: Arnold Kludas, Die Geschichte der deutschen Passagierschifffahrt, Bd. I–V, Hamburg 1994; Lars-Uwe Scholl, Technikgeschichte des industriellen Schiffbaus in Deutschland, 2 Bd., Hamburg 1996; Bodo Hans Moltmann, Geschichte der deutschen Handelsschifffahrt, Hamburg 1981; Svante Domizlaff und John T. Essberger, Eine deutsche Geschichte der Tankschifffahrt, Hamburg 1999; Hartmut Rübner, Konzentration und Krise der deutschen Schifffahrt. Maritime Wirtschaft und Politik im Kaiserreich, in der Weimarer Republik und im Nationalsozialismus, Bremen 2005.

2 Vgl. Götz Albert, Wettbewerbsfähigkeit und Krise der deutschen Schiffbauindustrie 1945 bis 1990, Frankfurt am Main 1998; ders., Vom blauen Band zur Grundberührung: Die deutsche

Schiffbauindustrie von 1950 bis 1990, in: Vierteljahrsschrift für Sozial- und Wirtschaftsgeschichte, Bd. 83, 1996, S. 155–179.

3 Aus der Fülle der Literatur zur Rolle der Marine im Ersten und Zweiten Weltkrieg siehe Ekkehard Böhm, Überseehandel und Flottenbau. Hanseatische Kaufmannschaft und deutsche Seerüstung 1879–1902, Düsseldorf 1972; Micheal Epkenhans, Die wilhelminische Flottenrüstung 1908–1914. Weltmachtstreben, industrieller Fortschritt und soziale Integration, München 1991; Jost Dülffer, Weimar, Hitler und die Marine. Reichspolitik und Flottenbau 1920–1939, Düsseldorf 1973; Konrad Ehrensberger, Hundert Jahre Organisation der deutschen Marine, 1890–1990, Bonn 1993.

4 Vgl. Olaf Mertelsmann, Zwischen Krieg, Revolution und Inflation. Die Werft Blohm & Voss 1914–1923, München 2003; Harald Wixforth, Kriegseinsatz und Kriegsfolgen – der Norddeutsche Lloyd im Ersten Weltkrieg und in der Nachkriegsinflation, in: Vierteljahrsschrift für Sozial- und Wirtschaftsgeschichte 3 (2018), S. 365–390.

5 So wird im Staatsarchiv Bremen ein vergleichsweise großer Bestand an Quellen zum Bremer Vulkan, AG, Schiffbau und Maschinenbau, verwahrt, während die Quellenbasis zur großen Konkurrentin, der A.G. »Weser« ehe schütter ist. Der gleiche Befund gilt für die zeitweilig größte Passagierreederei der Welt, den Norddeutschen Lloyd.

6 Bundesministerium für Wirtschaft und Energie (Hg.), Fünfter Bericht der Bundesregierung über die Entwicklung und Zukunft der maritimen Wirtschaft in Deutschland, Berlin 2017, S. 3–10.

7 Der Begriff der »ökonomischen Landschaft« wurde von dem Marburger Ökonomen Rudolf Häpke bereits zu Beginn der 1920er Jahre in den wissenschaftlichen Diskurs eingeführt. In jüngster Zeit wurde dieser analytische Zugriff nicht nur in den Wirtschaftswissenschaften, sondern auch in der Wirtschaftsgeographie wieder benutzt, um Prozesse des wirtschaftlichen Strukturwandels zu beschreiben. Dazu: Rudolf Häpke, Die ökonomische Landschaft und die Gruppenstadt in der älteren Wirtschaftsgeschichte (Aufsatz von 1928), wieder abgedruckt in: Carl Haase (Hg.), Die Stadt des Mittelalters, 3. Bde, Darmstadt 1976–1978, hier Bd. 3, S. 33–54. Vgl. auch Ron Martin, Pfadabhängigkeit und die ökonomische Landschaft, in: Christian Berndt und Johannes Glückler (Hg.), Denkanstöße zu einer anderen Geographie der Ökonomie, Bielefeld 2006, S. 47–76.

8 Zur Entwicklung der Meyer-Werft bis zur Mitte des 20. Jahrhunderts siehe den Überblick von Hans Jürgen Witthöft, Meyer-Werft. Innovativer Schiffbau aus Papenburg. 210 Jahre Erfolg beim Bau von Schiffen, Hamburg 2005 sowie die jüngst erschienene Festschrift: Schiffbauer aus Leidenschaft. 225 Jahre Meyer Werft Papenburg, Hamburg 2020.

9 Zu erwähnen sind u.a. die großen Bestände der Reichswerke Hermann Göring und der Norddeutschen Landesbank.

10 Das niedersächsische Wirtschaftsarchiv wurde 2005 als Stiftung bürgerlichen Rechts gegründet. Als Stifter traten auf das Land Niedersachsen, die Norddeutsche Landesbank (NORD/LB), die öffentliche Versicherung Braunschweig und die Industrie- und Handelskammer Braunschweig auf. Dazu: Brage bei der Wieden und Martin Fimpel, Die Stiftung Niedersächsisches Wirtschaftsarchiv Braunschweig, in: Archiv und Wirtschaft. Zeitschrift für das Archivwesen der Wirtschaft, 43. Jg., 2010, Heft 2, S. 53–59.

11 Das Wirtschaftsarchiv Nord-West-Niedersachsen wurde 2009 ebenfalls als

Stiftung gegründet. Stifter waren dabei erneut das Land Niedersachsen, die Handelskammer für Ostfriesland und Papenburg und die Handwerkskammer für Ostfriesland. Dazu: Holger Czapski, Die Stiftung Wirtschaftsarchiv Nord-West-Niedersachsen in Emden. Aufgaben, Projekte und Perspektiven, in: Archiv und Wirtschaft. Zeitschrift für das Archivwesen der Wirtschaft, 45. Jg., 2012, Heft 2, S. 133–144. 2016 wurde das Archiv wieder geschlossen, seine Bestände in das Niedersächsische Staatsarchiv nach Aurich verlagert. Dazu: Klaus Graf, Wirtschaftsarchiv Nordwest Niedersachsen von Emden nach Aurich verlegt, in: Emdener Zeitung vom 30. Dezember 2016.

12 Wilhelm Lührs / Klaus Schwarz, Übersicht über die Bestände des Staatsarchivs der Freien Hansestadt Bremen, in: Veröffentlichungen aus dem Staatsarchiv der Freien Hansestadt Bremen, Bd. 48, Bremen 1982.

13 Siehe dazu den Projektantrag des Deutschen Schifffahrtsmuseums in der Version vom November 2017.

14 Christina Deggim, Convoyberechtigungsbücher und Zolllisten – sachthematisches Inventar zum neuzeitlichen Seeverkehr, in: Deutsches Schiffahrtsarchiv, Jg. 22, 1999, S. 35–42, hier S. 36.

15 Siehe Bernd Kappelhoff (Hrsg.), Archivalische Quellen zum Seeverkehr und den damit zusammenhängenden Waren- und Kulturströmen an der deutschen Nordseeküste vom 16. Bis zum 19. Jahrhundert. Ein sachthematisches Inventar, bearbeitet von Christina Deggim. Teil 1: Archive im Elbe-Weser-Raum und in Bremen, (Veröffentlichungen der Niedersächsischen Archivverwaltung, Bd. 63), Göttingen 2011.

16 Das Portal selbst ist unter www.wigedok.eu weiterhin zu erreichen. Dort auch eine ausführliche Projektbeschreibung durch den damaligen Leiter des Wirtschaftsarchivs Holger Czapski.

17 Das Archivportal D erhebt den Anspruch, ein zentrales Nachweissystem für Bestandsübersichten, Findbücher und digitalisiertes Archivgut zu werden. Dabei wird ein möglichst vielschichtiger Zugang zu einer thematisch strukturierten und kontextualisierten Präsentation zu bestimmten Sachthemen angestrebt.

18 So auch die Einschätzung in: Daten vernetzen, Ressourcen verknüpfen. Bericht über die Tagung der Forschungsgruppe Netzwerk für digitale Geisteswissenschaften, Gotha, August 2018 (in Clio – online.).

19 Ulrich Soénius, Zukunft im Sinn, Vergangenheit in den Akten. 100 Jahre Rheinisch-Westfälisches Wirtschaftsarchiv in Köln, Köln 2006; Klara van Eyll, Voraussetzungen und Entwicklungslinien von Wirtschaftsarchiven bis zum Zweiten Weltkrieg, Köln 1969; Karl-Peter Ellerbrock, Das Westfälische Wirtschaftsarchiv und seine Bestände, in: ders., (Hg.), Westfälische Wirtschaftsgeschichte. Quellen zur Wirtschaft, Gesellschaft und Technik vom 18. bis zum 20. Jahrhundert, Münster 2017, S. 15–22, hier S. 15/16.

20 Ellerbrock, ebenda; ders., Wirtschaftsarchive in Deutschland: Zu den Anfängen und zur gegenwärtigen Rolle der regionalen Wirtschaftsarchive vor den Herausforderungen von Strukturwandel und Globalisierung, in: Archiv und Wirtschaft, 38, Jg., 2005, Heft1, S. 16–25.

21 Zur Entwicklung der VdW siehe Britta Leise, Die Vereinigung deutscher Wirtschaftsarchivare. Aspekte zur Entwicklung des Archivwesens der Wirtschaft in der Bundesrepublik Deutschland bis 1990, (Archiv + Wirtschaft, Beiheft 3), Köln 2007, und die Festschrift 50 Jahre Vereinigung deutscher Wirtschaftsarchivare 1957-2007, Köln 2007.

22 An dieser Stelle kann nicht näher auf den Standort der Wirtschafts- und Unternehmensgeschichte in der Wissenschaftslandschaft eingegangen werden, ebenso wenig auf die seit langem geführte Diskussion, ob dieses Fach eher der Geschichtswissenschaft oder der Volkswirtschaftslehre zuzuordnen ist. Tatsache ist jedoch, dass während der 1960er und 1970er Jahre an einer Reihe von bundesdeutschen Universitäten Lehrstühle für das Fach Wirtschaftsgeschichte eingerichtet wurden, wenn auch in unterschiedlicher Denomination und zum Teil den wirtschaftswissenschaftlichen, zum Teil den geschichtswissenschaftlichen Fakultäten zugeordnet wurden.

23 Vgl. dazu Evelyn Kroker, Das Bergbau-Archiv Bochum und seine Bestände, Bochum 2001; sowie einzelne Beiträge in Rainer Slotta (Hg.), 75 Jahre Deutsches Bergbau Museum in Bochum. Vom Wachsen und Werden eines Museums, 2. Bde., Bochum 2005.

24 Ellerbrock, Wirtschaftsarchive in Deutschland, S. 17. Das Wirtschaftsarchiv in Saarbrücken hat die Nachkriegszeit jedoch nicht überlebt und wurde geschlossen.

25 Ellerbrock, Das Westfälische Wirtschaftsarchiv und seine Bestände, S. 19.

26 Allgemein zu Entwicklung und Aufgaben von regionalen Wirtschaftsarchiven siehe den Beitrag von Angela Toussaint im Handbuch für Wirtschaftsarchive. Theorie und Praxis, hrsg. Von Evelyn Kroker, Renate Köhne-Lindenlaub und Wilfried Reininghaus, München 1998, S. 9–23.

27 Beim Bayerischen Wirtschaftsarchiv, beim Hessischen Wirtschaftsarchiv, beim Thüringischen und Sächsischen Wirtschaftsarchiv sowie beim Wirtschaftsarchiv Berlin-Brandenburg sind die Träger eingetragene Vereine, in allen anderen Fällen dagegen Stiftungen.

28 Das Archiv der 1822 gegründeten Bremer Sparkasse befindet sich derzeit im Aufbau.

29 So deutete der Leiter des Deutschen Bergbau-Archivs in Bochum auf einem Workshop im DSM im November 2015 an, bei der Errichtung eines Wirtschaftsarchivs assistieren zu wollen. In gleicher Weise äußerte sich der Leiter des Westfälischen Wirtschaftsarchivs in Dortmund auf einer Tagung am 1. März 2020 im Haus der Wissenschaft zur Geschichte der maritimen Wirtschaft. Einer der Autoren dieses Beitrags verfügt aufgrund seiner Funktion als langjähriger Vorstandsvorsitzender der Vereinigung deutscher Wirtschaftsarchivare (VdW) nach wie vor über intensive Kontakte zu seinen Fachkollegen, die für das ins Auge gefasste Projekt zu nutzen sind.

Personenregister

Autorenvitae

Harald Focke, Jg. 1950, Studiendirektor. Abitur in Diepholz, Studium der Geschichte, Germanistik und Pädagogik an der Universität Hamburg. Bis 2013 Mitglied der Schulleitung des Gymnasiums Sulingen. Herausgeber der Schulgeschichtsbücher »Das waren Zeiten«. Veröffentlichungen zur Amerikaauswanderung, zum »Alltag unterm Hakenkreuz« und zur Regionalgeschichte, ab 2000 überwiegend zum Norddeutschen Lloyd nach 1945. Seit 2016 Chefredakteur eines Jahrbuchs der Seefahrt und Herausgeber maritimer Buchreihen. Website www.lloyd-klassik-kontor.de

Dr. Jan Christoph Greim, Jg. 1982. Studium der klassischen Archäologie sowie Technik- und Umweltgeschichte an der Ruhr-Universität Bochum. Von 2011 bis 2013 wissenschaftlicher Mitarbeiter am Deutschen Schiffahrtsmuseum Bremerhaven. Zwischen 2014 und 2016 wissenschaftliches Volontariat am Focke-Museum – Bremer Landesmuseum für Kunst und Kulturgeschichte, im Anschluss Projektleiter bis 2017. Ab 2017 Leitung des Museums Moorseer Mühle in Nordenham. 2018 wurde Greim am Lehrstuhl für Technik- und Umweltgeschichte der Ruhr-Universität Bochum promoviert und ist seit 2020 Leiter der Abteilung Handelskunde am Übersee-Museum Bremen.

Thomas Hintz, geb. 1960 in Kampala/Uganda, nach dem Abitur Ausbildung als Bankkaufmann bei der Deutschen Bank, Bremen. Weiterbildung zum Bankfachwirt in Bremen. Auslandsaufenthalte in den USA, dann insgesamt zehn Jahre in Australien, Pakistan und Indonesien für die Deutsche Bank. Seit 2004 Geschäftsführer der Fa. Hintz Foodstuff Production in Bremen.

Mag. phil. Günther Hörbst, Jg. 1972, Studium der Politikwissenschaft, Geschichte und Medien in Innsbruck und Bremen. 1996 Sponsion in Innsbruck. 1996 bis 1998 Freier Journalist bei BILD und WELT in Bremen. 1998 bis 2009 Axel Springer Verlag (u.a. Hamburger Abendblatt, Computer BILD, WELT). 2009 bis 2012 Leiter der Wirtschaftsredaktion des Weser Kurier Bremen. 2013 bis 2016 Chefredakteur der Deutschen Verkehrs-Zeitung DVZ. 2016 bis 2017 Geschäftsführer des Vereins BHV und der Stiftung Via Bremen. Seit 2017 Leiter Unternehmenskommunikation beim Raumfahrtunternehmen OHB SE in Bremen.

Michael Jurk, M.A., Jg. 1953. Studium der neueren/neuesten Geschichte, Schwerpunkt Wirtschaftsgeschichte in Mainz und Frankfurt/M. 1988-1999 Aufbau und Leitung des Unternehmensarchivs der Axel Springer Verlag AG in Hamburg. 1999-2008 Aufbau und Leitung des Historischen Archivs der Dresdner Bank, Frankfurt/Main. 2008-2013 Co-Leitung des Historischen Archivs der Commerzbank, Frankfurt/Main. 2002-2013 Gründer und Vorsitzender der Eugen-Gutmann-Gesellschaft, Frankfurt/M.; seitdem Ehrenvorsitzender. 1998-2013 Mitglied im Vorstand der Vereinigung deutscher Wirtschaftsarchivare e.V.; ab 2008 Vorsitzender. Seit 2013 als Archivberater tätig, u.a. im Auftrag des Deutschen Schifffahrtsmuseums, Bremerhaven und der Vereinigung deutscher Wirtschaftsarchivare e.V.

Dr. Jörn Lindner, Jg. 1977. Studium der Sozial- und Wirtschaftsgeschichte, Politischen Wissenschaft und Sozialpsychologie in Hamburg. 2009 Promotion in Hamburg in Kooperation mit dem Deutschen Schiffahrtsmuseum in Bremerhaven über die Firmen der Familie Rickmers. Seitdem freier Historiker, Dozent und Publizist. Zahlreiche Veröffentlichungen in den Bereichen maritime Unternehmensgeschichte, History Marketing, Hochschuldidaktik und Regionalgeschichte. Vorsitzender des Fachausschusses »Geschichte des Schiffbaus« der Schiffbautechnischen Gesellschaft.

Dr. Christian Ostersehlte, Jg. 1959, Studium der mittleren und neueren Geschichte, Volkskunde und Ur- und Frühgeschichte in Kiel. 1986 Promotion in Kiel. Tätigkeit in verschiedenen Museen, Archiven und Unternehmen der maritimen Wirtschaft, seit 1998/2004 Archivar bei der Fr. Lürssen Werftgruppe in Bremen und seit 2016 im Deutschen Schifffahrtsmuseum in Bremerhaven. Mitglied der Historischen Kommission Niedersachen/Bremen seit 2008. Zahlreiche Veröffentlichungen vor allem zur deutschen und internationalen Schifffahrtsgeschichte des 19./20. Jahrhunderts.

Dr. Dirk J. Peters, Jg. 1949
Technikhistoriker und Industriearchäologe ,Kurator für die Abteilung «Schifffahrt im Industriezeitalter" des Deutschen Schiffahrtsmuseums in Bremerhaven bis 2014. Lehrauftrag am Historischen Seminar der Universität Osnabrück (Technik-, Wirtschafts- und Sozialgeschichte) bis 2015. Mitglied verschiedener Gremien der technikgeschichtlichen Forschung und der maritimen Denkmalpflege sowie der Historischen Kommission für Niedersachsen und Bremen. Zahlreiche Veröffentlichungen und Ausstellungen zur Schifffahrts-, Industrie- und Technikgeschichte

Dr. Hartmut Pophanken, Jg. 1948. Studium der Fächer Geschichte, Politik und Anglistik.
1974 bis 2012 Gymnasiallehrer, 1998 Promotion über die Gründung der Firma Weserflug an der Universität Bremen. Abgeordnet als Lehrkraft, dann wissenschaftlicher Mitarbeiter an die Hochschule Bremen 1985-94 und die Universität Bremen 1999-2002. 2002-2012 Fachberater für den bilingualen Unterricht im Land Bremen und Studiendirektor am Hermann-Böse-Gymnasium.
Veröffentlichungen zur Wirtschafts- und Technikgeschichte und zur Geschichte des technischen Bildungswesens. Mitherausgeber eines Sammelbandes zur Bremischen Luftfahrtgeschichte (2016). Segelflieger seit 1963.

Dr. phil. Harald Wixforth, geb. 1959, Promotion 1991, danach Geschäftsführer des Sonderforschungsbereichs 177 »Neuzeitliches Bürgertum«. Ab 1995 Mitarbeiter in zahlreichen großen Forschungsprojekten, unter anderem »Die Dresdner Bank im Dritten Reich«, »Der Flick-Konzern im Dritten Reich« sowie »Thyssen im 20. Jahrhundert.« Zahlreiche Veröffentlichungen zur Banken- und Finanzgeschichte, zur deutschen und internationalen Unternehmensgeschichte sowie zur regionalen Wirtschaftsgeschichte, unter anderem »Banken und Schwerindustrie in der Weimarer Republik« (Köln 1995), »Die Expansion der Dresdner Bank in Europa« (München 2006), »unser lieben ältesten Tochter. 150 Jahre Bremer Bank. Eine Finanz- und Wirtschaftsgeschichte der Hansestadt Bremen« (Bremen 2006). Derzeit Research Fellow und Senior Expert am Deutschen Schifffahrtsmuseum Bremerhaven sowie Geschäftsführer der Gesellschaft für mitteleuropäische Banken- und Sparkassengeschichte.

Impressum

Die Bildnachweise stehen direkt bei den Abbildungen oder liegen bei den Autoren. Trotz größter Sorgfalt und intensiver Recherche konnten die Urheber des Bildmaterials in einigen, wenigen Fällen nicht ermittelt werden. Es wird gegebenenfalls um Nachricht an den Verlag oder die Herausgeber gebeten.

1. Auflage 2021

ISBN 978-3-95494-236-7
www.edition-falkenberg.de

www.edition-falkenberg.de

Weitere Bremensien aus der Edition Falkenberg

Landesarchäologie Bremen
Uta Halle, Ulrike Huhn (Hrsg.)

Bremen-Gröpelingen, Bromberger 117

Schützenhof – Internierungslager – Polenlager – KZ-Außenlager – Wohn- und Arbeitsort

44 S., farb. Abb., Taschenbuch
19,90 Euro
ISBN 978-3-95494-194-0

Das KZ-Außenlager „Schützenhof" bestand nur wenige Monate, doch das Gelände hat eine spannende Geschichte: Ausflugsort und Schießanlage mit Gaststätte, diente kurzzeitig als Internierungslager für indische Seeleute, als Sammelort für Sinti- und Romafamilien, anschließend als Lager für zivile Zwangsarbeiter und KZ-Außenlager. Nach 1945 zogen Mitarbeiter der A.G. „Weser" und die Schützengilde in die Baracken; die Geschichte der Lager geriet jedoch bis Anfang der 2000er Jahre in Vergessenheit. 2018 setzten eine archäologische Lehrgrabung und ein Geschichtsseminar an der Universität Bremen neue Impulse für die Erforschung des Ortes. Das Buch stellt erstmals die wechselvolle Geschichte des Ortes vor.

Helmut Dachale, Carsten Momsen

Als Opfer zu Tätern wurden

Eine Tragödie aus deutscher Nachkriegszeit

144 S., 23 Abb., Taschenbuch
19,90 Euro
ISBN 978-3-95494-192-6

Vorwort von Bernhard Docke

Im November 1945 kehren die Schrecken des Krieges zurück. Der Überfall auf einen einsamen Bauernhof endet als Massaker. 12 Menschen werden erschossen, darunter 5 Kinder. Aber beginnt diese Geschichte von Verbrechen, Vergeltung und Vergebung wirklich erst im November 1945? Oder basiert sie auf dem Leid der nach Deutschland verschleppten Displaced Persons? Als Tatverdächtige hatten sich neun ehemalige polnische Zwangsarbeiter vor einem Gericht der US-Militärregierung zu verantworten. Ging es dabei um die umfassende Aufklärung der Tat? Das Buch beschäftigt sich ausführlich mit den Ungereimtheiten und Widersprüchen der Ermittlungen, zeigt auf, dass die schnell gefällten Urteile vor allem abschrecken sollten.

Hans Kloft (Hrsg.)

Heimat und Identität

Zum Bremer Heimatpreis

184 S., farbige Abb., Hardcover
19,90 Euro
ISBN 978-3-95494-231-2

Heimat muss man selber machen, lautet eine der jüngsten Veröffentlichungen (Sina Trinkwalder) zu einem Thema, das nicht erst mit den gegenwärtigen weltweiten Emigrationsbewegungen auf der Tagesordnung steht. Auch für Bremen besitzen Heimat und Identität einen hohen Stellenwert. In diesem Sinne steckt in Heimat-Machen auch die Suche und die Aufforderung, passende Angebote zu benennen und vorzustellen. Heimat meint damit keine statische Größe, sondern einen Prozess der Aneignung, des Heimisch-Werdens, der für Eingesessene wie für Fremde gleichermaßen gilt.

Die Beiträge:
Hans Kloft: Was ist Heimat?; Konrad Elmshäuser; Die Bremer Stadtmusikanten – zum Verhältnis von Herkunft, Heimat und Identität in einem Märchenstoff; Jörn Brinkhus: Der Bremer Roland – eine Symbolfigur bremischer Identität?; Lars U. Scholl: Bremerhaven – Drehscheibe zwischen alter und neuer Heimat; Hans Konrad Nettmann: Natur, Heimat, Forschung, Wandel; Michael Mike Weisser: »bremen:AN:sichten«

Weitere Bremensien aus der Edition Falkenberg

Rüdiger Ritter

Solidarität mit Schwierigkeiten

Das Bremer Koordinationsbüro der polnischen Gewerkschaft *Solidarność* und das Engagement Bremens für Polen in den 1980er Jahren

332 S., 34 Abb., Hardcover,
Format 16,5 x 23,5 cm, 19,90 Euro
ISBN 978-3-95494-219-0

13.12.1981. Eine Delegation der polnischen Gewerkschaft trifft in Bremen zu einem Arbeitsbesuch ein. Sie erfahren, dass vor wenigen Stunden das Kriegsrecht in Polen verhängt und die Solidarność zerschlagen wurde. Sie bleiben in Bremen und gründen ein »Informations- und Koordinationsbüro« für die Hilfe für Solidarność, das jedoch kaum zwei Jahre besteht. Den Mitgliedern wurde von deutscher wie von polnischer Seite Unfähigkeit vorgeworfen, es kamen sogar Gerüchte auf, bei ihnen handele es sich um raffiniert getarnte Agenten des polnischen Geheimdiensts – freilich ohne dass jemand dafür Beweise vorlegen konnte.

Das Bremer Büro stand am Beginn eines neuen deutsch-polnischen Annäherungsprozesses.

Klaus Auf dem Garten, C. Ostersehlte

Der Kampf um Bremens Seehafenstellung

Die Seeschifffahrtsstraße Weser – Bereisungsdampfer WELLE im Dienst der Weserkorrektion und seine Rekonstruktion

176 S., 215 Abb., Hardcover,
Format 21,5 x 28 cm, 24,90 Euro
ISBN 978-3-95494-132-2

Natürlich ist die WELLE nicht einfach ein »alter, kleiner Dampfer«. Das Schiff stand bis 1920 im Dienst des brem. Bauamtes für die Weserkorrektion und ist der letzte von einer Bremer Werft erbaute Dampfer. Er steht für die staatlichen Anstrengungen, Bremens Seehafenstellung zu schaffen und zu erhalten. Das Buch befasst sich mit dem technisch-praktischen, ökonomischen und politischen Problem, wie Bremen als Seehafen und Übersee-Handelsstadt bestehen konnte und kann. Heute bemüht sich der Verein »Dampfer WELLE e.V.« um die Erhaltung des Technik-Denkmals, dessen Geschichte und die von ihm geleitete Rekonstruktion des Schiffes ebenfalls entsprechend ausführlich behandelt wird.

Ian Watson

Bremen erlesen

Wie die Bremer und ihre Stadt so ticken

208 S., TB, 14 x 19 cm
11,90 Euro
ISBN 978-3-95494-161-2

»Bremen erlesen« ist ein Stadtführer der besonderen Art, der uns über die herkömmlichen touristischen Pfade hinaus auf verschlungene Wege und Abwege schickt. Der irische Autor Ian Watson, der schon etliche Jahrzehnte in Bremen lebt und arbeitet, lässt uns »seine« Stadt mit anderen Augen sehen: Das eine Auge ist irisch, das andere bremisch.

Das gibt dem Buch seinen eigenen Reiz, lässt Fremdes vertraut erscheinen und Vertrautes fremd. Dieser einzigartige Blick auf die Hansestadt – eine Liebeserklärung mit Augenzwinkern – ist für Bremen-Besucher und Bremer mit Besuch gedacht, für Studenten, Neu-Bremer und alle, die die Stadt und ihre Bewohner kennenlernen möchten und – zu kennen glauben. Also: Los geht's!

Eine Liebeserklärung an die Hansestadt mit Augenzwinkern! Für Bremen-Besucher und Bremer mit Besuch, für Studenten und Neu-Bremer ...